佟新 主编

YUAN FANG COLLECTION

袁方文集

社会科学文献出版社
SOCIAL SCIENCES ACADEMIC PRESS (CHINA)

珍贵的纪念

一张珍贵的照片 （张正东提供）

　　这张照片是西南联大社会学系 1942 级毕业时师生的合影。老师们坐在第一排，由左起分别为李景汉、潘光旦、陈达、陈序经、吴泽霖。同学：第一排右一是邝文宝，右二是周颜玉；第二排左起分别为袁方、梁树权、××、游凌霄、孙观华、胡庆钧；后排右起分别为张荦群、游补钧、张正东、黎宗献和×××。（孙观华　文）

袁方在国际研讨会上

袁方在做会议发言

1947 年 10 月，袁方与吴晗、费孝通等（张祖道摄）

袁方和费孝通先生

1994 年，袁方参加《雷洁琼文集》出版座谈会（从左至右分别为陆学艺、雷洁琼、袁方）

1990 年，袁方和社会学系的师生

1993 年 11 月 6 日，袁方和金耀基

1995 年，袁方在书房

袁方与山水

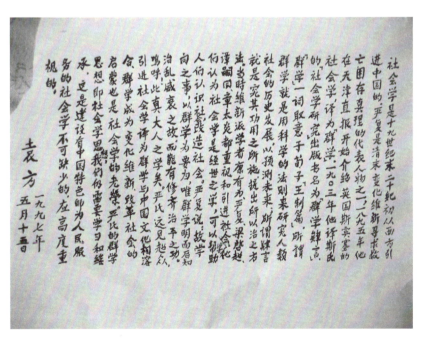

袁方手迹一

劳动问题　目录

1998年

社会学系 人口与劳动组　中国人民大学

袁方手迹二

序言：阅读和理解袁方教授的学术实践

王思斌

袁方教授是我国著名的社会学家，他曾任北京大学社会学系第一任系主任，曾兼任中国社会学会会长、中国社会工作教育协会会长，为我国社会学学科、社会工作学科建设做出了卓越贡献。北京大学社会学系和社会科学文献出版社协力出版《袁方文集》，主编佟新教授与出版社商议要在前面写点什么，任务落在我的头上。对于出版袁方教授的文集，我十分赞同，因为袁先生的著述并不十分流行，把他的著述集结起来，有利于学术界了解他，并从中获得启迪。面对袁先生的著述，让我说点什么，我却有些为难。原因是作为他的学生和曾经的下属，我从内心来说对他只有感恩，当然对他的学术实践也十分佩服。现在面对《袁方文集》，我不能只归于情感，而是要回归学术，我觉得这样才对得起为北京大学和中国社会学做出卓越贡献的袁方教授。然而笔力不健，我怕难以实现初衷。以下，我将从本文集出发，并结合我所了解的袁先生的学术活动，从学术精神、学术观点、学科贡献三个方面谈一谈读这本书的感受，以使大家可以更好地阅读和理解袁方教授的学术实践。

一　学术精神

北京大学建校 100 周年（1998 年）的时候出过一本很有名的书——《精神的魅力》，这是由北京大学的一批著名学者根据自己的学术经历和实践撰写的文集，其中收录了袁方教授的《传统与重建》。在这篇文章中，没有空洞的鼓噪性文字，而是清楚地历数北京大学的社会学传统，字里行间透露的都是为国家、为学术。文如其人，这篇由大量有历史背景的学术事实连缀起来的、朴实无华的文章就像袁方先生的学术品格一样。

袁方先生早年就学于西南联大，师从陈达教授，并受惠于费孝通教授等名家，接受了系统的社会学训练。他从 20 世纪 40 年代初就开始发表学术文章，他的文章大抵有两个特点：一是面对国家面临的重大社会问题，二是使用科学的方法。关于第一点，作为社会学者的袁先生没有运用宏大叙事去论述国家的前途与命运，而是见微知著，从社会底层看待社会变迁和社会问题。除理论分析外，他选择的基本方向是劳工问题和社会流动，不论是《工业化与职业间的人口流动》，还是《论手艺人改行》，都是从最基层劳动者职业变动的角度反映工业化带来的社会变迁。《论手艺人改行》通过实地调查所获得的大量翔实资料，说明这些处于社会底层的劳动者为什么要改行和往哪里改行，回答是因为社会环境所迫而改行，多数人因为邻居、朋友的支持而选择新业（这是今天说的"社会资本"）。再看《士的社会阶梯》，多么系统的梳理，多么丰富的资料，袁先生还自谦是"非常粗略的"考察。在丰富资料的基础上，袁先生对"士的社会阶梯"所代表的社会结构、社会制度意义进行了分析归纳，是很精辟的。可以说，这是历史社会学著述的一个优秀范例。

在以后的著述中，袁方先生一直秉持严格的实证精神，几乎所有文章都是用资料说话，用尽可能丰富的、有代表性的资料说话，而少有空论。"板凳宁坐十年冷，文章不写半句空。"袁方教授以自己的研究实践了一个学人的学术态度和学术精神。他经常向学生讲述他的老师——陈达教授的学术箴言："有十分资料，只能说九分话。"谨慎的实证精神是对做学问、对科学的敬畏，在这方面袁先生堪称楷模。

二 学术观点

袁方教授所关注的学术领域集中于劳动问题，这是一个宏观上可通社会结构、社会变迁，微观上可入平民生活的研究领域，也是一个经世致用的领域。他亲笔起草的"劳动问题"大纲从劳动理论到劳动实践，从劳动力资源到工资问题，从劳动争议到社会保障和劳动法，系统地反映了他的劳动社会学思想。从其劳动社会学的研究出发，我认为袁先生的如下学术观点颇具价值。

其一，工业化是劳动问题、职业流动的宏观制度原因。袁先生在《工业化与职业间的人口流动》中指出，工业化是整个社会生产方式的改变，所以它给予社会的影响，也渗透到整个社会生活的各方面。工业化的过程，不但是农村人口大量的"离地"，也是市镇中传统职业人口大量的"改行"。该文在最后的总结中说："从农业社会到工业社会，其间所引起的职业间的人口流动，本是一件冗长的不易迅速结束的事情。"我认为这是说到了根本上。一个世纪以来，跌宕起伏的工业化对社会就业、职业流动产生了根本性的影响。不管是袁先生所描述的20世纪40年代的"手艺人改行"，还是80年代他所讨论的劳动就业问题，都贯穿了工业化对劳动就业有深刻影响的观点。在改革以后发表的论文中，袁先生强调了开放劳动力市场的观点，并从国家经济社会发展的高度强调其意义。在袁先生那里，劳动就业是制度性问题，是国家发展问题。

其二，劳动问题的根本是民生问题。在职业流动研究中，袁先生把视角投向最普通的基层劳动者，手艺人改行、农民进城务工是底层劳动人民谋生方式的写照。他在《论手艺人改行》一文中写道："改行换业"成为昆明市的手艺人最为流行的口头禅。如今他们有的业是换了，行是改了，可是他们的"改"与"换"，实在不过仍旧在原来的社会背景里，做感伤的旅行。袁先生在劳动问题中注重劳动工资、生活费问题。他提出，要正确处理好经济发展和就业发展的关系，兼顾就业的经济效益同社会效益。在这里，劳动不只是国家经济发展的工具，而且是劳动者生活本身。袁先生对民生的关心也表现于工作之中。每当问及我们几位留校教师的生活时，他总是感慨。谁说他常常请学生吃饭不是这种心绪的自然流露呢？

其三，把城市和农村联系起来研究劳动和社会问题。城乡关系是工业化、社会流动研究必须关注的基本问题。袁先生在《城乡关系：敌乎？友乎？》一文中提出了一个描述城乡关系的概念：无机的循环。他描述道："乡土也得跟着商品的市侩气转入贸易市场上成为赚钱赢利的一环。乡里人需要看城里人的脸色，似乎喜怒哀乐也要跟着喜怒哀乐，乡里人在生产的领域中再也没有以往那种独立自主的自由。土地上的五谷，不再是丰衣足食的靠山；而是城市工厂的原料。原料通过机器加工，回到娘家，带回的礼物是：土棉布变成洋布，糙米变成机器白米了。"他认为这种无机循环是城乡关系的脱节，要打破城乡的对立，抹平城乡之间对立的鸿沟，就要实行都市乡村化、乡村都市化，使城乡关系不仅是利益结合，还是一个共同不可分割的整体，互助共存。面对袁方先生 70 年前的见解和今天大力推进城市化的某些现实，是不是启发依旧呢？袁教授在后来的研究中十分关注农村劳动力就业问题，他在《中国当前的劳动就业问题》一文中提出，必须把劳动就业问题的范围扩大到农村，城乡应统筹兼顾，要有计划地引导农村劳动力向非农领域转移和就业。这可以说是其长期思考的结果。

其四，发展社会保障事业，保障人民生活。劳动就业的根本是国家经济社会发展和民生，在劳动机会和劳动能力丧失后，就会产生保障问题。根据我国劳动就业问题的状况，袁先生提出将"就业保障"转化为"失业保障"的主张，后来他又研究社会保障、养老保障问题，这是一脉相承的。在《家庭养老与社会保障》一文中，他认为，解决我国人口老龄化带来的日益突出的老年赡养问题，家庭养老仍是主要的途径，同时要大力发展和完善社会保障制度，加速发展社区养老服务事业，作为家庭养老的重要补充，并使家庭养老与社会养老结合起来，这是必然趋势。他从养老事业、老年人生活质量的角度看待养老模式的选择，表现了社会学家对人的关怀。我国社会工作教育恢复重建后，袁先生又将自己的学术关怀往外扩展了一步，民生与他的学术活动联系得更加紧密。

袁方教授在其 60 年的学术生涯中，还有许多深邃的学术思考，如他的《论天高皇帝远》《有警察的社会》，这里就不一一阐述了，留给读者们去体味。

三 学科情怀

中国传统文化强调"立德、立功、立言"，下面我们从袁方先生对社会学学科建设的贡献来看他的"立功"。

20 世纪 50 年代，为了恢复社会学、人口学研究，袁方教授受到了不公的对待，这从另一个方面记录了他的学科建设功绩。社会学恢复重建之后，袁先生授命组建北京大学社会学系，后来他又兼任中国社会学会会长、中国社会工作教育协会会长，为北京大学和全国社会学的发展立下了不朽功勋。一位年逾六旬的学者，从头建立一个学系，谈何容易。袁方教授牺牲了自己的论文写作与休息时间，调人员、建课程、招学生、备资料，全身心投入学科和学系建设。程师母说袁先生"有国无家"，我们可以说袁先生"为系忘家""为学舍己"，这是一种高尚的学科情怀。实际上，北京大学社会学系建设的意义不只在于北京大学本身，后来许多社会学系的建设参考了北京大学的经验，许多社会学人到北京大学社会学系进修。所以，袁方教授是在为全国做事。

在具体的学科建设中，袁方教授全面推动社会学理论、社会学研究方法、应用社会学的发展，其中用力最大的是社会学研究方法。这既基于他多年学科建设之经验，也是建设现代社会学系之要求，还与学生就业有关。他认为，掌握了社会调查研究的方法，社会学系毕业生就有了饭碗。为此，他以自己的学术威望和学缘关系，邀请了一大批国内外名家来校讲学，与政府部门建立了广泛的相互支持关系，促进了社会学学科建设。我们可以想一想，这些学科建设实践值多少学术论文和专著教材？在这里，他把自己呕心沥血努力的效果记在了别人的学术成果账上。这是他的人格、学格，也是在本文集的文章中可能看不见的。袁先生善于团结学界同人一起工作，促进我国社会学学科建设。我相信，北京大学、全国社会学的发展将为其记功。

今天，我国的社会学在袁先生等老一辈社会学家奠定的基础上有了新的发展，但是快速的市场转型和社会转型也给社会学人提出了新的艰巨的任务。我相信，在解决新的经济社会问题、促进国家现代化、提高人民群众生活水平的进程中，袁方教授的学术精神、学术观点、学科情怀依然是我们的宝贵财富。

袁方自叙

（一九九四年十一月）

我于1918年2月17日出生于湖南省汉寿县安乐乡。我青年时代，正值帝国主义侵略中国，凡是不愿做亡国奴的中国人，都行动起来，积极参与各种抗日救亡工作。那时，我在湖南长沙读高中（先在明德中校，后在岳云中校）。为了抗日，我参加了湖南省政府主办的高中学生的军训半年；然后又去农村组织农民进行训练，也近半年。正是在这种抗日救亡的民族热潮中，我产生了要认识中国社会、改造中国社会和富强中国社会的强烈愿望。我想弄清楚：中华民族为什么会沦落到生存陷于危难的地步？能否以及如何才能使中华民族富强起来，摆脱生存的危机？可以说，我对社会研究的兴趣和志向，正是由于当时民族救亡的需要而形成的。

正是抱着这样一种兴趣和志向，1938年我考取了抗日战争时期的国立西南联合大学社会学系。西南联合大学是由北方搬迁到昆明的北大、清华、南开三所大学联合组成的。它集中了全国许多著名的教授和学者，学术和科学研究的气氛非常浓厚。而社会学系则拥有陈达、潘光旦、李景汉、吴泽霖、李树青、费孝通等著名社会学家。这为我的学习和成长提供了良好的学术环境。我十分珍惜这样一个机会。尽管当时的生活条件十分艰苦，但我仍坚持刻苦钻研、勤奋学习，希望学到更多的知识来拯救民族、报效祖国。

社会学确实为我打开了学理论，又重视社会调查的视野，把社会调查作为沟通理论与实际、深入了解社会的重要途径。当时该系开设了几门社会调查方法课，如"社会研究法"、"社会机关参观"、"初级社会调查"、"高级社会调查"等。这些课程的学习使我受益匪浅，获得了许多认识社会的科学手段。我曾经运用所学的这些方法，对昆明市镇的变化，进行了大量的社会调查，并在此基础上，认真分析研究，写出论文。1942年，我撰写了题为《昆明市的都市化》的毕业论文，获学士学位；同时又写了《工业化与职业间的人口流动》一文，在《当代评论》上发表后，引起社会的重视。这些论文都是通过科学的社会调查而形成的。

自那时起，我就一直重视并力行用科学的社会调查方法来研究社会。时至今日，我仍强调要把"社会研究方法与调查"作为社会学系的基础课程来建设，把掌握社会研究与调查方法作为社会学系学生的基本素养之一。

1942 年毕业后，我留校任教，担任"社会机关参观"等课的教学工作。这门课的目的在于使学生接触实际，初步了解社会各种组织的历史和现状，并以此为基础写出参观报告。除教学工作外，我继续调查昆明市传统行业的变迁和社会流动，并参与清华大学在昆明和呈贡县建立的国情普查研究所有关人口和劳动的研究工作，在调查研究的基础上撰写发表了《论人浮于事》、《论兼业》、《昆明社会解组》、《传统行业及其问题》等学术论文和调查报告。我还与费孝通教授等合著《人性与机器》一书，于 1947 年在上海生活书店出版。

在联大学习与工作期间，我还积极参加了学校里的许多进步社会活动。在学习期，1939 年我先后参加了校内地下党领导的"民先"、"群社"、"社研"等革命组织的活动。1943 年上半年，西南联大和云南大学的部分教师和学生，为了争取民主和自由，成立了自由论坛社，先后出版《自由论坛》月刊和周刊。闻一多、潘光旦、王赣愚、吴晗、费孝通等知名教授都是该社成员。我也参加了该社，曾担任该社出版月刊和周刊的编辑，为当时的民主运动尽了自己一份力量。

1946 年，抗日战争胜利后，联大结束。我随清华大学迁回北平，继续在社会学系从事教学和研究工作。我除了讲授"社会分化"、"社会流动"等课程外，还把陈达教授主持的关于上海工厂的调查、我在成都和北京等地进行的关于手工业的调查等资料整理成《上海工人生活史个案研究》、《成都手工业》、《北京地毯业》等专题调查研究报告。此外，我还协助吴景超教授负责在天津《益世报》主编的《社会研究》副刊，每周出刊一次。与此同时，我继续进行社会调查与研究，发表了《论手艺人改行》、《皇权下的商贾》、《论天高皇帝远》、《论新兴职业》、《论人力的生产制度》、《论人心浮动》、《论社会崩溃》等论文。

1948 年 11 月，清华大学解放。为了适应新中国社会主义建设的需要，我和系里的老师都感到需要重新学习，主要是学习马列主义、毛泽东思想，以此为指导，来调整办学方向、课程设置以及个人的思想意识和教学、研究活动。我开设了一些新课程如"阶级论"、"社会保险"等，还积极参与校内外的各项社会工作。我担任了清华"讲师、教员、助教"联合会副主席、工会副主席、职工业余学校校长、《人民清华》编辑等职，积极为建设人民清华服务。1950年春我参加京郊丰台区土改；1951年又参加北京市高校土改工作团，赴广西土改一年，并荣获甲等功一次。

1952年在高教院系调整中，社会学被取消，这主要受了苏联模式的影响。在苏联社会学曾被取消，据说是因为社会学被认为是资产阶级的伪科学，历史唯物论可以取代社会学，还因为社会学研究问题，而社会主义又还没有社会问题，无需社会学。社会学被取消后，许多原来从事社会学的教师转到相近的学科领域去工作。我也离开了清华，先后到中央财经学院、中国人民大学、中央劳动干部学校、中央劳动学院、北京经济学院等校，从事劳动法、农业经济、中国近代经济史、劳动经济等课程的教学研究工作，并历任副教授、教授、教研室主任、系主任等职。1955年，我参加了中国共产党。

社会学被取消，所有从事社会学研究的人都深感惋惜。在此后的一段时间内，许多著名的老社会学家都为试图恢复社会学做出过努力。1956年，党提出"双百"方针；1957年初，毛主席在一次最高国务会上又接受了邵力子、马寅初、陶孟和等人的建议，做出决定，建立由各部委参加的专门委员会，研究人口问题和推行节育的人口政策。这些都使我们原来从事社会学的人深受鼓舞，也使我们感到有责任提出重新恢复社会学的建议。1957年1月，陈达在北京政协会议以及后来的全国政协会议上，提出了恢复社会学的提案。同年吴景超教授在《新建设》第1期发表了《社会学在新中国还有地位吗?》一文，费孝通教授在《新观察》发表了《为社会学说几句话》一文，呼吁恢复社会学。这些建议和文章引起了中宣部和科学院的重视。1957年1月，中宣部理论处邀请陈达、吴景超、李景汉、雷洁琼、严景耀、林耀华、袁方等人座谈有关社会学的问题。会后我向该处汇报了陈达先生的人口问题研究状况，要求给予支持，受到该处重视。同年3月，中国科学院哲学部邀请陈达、吴景超、李景汉、雷洁琼、费孝通、胡庆钧、全慰天、袁方等人座谈，研究建立社会学机构问题，并决定成立社会学工作委员会筹备组，推选陈达为主任，我为秘书。这个筹备组讨论了恢复社会学的研究方案及研究机构并决定首先把人口学研究恢复起来。当时陈达和我都在中央劳动干部学校工作，陈任副校长。学校为他成立了人口研究室，我参与该室的研究工作，协助陈达撰写了一系列有关人口问题的文章，在国内杂志和世界人口学年会上发表，受到社会的好评和国际的重视。此外，费孝通、吴景超、孙本文等学者也陆续发表了一系列关于人口问题的文章。人口问题一时成了国内报纸杂志讨论的热门课题。社会学的其他研究也似乎恢复在即。然而此时正处于反右斗争的前夕。

紧随而来的反右斗争，使面临恢复的社会学再一次受到严重打击，社会学被认为是资产阶级伪科学，上述为恢复社会学而进行的各种活动被当作从人口问题打开缺口复辟资产阶级社会学的"罪证"。陈达、费孝通、吴景超和我都受到错误的批判，并被错划为右派。从此社会学成为"禁区"，无人再敢问津了。从1952年至1979年，社会学研究在中国大陆前后中断二十七年。

党的十一届三中全会，拨乱反正，恢复了实事求是的思想路线和政治路线，这也为恢复社会学创造了前提条件。1979年3月16日，全国哲学社会科学规划会议筹备处在北京召开了"社会学座谈会"，会上中国社会科学院院长胡乔木宣布为社会学平反、恢复名誉。他说："否认社会学是一门科学，并用一种非常粗暴的方法来禁止在中国发展、存在、传授，这是完全错误的。"同时成立中国社会学研究会（后改为中国社会学会），费孝通被选为会长，我被选为常务理事。1981年8月，北京市社会学会成立，雷洁琼教授选为会长，我被选为副会长兼秘书长。1980年下半年北京大学开始筹建社会学专业，我参与了筹建工作。1981年北大政治学系设立社会学专业，成立社会学组，开始招收研究生。接着1982年北大成立社会学系，我担任系主任兼学术委员会主任。

自从北大社会学专业和系建立以来，我先后开设了"人口问题"、"劳动社会学"、"社会调查方法"、"社会学方法论"等课程，担任博士生导师，主编出版了《社会学与人口问题》、《社会调查原理与方法》、《社会统计学》、《社会学百科辞典》等著作，并承担和主持了"六五"、"七五"时期社会学国家重点课程，如"北京市人口和城市发展"、"我国生育率下降趋势和问题"、"社会发展战略研究"等，都取得了重要成果。其中"北京市人口和城市发展"的研究，受到有关部门重视和采纳，还获得北京市哲学社会科学优秀成果一等奖。我还积极承担了大量社会工作，从1979年至今，先后担任了国务院社会科学学科评议组成员，中国社会科学院社会学所学术委员，中国社会学会常务理事、会长，北京市社会学会副会长、会长，中国劳动学会副会长，中国城市科学研究会常务理事，中国人力资源开发网主席，中国社会工作者协会副会长，北京市人民政府顾问等职务，此外，还经常参加国内外有关学术会议。1984 年我被评为北京市劳动模范。

我在高校从事教研工作五十多年，在重新回到社会学领域之际，我仍然坚持以往的学术主张，即社会学是一门应用性很强的学科，理论与实际结合是它的一个突出特点；社会调查是社会学的基本功，是理论联系实际过程中不可缺少的中间环节，建立有中国特色的社会学，必须从了解国情，科学地调查中国社会实际情况入手。我曾把这种看法贯穿于北大社会学系的教学实践，要求学生不仅要有较高的理论素质，而且要深入实地，用科学调查方法，认真从事社会调查研究，在掌握大量实际调查资料的基础上来认识社会、研究社会、促进社会进步。这已成为北大社会学系的一种学风。常听人说，北大社会学系的毕业生在社会学调查研究方法上都有较扎实的基本功。对此，我深感欣慰。

回顾五十多年来我的生命历程是与中国社会学的曲折道路紧密相联的。但我仍为自己选择了社会学这条道路而感到幸运，犹幸在古稀之年，仍有机会为中国社会学的恢复、重建和发展尽自己一份微薄之力。但我更寄希望于新成长起来的年轻一代社会学工作者，并衷心祝愿他们（她们）能比老一辈干得更多、更好，赶超世界水平，把中国的社会学推向一个更高的境界。

目　录

第一部分

1941～1949 年

工业化与职业间的人口流动[*]

（一九四一年十月）

一、职业间的人口流动，有平面的与上下的两种形式：农民进入工厂，变成劳工，或作家放下毛笔加入政界，可谓属于前者；佃农获得土地变成地主，或官僚失意下野变为平民，则是属于后者，这两种形式的人口活动，无论古今中外的社会都是存在着的。

一个社会的解组过程中，职业间的人口流动，分外来得显著。目前中国，就是一个极好的例证。后方农民的流入工厂，旧手工业师徒的多数改业，都已成为抗战以来普遍的现象。

造成职业间的人口流动的原因，原有多种；但其中以工业化所引起的变迁，较为强烈。本文目的，即在就"平面的"流动，略加申论。

二、中国是所谓"五千年的农业古国"。当前她正遭到空前的灾难，空前的威胁，也是空前变局。中国工业化的开始，虽可追溯到同治年间，但以工业作为建国的基础，还是抗战以后的事。在战前，有时国内人士还发生"重农"或"重工"的争论，但到抗战以后，问题的中心已经由"重工"转变为如何"工业化"了。于是朝野之下都一致努力于工业的建设，在广大地方，如四川、云南、西康等地，前后建立了 15 个新工业区，在川滇黔三省中，战时新建立的工厂，依民国二十九年统计，资本以二十万元为最低额者：共计 472 家。西南本是一个工业落后的区域，若没有抗战，新工业在

---

* 本文原载于《当代评论》第 1 卷第 16 期，民国三十年 10 月 20 日出版。常姝女士抄录于清华大学图书馆。

西南的发展，也许是近十年间所梦想不到的事。

抗战促成了中国由农业古国走向工业化的新国家，这一转变，要使旧的农业社会发生剧烈的解组。单是就传统职业方面而言，就已经带有急转直下的局面。

试先以英美工业先进国家为例：英国的工业化的情形，在1905年，农业人口还占总人口33.3%；到1911年，只占12%，农业人口降到几乎无足轻重的地步。美国也是如此：在1890年，农业人口占总人口64.6%，此后逐渐下降，至1930年仅剩24.6%。可见在工业化的过程中，要促使大量的农业人口从事百业。

据我们在昆明市调查职业组织的结果，发现"改行"者甚多。例如，在四五年前，裱书业本市共有三四十家，现在则只剩六七家了。其中还有一二家据说最近就要歇业，另谋出路。战前从事扎纸业的，约有二十余家，现在则只剩三四家，还是朝不保夕。战前做香料的家数：约在四十（家）以上；而现在还在继续营业的，不过十余家而已。小工业的"手艺人"也显然是不及从前多了。诸如此类的情形，正在继续，这是什么原因呢？据他们说"关门歇业"或"改行"，是由于"这行道不行时，加以警报多，生活又昂贵"。这些话，虽没有直接说出他们改行的理由，但这里实在已经包含了他们不得不"改行"的苦衷。

"警报多"确乎是战争的影响，战争不但破坏了很多"行道"，还使从前繁荣的店铺"门可罗雀"。在昆明市，我们固然看见许多"店铺"被炸光了，这些被难的人们，有的不得不另谋"高就"，有的则只好"关门歇业"。还有些行业，虽未被炸，亦受到同样的打击。裱书业便是一例，原来论书赏书，那是和平时代的玩艺，值此"兵马倥偬，军书旁午"之际，谁还能有此闲情逸致？类似的这些"行业"恐怕只有"关门"或"改行"，这是他们最后的一着。

昆明市许多行业的手艺人的改行，战争固是一因，最主要的还是后方工业化的影响。譬如小木业的师徒，很多往附近的工厂去了。他们所谓"行道不行时"一说，最能说出他们的衷曲；这"不行时"三字，最有分析的价值。

在工业化的过程中，有些"行道"，当然敌不住新兴的事业，因而势必失去其固有的地位。一部产业革命的历史，就是一部新旧事业悲兴交替的历史。有新事业的发展，即有旧事业的没落。这是生产过程中常见的现象，无须多说。

工业化是整个社会生产方式的改变，所以它给予社会的影响，也渗透到整个社会生活的各方面。目前，在昆明市，有许多传统的"行业"，都在渐渐地动摇，没落，关门，以至于另谋出路。这是工业化必然结果，无足深怪。

所以工业化的过程，不但是农村人口大量的"离地"，也是市镇中传统职业人口大量的"改行"。

三、在工业建设当中，新事业的急激增加，是需要大量劳力的。这些工人：有的来自农村，有的则来自市镇中的旧职业，已如前述。这里有一个问题，即新事业能够从传统职业里吸收多少人口？换言之，亦即传统职业能供给新事业多少人口？这是职业人口流动中最值得研究的问题。

新事业能够吸收传统职业多少人呢？这里没有可靠的数字可资征引。不过，新工业的吸收力量，可自其对传统职业组织的破坏的程度上，得到一个说明。其理由如下：

倘如新事业冲破旧职业的程度甚大，则传统职业里的手艺人，便失去谋生的机会，于是不得不从旧职业跳出，流向新兴的工业。反之，若是工业化冲破传统职业的程度很小，则传统职业仍然还有拉住大量人口的力量，再加上农业社会的"安土重迁"与不愿轻易抛弃"祖传"行业的心理，那么，从农业到工业间的人口流动，也许要延长期限了。

新工业的发展，与旧事业的破坏，具有密切的关系。新工业如不能相当的破坏传统的职业，必将感受劳力的缺乏。因为这时新旧事业，都需要人力。结果必造成新旧事业互相"控人"的现象，旧事业亦不安全，新事业亦不稳固。所以"冲破"二字是新工业发展条件之一。

目前中国正处在新旧事业交替的途程中，其情形如何呢？就农村说，"农民离地"是战前熟习的名词，而且被一般人认为是农村破产的象征，这一名词在目前应是值得庆贺的。但是事实上，除去大批壮丁被征发从事抗战的神圣任务外，"农民离地"却是并不踊跃。

在西南各工业中，虽然容纳了大批离开土地的农民，试分析这些农民离地的根本原因，很多还不是由于新工业吸引所致。据费孝通先生在"西南工业的人力基础"一文中所述，女工入厂的原因，可以说近80%是由于家庭内的不和等。这些人虽然进入新兴事业，但工厂实在无法拉住她们。由此可见中国新工业冲破传统职业的程度受到当时社会的限制。

新市镇中传统行业方面说，在昆明市，改行虽然很多，但是，改行的手艺人只有少数流入工厂，大多数流到其他传统职业（如人力车业、商店）里面去，后一种流动，对工业化可谓毫无帮助。这种人口流动现象，若不能及早加以修正，将来会对于新工业的建设发生很大的不利影响。

推求发生这种现象的原因，也许是很多的。但其中最主要的一个，恐怕是由于目前后方所建设的工业，并非如十八九世纪英国初建的工业那样的循序渐进，却与帝俄彼得大帝提倡工业时有些相似，是一种对等跃进的局面。帝俄还在平时，中国则在战时，所以许多问题也就由此发生了。

高度现代化的工业，其所需的劳工，须有专业的技术，当然不是改行的师徒所能胜任的。这种改行的手艺人，到工厂只能作小工，他们觉得地位太低，收入太少，不够仰事俯畜的开销。但技工的地位呢？对他们又属高不可攀。在这种情形之下，这些不能在祖传行业里容身的人，只好另谋出路了。这就是新事业还没有力量吸收传统职业里人口的缘故。

就目前的情形观察，工业化不但冲破传统行业的程度不够大，还有许多其他事业，直接和新工业"抢人"。例如兵役，就是最明显的一例。因此，反映在新工业建设上的，便是处处需要大批劳工，但总是听见找不到劳工的呼声，结果造成了"事浮于人"的状态。就是"待遇从优"，还是供不应求。

四、新工业既无力冲破旧事业，结果必使农业或其它旧行业到工业间的人口流动拖延的很久，此种过程的延长据我们看来是害多利少的。其原因可自人口流动给予社会的影响上加以说明。职业间人口流动，本来是随时随地都存在的，对于社会不致发生较大的影响，但目前川流不息式的人口流动，却是一个反常的现象，所以约略地叙述如下：

就利的方面说，人口的流动，致使就业的机会加多，可以避免"抢饭碗"的悲剧。就业者在流动的过程中，眼界扩大，见闻增多，也可消除传统一隅的狭隘观念，具有好处。

至于害的方面，那就较为具体而且数目繁多了。第一，目前，凡是"待遇从优"的地方，就业者莫不如群蚁附体，群犬争骨，趋之惟恐落后。就知识分子方面说，也复如此。目前大学毕业生之流入银行，多到出人意外的地步，但加入学术机关者却为数颇少。此中缘故，据说是学术机关与银行的待遇相差悬殊所致。可见待遇的厚薄，可以决定人口活动的方向了。各种职业为了大量的吸收人口，便不得不提高薪金作为"抢人"的条件。但人的欲望无穷，而待遇的提高，却有程度的限制，因之极易养成就业者的"五日京兆"与"得陇望蜀"的心理。譬如许多改行的手艺人，多半是向收入最为丰富的那方面流动。据传说某裱书业的老板，改行经商，其主要是由于目前经商，最易发财；又如某银行某职员，月入在四百元以上，结果还认为不足，而加入那批走私之流的队伍。这些虽是传说，却不难见"惟利是图"的心理在职业人口中，是颇为流行的。

其次，就业者对于职业，没有持久的恒心，也是当前流动中一个显著的现象。因为就业容易，打破饭碗算不了一件大事，所以就业者的因循敷衍，不肯努力做事，甚至无理取闹借故与管理人员冲突争吵等，都变成了"司空见惯"的现象。

复次，就业者的朝秦暮楚，舍熟就生，势必浪费工作时间，降低生产效率，对技工对工厂，两无裨益。

最后，就业者因流动过速，每天都和陌生人接触，彼此间的同情心极易丧失，因之对于服从社会秩序的习惯也极易减弱。在昆明市，有许多外来的劳工与司机等，据说在他们间性病的流传颇为普遍。这件事实表示外来劳工的社会生活已经脱离了常轨。因为外来劳工多是单身的。他们离乡背井，来到一个陌生的地方，既无家庭的维系，又无亲友的监督，社会对他们几乎全然失去约束的力量。于是他们便任性放浪，毫无顾忌。性病的流传就成了必然的结果。还有"爬山虎"的"走私揩油"，也是由于道德观念低落所发生的不良现象。

上述四点不过是荦荦大端，其它害处过多，恕不一一细举。即此四端，对于社会的损失已是相当的巨大了。所以如何减少这种人的流动，避免社会的损失，委实是当前的急务。

五、从农业社会到工业社会，其间所引起的职业间的人口流动，本是一件冗长的不易迅速结束的事情。工业化的历史，早有先例。美国用了约四十年的时间从事工业化，才把农业人口由 64.6% 减到 24.6%，德国也费了 43 年的工夫把农业人口由 42% 减到 30%，苏联工业化虽是比较迅速的，但它每十年只减少农业人口 10% 至 20%，也还费了十余年的努力才有现在的成绩。反观我国，农业人口占总人口数约 75% 以上，要把这样一个庞大的人口，让工业化吸收到其所应吸引的成数，当然不是短时间内所能完成的。那么在中国工业化的过程中，其职业间人口的流动，也许比欧美各国的年限更要拉长了。

论社会流动与理想社会[*]

（一九四三年）

一

一个最显著也最易被忽略的社会现象，恐怕要算是人的活动了。社会原是人所组成的。没有人底活动的社会，那是一个幻想，一个永远不能实现的怪梦。这样看来，社会生活与人的活动，本是一件事的两面。因此社会份子为要调试他的生活环境，得常常变换他的社会地位。此种改换社会地位的情形，社会学上有一专词，谓之"社会流动"。

社会流动的方式，虽是千变万化，难于捉摸，归纳起来，大概可分两种：一是平面的，其意义即指个人从这一社会地位迁移到另一同等地位的流动，如农民进入工厂，变成劳工，或作家放下毛椎，加入政界，都是平面流动的例证。其次为纵面的，它的意义即指个人的社会地位发生上升或下降的变迁，像佃农购得土地成为地主，或官僚失意下野变为平民，都属于纵面流动的范围。

无论古今中外的社会所包含的社会活动，似乎尚未越出上述两个形式。不过，平面的流动现象，似不及纵面的富于变。以其方式而论，也比不上后者的错综复杂。说到对于社会的影响，后者亦较前者更为直接。本文目的：暂放下平面流动不论，仅就纵面流动与理想社会两者的关系，试加以简略的

---

* 本文原载于《自由论坛》1943 年第 1 卷第 1 期。感谢李晓非博士，在北京大学做博士后期间，专门到北京图书馆找到此文，抄录下来。

说明。

二

讨论纵面流动以前，最好先了解社会组织的性质。社会组织有一个主要的特色，可以用"不平等"三个字来描写，它的外形很像是埃及的金字塔，造成社会组织"不平等"与"金字塔"式的原因主要是"人品不齐"。

世界上没有绝对相同的两片树叶，也没有绝对相同的两根花木，就是一望无垠的沙漠，法国的大文豪福罗贝尔在当他教训莫泊桑写作时说得好："世界上没有绝对相同的两颗沙粒。"至于人那是更用不着说了，孔子曰："性相近也，习相远也，唯上智与下愚不移。"希腊大思想家如柏拉图和亚里斯多德，都十分认识人类彼此间有天生的差异。柏拉图在《共和国》内有"保护者"与"被保护者"的论述；亚里斯多德在政治学上有"天生奴隶"和"天生主人"的区别。这种人间的差异，既是所谓"人品不齐"的实证。

根据高戈登的研究，人品不齐很自然的便构成一个常态分配曲线。其中上智与下愚，总是占最少数，六分之五都是中材。从这一方面说：所谓社会组织，就是建筑在此一曲线之上的，是一个"不平等"的建筑。

自另方面言：个人在社会上所得的地位，彼此间也是差等悬殊的。社会上凡是地位越高者，总是为数甚少；地位越低者，则占数最大。譬如军队中的高级将领，真是可谓寥若晨星，大多数都是士兵。所谓社会组织也可说是这些社会地位累计的总和，与埃及金字塔仿佛异曲同工。

社会原是人所造成的，人品不齐势必影响到社会组织不会是一个平面，而是一座立体。社会份子便在此塔形舞台上活动，表演着所谓"社会剧"。生长在这一舞台上的戏角，每一个人似乎都喜欢出人头地，最好能够占住金字塔的顶端，发号施令，指挥别人。原来人不仅为饱食暖衣而奔走活动，此外还有其他种种欲望。这许多欲望中的主要者怕要算是出人头地的了。

社会上有许多的人，忙忙碌碌不得不为衣食而努力，但是也还有许多生活上本无忧无虑的人，并不因此停止他们的活动。薛西出征雅典时，并不是缺乏衣食与妻妾；拿破仑取得法国的主宰权后，还要扩张势力，东征西讨控制全欧；马丁·路德并不是因为饥寒交迫而发动宗教改革运动。司马迁在受宫刑后写成了他的最受人推崇的《史记》，王安石做到一朝的宰相，衣食上当然不会有什么问题了，虽有种种阻碍，但他还是一意孤行实行"变法"，这些都是历史上的著名人物。社会份子除了极少数特别低能外，所有的人都似乎有着同样的特性。虽则在其程度上，可以不必相同。罗素在其所著《权力》一书上有一个很好的比方，他说："A 夫人对于她的丈夫的营业成功，很有把握，并没有进贫民习艺所的恐虑，可是她喜欢比 B 夫人装扮得好一点；虽则她可以用最少的代价，避免肺炎的危险。她与 A 先生都觉得愉快，如果他受封爵士或当选国会议员。"（B. Russell, *Power*, ch, 1）总之，每个人都喜欢高高在上，每个人都喜欢把自己的地位和上帝交换，如果这是可能的。事实上，这种心情，支配着每一个社会份子的行动，此为"社会剧"里面的真实内幕。

三

社会份子的高高在上的心理，在幻想中所想象的胜利，本是无止境的，如果把这些胜利视为可能，就要努力使其实现。社会流动可以说就是社会份子实现这高高在上的工具。

要是没有社会流动，拿破仑会是一个卑无足道的小兵，永远也没有机会变成历史上的旷世英雄。第一次世界大战时的一员小卒，假如他没有上爬的因缘，今日的国社党领袖，也许不是希特拉。谁会相信史太林成为目前无产阶级的独裁者！假如他在十月革命的暴风雨中不幸遭人暗杀。中国的传统社会素来是看重社会流动的。战国时的苏秦和张仪是以布衣而为卿相的，范雎蔡泽是贫士起家的。汉高祖本出身微贱，以前是一个小小的亭长，到他做一朝天子的时候，始知皇帝有无上的光荣。在日常谈话中有所谓"十年窗下无人问，一举成名天下知"、"吃得苦中苦，方为人上人"、"草泽常有英雄起"等等口头禅，都莫不是社会流动上的极好形容词。至于下降的情形，也是史不绝书的。俄国十月军中沙皇的地位倾毁了，法国大革命时，路易十六的头从断头台上滚下来了，溥仪是在辛亥革命后摔下了帝位。在日常生活中有所谓"撤职查办"、"褫夺公权"、"除名"、"辞退"、"下野"等等习用语，其所代表的具体内容，就是社会份子地位下落的现象。

纵面流动本是古今中外的社会随时随地都存在的。推求发生这种现象的原因，当然是很复杂，其中有下三点，较为重要。

第一，人品不齐，是发生纵面流动的原因之一。纵面流动的事实如果存在，人与人间的不平等现象原是无法消灭的，这一点在本文前面说得很多，无须在此重述。

其次，一个团体生活需要领导者与被领导者。一个社会生活的成立，一方面有发号施令的人，另一方面有服从命令的人。正如建造一座房子，必须有一个人打好图样；在铁轨上行车，必须有一个司机。阿德勒尔在其所著《人性诠释》一书里分别介绍了顺从和傲慢两种典型，他说："奴性的人士依靠别人的规则和法令而生活，这种典型的人似乎强迫的寻出一个奴隶的地位"。在另一方面，他接着说是傲慢的典型，他问："如何我可以高于一切人？"这一种人在需要领导者的时候，就被人发现，在革命时登峰造极。阿德勒尔把这两种人物都视为不是吾所愿望的，至少是他们的极端形式。他认为这两种人都是教育的产物，他说："权威的教育最大的害处，就是给儿童一种权力的理想，并且指示他和权力获得有连带关系的愉快"（转见 *Power*, ch，2）。虽然权威的教育，也同时产生奴隶典型和专制典型，因为他使人感觉到："两个互相合作的人彼此间唯一可能的关系，就是一个人发施命令，而另一个人服从命令的关系"（见同上）。社会生活中，不只是两个人彼此的合作，而是多数人互相的共同生活，所以尤需要出类拔萃的领袖人物。因此共同的团体生活也是造成纵面流动的原因之一。

第三，在人生的过程中，最大的现象，莫过于出生成长、衰老和死亡。有了这些现象，纵面流动也就与之俱来了。父居高官厚爵，如为父者不能传其位于子，父之高官厚爵，势必成为空隙。有了空隙势必需要人员加以补充。再者父有某种职业兴趣，而其子之兴趣可能与之大相径庭。父之位不必传之于子，子之位亦不必袭于其父。父子间的轩轾，也是发生纵面流动的原因之一。

造成纵面的社会流动，上述三点不过是其中荦荦大端，如高矮，美丑，善恶，智愚以及各自所处的社会地位，都是互不相同的。这是社会阶层化形成的基本原因，也是社会纵面流动的基本原因。

四

社会组织既然是像埃及的金字塔，社会份子总希望爬到金字塔的最高层。有能者是这样想，无能者也这样想过。可是塔顶狭小，自然对于所有攀登的人不能一视同仁，这其中难免不发生一种竞争与选择的现象，优胜劣败成为事实上的必然。

社会份子攀登金字塔的途径，虽各不同，这上爬的途径，既是所谓社会阶梯，它是社会份子上升的工具，也是社会阶层解放的武器。它像一个起重机，把社会底层的人员提升到上层去。例如学校，是一种社会阶梯，幼稚园，小学，中学，大学，研究院，一步一步，扶摇直上。又如军队，又是一种社会阶梯，自小兵以至于总司令，层次井然。他如政党、宗教等无一不有上通之路。

社会之梯除了上述提升下层份子的任务外，还是一种挑选的机器，它吸收相似的优秀份子，排斥相异的攀登者。如军队阶梯，在文质彬彬的人看来，实有望尘莫及之感。这些人既然不能从这种梯子爬上去，因此只好另择途径了。又有所谓"门户之见"，"党同伐异"各类现象，似乎都可以从这方面得到解释。

社会流动中，仅有社会阶梯，原是不完全的。因为上层份子，亦是常有至愚，爬上去的人员，也不必皆贤，有许多靠权贵，靠世袭，靠手腕，靠血统裙带各种关系，而得幸居高位的更不必说了。所以需要淘汰的工具来清理来测验，这工具即是所谓社会筛箕。社会之筛能把上层的废物统统筛淘下来。上层的不伦不类份子，本是不配占住高位的。社会筛子可以将这些笨伯败类从筛孔里淘汰出去，使上层不致有人满与壅塞之患。

普通常见的社会筛箕，在政治阶层中，有"褫夺公权"，"罢免"，"撤职"，"下野"，"永不录用"各种方式；在学校内有"留级"，"辞退"，"开除"种种名辞；在宗教中有"放逐律"的规章；在家族中过去也闻有七出的条例；在政党中有"开除党籍"，"秘密制裁"的手段。这些都是社会筛箕的实例，是属于狭义方面的。至于广义方面，舆论制裁，社会公愤都可说是大有权力的社会筛箕。当上述各种筛箕麻木无能的时候，上层往往充斥昏庸之类，下层常常埋没优秀真才。最后则有一种暴力的大筛箕即所谓"革命起来"施行社会淘汰的天职。

攀登社会阶梯，普通不外两种路线。一为正路，一为别道。前者即指社会份子"正途出身"，后者则是社会份子由旁途大显头角。从别道出身的人可以不经过一般人所公认的途径，而一步登天。目前的中国社会上这些情形真可谓触目皆是，不胜枚举。哪个机构的主管长官，不在引用自己的戚族乡党（当然也仍有少数例外）？常闻有"终南捷径"，"吹牛拍马"，"走太太路线"，"卑躬屈节"，"烧冷灶热灶"，"走狗"之类的鄙薄名词。然而这些字眼，都是社会份子别途上最有用的礼物。

总之正途与别途两者是对立的。从正途出身的人，当然要光明正大，从邪路上出头的人，自然免不了"出身不明"。在社会上，这两种路线上来的人物，彼此间常是互相轻视，互相侵轧，其结局便是上层社会始而动摇，继而分裂，终而瓦解土崩。

再者正路与别道也是互为消长的。如社会上层尽是些"憨大"和"笨伯"，则原来处在上层的贤能之士，目睹这种腐化情形，既不能转移风气，复不能相与为伍，只好自动洁身引退，挂冠而去。长此以往，正路将成为冷门，邪道反是应接不暇的山阴道上。"小人道长，君子道消"，社会安得不乱，政治焉得不腐败。

五

上文所说一个流动的社会，只要很正常的运用社会阶梯与社会筛箕两把机器，本是不违反社会份子的天性的。原来社会流动是建立在人品不齐的上面。因此，纵面流动是古今中外的社会通则。不论是现今尚存的最原始的社会如南非的班图（Bantu），北美的印第安土人，最古老的社会如中国，最繁华的社会如美国，最独裁的社会如德国以及时人所最称道羡慕的社会如苏联，都没有越出上一则通则以外。虽则其流动的方式上程度上可各有不同。

或有人要提出印度社会来加以问难。原来印度社会是今日各种社会组织中最特殊的一例。所谓特殊，就是这种社会没有上下流动的现象，传统的印度社会中分人民为四阶级（caste），一为婆罗门，次为刹帝利，第三是吠舍，最后为首陀。在社会上各阶级所享受的权力是不相同的。各阶层彼此互不通婚，下层阶级除了服务上层的人外，永远也没有出头的一日。这种现象的社会有人称之曰静态的社会。何以形成此种情形，颇难加以合理的解说。

但是印度社会并不是完全没有流动的现象。就每一阶层说，其中人品不齐还是存在的。何以今日我们只能听到甘地、尼赫鲁的名字呢？甘地与尼赫鲁固然都是贵族出身的。印度贵族自然还有许多。恐怕大家都会相信在印度许多贵族中，绝不会有两个相同的甘地和两个完全相同的尼赫鲁。这些事实如果存在，印度社会还是有"流动"的。

不过，这种流动当是属于阶层中而非阶层间。这种流动范围是很狭小的（在事实上印度社会阶层间也许有流动的情形，不过很难找出证据）。就全印度社会看，上层与下层，似乎不易互通声气。根据社会组织的通则，印度式的社会是不健全的。一方面可说是病态，一方面也可说含有危险。第一，上智下愚虽是自然现象，但是很难令人相信印度僧侣中没有笨伯，在平民奴隶中没有天才。由于阶级之森严，优秀者既不得上攀，大愚者复不能摔落。今日印度沦为殖民地的原因虽多，但阶层间缺乏流动，未始非为主因之一。且帝国主义者更善于利用此种不流动的社会机构以巩固他们的政权。前述人的活动与社会生活是一事的两面，所以这种社会是反常的，是病态的。

这种社会又何以有危险呢？因为不流动的社会优秀份子永远是会被埋没的。优秀人才的埋没，对于社会文化的创造，是要减少一分贡献的。如果说俄国的大革命中没有列宁，则其今日的局面，恐怕会有些两样。又如印度社会中没有甘地，则则不合作运动也许不会产生。同理，下层埋伏优秀份子，在其不可忍受时，有朝一日，也需要起来反抗的。

动态的社会是不是也有毛病呢？社会学家邵罗金，在其所著《社会流动》（P. Sorokin，*Social Mobility*）一书上，也认为是弊端丛生的。据他的意见以为社会流动其结果所致，便是民族中的优秀份子可能悉数被消灭。这些人是创造文化的资金，被消灭是一大损失。原来社会金字塔顶端，好比一座油灯，优秀份子犹之如液体燃料。社会组织利用社会之梯，不断的自下层"捞"起许多精华送到油灯去消费，油灯虽可以燃烧得光辉灿烂，但是提炼出来的优秀份子，将因此而归诸枯竭，待油尽灯残时，黑暗时代到来了。历史上有所谓黑暗时代，似乎很可以从这一方面去看。

何以在流动的社会中，优秀者有消费尽净的可能？因为人们为了前途，为高高在上的心理所左右，往往采用通婚和生育节制为手段之一，这种现象一经发生，于是在人口组成中便要发生区别生育率的现象。事实上根据统计的结果，上层阶级的子女较下层阶级的子女往往其比数为少，长此以往便是社会中的优秀份子很有日趋灭消的可能。社会中优秀品质的被断丧，这一社会便要渐渐减少爱好创造和具有创造能力的人员，结果静态社会就取而代之。

对于邵氏的看法，颇有加以修正的必要：首先要问社会中的优秀份子因流动终有完全被毁灭的可能吗？对于这一问题谁都难于做一肯定的结论，只有时间能够证明将来的事。不过根据历史的知识，亘古至今尚未有优秀份子绝种的事实，历史上任何时代，似乎都有些优秀份子在那里支撑局面。再者，社会中本是常有许多奇才异能之士被埋没着。后生可畏，安知来者不如今日？这些人只有靠着社会流动才能出人头地，一方面也可以说优秀者因流动而增加，这是一事的两面，邵罗金教授在这里似只见其一而未见其二。

再者，优良的父母固然常生优良的子女，不过优良的父母有时也产出低能子女；低劣的父母固然常生低劣的子女，有时也有"神秘的结合"而产生奇才异能者。这些都是大有可能的推论，而且事实上也不乏覆案的例子。邵罗金教授对这些事实似乎都不曾加以考虑，因之，他犯了机械推论的毛病。优秀份子果真因流动而消损吗？这完全是"杞人忧天"，即以生育区别率而论，这事实目前固然存在，据人口学者的意见，此由于生育节制未普遍的缘故，将来生育节育运动深入下层社会后，则区别生育率的现象也许不致有太大的差异了。

不过流动的社会也有其缺点，例如社会份子流动过速则不免缺乏同情心和浅薄。因为流动的结果，每天都和陌生人见面，彼此间很难有休戚相关的情感。其次，社会份子因流动频繁，免不了流于浅俗。虽然流动的社会有这些缺点，比较起来它还是较为合理的社会。

综上所述，流动的社会本是古今中外早就存在的。有些富于做梦的幻想家不断的在做他将来理想中的社会梦。从摩尔所著的《乌托邦》以来便有不少的人忙于计划未来的社会，也有不少的人忙于实现这些理想社会的活动。有些人以为未来的社会是平等化的，是没有阶层的。未来的社会果真是平等化的吗？果真是没有阶层的吗？但愿将来是如此。

这些人似乎是太近乎空想了，其原因由于忘却了过去也忘却了现在，他们认为凡是过去的社会都是要不得的，应该加以忘却，现在的也是要不得的，也应该加以改造。只有在理想中的将来的社会，才真是天堂。除非每一个人都能变成上帝，否则他是绝不能走上天堂的。

理想的社会不会是平等化的社会，也不会是无阶层的社会。因为人品不齐是无法消灭的，这一点既无法铲除，"不平等"三字始终是一个适用的名词，所以理想的社会，还是一个"不平等"的社会和埃及的金字塔形式且会永远留在人类的历史中。

社会阶层化既然是一个不可消灭的概念，则社会的纵面流动也是无法加以否认的，所以理想的社会是一个流动的社会。这个问题不在未来的社会是平等或不平等，而在社会的纵面流动是合理还是不合理的上面。所谓合理的社会流动，是指社会很公道的利用社会阶梯和社会筛箕行使其社会人才合理分配的功能，按照社会份子的才能适当的使其分配在社会组织上。才能和地位两者要能均称，这种组织是谓"社会真组织"。至于不合理的社会流动，其情形便和上面适得其反，社会阶梯与社会筛箕，两者都没有公道的行使其职能，结果使分配在社会组织上的人员，才能和地位两者常不相符。无耻贪暴之徒或靠亲友，或靠血统裙带，或是攀龙附凤，而巧取苟得居高高在上的地位，才智之士反困厄而死于草野，这种组织可以说是"社会伪组织"。理想的社会是"真组织"不是"伪组织"。

最后，在此简单的提出中国传统的社会理想，作为本文的结束。我们的社会向来是从人才主义出发的，就是特别看重人才，特别看重社会流动，这是我们的祖先遗留下来的宝贵遗产，值得我们发扬光大的。在我们的社会生活中"选贤任能"是很重要的一个原则。"能者在职"，"贤者在位，君子道长，小人道消"，"不贤者在位，小人道长，君子道消"，诸如此类的概念，在儒家的社会理想中，真可谓更仆难数。要是一国之内没有人才，其结果所致，便是"人之云亡，邦国殄瘁"。其实，我们从上面的分析来推断，我们有理由确信"人才消乏"一语之非真，社会之所以乱，政治之所以败坏，当是由于执社会筛箕者在霸据执行筛箕功能的政权后的反其道而行。吸灯油的灯芯失去了正常的技能，吸上灯盘者全是渗透在真油中的水分，真油反不得上升，这个世界安得不是"黑暗茫茫"？准此，我们何能说是"人才消乏"呢？

儒家中特别是荀子，对于社会组织的阶层化和社会流动，有许多精辟的意见，略举之，他说："人不能无群，群而无分则争"，这是他的社会阶层化的概念；又如《王制篇》云："虽王公士大夫之子孙，不能属于礼义，则归之庶人，虽庶人之子孙，也积文学正身，行能属于礼义，则归之卿相士大夫"，此为其社会流动的理论。荀子可以说是最理想也是最现实的社会思想家，这样有最优秀最健全的社会组织理论的人，不但在中国，即全世界，荀子无疑是第一个先知先觉者！

归结言之，理想社会，在组织上是阶层化的，在分配上是流动的。它是真实的社会组织，有着合理的社会流动。

士的社会阶梯[*]

（一九四三年）

一

社会组织的形式，原是像埃及的金字塔。金字塔顶端，具有高高在上的权力，为社会人追求的目标。社会份子除了极少数例外，恐怕谁都向着这极峰上面，采取各种不同的路线攀登的。这爬上的路线，就是所谓社会阶梯。其功能为社会份子上升的工具，也是阶层解放的武器。它像一个起重机，把低层的社会人可以提到上层去。譬如科举制度，使童生可以变成状元；学校组织能够训练小学生变为大学生；文官制度上的委任官终有任职的希望；军队中的小兵也可以做大元帅的梦。科举、学校、文官、军队，都是社会阶梯极明显的例子。

邵罗金教授（prof. P. A. Sorokin）在他所著的《社会流动》（*Social Mobility*）上，举出社会份子上攀之路，大致有六种（军队，宗教，学校，政府与政治组织，职业组织，以及家庭）。可惜邵氏没有指出社会阶梯中主从之分，有难易之别。这里是值得略略加以补充的。

我们说社会阶梯有主从难易的几种特性，这也许是随社会态度不同所引起的。例如西藏及蒙古，直到今日，还是喇嘛的世界。于是宗教制度，能引起社会态度上极大的重视，宗教阶梯也许就成为社会份子争先恐后的主要出

* 本文原载于《自由论坛》1943 年第 1 卷第 3 期。感谢李晓菲博士，在北京大学做博士后期间，专门到北京图书馆找到此文，抄录下来。

路。因为它是社会环境中重要的一部选择机器，支配社会人的力量也许便由此表现得格外显著。攀爬这种阶梯的人物，无疑是最多的；竞争的现象，也会是强烈的。因此理论上说，主要的社会阶梯同时也许是难于攀缘的上通之路。避难趋易，人之常情，走冷门的现象，或许就是这一心理现象的表现。又如日本，在明治维新以前，是武士的天下：武士道成为社会上的骄子，武士的阶梯也就成为这时的主要出路。目前西洋特别是英美的社会，资本家是最高的统治者。如今拜金主义支配着英美社会上大多数的人。纳粹主义的德国社会，是国社党的舞台，只有通过纳粹党的上爬难关，才有出人头地的希望。上述社会之梯上，不难了解其上攀之难，是可想见的。此外非主要的上通之路，其一帆风顺的飞黄情形，是用不着说了。

在中国，社会上向来"重文轻武"，"万般皆下品，唯有读书高"。中国社会的士农工商几个阶层，士早就居四民之首。自春秋到目前，中国社会上的领袖是士（当然也有些例外），掌握政治权的也是士。"学优则仕"，一般人都是这种看法，读书人的看法尤其如此。所以士的社会流动，特别在中国社会，占着优越的地位。

社会变迁与社会流动，原是关系颇密的。社会之梯如果发生了故障，失去其选优淘劣的作用，则优秀者就很难攀登到最高上层的。上层如没有优秀人才领导，"人之云亡，邦国殄瘁"的现象是不可避免的。因为"社会伪组织"的局面下，便是无能者在上，才智之士反死于草野。这不但是社会的大浪费，也是社会组织倒台的先兆。法国大革命前的社会是如此，俄国十月革命前的情况也是如此，历史上许多的革命，都莫不可推源到优秀人才过于压迫的结果。

二

上文提到社会组织像埃及的金字塔，社会份子有争先恐后向上高爬的通性。社会变迁与社会流动有其密切的关系。士是社会份子之一，在中国，士更有其特殊地位。从士层上分析中国社会，也许是更容易了解中国社会的本质。

中国社会的上层向来是士的地位，统治权便是士权。所以士成为官僚制度的主要根源。"读书人做官"，素来的书生都抱此宏愿。韩非子在《外储篇》说："王登为中牟令，上言于襄主曰：'中牟有士曰中章胥己者，其身甚修，其学甚博。君何不举之?'"士人起为官僚者，史例甚多，政府的达官要人，几乎完全为书生包办了。中国政府的官职，向来对各阶层公开的，考其原因之一，也许是士的阶层，对于非士之类素不采闭门政策。孔子有"有教无类"的主张，荀子有"虽王公士大夫之子孙，不能属于礼义，则归之庶人；虽庶人之子孙，也积文学正身，行能属于礼义，则归之卿相士大夫"（《王制篇》）的议论。换句话说，即不问贫富，皆可依其天资与自身努力，而攀跻于学术上的高峰，加以教育与选举密切相连，白衣及第，即可肩国重任。例如战国时代，苏秦张仪，是布衣卿相的；范雎蔡泽为贫士起家的。这种情形，相沿至今，并无大改变，从今以后，恐怕就难能维持这种局面了。关于这点，留在后面讨论。

在《战国任侠论》上，苏东坡说："三代以上出于学，战国至秦出于客，汉以后出于郡县吏，魏晋以来出于九品中正，隋唐至今出于科举"。所谓"学"、"郡县吏"、"九品中正"、"科举"，正是士子的社会出路。科举废后，学校兴起；学校成为今日读书人的上升之路。

自春秋到现在，中国社会都是另眼看待读书的。凡从事实际政治的人，都知道养士不失为一种高明的策略。传统的政治手腕，似乎只讲求士生，而不谈民生，好像士子相安无事，社会就可以相安无事了。社会上既特别尊重书香人家，这是值得读书人引以为荣的。

三代是中国史书描写郅隆之治的时代，因其传得最美，理想的成分恐怕是多的。"出于学"，本文不加讨论。降及春秋战国，社会情况有一大的变迁，为中国文化的黄金时代。春秋之际，孔子最大的抱负本在政治，而他最大的成就却在教育。因为在孔子以前，教育是贵族专利品，师儒是贵族的寄生者。孔子首先提倡"有教无类"，这是学术平民化的造端，也是布衣卿相的引子。至于他率领弟子，周游列国，作政治活动，实为后来战国游说风气的前奏。迄至战国，自墨家和法家兴起后，其无稼穑，无恒生，而以做官或讲学为生活的读书人，即所谓"文学游说之士"者，派别反益纷繁。同时在政权的争夺，强邻的抗拒，或侵略的进行当中，列国的君相，因需人孔急，对于这班游士，礼遇日益隆重。最著名的如在齐宣王的朝廷中，被爵为上大夫，不治而议论的游客，一时有七十七人。宣王在临淄稷门外的稷下，"开第康庄之衢，高门大屋尊宠之"，因此有稷下先生的称号。苏轼曰："自谋夫说客谈天雕龙坚白同异之流，下至击剑扛鼎鸡鸣狗盗之徒，莫不宾礼，靡衣玉食"（《战国任侠论》）。越王勾践有士子六千人，齐田文、魏无忌、赵胜、黄歇、吕不韦，都有客人三千。齐稷下谈者亦千人，魏文侯、太子月，都收养客人无数。所谓"客"，便是此时上升的跳板。

养客的风气，为好或坏，我们不论。但有一点可以指出，便是它具有一种选择作用，贤能优异之士，有一技之长者，都可以有大露头角的机会。

始皇初欲逐客，用李斯之言乃止。既并六国以后，以客为无用，于是任法不任人，以为民可以恃法而治，官吏用不着才学，取能守法者足矣。丞相李斯上言，有云："今诸生不师而学古，以非当世，惑乱黔首……人闻令下，则各以其学议之，入则心非，出则巷议……如此弗禁，则主势降乎上，党羽成乎下，禁之便，臣谓请敕史官非秦记，皆烧之……有敢偶语诗书者弃市，以古非今者族灭……"诏从其议。我们从以上文中，可以点出当时儒生反对始皇的情形。加以当时侯生卢生相与讥议始皇，更使皇上大怒，因而除犯禁者四百六十余人，埋在咸阳。士子斯时所受的压迫，是可想而知的。贾谊曰："秦俗多忌讳之禁，忠言未卒于口，而身为戮没矣，故便天下之士，倾耳而听，重足而立，拑口儿不言"（《过秦论》）。士子斯时"咸不安其位"，是可想而知的。始皇压迫读书人的手段，所引起的结果，便是自于灭亡。"秦王既没，陈涉瓮牖绳枢之子，氓隶之人，斩木为兵，揭竿为旗，天下云集响应，赢粮而景从。山东豪杰，遂并起而亡秦族矣"（《过秦论》）。"一夫作难，而七庙隳"，秦的速亡，原因当然有很多的，其中恐怕要算没有拿爵禄尽縻天下士为最重要，所以苏轼说："始皇知畏此四人者（此四人均系读书人），有以处之，使不失职，秦之亡不至若是速也，纵百万虎狼于山林而饥渴之，不知其将噬人，世以始皇为智，吾不信也"（《战国任侠论》）。

三

高帝出身微贱，对于儒生，是非常轻慢的。既得天下，任用叔孙通陆贾等人，才知道儒生有益于人主。惠帝时，始除挟书令。文帝时，始购求遗书。武帝元年即位，诏举贤良方正直言极谏之士。名儒董仲舒对策，置五经博士。令郡国各举孝廉一人，置博士弟子五十人，每岁课弟其高下，以辅郎、文学、掌故。优秀者，常因此一举闻名；其不事学而下材者，在这种制度的前面，只能望洋兴叹。遇一艺以上的官吏，得选择辅右职。于是公卿士大夫间，彬彬然多文学之士。如丞相公孙弘，御史大夫儿宽，都以布衣，致位宰相。此外待徙之臣，例如司马迁、司马相如、庄助、朱买臣、东方朔、枚皋、终军等，学问文章，都是一时的健将，观此可与察举、征辟，实在是这时上升的初阶。

本来西汉君主，都已牢笼士子作为治政的百年大计，所有举拔，多利禄之徒。迄至末年，养成许多伪君子，占社会上层的最高地位。这种现象，可以说是当时选举制度形成的恶果。譬如王莽篡汉，便是借助于这批伪君子的力量的。所以到光武中兴以后，赐博士弟子便有差异的分别了。三公九卿及地方长官，都多以耆儒硕学为标准，根本上改变那时选举所造成的恶劣的士风，是当时的一种设施。赏罚严明，吏治上蒸蒸日上。例如颍川太守郭伋，南阳太守杜诗，渔阳太守张堪，会稽太守第五伦，洛阳令董宣，江陵令刘昆等，都是起自书家。选举制度，仍是前汉孝廉方正的旧习；不过特别注重孝廉。提拔的人才，也是极多的。

中国有国立大学也是在此时创立的，并以政府力量发展地方教育。汉武帝时在京师立大学，于郡国立学校，收容博士弟子达三万余人。同时私塾，也是非常发达的。所以班固《东都赋》曰："四海之内，学校如林"，当非虚语。说到孝廉选举的制度，是在每二十万人以上的区域，每年选出孝廉一名，不足二十万人的地方，每二年选出一名。当时人口最多的要算南阳郡，每年有十二名选额。次是汝南，每年选出十名。所以东汉人才，以汝南、南阳二郡极盛一时了。说到选举的方法，其注重点在实行方面。每年由地方官加以精选，预备政府任用；不由孝廉出身的，无攀政界的资格。故此士子争相砥砺，注重品行，希冀获选。可是过于注重实行的缘故，这中间便发生一种反选择作用。其结果便是有些人士，往往不问学问如何，当选的孝廉，有学问空虚的，有政治经验毫无的。这种弊端，到顺帝时才将它矫正。

顺帝用尚书令左雄的议论，命令郡国举孝廉，限年在四十以上。并且诸生须通章句，文吏须能践奏，才可以应选。不过有茂才异形的人，也可以例外。因此诸郡守十余人，都坐谬举免黜，只有汝南陈蕃、颍川李膺、下邳陈球等三十余人，得拜中郎。从此以后，牧守畏慄，莫敢轻易选拔。察选清平，所以人才辈出，是势有必至的。后来复用尚书令黄琼议，增孝悌及能从政者分为四科，选拔出来的人才，比往昔要多了。

东汉二展年间，士子在社会上占有优越的势力。从上所述，是不难想见的。到了末年，朝政昏浊了，国事日非了，加以党锢之狱连相二次；这种情况愈下的局面，其原因当然复杂，主要者之一也许是独行之士，依仁蹈义，舍命不渝的结果。例如毛义的行义，素来见称于乡里的，南阳张奉慕其名，往见，以义守安阳令，义奉檄而入，喜动颜色，奉心贱之，辞去。后义母死，征辟都不至，奉欢曰："贤者固不可测，往日之喜，乃为亲屈也"。又如薛包，少有至行，安帝闻其名，征拜中郎不就。又如李固杜乔的隐匿，终生不仕。凡此史证，实在不胜枚举。加以党狱两次后，天下名士，几乎诛戮殆尽。郭泰虽好臧否，但是他不为危言核论，所以能处浊世而怨祸不及其身，是党狱后硕果仅存的一人，可见这时社会情况，真是一个上下颠倒的局面。贤人才子，已经有善良的选举制度，把他们提拔出来了，既被提上以后，而党狱欲完全消除之，实乃社会的大不幸，其灭亡，全然是意中事。所以黄巾贼起，汉皇的伪社会组织，也就随之倾覆了。郭泰曰："《诗》云：人之云亡，邦国殄瘁，汉室灭矣，但未知瞻乌爰止，于谁之屋耳"，读史至此，抚昔悲今，焉能不废书而欢？

四

三国戎马倥偬，无暇言举，经五胡乱后，弦诵哀息，士子无正当出路，趋向清谈，原是极易养成的事。这时士气消磨，是可想见的。选举的制度，至是也大为改变。其改变的原因，主要者也许是当时社会环境转变的结果。

原来，魏晋南北朝的社会情形，有一特殊状态，便是九品中正的局面。因当时无统一的中央政府组织，只有上层下层的门第区别。上文讲过东汉时有地方察举与征辟的制度，是士子进升的阶梯。三国时，因祸乱相继，所以各处地方政府，不能真正行使其选拔的职能，甚至有些地方已经没有地方政府的存在了。加以在一个兵马战乱的时候，地方与中央"天高皇帝远"的现象，恐怕是越加显巨的。再者地方的名流都在飘避之中，就是有察举与征辟，恐怕也是难于实行，所以不能不更新制度，这是第一个原因。

当时戎马倥偬之际，军人得势，专横跋扈的局面原是不可避免的，于是选举的事宜全然操纵在军人手中，政府的达官贵人，大部分都是从军队的梯子上爬上来的。魏文帝时，陈群为尚书，因鉴于政府人选的腐败，乃新定用人制度。这制度就是所谓九品中正。认为朝廷用人，须有一比较的官观标准，不宜照旧法专用军人；并且特别规定，不从军队中提拔所谓当时的人才。可见九品中正是当时军人跋扈的一种反映，这是第二个原因。

九品中正形成的原因，当然还有许多，即以上述两者而论，不难见其一斑。考九品中正的来源，可溯及班固的《汉书》上古今人名表。中正的职责，就是按人品分列为九等。当时地方分州与郡。州有牧，郡有守。所以中正也分为大中正与小中正。在州内设大中正，在郡内设小中正。中正的资格有二：为中正者是中央的官吏。可知中正非正式的职位，是兼差，是名誉职。这是一个条件，为中正者须是本州人，这是另一个条件。

中正将人品分为等级，以备朝廷采用。军队上的推选作用是毫无效力了。才德之士可以从这种制度上出人头地。

历史的事实大多如此：天下乱时，名人多集于中央，所以人选较易；大乱息后，这些人倘返回原籍，便少有出身机会了。因此当时很多名流都不返原籍，仍留中央。结果习于荒荡，放言高论，使人知其名，希得中正的垂青，高高在上的安插在提名录上。可是社会的上等份子，老在中央徘徊，不返家乡，这对于地方全然是一种损失，所以又有人创士断之制，使用人之机交于郡太守，这是九品中正的反动，因为九品中正的制度也是有其弊端的。前文说过东汉时的察举，原是选拔孝廉至中央，做郎署的部下，如果朝廷一有空隙，乃派出充任其位。每年考核成绩，三年再定升降。这种权柄握在尚书手中，尚书之上，虽有宰相，但宰相对官吏的选举与升降，仍是无权过问的。尚书再根据成绩考核后，评定士子的职位，也不敢营私舞弊；因其上有宰相监督。所以这种制度，是很开明的。东汉制度的优良，在于先做本地官者，如果盛治地方，再将其提拔，选至中央，所以中央能因之盛治的。

但是无论什么优良的制度，都有其缺点。察举征辟也不能例外的，已如上述。九品中正也复如此。原来九品中正是根据一州或一郡的公正乡评，作为士子等级的标准。士子欲想飞黄腾达，不能不束身自爱；否则不入流品，终无扬名的一日。例如大文学与大史学家的陈寿，四川人，在中央做官时，母临终嘱曰：死后身葬客地，不返原籍。陈寿依之。结果被人指斥此系非孝行为，降其等级。此后有人见陈寿身旁有婢女做丸药，又被指斥其行为不端，而降等级。这都是乡评的力量，使陈寿数年不能向上攀登。可见士子的升降完全受九品中正的支配。士子的攀登阶级，如果专在品状上讲虚荣，不在实际上下功夫；不在服务的成绩上定升降标准，仅在名誉上做升降的测验，其结果所致，难免不养成伪君子的风气和社会伪组织状态。

当时还有上品清流下品浊类的局面，这情形有使社会组织骸骨化的趋势，即下层社会的人永远是浊类，上层社会的人永远是清流。所以"上品无寒门，下品无世族"，正是当时的描写。我们试问上品做大官者与下品做大官者，这中间的情形，是否能够相提并论呢？因为有的士子靠着乡评一跃可以高官厚爵，有的士子因乡评不好，终身无出头的机会。这些高位在上的人，有许多既缺乏学问，又缺乏经验，其结果不免有"不贤者在位，君子道消，小人道长"的风气。这是第一层。如果为官之士，品级虽是高的，为了专讲名誉，这些人便不会有才能之官了。社会可以因此腐化，不中不正的局面似乎也可因此造成，这是第二层。在身份条件下，每一个门第都保持其自有的地位，不同品级者不能相互坐谈，不能相互通婚，清浊之别，判若鸿沟，社会上品级间不能互通声气，这样下去的结果，恐怕是中正的流弊，也由此可见了。所以到南北朝时，人材选拔的制度，虽大抵沿袭魏法，但稍有变更了。梁有限年之法，州置州重，郡置郡崇，乡置乡豪，专司举荐，无复膏粱寒素的隔膜，大抵年满三七，使得人仕，北魏崔亮始立停年格，不向贤愚，断以日月，循资积格，人才消沮，至北齐时，就废除了。士气在此时的消殆，是用不着说的。

<h1 style="text-align:center">五</h1>

隋唐至清，出于科举。科举是一种考试制度，国家制定许多科目以为取士的标准，士子就依照这个标准去读书去写文章以备应试。这制度滥觞于隋而完成于唐，后来时时加以修改。大概从唐到宋神宗熙宁以前侧重诗赋，可称为"诗赋取士时代"；熙宁以后到元末，侧重经义，可称为"经义取士时代"；明初到清末，改用八股，可称为"八股取士时代"。

通鉴网目载隋炀帝大业二年始置进士科是专文辞赋士的开端，到了唐朝取士的科目多至十余种，据《唐书·选举志》所载："其科之目有秀才，有明经，有俊士，有进士，有明法，有明字，有明算，有一史，有三史，有开之礼，有道举，有童子，而明经之别，有五经，有三经，有二经，有学究一经，有三传，有史科"，虽然科目多，而行至最久的是进士与明经，其中尤以进士为当时所重。王定保《唐摭言》云："进士科始于隋大业中，盛于贞观、永徽之际缙绅虽位极人臣，不由进士者，终不为美"，士子得进士及第后，荣耀的情形，实在使当时读书人心骨俱酥，《蓬窗续录》记新士举行"曲江宴"的盛况，可以证明。孟郊诗："春风得意马蹄疾，一日看尽长安花"。唐人重进士，谓衣骨并香。

科举制度盛行以后，取士重词章，德行方面是早已忽略的，有名的诗人兼画家，醉心科第，不惜请托权贵，暗通关节，而冀一举登科的故事，够足证明"文人无行"的是科举制度下专重词章的结果。

宋朝循唐旧制，有进士明经诸科；常选之外，又有科制，进士考试的标准，犹重诗赋。到了神宗熙宁四年始罢，改以经义取士，王安石曰："今人材乏，且其学术异论纷然，不能一道德故也，一道德则修学校，欲修学校则贡举法不可不变。若谓此科多得人，自缘仕进别无他路，其间不能无贤；若谓科法已善则未也。今以少壮时，正当讲求天下正理，乃闭门学作诗赋，及其入官，世事皆所不习，此科法败坏人材，致不如古。"于是遂罢诗赋，专用经义取士。

宋代经义取士，虽不像唐代帖经那样简单，但学子只务记诵，不讲实学，所以一样流于空泛，王安石有"变秀才为学究"，顾炎武有"今之进士乃唐之明经"，都是感于时而发的。

元代国祚短促，前后仅一百多年，停止科举者五十多年，到仁宗延祐元年继仿宋制行科举并以四书为题，以朱子章句集注为宗，兼以"经义""经疑"试士。明洪武初定科举法，亦兼用经疑。清代科举，沿明旧制，一直到戊戌变法，才废八股。焦循云："八股文口气，代其人论说"，是不准发表自己意见的。所以一班举子，除努力读"时文"外，对于历史上的知识可一点都不知道。当时的考生有把贞观认为汉朝年代。八股取士的人才，与此也见一斑了。科举制度的设立，是在打击魏晋以来门阀制度的阶级组织，而恢复战国以来两汉布衣卿相的局面。《唐摭言》载，唐太宗私幸端门，见新进士缀行而出，喜曰："天下英雄入吾彀中矣"。这一句话，真把创立科举制度者的用心很坦白表明了，可是天下英雄才士众多，加以科举限制严格，实际上也许要遗漏许多优秀之士。《百川学海》载《广科举以弥盗》一文有云："唐宋进士第王芝辈唱乱，而敬翔李振之徒，皆进士不得志者也，盖四海九州之广，而岁上第者仅一二十人，苟非才学超出伦辈必有绝意于功名之途。"这段意思，很为明白，是要使天下的才士都可以藉科举以上升，不致再有王仙芝等以不第秀才愤而作乱。王安石在"一道德"的口号下，提倡经义取士，一面又自作三经义疏，使天下士子在他的义疏中翻筋斗。明代科举的方法，虽愈严密，所谓"八股文"者，名义上是"代圣贤"立言，实际上是使士子弄得没有思想，养成十足的奴隶性。固然这是科举制度的坏处，但我们是不能否认的，它为国家确实提拔出了许多真材，即中等以上者。后因科举取士广泛，亦可得上进之路，管同文曰："迄至今日而府州县学，间岁所入，少者十余人至二三十余人。盖不待十年，而一县之境称为士者，数百十人矣"（《说士》）。照作者说士篇的意思，"莫若寡取士，裁其额，远其期，使一学不过数十人，则士尊贵"。我们不管士是否要增减，但有一点，就是人才辈众多是很明显的。科举制度有一个客观标准，这个客观标准就是测验，较之察举征辟，九品中正，纯凭主观的意见是要好得多的。有人说：中国的科举制度，在学校尚未发达就宣告废除了，很为可惜。当青黄不接时，士子无正当出路，从这点看，不无相当道理。

六

清末民初，士子由学校一步一步往上升起，民国以来，学校制度愈加完备。小学，中学而大学，这是士子的阶梯。据教育部的统计，远的且不必论，即以民二十九年度国立大学学生数共计二万人，在二十六年度只有一万二千人。较之明代，已有逊色。据黄佐《南雍志》等书所载明代南京国立大学情形，永乐二年（一四〇四）南京国子监学生多至九千九百七十二人。据继文献通考云：永乐二十一年全国人口为五千二百万人。由此计算，明代盛时大学生与全国人口的比率，仅就《南雍志》而论，已比现在多出三倍有余。考其原因，固然很多，恐怕是今日学校制度趋向贵族化为其主因之一。即以明代而论，明代的大学生，国家莫不以厚礼待之，学生之衣服膳食医药等均由公家供给，假期返里省亲并给路费。大学生果系真实人才，成为国家未来主人，则此殷勤培植的费用，自无所吝惜。今则不然，到大学读书者，多系中上之家，贫苦子弟，无法从这条梯子上来，在社会上取得一个高高的地位。章太炎谓："今者政府设学教士，而缴学费，则是设肆于国中，而以市道施于来学之士也。学生如买主，而学校如商场，毕业之证书，廉价之券也"。章氏致慨于教育商品化之弊，主张复兴旧制，严定学额，而不取学费，这就是感于时而发的议论。

在欧洲方面，学校原是为贵族设立的。只有贵族才有就学的机会，近百年来，强迫的国民教育始渐发达，但在高等教育方面仍不脱贵族的色彩，入大学几为资产贵族的特有权利，总之在整个十九世纪里，有两种教育制度并行发展。其一是富人贵族的，从私立的预备学校开始，一直到公立学校，中等学校，以迄大学为止。第二是平民教育，她的开始与终止都在公开的初级学校中。前者是培养领袖人才的教育，她的口号是崇高的文化；后者是培养服从性格的教育，她的口号是识字同忠顺。所以德国纳粹主义的教育部常大声疾呼的反对这种教育制度，说是这两种教育制度之间，正隔着一道"万里长城"，想爬过这道长城，极为困难。一个生于最贫穷阶级的儿童，虽有才能，是否能籍着教育的梯子，一帆风顺地爬上高的位置，得到高的报酬呢？答案必定是否定的。这自然是可能的，而且也有若干人成功了，但总是困难而且例外的（参看 E. R. Dodds, *Minds in the Making* 中译本）。

在纳粹主义的德国，是极端反对这两种教育并存的局面；今日俄国的社会主义也是走上这种无阶级制度的。在德国国社党的第十二条党纲写着："为确保每一个有才能而勤苦的德国人，能受到高等教育，以便担任主要职务起见，政府必须彻底重建我们的整个教育……我们要求贫苦家庭里有智慧的子女，受到教育，不论其阶级同职业，由政府供给学费"。希特勒很得意地指出："这两个世界中，有一个住着平民的后裔，另一个只有愚蠢贵族同金融臣子的后裔"（一九四○年十二月十日，《希氏的演讲》，报见 E. R. Dodds, *Minds in the Making*）。在希特勒的世界是没有这两个世界的。希特勒虽然将贵族与平民间的一道教育上万里长城推翻了，可是希特勒重新又建了一道万里长城，这就是党员与非党员之间的。希特勒的学校，照不以门第与金钱但以党为根据，由党来选拔学生，并且只能从党里提拔所谓纳粹人才来。只有党里活动党员的儿子，才有资格进入希特勒学校。他们达到十二岁的时候，先由德意志新国民（希特勒青年团的初级支部）的地方领袖保荐，再由"初级选拔营"和"前后选拔营"一再精细的加以淘汰。他们在两个选拔营里，要受国社主义的测验，最终的选拔，取决于党里的高级人员。在德国的学校里如今是希特勒青年团的天下，一切的活动均由希特勒的信徒操纵。学生是否对于国社主义与种族哲学，有其心得，也要在最后加以考验。大学博士学位的论文，也要遵照一九三九年一月九日的法令，把论文提交"保复国社主义文学考核委员会"，请求通过。设使委员会发现文中有非正统的纳粹"政治观念"痕迹，就令其修改，或禁止发表。总之希特勒权力下的青年，就必得在希特勒的路上盲目的流动着：一切非忠实的纳粹党的青年，在这种教育制度前，只有淘汰的死路一条。

上面将希特勒的教育制度说得太多，有越本文的范围。德国教育制度也代表现在世界上一种趋势。我们目前也染上了这一趋势。

目前中国教育制度，除商品化外，似乎尚包含一种殖民地奴隶的心理。以留学考试而论，可以得到说明，中国教育阶梯的最高地位，不在中国，而在外国。一般人都以留学为荣，出国的留学生有"镀金"的形容词，真叫一般士子刮目相看，日夜祷香以偿其愿。留学制度的好坏，不加批评。有一点值得指出，就是养成一般士子奴隶心的发展，留学生归国后，有些便目空一切，好像真是古今中外无所不知了。实在说来，不过是一个制度上的高等奴隶而已。

七

前文将士的阶梯，作了一个史的考察，是非常粗略的。我们的社会向来看重士，所以士的社会阶梯是决定我们社会兴衰的主要力量。根据上文事实，简单做下面的结语：

（一）士的阶梯，在中国社会上已经制度化。第一它从主观的标准，演化到客观的标准。例如从养客，到科举学校便是因为它是一个客观的标准，所以能够得到大多数士子的拥护。非凭自己的本领，是不能达到标准的。第二它从无计划的演化到有计划的形式。譬如养客，后来改变成为察举和征辟，再后来有科举与学校，因为形式已经成为固定不移，一般士子便不致有朝三暮四的动摇心。

（二）政权与士权合一的民主化，中国的政权也既是士权，已如上述社会的统治权付托于最优秀的智识份子，这些优秀份子完全由教育制度上产生。凡是人民，向来无分贵贱，均有教育均等的机会。中国教育制度上最可珍贵的一点，即孔子所谓"有教无类"。不问贫富，皆可依其天资与自身的努力，攀登学术的最高峰，更因教育与选举密切相连，白衣及第，即可膺国重任。所以中国传统的社会是注重民主制度的。在十八世纪时，欧洲思想家已经看出这种特点，他们都很羡慕中国，以为中国人民一律平等，无阶级严格的分野，治国之事，都由考试出身的学者任之。政治受教育的支配，全国人民但分智识的高下，而无世袭的文盲贵族特权阶级。

（三）士的阶梯，在中国社会上成为社会兴亡的测验器。战国时是餐客的制度，汉时有察举征辟的制度，魏晋时是九品中正制度，隋唐至清出于科举，科举以后便是今日的学制。这些制度上的演变，都莫不反映出朝代与替的痕迹。秦朝压迫读书人，并无士子升降的制度，结果速亡。

（四）士的阶梯，在中国社会上成了一个社会模型。士的阶梯是什么模型，所造出的士子，也就深刻的带着那模型的色彩。文质彬彬，充分的可说是这种模型的一个方面。王安石的一道德，士子就在这一道德中翻来覆去，都是极好的例子。

（五）士的阶梯，在中国社会上是社会份子精选的机器。中国古来，对于升学试验，极为严格。因中国各级教育的名额，向来都有规定。例如明初定制，州府县学每岁依成绩保送学生，至京师翰林院考试，及格后，方至大学（国学，国子监）读书，故大学生（明初成为监生）是非常尊贵的。以为取得这种资格，非依其身世，而由于其才智与努力，故为莫大荣誉。这也由于士的阶梯是一部精选机器的缘故。

（六）士的阶梯，在中国社会上保存了一脉相传的固有文化。因为取士的标准，都是着重在传统文化的。标新立异，都为这种制度所不容。

民治与社会选择[*]

（一九四四年）

一 社会选择的意义

自达尔文的《物种原始》出版后，生存竞争、优胜劣败的概念，便渗透到人类的思想中来。这是当代社会思想里极光辉的一面。选择的理论渐渐为人所重视，尽管有许多热心创造平等社会的乌托邦思想家，忽视人品不齐的现象，他们的口号也尽管喊得很响亮，结果与事实是毫不相符的。

人品不齐的现象如果存在，优胜劣败会随与之俱来，这是生物上的事，原无法可以否认的。人品不齐，本是社会组织建立的基础。

就人品上说，上智下愚，大致为数较少，多数却是中材。根据统计的结果，人品分配是一个常态曲线，品质优劣的累积总和乃构成社会生活的实体。就社会组织上说，社会地位有高低上下的分别：凡是地位高的，这种职位稀少，反之地位低的，其职位繁多，此种社会地位累积的总和，乃构成社会生活的实体。

人品不齐与社会地位，两者之间如何得到它的适当的配合，这完全要由社会选择的力量来决定。何谓社会选择，它的意义，可以自社会流动上得到说明。

发生社会流动的基本原因，便是社会选择，有三方面值得提出。第一社

---

*　本文原载于《自由论坛》1944 年第 2 卷第 3 期。感谢李晓非博士，在北京大学做博士后期间，专门到北京图书馆找到此文，抄录下来。

会组织是一个不平等的结构，按理论上说，才能高的，应处于较高的社会地位上。可是高的社会地位，并不算多，每个社会份子，虽可以高高在上的做领袖的欲望梦，不过梦终究是梦，与现实就毫无关系了。俗话说，命只八寸，难求一尺。可见，社会的领袖，不是每一个人都可以随心所欲达到其目的的。

其次，社会生活中，有同与异的两方面："同"是每一社会团结的外形，靠了这个同字，便产生许多日常生活中常听到的名词，"同胞"，"同乡"，"同学"，"同志"以及"同文同种"等。"同"并不是绝对一致的意思，是一种谐和一种中庸的局面。说它是谐和，其意义即指个人个性彼此相反相成的参差的混合局面。诚如《国语·郑语》引史伯云："夫和实生物，同则不继，以他平他谓之和，故能丰长而物归之。若以同裨同，则弃矣"。以他平他谓之和，例如，不是一种音调能够演奏出一支美妙的歌，也非一个脚韵，可以写出一首动人的诗。音乐中有高音低音之分，诗中有抑扬顿挫的节拍。这种高低，这种抑扬，彼此如何的协调，而后才能形成谐和的。社会之同，也就在此，说它是中庸，其意义即指，恰到好处恰到适当的地步，孔子曰：中庸之为德，其至美乎，民鲜久矣。朱子注说：中者无过不及之名也，庸者平常也。宋王《登徒子好色赋》云：东家之子，增一分则太长，减之一分则太短，着粉则太白，施朱则太赤。又如中庸所谓：喜怒哀乐之未发谓之中，发而皆中节谓之和，致中和焉，天地位焉，万物育焉。所谓中庸，实际上也就是位育的意义，位育者即是个人与社会，彼此如何造成一个相反相成的调试局面，社会之同，也就在此。另一方面，在一个社会里，差异也是非常鲜明的，就是同胞孪生，他们的兴趣、生活习惯、工作能力以及其它种种本性，常常彼此南辕北辙得很远。为什么老年人与青年人往往发生"父与子"的冲突，男女间时常是处在相反的社会平面上，诸如此类，在在都可以说明社会生活是多方面的是复新的。

无论是社会之同或社会之异，都与社会选择的关系至为密切。在传统的中国社会阶层里，士农工商，原是几个大方面，所谓士之子恒为士，农之子恒为农，这句话，颇有几分事实的根据，但也不尽全然。说它不尽全然的意义，便是士之子是否同样具有如其父的才智，假如没有的话，他是很少有希望从士的梯子上高攀的。他如果不能继其父志，就要为士的道路淘汰的。在昆明市的行会里，许多手艺人原系来自穷苦的农村，可见农之子恒为农，也不全然。由此观之，不是人选职业，乃是职业选人，某一种职业选择某一种适当其位的工作者，这是生活之异所发生的选择现象。

从表面上说，社会生活史有相似的形态，这一个相似的形态同样也可以发生社会选择的力量。一支美妙的歌曲，要是某一处它的音调过强这种过的地方是会被修正的；一首动人的诗，要是某一处它的节拍过低，这种过经地方是会再行推敲的。说到社会份子的行为，如果太荒诞不经，太离经叛道也同样要遭受社会的排斥，例如汉奸我们就举国共弃，对于疯人或白痴，我们就可以把他们送到疯人院。一个人要是太过反社会生活的谐和，其受到社会淘汰往往是不足为怪的。

第三，婚姻上的选择，本是社会选择中的主要关键，这是建筑在性选择之上的。在组织家庭上失败的人，男的或女的，都应该说是社会上最可怜的不幸者。这些人的可怜处就在没有尝到家室乐，一个社会能够成立，必须人类懂得爱，而人类之于爱，往往从母性学来。一个女子对于男子的爱，常含有若干母性的成分，原来家庭是幼年时代爱的学习的园地，我们如果在社会上受到种种的损害，在家庭中依然能得到特异的温暖和幸福。像康德，尼采，斯宾塞，以及孔德等，他们在文化上虽然有绝异的贡献，在思想上点出最大的光辉，但在家庭上，他们却是一种很可惜的淘汰者，这类人对于民族品质上的损失，用其对于民族文化上的贡献来补偿，这种补偿恐怕也是徒劳无功的。

任何社会选择的成功或失败，不能单从横面上看，从纵面上看也许更能够洞悉其成败的真实。文化的创造，不只是一个人一时代的事，它是悠久延绵的事，此种源远流长，必须在民族品质中获到其有力的支撑者，婚姻上的选择恐怕是这一支撑的中心。

婚姻除了延绵民族品质外，还是沟通社会阶层的捷径。穷人眼里出西施，有了西施之美社会地位当然会有很大的迁变的，据说如今的印度品级社会并不如以往那般严格，也就是靠婚姻使其上下大可互通声气的。

综上三项，可知社会选择发生的根源，社会选择本来就是再挑选优秀的才能淘汰低劣的笨伯，使社会组织上的人才分配，得到一个健全的现象。

二　健全的社会组织与不健全的社会组织

合理的社会选择，应以才能为标准，使每一个人在社会组织上得到其适当的地位。所谓人尽其才，才尽其用，夫如是贤者，在位，其人存则其政举。至于不合理的社会选择，乃是不以人才为标准，或靠权贵，或靠私情，或靠裙带或靠主奴的信仰关系，其结果不是社会上层的乌烟瘴气，就是统治者与被统治者成为上愚下智的颠倒局面，夫如是"不贤者在位，其人亡则其政息"。

根据上文的说法，在这段文字里，笔者提出健全的社会组织，与不健全的社会组织来加以论列。发生这两种社会组织的现象是在社会选择的合理与不合理的上面。

所谓不健全社会组织者，鄙视处在上层的社会份子的才能、品质以及工作能力，在在都有疑问，问题在才不高，品又劣，工作能力也非常低下。他们是不配处在高高在上的地位的，而下层社会处处都埋没有优秀真才，这些真才又不能取上层而代。这的确是一个颠倒的社会组织，是极危险的社会组织。我们可以称之为社会"伪组织"。

这原因何在呢，分析起来是很复杂的，也许下面几点较为重要。

第一，由于世袭，这靠传统的力量有习惯的理论支持它。中国历史上所谓的家天下便是如此。父而子子而孙，好像是天经地义的，用不着时时刻刻为自己辩护，也用不着不断地证明自己将有反对的人来推翻它。世袭的地位，常常觉得自己安全，不必警戒叛奸，操纵这种地位的人，常常易产生许多不肖的君相，做出许多不义的行为，我们不必举出例子来说明这点，我们只要回忆到历史上的许多昏君庸主奸臣等事便够了。

第二，由于革命的崛起或武人专政，起身行伍或盗贼的首领，是历史上常见的事。这些人一旦得到了高高在上的地位，深恐他的功业会成为明日黄花，于是乃不得不暗中操纵，削除异己，结党营私，以巩固其地位。这种巩固的方式，当是愚民的专制独裁政治和残杀主义，历史的例子太多，不须举它。单拿希特勒上台后的情形来说，已足令人心寒了。

第三，由于社会上层的腐败。发生社会上层腐败的原因，且不必管。既由此现象后，则上层社会将成为一个没有人才的场所，漆黑一团，混乱不堪，所谓不贤者在位，小人道长，也为这一现象写照。才智之士，如不愿举之为伍，当然会洁身自爱挂冠而去的，于是清流浊流判若鸿沟，上浮者为浊，下沉者为清，这种社会，将如何能健全呢。

不健全的社会组织，当然是最危险的，对于压迫人才也是极为残酷的，历史上有许多的大革命，都莫不是从这种不健全的缝隙里挤出来的。

我们知道了不健全的社会组织的情形，如上所述，至于健全的社会组织，适得其反，似乎就无须多费笔墨了。

三　近代社会选择的趋势与危机

社会选择的方式，原是很多的，其中以政治的选择为最主要。近代政治有一极可怕的现象，便是德国式的独裁形式。提到独裁政治，立刻要联想到法西斯主义，法西斯主义现在已是家喻户晓的名词了。

潘光旦先生在其所著《文以载道》一文里（《自由论坛》第二卷第一期）很正确的指出："近代政治，特别是所谓集体的政治以至于极权的政治，面目上是政治，实际上却是政治、宗教与道德之和，他是建筑在一大套社会教条之上的，根据了这些教条，他不但规定政策，并且对于民众的思想信仰、言语、行动，可以发生很大的颐指气使，生杀争夺的威力"，在"颐指气使，生杀争夺的威力"下，独裁者来选择支持独裁社会的所谓人才。这是目前社会选择的趋势，在一党专政的独裁国家，他们选拔人才的金科玉律，是一个政党、一个领袖和一个主义，凡是合于这个"一"字的，即使是笨伯，也能够一帆风顺出人头地，不合于这个"一"字的，就是天材，也得上断头台，或入集中营。以德国教育来说：一九三五年一月五日的德国教育部公告，曾对他们的新教育的目的，定下了官方的主义："藉着唤醒健全的种族力量，同养成青年人具有自觉的政治目标，使家庭里，家族里与国家里的青年，团结起来。"其后德国教育部长曾向一位来访者，用较为明白的口气，解释上段的谚语说："我们教育的全部功用，就在制造国家社会主义者。"（参考：E. R. Dodds, *Minds in the Making*）

为要确得教育能发挥上述功用，整个的教育制度乃于七年之内，从头到尾彻底加以改革。例如将以前所有教师组织一律解散，另照领袖旨意成立国社教师联合会。领袖有随意任用和出黜职员权，换句话说，大权都紧紧的抓在教育部长的手中，部长可以任意取消各大学自由聘任的教授，把权集中到他自己的办公室内。经过教师检定的候补教师一时还不能自己开班，取得授课权，必先由部长认定他有显明的政治成绩，参加过纳粹政治活动，经过一定时间的劳工服务，再经过"讲师学会"的政治训策，然后才可用听命选派（参考：E. R. Dodds, *Minds in the Making*）。

希特勒说："不能把他的青年交给任何人"，只能交给那三位一体的神秘怪物，所谓"国家，党，同阿多夫·希特勒"。所以自一九二八年起，希特勒的秘密工作人员，就开始在学生当中活动，允许将来给他们的好位置，并开始煽动学生反对犹太籍，以及自由或平等主义者的教授。一九三二年终因各大学当局的无法容忍与勤苦学生对于政治的漠视，遂使国家社会主义者的少数人，几乎全部都控制代表学生言论的机关，进而利用这些机关来镇压国社党以外的反抗（参考：R. A. Brady, *The Spirit and Structure of German Fascism*）。

怎样才能以党统治大学，是更为残酷的问题，第一是大部根据一九三二年四月七日颁布的《文官任用法》，针对大学教授中的"非雅利安人"同"政治上所不需要分子"，施行严酷的肃清运动；其次就是根据权力集中及指派的原则，修改大学的组织法，教务长、校长同大学评议会的其他评议员，也由官方指定。最后，因为恐怕"政治上所不需要的份子"又有一天潜入大学，所以教师的自聘权也被剥夺了。根据近来的决议案（见一九三九年三月教育部公报），所有的大学教师，今后的公务员，都由教育部任命。

普通学校，也采取相同的步骤。普通学校较大学容易落网，自一八七二年以来，普通学校的校长就已经列为公务员，不能享有像大学教授所传统享有的学术研究自由权。一九三三年七月以后所有的教师，必须熟读"我的奋斗"一套书里的原则。这一年底，特别委员会曾把十六万名教师的政治审查表，加以分析，有许多教师遂被开除，其余的教师，由国社主义教师团，授以政治训练。这个独裁主义训练班，归并了所有的旧有教师组织，但其目的，不在保护职业上的权益，而在"教育全体教师，使其有共同的国家社会主义观念"。它为要达到这个目的，特设立"教育营"，规定所有教师必须到班受训，自初级学校以至大学的每一个教师，必须尽忠希特勒（参考，同上）。

希特勒以党来选拔其所谓的英才，而这些英才也只限于党里活动的党员的子弟，这些人达到十二岁的时候，先由希特勒青年团的初级支部的领袖保荐，再由"初级选拔营"和"最终选拔"一再精细的加以淘汰。最末的选拔，则取决于党里的高级人员。这些选拔出来的人物，达到十八岁的时候，就可以踏进"党国里的每一种职业"。

在独裁国家，一个领袖一个政党一个主义，形成他们的社会，像一架钢筋水泥机器的人，如果不是一个"服从与盲目"的国社主义者，那就是一个含冤九泉的幽魂。

如果法西斯主义的阴影朦胧世界，这真是极可怕的一种趋势，本文我们以德国的教育为例来说明其社会选择的情形，如何不令人闻之而悚呢？这种选择的危机，主要者有三。

第一，消灭个性。在独裁主义国家里，个人是一个不存在的名词。个人的一切都是为了国家，为了领袖，为了主义。母亲生产的小孩，是为国家社会主义生产的，劳工是为国社主义工作的，科学也是为国社主义才显出它的意义。这还有什么趣味可言呢？个性的消灭殆尽，是不必说了。

其次，斩伤天才。天才在文化的制造过程上所占的地位原是非常重要的。这些人因为要创造要发明，常常要突破传统或现状的生活方式，然后才能够建立起他们的新系统，这种打破现状标新立异的人，全然是独裁局面所不容许的，所要加以深恶而痛绝的。爱因斯坦之逃出德国，便是一个实例。

第三，文化的停顿。美国史家查尔斯·华尔，对德国这一代青年所下的断语，大体都很正确："希特勒政权如果继续数年，德国人民就要变成几乎完全不懂外面世界，不顾纳粹信条以外所有观念与利益的一个民族。除非发生了经济的崩溃，或内部分裂的战争，否则同上述制度相反的观念，常难输入德国"。本来，文化变迁有一个要素是文化累积，一是靠天才发明，一是靠文化接触，如今独裁国家，将其文化局限于一个主义一个政党一个领袖的手上，新文化的产生当然是一种不可想象的事了。在这种情况下，文化只能在一个铜墙铁壁的小天地中僵硬了。

上面三点，是当前独裁国家社会选择下必然要造成的可怕局面，人类的前途，文化的前途，实在是蒙上了一片黑暗的阴影。

四　民治的社会选择

最后，我们稍稍提出一个健全的社会选择的原则，作为本文的结束。

上文我们分析过社会组织是建筑在人品不齐的上面的，社会生活有同与异两方面，同与异是在一种谐和的状况中才可以显现其真实的意义，社会流动为社会选择的实际内幕，是以才能为其最基本的根据的。独裁国家下他们的选拔人才不一定以才能，但一定以忠实党徒为先决条件，所以造成人类文化的前途将是一片清一色的凄凉的阴影。我们是愿光辉灿烂自由自在的生活呢，还是愿意在铜墙铁壁的小天地中的统一形式中生活呢，恐怕大多数人的答案属于前者。如果属于前者，我们需要的社会流动的方式，是不难预测的。尽管有许多人批评当前的民主政治，挂羊头卖狗肉，是一种假民主主义。此点越出本文范围，不加讨论。但是民主社会里的自由的空气，靠自我才能发展的竞争现象：那种狂热，那种天真活泼，那种无拘无束恐怕是人类生活中最值得珍贵的遗产吧。

人本来就有天赋的自由权，但是为了团体的生活不得不牺牲其一部分的过分愿望。这种牺牲包含在团体的立法限制中。团体与个人的实际关系，就靠这种立法来维系，在民治社会里就是宪法，为人民与政府共同遵守的原则，民治社会实际上也就是守法的社会。此种基本的立法，全然关系大多数人，在精神上，能够得到最充分的自我表现，在物质上，能够得到最低限度的生活的稳定，并非为了某一党某一阶级的特殊利益。有些专权跋扈的人利用其一朝权在手，便把令来行的统治地位，建立其在法律之上的保障。如果是这种立法，所谓非依法不得限制人民的行动，只是一种吃人不见血的幌子。何以呢，因为这一班统治者可以随时立法随时修改法律保障自己的利益而约束人民的自由权。表面看来，这似乎是民主主义，骨子里完全是贩卖专制主义的毒药。

民治的真正意义，本在给予其全体社会份子以充分的自由发展权，给最大多数的人以最大的幸福，举贤任能为其基本的统治原则。有才能的人终究是埋没不了的，本来在民治社会里，个人的社会地位，至少就理论上说是如此，不为其生长的门第所决定。所有地位，对于各个有才能的人，是公开的，对于社会选择或淘汰，毫无政治上或领袖意志的阻碍。民治精神的可贵在此，值得珍视的地方也在此。

就社会选择而论，一方面它的选择对象，是真才，另一方面它的运用方式，是公道。社会选择中最主要的一种选择为政治选择，已于前述。今日的政治形式，虽多主要者是民主和独裁两种。各有优劣，单从选择的立场说，独裁政治，既漠视人才的标准，又缺乏公道的原则，至于民主政治，在政治上是采取多数参与，与独裁政治的少数主持，完全背道而驰；是主张公开论争与寡头政治的秘密决断，也全然南辕北辙。所以民治社会，在人类的政治生活中，比较上终胜一筹，是毫无疑问的。我们可以点出二大方面加以说明。

一是公道竞争。在民治社会里，一个社会人对于政治上的赞成或反对，他都能有自由选择的余地。大至于总统的选举，小至于地方的选举，参加的各党各派，都是以光明磊落的态度来做公开竞争的。试观察民治国家竞选的情形，当其竞争之际，双方的态度非常激昂，但一到了有结果后，失败者要向成功的人致贺，成功的人要向失败的人致谢，这种光风霁月的心襟，是独裁国家所不可想象的。也唯有有才能的人，在这种情况下，更加能够表现出其优异和卓越。

二是宽容异己。在独裁国家以党同伐异消灭非己为其主要的政风。在民治社会里，适得其反。本来权力，是社会人所最喜爱的一种欲望，其在社会上的分配，是极不平衡的，地位越高者享有权力越大，反之则小。我们不要以为异己者中没有才能，或者明知人家比自己高明，而加以嫉妒，这是非常要不得的。试观民治社会里，每有一种辩论，双方唇枪舌剑，无所不至，但到论争终结，以前的争斗如烟消云散，不留痕迹，绝无因公事而结成私怨的。这种情形也是独裁者所梦想不到的事，也唯有品格高尚的人在此种场合中，更现出他们的崇高。

综上两点，可以看出民治社会中在政治上的社会选择的作风。这种作风的基础，一是服从法律的精神，在法律前，每一个人，无特殊地位，不容有违法，毁法玩法弄法等情形。一是尊重自由，表面上法律虽是限制自由的，实际上法律乃是保障自由的工具，因为自由与责任是相对的。古人云："己所不欲，勿施于人"，这是自动约束自我的自由，而过分尊重旁人的自由，所谓恕道的意义也就在此。有此两方面，然后才可以讲公道的竞争，才可以谈得上宽容异己。

（完）于西南联大

论手艺人改行[*]

（一九四四年）

一　职业人口的流动

就业者从甲业换到乙业，或自甲行转入乙行，譬如耕田种地的农民，进入工厂，锱铢必较的商人，加入政界，成为公务员，这种情形，即是所谓改行。

"改行"是一个日常口头的习用语，用社会学上的名词说，就是职业人口的流动。职业人口的流动，有两种方式：铁匠改做木器工作，或是糕饼师加入铜器铺从事铜器的制造，这是职业间的流动。因为铁器业和木器业，是两种性质不同的行业，铁匠与木匠是两种性质不同的手艺工人。糕饼业与铜器业区别也是如此。

职业人口流动的另一种形式是属于职业中的。例如行业中的学徒升为铺东，或者老板降为客师。在行业中，就业者的地位与职务发生升降浮沉的变迁。这种情形不在改行的范围内。本文目的，只在讨论职业间的人口流动。

二　改行者的理由

手艺人为什么要改行？发生这种现象的原因，自然是有很多的。但根据

---

*　袁方：《传统行业及其问题》，国立清华大学国情普查研究所专题研究报告（油印本）（1944年）。常姝女士抄于清华大学图书馆，由于此文不能被借出和复印，她一字一句地抄录了本文，由于中缝等处看不清，编者进行了一定的修订，以使论文通顺。

123 个手工业者的改行理由，其主因如第一表。

第一表　123 手艺人改行的理由① （1943 年）

改行理由	人　数	百分比
1 行道不行时	37	30.0
2 新业的引诱	30	24.3
3 兵役与轰炸	20	16.2
4 生活压迫	18	14.6
5 年老力衰	8	6.5
6 家长关系	5	4.1
7 行业纠纷	3	2.4
8 扩充街道	2	1.6
总　计	123	100

（1）行道不行时。行道不行时，正是当前变迁的昆明市最为刺目的现象。因为行道不行时，处在不行时里的手艺人，对自己的事业，既感前途发展无望，又考虑事业或将土崩瓦解。于是一方关门大吉，他方"择期开张"。行道不行时，迫使他们不得不放弃旧业，另谋出路。

让我们来看几个改行的实例。

（a）专做女用绣花鞋底的老李，在 10 岁左右就跟随舅父来往于昆明湖上，过水上生活。那时，他虽然不会做什么别的工作，但生活也还舒适。后来舅父把船卖了，他就被送到昆明，投身祥茂号当学徒，专学女用绣花鞋底。3 年满师，当过 4 年客师，然后自行开铺，有 13 年之久。如今他是四十多岁的人了。他说：在民国十九年以前，做绣花鞋底的生意，非常兴旺，真是应接不暇，供不应求。到民国二十六年（1936）后，生意就开始冷落下去，一日不如一日，看局势不对，所以他就改做皮鞋业，现在已经 6年了。

（b）六十多岁的老马，昆明人，大概是 10 岁左右在当时昆明一家大旱烟管店做学徒，5 年出师，即在该店做客师，有 10 年之久。到 25岁时，略有积蓄，娶一妻，并开始自行经营制作旱烟管铺，历年生产颇称不恶，很可赚钱糊口。唯自愿抗战以来，外乡人大批拥入云南，纸烟

---

① 本文所根据之资料，是作者实地研究昆明市传统行业之一部分。对于手工业，采广义看法，凡在传统行业结构中之职业，大体说来，都带手工艺色彩。

盛行，吸旱烟的日益寥落，稍有生意，也只是年老人才来光顾铺面。因此门前冷落，生意极坏。一家 9 口，难以支持。不得不卖纸烟，现在已 1 年了。

（c）姓彭的染匠，昆明籍，现年 38 岁。祖父两代均开染坊，自己从小便学习染布。父亲死后，他便绍箕裘，袭父业，开染坊，干营生。战前的生活，还可勉强过去；近数年来，大家穿洋布，土布无人问津，染布业因之衰落。近两年来，他几乎失去正当职业，乃改摆纸烟摊，已 3 年了。

从上面的实例看来，他们所谓行道不行时，实指生意冷落。做女用绣花鞋底的，做旱烟管的，以及开染坊的，看见自己的行业从昔日的旺盛，转到目前的式微。自己辛辛苦苦靠手艺制造出来的成品销售不出，早先因买主太多，往往应接不暇，供不应求，而今门前冷落，少人光顾。绣花的布鞋，不为摩登女郎所欣赏，她们讲求时髦，所喜爱的是百货店里式样新颖的高跟皮鞋。除上年纪的白头翁外，一般人不是抽纸烟，就是抽烟斗，那式样古老的旱烟管，他们认作是可笑的古董了。土法染织的布匹，已为洋布所替代，西装革履，已为年青人讲漂亮的服装，所以染坊的生意，门可罗雀，也是必然的结果。这些手艺人，处在生意冷落的行业中，前途凶多吉少，如何不迫使他们改行呢？

生意冷落，是构成行道不行时的中心。一方面象征行道没有发展的前途，一方面迫使行家收入减少。前者是手艺人的事业问题，后者是手艺人的生活问题。关于生活问题，在"生活压迫"一项里去讨论。就事业问题方面看，手艺人穷年累月，勤勤苦苦学好一门手艺，不仅就靠它日后在社会上谋衣食，成家立业，而且也就是他们的生命前途。如今生意冷落，前途暗淡，他们的手艺，在当前变迁的环境里渐渐失去存在的价值。他们所谓"道不行时"一语（不行时，即不时兴，编者注），实在即手艺不值钱的别名。

（2）新业的引诱。传统行业的没落，正是当前昆明市变迁过程有声有色的一幕，从"行道不行时"一语里，就可以看出这种情形。另一方面，自抗战以来，昆明市树立起许多新兴的事业，特别是工业化的进展，非常迅速。[①] 新事业带给昆明市许多职业的空隙，实在需要人手加以补充。在访问

---

① 关于昆明市战时工业化发展的情形，笔者在另文《论新兴职业》里已有分析，本文无须多说。

的 123 人中，有 30 人的改行是由于就业引诱的结果。新事业发展的人力基础要靠旧行业支持的。新事业能够在旧行道中挖取人手，本非易事，它必须有它的方法，"引诱"便是这方法的原动力。

新业引诱，有好几种方式可以举例说明。

（a）受时代的欢迎。喜新厌旧，本是人之常情，有些人的改行，也许就是看清这一点。例如老胡是一个开小杂货生意店的老板，50 余岁。他的店铺虽在一条偏僻的街市上，可是经营该业有十余年之久，生意平平常常，没有什么波动。自抗战以后，外省人士，大批徙入本市，新的需要增加。老胡的小杂货生意店的附近，有几所学校建立起来，于是应学生的需要，把店子加以改造，成为咖啡店。咖啡店虽是中式的，然每天来往的学生却络绎不绝。又如 42 岁的龙某，原来从事面馆生意，后来看到纸烟很受顾客的光顾，于是放弃旧业，改营行时的纸烟店。由此可见，受"时代欢迎"为新业引诱一种方式。

（b）待遇从优。行业中有许多学徒的改行，加入工厂，就是由于工厂的待遇较之行家优厚。本来在行家中充当学徒，少则三年，多则六七年，才可学成手艺。学艺时期，没有工资。在学徒方面，固然是从师学艺；在老板方面，于传授技术之外，还可以利用这无工资的劳力。有些手艺，例如泥水匠，本是短时间内可以学成的，但由于师傅的限制，必须三年满师。所以在这个学习期间，学徒除了得到技术外，其它便没有了。至于新式工厂的待遇，那就显然不同。以印刷工厂来说，穷苦人家的子弟，经人介绍，即可入厂工作。开头是做艺徒，训练期中，仍可得工资。工资虽比不上技工的优裕，但总比传统行道里无工钱的学徒好多了。所以有些人的改行，乃是因为新事业的待遇优厚。

（c）发展前途。传统的行道，既然在土崩瓦解的过程中，其无发展的希望，是非常明显的。手艺人舍弃本行，抛开旧业，或从事新业，或创造新业，因为新事业可给他们以新希望，予他们以前途发展的机会。例如一个干了 15 年铜器业的李陵，32 岁。有父母、妻室、儿女各一。他感到旧业发展无望，难以为生。他有一个表兄，在华星五金工厂任技师，工资优厚，乃由其介绍入该厂工作。又如 12 岁的小赵，玉溪人，9 岁丧父，家有一母一妹，无田产，每日在街上摆布摊售卖布匹。但布匹生意，买主少，卖主多，乃听从其妹之意，认为机器制袜的发展前途甚大。经人介绍，入袜店当艺徒。这都是参加新事业，发展前途的实例。至于创造一种新事业来发展前途的，也颇不乏人。例如有八家缝衣店的老板，合伙组织一个缝衣合作社，他们认为工业合作社比原来的店铺发展大。又如首饰业的几个老师，改做证章业，也具相同的理由。新事业的引诱理由，当然还有许多，不必一一缕举。就上三者看来，已可见到其引诱力量。

（3）兵役与轰炸。兵役与轰炸可说是战争的影响。20 人中已有 13 人的改行，乃是因为逃避兵役，有 7 人由于敌人的空袭把他们的店子炸光了。就轰炸说，改行的手艺人，他们常说"警报多"。昆明市自民国二十八年（1939）9 月 27 日敌机首次狂炸以来，嗣后所受空袭的灾害与日俱增。据统计自首次空袭至民国三十年（1941）9 月共 322 次，[①] 不但破坏了许多旧有的行家，还使从前繁荣的市面，变成门可罗雀。例如玉器业，在民国三十年就有三个铺东被炸死了；铜器业的七八家店子，就完全为炸弹一扫而尽。这些在劫者，有的固然与世长辞，行业亦因之冰消瓦解；有的侥幸余生，抚今追昔，怎能不另谋他就。还有些行道，虽未被炸，亦遭受同样的打击，裱书便是一例。原来论书赏书，都是和平时代的雅兴，值此"戎马倥偬，军书廖午"之际，谁还有如此闲情逸致？类似的这些行业，当然只有走向"关门"或"改行"一途了。兵役迫使人逃离旧业，另觅躲避的职业，在改行的手艺人中是相当普遍的。可是由于逃役是违法的行为，一般人就是逃役也是不肯直说的。所以在我们的访问表上，得到此种原因的改行者也就很少了。就所遇的例子说，如铜器业几位客师，加入新式工业，就是逃役的结果。某学校机关的几个厨工：一个泥水匠，一个工匠，一个烤饼师，他们因为市面上拉壮丁，风声很紧，经人介绍，躲到学校机关充当公役，对于他们的生命有所保障。因为学校是公共机关，一般军警是不敢随便入内捕人的。

（4）生活压迫。战争时期，通货膨胀原系常事。物价高涨，若一般人的收入不能随物价比例提高，生活压迫实难避免。因之手工业者莫不异口同声嚷"生活高"、"生活压迫"等等叫苦连天的名词。有一次我在一家卖甜食早点的小店铺作访问工作，这一家原本小康，主妇四十之下，穿着整齐，嘴里两颗金牙，脸上笑容可掬；可是不到半年光景，这一家已改做纸盒业了。主妇及其两个小孩，都在紧张的工作着。半年前的和颜悦色，已归乌有。现在能看到的，只是手上脸上浮出一层工作时的黑油油的灰尘。我问她为什么要改这门工作，她凄凉回道："生活，没有办

---

① 陈达：《浪迹十年》，204 页，中华民国三十五年（1946）十月上海初版，商务印书馆发行。

法啰。"

（5）年老力衰。在 123 人中有 8 人的改行由于年老力衰。例如木箱业的一个铺东 60 岁，因为年事已大，不能粗作，乃改营纸烟店。又如一位绣花业的老板，98 岁，现改营小杂货生意以度晚年。他说：做绣花工作，需要眼力好，现在他的眼光不大习惯做细工夫的针线，不得不迫使他另做打算。年老力衰本是有相互关系的，有许多行业的工作，譬如铁器业制造，木器业制造，实在需要年富力强的人去工作的。老年人对于这些工作，自不能胜任，所以年老力衰也迫使人改行。

（6）家长关系。123 人中有 5 人的改行由于家长的关系，其中 3 人由于家长的命令。举两例证明。

（a）姓朱的是一个小帽业学徒，13 岁。自 8 岁起就学小帽业，已经 2 年了。他家里有 4 口人，父业地摊，生活艰难。他说：不知何故，家长叫他改学擦皮鞋。他心里非常不愿干擦皮鞋的工作，认为这是下贱没有出息的。他将来打算改学缝衣服。

（b）陈某，昆明人，35 岁。5 岁时读过私塾 4 年，后随父习屠业。18 岁结婚。后来父死于意外，非常的惨。他说："母亲不忍再见我做屠夫的残忍行为，叫我改行，现在改做香烛纸钱祭祀用具的行道，迄今 3 年。"本来他继父业 8 年，由于母亲的命令非改行不可。但是他说："目前神权衰微，一般人不大信神了，因此香烛业的生意，大不如前，奈何？"所以他还打算改杂货生意。

家长关系中，有 2 人是因为家长死亡，原业无法维持下去。例如文庙街一家有 35 年之久的帽业，因祖父逝世后，剩下一媳一孙。媳之夫早死，无人可继祖业，乃改国旗业。又如刘氏，其夫原以香业维持家计，生一男一女，均皆年幼。36 岁时丈夫死去，乃辞退雇工，改做鞋业。

（7）行业纠纷。在 123 人中有 3 人改行，因行业纠纷引起。雇员与店主间，一旦发生口角与纠纷，便很难再做下去。例如一位 38 岁的烟铺伙计，5 岁时即学习此业为学徒，出师后当客师，他的父亲也做烟生意的。母家业小生意，妻家也是经营小生意。后来与铺东发生口角，因而自动退出；但对于烟业稍有经验，乃自行改摆纸烟摊，现有 8 年了。即就此一例来看，可知行业中的纠纷，自是受雇的人吃亏，使其难能在原有的行业中继续工作，负气之余，只有另谋出路了。

（8）扩充街道。抗战以来，昆明市逐渐向都市化的方面发展。在都市化的过程上，改建城市街道，刷新市容，原是不可避免的重要工作之一。在此种政策推行下，许多旧式的手艺铺店被拆除了。原来手艺人的店子，大都是临街开设的。民生街的一家新衣业，据该店老板说："政府又有拆退街道的命令，如果再要拆宽 5 尺，那我们这铺店可就空了。"这一家店铺宽约丈余，深只 5 尺左右。有几家小帽业的铺东说：前清时，光华街异常窄狭，不过宽约 5 尺，两边铺店对立，街左的人可以伸手和街右的随便交换什物。如今光华街已是宽约 20 尺的大街了。在拆退房屋中，有许多行业相同的店子同归乌有。从此可见，在城市发展的过程中，旧行道的拆毁，也使得手艺人只有离开原业，另谋出路。在改行者的理由中，扩充街道，也许不算是重要的。可是他们很少数的人，偶然提出此点，因之我们也把它列入其中。

上述八项理由，未必即是手艺人改行的基本原因，但包括改行的主要事实。从这些理由当中，可见手艺人的改行，有必须和不得已的苦衷。

三　决定改业的原素

改行并非一件容易的事，从手艺人改行的行为上可以得到说明。他们改来改去，并没有跳出其原来职业的经济背景和社会地位。裁缝师傅，虽然改做刺绣业，那一根针，依旧拿在他的手上作为糊口的工具；铁匠加入新式五金工厂，一向使用惯了的铁锤依旧遗弃不掉。这情形不仅手艺人改行如此，其它行道的人员，如欲改行也不会比手工业者高明的。拿读书人来说，知识分子的改行，在当前也是极为普通的现象。例如教师放下讲稿，加入政府机关，可是他们多年来的笔，随时离不开他们的手，这正如裁缝的针，木匠的锯，以及铁匠的锤一样，可见改行实在是件困难的事。

这困难的原因当然有好几方面，其中最主要者便是就业者在一个行业中，他的性格、习惯、生活方式、态度、人生观，在穷年累月长久工作的束缚下，身心两方以及其全盘行为都深深染上职业的色彩。所谓习惯成为第二天性。铜匠和裁缝就代表不同的两种生活模式。这种差异也许不是与生俱来，实乃职业塑成的形象，所以就业者放弃旧业，改换新业，不但要放弃原来的工作，而且还要放弃原来职业塑成的第二天性。

可是变迁的环境，逼迫他们非放弃原业不可。放弃原业就得同时放弃在原业里获得的第二天性。放弃之后，另谋出路；这出路又如何的谋得呢？因为在出路的那边铺放着新的职业，新的职业又需要新的谋生方法，新的谋生方法里又埋伏着新的第二天性。在新的工作中，手艺人必需重新安排出一个新局面，这新局面靠什么力量安排呢？

从手艺人改行的行为去观察，他们的改行，一种是改习容易的职业，即较其原业需要很少技术的行业。例如铜铁匠改做仆役的工作，从有技工人变成无技工人，原有的社会地位因之降低。一种是改习性质相近的行业，例如裁缝原是做衣裳的，现在改做国旗业。改后的工作与其原有的相差有限。这两种性质的改行，另谋出路的"谋"，与在新职业里的"安"，都似乎是较容易的事。可是手艺人若欲改行到与原来工作相差悬殊的职业里，又靠什么来"谋"来"安"呢？

如何"谋"如何"安"本系职业重组的中心，这建立在改行的步骤上。这种步骤的力量，使小贩亦可以变为铁匠，铁匠也可以成为理发师。

在 123 人的改行中，有 35 人的改行是另谋与其原来的职业相差很远的职业，这并非由于他们和上述两种性质的改行者有显著的身心的差异，实在由于他们所经过的改行步骤由不同的力量所促成。

第二表　35 改行手艺人的所经的步骤

	经过步骤	人数
1	亲友帮助	12
2	兼业	7
3	副业	5
4	积蓄	5
5	模仿	4
6	借债	1
7	变卖家产	1
	总　计	35

（1）亲友帮助。俗话说："在家靠父母，出外靠朋友。"一个人立足社会，靠亲友的帮助是不可少的。亲友的情谊原来是从血缘、地域、乡土以及职业里浓厚生长起来的。昆明市有许多的传统行道，就是建立在这浓厚情谊上。拉人力车的，十分之六是曲靖人；做香料业的，十分之九是

陆良人；烤饼业和刊刻业几乎全是四川人；米线馆十之七八是玉溪人开设的。所以在手艺人行家中，客师，学徒，不是老板的同乡，就是亲戚。35人中有12人的改行，就是这种浓厚的情谊作为帮助的力量，举3个实例加以说明。

（a）姓陆，宜良人，现年43岁。12岁时，拜师学艺，做到50岁才改行，改做的量木行生意有10年了。他说："做木匠太苦，因为做木匠懂得木料的好坏，只要弄些资本，就可以开设木行"。后来岳丈帮助他一笔钱，于是放弃木匠工作，而开设木行了。

（b）这是一位做小杂货生意的人，昆明人，现年35岁，做小杂货生意已经十多年了。因为生意亏本过巨，家中人口又多，共6口人吃饭，收入有限，不敷支出。后由友人介绍在理发店当仆役，2年后做学徒，3年满师，现在已经做了6年的理发匠。

（c）李某是一位理发匠，现年24岁，嵩明人。约在5岁时，全家由嵩明迁往昆明。当时父亲开米线店以维持生活。在12岁，他被送入邻家铁铺做学徒，同时父亲又结识有许多理发匠，他们看见打铁的生涯太苦，由父亲的朋友帮助，改入理发店做学徒，现在做客师，9年了，并与同事之妹结婚。

从上述3个例子中，可以看到亲朋戚友以及家长对于手艺人的改行，确有很大的影响。手艺人若是自己没有其它的能力，要想改到陌生的行道里去，恐怕是很困难的。

（2）手艺人靠兼业及副业改行的，在当前的昆明市可谓司空见惯。兼业与副业是改行者的一个桥梁。35人中有7人靠兼业，有5人靠副业，先看兼业的实例。

（a）张某原是一个铜匠，52岁，曲靖人，做铜匠25年了。他是民国三年（1914）来昆，经营铜店，当时生意颇好，有客师3人，徒弟5人，行业的前途是很有希望的。民国二十四年（1935），昆明市举行户口清查，组织消防队，徒弟2人被征去当消防队员，其余师匠看见此种情形十分害怕，于是逃走了。后来张某搬家到钱局街继续营业，可是在民国二十七年（1938），因拉壮丁风气紧迫，徒弟2人又被抓去，客师惊逃，张某只好搬至城外营业，只剩下独自一人工作，生意也少了。加以敌机轰炸，店铺被毁，他将家里剩下的什物，变卖后准备回老家曲靖，可是买不到车票。在此期间，只得贩卖一点手巾之类的用品趁轰炸时期出卖，生意还不算坏，于是取消回家的念头，一面在城里收铜器，一面办些手巾之类的货物作为兼业，以维生计。后来铜器业不大受人欢迎，生意冷淡，乃以兼业改作正业，专心一致的经营了。

（b）杨某，昆明人，现年 25 岁。家有 4 口，向来就靠做小杂货生意过活，老家乡下，还有几亩薄田。在昆明市开设小店，买卖日用物品，如火柴之类。几年来赚了些钱，乃扩充铺面，兼售毛巾、裤子、肥皂。现在兼营的生意，反较原来的土杂货生意为佳，于是专营所兼的事业，使兼业变为正业。

（c）新衣业一位姓李的铺东，昆明人，45 岁。小时候就在这儿做学徒，4 年出师，帮人家做过先生，照管铺面。后来自己稍有积蓄，开设铺店，经营新衣业。以往这种生意，还算不错；抗战以后，社会情况大为改变。一般人所需要的，不是新衣业的货品，而是日货店的外洋商品。因之门前冷落，生意萧条。不得已他只好经营售卖纸烟。殊不知兼业的收入较原来的工作大为旺盛，现在他专营纸烟摊的生意了。

再说副业，副业也是改行者的一个途径。

（a）李某现年 32 岁，昆明人，家有父母，连他自己一共 3 口。小时候在家读过四书，后来由朋友介绍，学做裁缝，三年出师，即自行设店。可是生意不佳，为补助收入起见，夜晚在文明街一带，摆设旧书摊，收卖旧书，生意还好。白天做艺，夜晚工作余暇，在市售书。他如今完全以售书业为主了，白天夜晚都在收售旧书。

（b）姓万的手艺人，34 岁，父籍四川，家中 7 口，父、母、三女、一男，一位舅母，有田 7 亩左右。从 5 岁到 18 岁，都是在家帮助父亲工作。17 岁结婚，婚后，次年做裁缝，在妻家工作，夫妻两人都在岳家生活。他在做裁缝的时候，也学做绣花的手艺，那不过是一种副业而已。如今"来华作战洋人"，喜欢中国刺绣，刺绣店大发洋财，于是这位万姓裁缝也就放弃老业，改营刺绣工作。

（3）靠积蓄改行的手艺人，35 人中占 5 位。若是手艺人自己有资本，要想改做自己喜欢的事业，其困难是很少的。靠积蓄改行的手艺人，例如：（a）李家福，曲靖人，51 岁，家有 5 口（妻，儿子，媳妇，女，孙）。幼时父亲做杂货生意，因他吸食鸦片和赌博，结果生意倒闭，停业 2 年。李某看见如此情况，乃以一些余资，开一餐馆。3 年后，茶馆生意也不见得发展，乃改做竹器业，迄至今日。又如（b）杨某，昆明人，48 岁，拖人力车二十余年。小时候，读过几年书。父死后，父之友乃介绍他拖车，以迄今日。可是年岁已大，家有6口，不能再靠拖车过日。由于平日节省稍有积蓄，与友人合伙购买马车，在大西门一带赶马车为生。

（4）在35人的改行手艺中，有看见别人的生意兴盛或者经营某一种工作，特别受顾客欢迎，于是他们也就照样模仿。许多中式木器店的匠人，看见沿海一带来的西式木器工厂特别行时，出品式样不但新颖，而且美观，很适合一般正在受都市化洗礼者的心意。因之他们就暗暗的偷学一些外来的西式手艺，把自己原来的土招牌，改换洋招牌。这种情形显然是一种模仿的行为。

（5）有借债改行的，有变卖家产改行的，在35人中各有1人。前者的杨某，四川合川人，35岁，生于四川，曾读私塾数年，随父母务农为生。20岁时，父母俱丧，乃外出帮工过活。抗战期，征入兵队，在保卫上海之役时受伤。以后流落昆明，次年结婚（民国三十一年），以经营水果业糊口，可是水果容易败腐难于发展事业。在友人处借款一千元改做米线店生意。后者如刘某，原是一位铁匠，玉溪人，40岁。小时候随父亲打铁，22岁结婚，那时他曾提议做小生意，父亲不许可。父亲说："我们手艺人不会做生意，而且本钱又少。不如固守手艺，一日两餐粗饭，倒还可以过日子。"父亲虽不允许，但他决心改做生意，加以打铁太苦。后来父亲死去，他就把家产变卖，改开面食小馆，现已8年。

从上所述，35人靠着特殊的机缘，从原来的行道里跳到相差甚远的职业里去，无论是亲友的情谊，或是兼业与副业关系，对于改行的手艺人说，都是决定其行业的因素。

四　走向商业

改行的手艺人常常说"改行经商"或是"开一个小杂货铺"、"摆一个小摊"、"做一点小生意"之类的话，事实上只是少数的手艺人真正的加入商界，多数的人只能在观念中梦寐以求其实现。仅就此现象而说，商业意识强烈的渗透在改行者的想象中是非常明显的。在我们的访问记录上，提出"你还打算再改行吗？改哪一行？"这一问题，常常可以得到下面的回答：

"想做生意。"

"商最好，可以活动，农最不好，一生被困在土地上！"

"打算开铺！"

"希望积蓄一点，开一个小商店。"

"改卖纸烟。"

"准备做生意，做生意可以赚钱。"

"做生意比一切都好。"

......

在 123 个改行者中，走向商业的只有 30 人，其中做纸烟生意的 9 人，售旧物的 5 人，开金店的 5 人，开木行的 1 人，经营咖啡店的 1 人，在布店学生意的 1 人……这已经改行经商的 30 人，无须讨论。还有些未曾参加商业的，也想"改行经商"。此种观念上的商业化实在反映了当时社会变迁的趋势。

改行者为什么都看重商业，想加入商界呢？这原因自然是很复杂的。其中最主要者也许有两方面：一是目前昆明市真正现代化的商业与商人的产生，另一方面由于通货膨胀物价剧烈的波动，商业与商人在目前有最大的盈利。这两方面也许刺激手艺人对商人与商业特别眼红，这里仅就后者做一简单的说明。①

第一，自 1937 年来，抗战的大后方，由于通货膨胀，物资缺乏，及其它种种自然的与人为的原因，致使物价猛然向上增高。以 1942 年 11 月昆明的情形论：农产品的米自抗战以来涨 132 倍，柴炭煤涨 168 倍；迄至 1945 年 1 月，米价较之战前已增 1000 倍以上，布价 2205 倍，炭价 1100 倍，地皮 3000 倍，房租 2000 倍。② 物价高度向上增加对于社会影响的深浅，主要指标不在物价指数上涨的高度，亦不在物价指数上涨的速率，而在社会各阶层收入升降的程度。可惜我们这里拿不出各阶层收入的数字来证明。不过这时候靠固定收入的人员，如教职业手工业者等，其收入远落在物价之后；若是他们的收入不能即时按物价成比例的调整，则其职业的收入更加要落在物价之后，这是当时有目共睹的事实，无须详说。因此这些人莫不望着高涨的物价大受生活艰难之苦。

---

① 关于昆明市"商业与商人的现代化"，曾在笔者之《论昆明市的新兴职业》一文里有较详细的分析，此处无须赘述。

② 张振进：《昆明市场变动性》。

可是在另一方面，有些人很少受物价影响而其收入可以跟随高涨的物价而增加。那些"囤积居奇"，乘时趋利的商人，他们的收入，不仅不怕高涨的物价，而且还希望物价高涨以获巨利。虽然我们这里也无实际而直接的数字可以描写"发国难财"的商人实情，但在此时商人大走红运也是不可否认的事实。

第二，我们从物价高涨与社会的各阶层关系上，指出在上涨的物价下，有些人吃亏，有些人大占便宜。固定收入薪水阶级属于前者，商人属于后者。让我们间接的来指出当前商业与商人如何地在占便宜，在发"国难财"。

抗战以前，昆明市是一个农业经济的城市，为云南省会，民国元年（1912），滇越铁路通车，它虽把外洋的工业化色彩带到昆明，使昆明转入国际贸易的圈子，可是支配一般市民的还是农业经济与手工业的生产。自抗战以来，一改旧观，交通发达了，银行大批迁入了，新工业在加速的进展中，于是昆明市乃一变而成为大后方的重镇以及国际贸易的重要市场之一。昆明市的新工业，虽在建设过程中，对于市民的日用生活品还少贡献。由于交通运输事业的发达，外洋商品源源不断的倾入，把古老的昆明摇身一变，五光十色，装饰得分外繁荣。西洋的工业化靠着便利的交通工具，钻进古老的昆明市。这是昆明市朝向现代化一个主要的力量。

以 1941 年而论，1~7 月，滇缅路商货入口，每月平均在 1500 吨，8 月份禁止商货，但新车入口自 9 月份起才改运政府物资。这月新车入境带入商货不少于 3000 吨。9 月后，利用外商牌照的车辆，运入商品在 800~900 吨，总计全年运入商品有 20000 余吨。这些外洋货使得昆明繁荣起来，这繁荣的后面自然是商人的盈利。在民国二十九年（1940）前，昆明只有商店 2000 家，迄至民国三十年（1941），增至 5000 余家，而且还在与日俱增。

在外洋商品源源涌入之际，自然容易产生"乘时趋利"的"发国难财"者，商业的繁荣与商店的增加，不过是这现象一个说明。据一个本地小报的统计（1943），昆明个人财产在 1 亿元以上者共 140 人，[①] 而这些人都是抗战以来靠商业发财起家的新贵。

因为物价高涨，一般靠国家收入的人，坐吃山空。于是只有商业行

---

① 《大国民报》，民国三十二年 4 月 7 日，第三期

为成为解决生活问题的不二法门，做生意存货物的人一天天多起来，一般市民都已知道"有了钱赶快买东西"的教训，否则到明天钱就不值钱了。

有一位铁匠正在打算改行经商，他说：物价高，做手艺人，不但维持不了生活，还要赔本，只有商最好，今天 100 元的货，明天就可以卖 120 元了。"赚钱"两字，不仅是商业和商人最好的形容词，而且也是手艺人羡慕的对象。

其次，为什么手艺人只能在观念中改行经商，而实际上不可能呢？有两个主要的原因可以说明：第一由于手艺人受糊口观念的支配，没有乘时趋利的人所谓的"生意眼"的技术；第二，由于一般的手艺人完全依赖手艺收入，无法积蓄一笔经商的资本。

从第一方面说，经商赚钱，可非易事。经商要有方法，赚钱要有技术，这方法与技术就是所谓的"生意眼"。

自抗战以来，沦陷区加多，游资随着一般逃难的巨贾名商充塞昆明，因之昆明市渐成为广大后方重要的商业大市场。在这个大商场上若要获取巨利，没有"生意眼"是不行的。原来昆明市的外货运入，首先是靠滇越铁路。因为战争关系，越南被日占领，滇南随之危急，于是滇越铁路停运。嗣后商运转向滇西的滇缅公路，不久滇缅公路又被封锁，剩下空运与外洋通气。每改变一种商运方式，就事实讲，货运的困难有增无减。当此货运困难的时候，商人的"生意眼"就不得不精益求精，否则良好机会，转眼即逝。因此争取财货，就有各种不同的手段。例如滇越铁路时代的竞买车兜，就是在滇越铁路未禁运以前，因运输频繁，货物拥挤，一般商界，因欲提前启运，每兜本至七八百元乃至三五千元越币不等。[①]若是不竞买车兜，或者竞买失败，则商货势难运昆，而停滞越南，岂不白白遭受损失？又如在滇缅路时代的私带商货，因为滇缅路后来禁止商运，只许运购军火；可是有"生意眼"者，仍然能在此禁运中把外洋商品运到昆明。后来只剩下的空运交通，也是只运军火，禁运商货。尽管商运交通越来越困难，可是昆明市场的外贸并不减少，这都是乘时趋利者流"生意眼"的结果。

在商品的来源上，固然要有锐利的"生意眼"，在市场的物价波动

---

① 《商友周刊》第 12 期评论，民国二十九年（1940）8 月 10 日昆明市商会发行。

上，同样也少不了锐利的"生意眼"。例如当棉纱川帮大量收购货物时，滇帮就乘时涨价，使川帮不敢大量收购；川帮如果停止收购，滇帮也就把价压低。又如有些商人，在涨价之先故意把原价压低，或者在跌价之先，故意把原价提高。有时还差使自己一伙的人，假装收买的主顾。别人看见有人抢购，自是唯恐落后，与之竞争，于是物价便可以上抬。或者想抛货的，先派几个人多要价，等到无人过问时，再作竞跌，金店市场就常有此种情形的发生。再如当物价涨到相当高的时候，在批发市场上，买的希望价低，卖的希望再涨，相持不下，又如何办呢？具备"生意眼"的人，仍然可以妙想天开，利用优势，或者假造某某地方来了大批的新货，此之谓"谣言攻势"。像这样的场面，使得昆明市场上五花八门，无奇不有。商场简直就是战场。

上面我们把"生意眼"作了一个详细的说明，目的是在问手艺人是否能具备此种商场有如战场的"生意眼"。我们的答案是否定的。因为手艺人大致是穷苦人出身的。他们从饥饿的人群中拥挤出来，参加行会拜师学艺。他们认为手艺是找衣食的工具，代替饥饿的食粮。工作为的是谋生，不致饿死，曾（从）没有想到赚钱发财的事。他们的手艺为的是糊口养家，不在赚钱。至于"生意眼"不必说了。

虽然他们目前的观念改变了，经商才是赚钱的职业；可是年事已大，心有余而力不足。他们从手艺中成长出来，思想行为，习惯生活，都深深带上手艺的色彩。"谋生糊口"，不是赚钱获利，使他们很难打入现代化的商业里去。

从第二方面说，手艺人靠手艺无法累积一笔经商的资本。在商场上去谋利，除生意眼外，没有资本岂不等于痴人说梦，徒劳无功？本来大部分的手艺人的家乡都是穷苦的农村，这穷苦的老家已无法安插他们；而且还没有他们容身之地，逼迫他们走向城市，靠做手艺人过日子。所以手艺人与资本天生就没有缘分。换言之，手艺人生来就与现代化的商业隔着苦无资本的鸿沟。

手艺人是不是可以靠手艺累积资本呢？W. Sombart 早就在他的名著《现代资本主义》里说过是不可能的。[①] 桑氏引以色列梅克伦（Israel von Meck-

---

① W. Sombart：Der Moderne Kapitalismus，《现代资本主义》第二编 CH39，李子译，商务印书馆印行。

enen）的铜版上载有一个工具制造人的格言是："我的事情做得十分忠实，因此我便终身是一个贫穷的仆役。"其实这一类的话，在昆明市的手艺人的口里是常常可以听到的。"本小利微"十足可以指出手工业生产的特色，也说明手工业者无法累积资本的事实。

一方面手艺人难得具备生意眼，另一方面也没有参加商战的雄厚资本，因此改行经商只能在手艺人的观念里实现。

五　职业的选择

手艺人虽然常说改行经商，事实上有许多人不过说说而已，商业始终排斥他们在门外。真正改入商业的不过 30 人，占总数的 24%，为数不多。上文把他们加入现代化的商业有许多困难作了一个描写，似乎这只是阻止他们的消极方面。在积极方面，我们提出"人选职业，还是职业选人"的问题来试加研究，也许可以使我们更加明了手艺人改行经商在事实上所以困难的关键了。

手艺人放弃原来的工作，放弃之后，随之而来的就是选择职业的问题。在新职业中，手艺人如何得到工作的机会？也就是改行之后，如何选择他们的职业？换言之，手艺人是如何改行的？

就 123 位改行的手艺人说，有三种现象值得说的。在"决定改业的原素"一节里曾经略提到这些方面，可是为了了解改行者如何选择他们的职业，这里还有再加以申论的必要。这三种现象是：（1）手艺人改习与其原业相近似的行业，在 123 人中有 52 人，占 42%；（2）手艺人改习较原业容易或不甚需技术的行业，有 36 人占 29%；（3）手艺人改习和原来职业相差太远的行业，有 33 人占 27%。

（1）手艺人作惯了原来的工作，现在另换新业，这另换工作与其原来的职业甚为接近，原业和新业不是种类的不同，而是程度的不同。例如铜匠改做铅铁器的手艺，因为铅铁器的工作和铜器的差异很少；又如铁匠之加入新式五金工厂，土式木匠之改做西式木器都莫不是两种行业极为近似的缘故。

只要把 52 人改行者的原业与新业加以对比，其间相似的关系是很容易发现的。下图箭头代表由原业改向新业的方向，数目代表人数。

52 人以原业改向新业图

（a）属于衣着类者17人

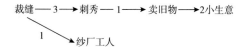

百货生意—1→布店—2→袜店

布鞋—2→皮鞋

裁缝—3→刺秀—1→卖旧物→2小生意
　　　1↘纱厂工人

帽匠—4→国旗←1旧衣裳

（b）属于饮食类者15人

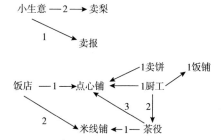

小生意—2→卖梨
　　　1↘卖报

饭店—1→点心铺←1卖饼　　1饭铺
　　　　　　　←1厨工↗
　　　2↘　　3↑↓2
　　　　米线铺←1—茶役

（c）属于金属用具者10人

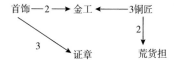

首饰—2→金工←3铜匠
　　　　　　　↓2
　　3↘证章　荒货担

（d）属于烟草消耗品类4人

杂货店—3→纸烟铺←1旱烟

（e）属于劳役服务者4人

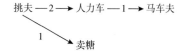

挑夫—2→人力车—1→马车夫
　　　1↘卖糖

（f）属于木器用具者2人

木行—1→木匠—1→西式木器店

上图 52 人的改行，旧业与新业之间，我们可以分作六类来研究。第一类是衣饰类 17 人；第二类是饮食品类 15 人；第三类是金属用具类 10 人；第四类是烟草消耗品类 4 人；第五类是劳役服务类 4 人；第六类是木器用具类 2 人。各类的手工业者虽然改行了，不过在其相同的一类行业中跑来跳去。职业之间的差异，只是程度上的，而非种类上的。

有两个理由似乎可以来说明这种性质的改行：（a）因为性质相近似的行业，彼此的工作习惯，生产工具，生活方式以及技术等，原不过大同小异。手艺人中如果放弃旧业改换新业，在新业的环境中，各方面都似乎较容易培育。例如裁缝改做刺绣工作，裁缝的原有技术，生产工具仍可用之于刺绣业。工作的形式虽然改变，但工作的性质没有什么不同。因为做衣服与绣花，针是少不了的，使用的手艺也几乎相同。绣花人的生活方式和裁缝的都可以从针上得到说明。所以要使一个裁缝变成绣花匠似乎太容易了。正因为性质相近似的行业技术上的大同小异，生产工具的相同，生产原料无多差异，所以手艺人只是把原来的铺店，稍加改变，不必多费成本，即可利用其原有的人力物力，而以新姿态出现。例如属于金属用具的首饰业改做证章业，不过把他原来的招牌形式加多几个字，其余生产工具原料技艺，依旧可以用之于证章的制造方面。这样稍加改变，即可变成新局面。（b）性质相同的行业，其中的相识的亲朋很多，加入进去比较容易，很少遭受职业排外性的作祟。俗话说，同行是冤家，可是同行毕竟可以靠一个"同"字而有情谊。本来相近似的行道，无论在哪一方面，都可以互相观摩；攀谈交情也不致牛头不对马嘴。例如属于衣饰类的一位卖布的艺徒，改入袜店就是靠袜店一位朋友的帮忙；又如饮食业中一位茶役的赵某，参加米线店，也是由于米线店亲戚介绍的力量。从此可见，性质相近似的行业，彼此之间，亲友的人缘关系，可以使改行的手艺人，容易获得工作。

（2）123 位手艺人中，改习不需多少技艺或是容易的行业，有 36 人。他们改后的工作，属于仆役者 21 人，属于厨役者 7 人，属于人力车者 5 人，属于擦皮鞋业者 3 人（36 人从原业改向新业图省略）。

36 人中有 21 人改入仆役的工作。仆役是一种无需技术的工作，一个健全的成年人，仆役业是能胜任的。仆役的事务，例如打杂，扫地，送公事，这都是无须学习的。例如玉器业的李某，昆明人，54 岁。家有一妻三子，妻浣濯补助家计，两个儿子在兵工厂做工，这位玉器老板 7 岁丧父，兄弟 3 人赖母亲为人洗衣抚养成人，现已分家各立门户。他 12 岁从玉器业师为学徒，4年后升为客师，后为老板，从事玉器业32年。抗战后因为玉沙太贵，又不易购得，手艺无法维持，别行又不易学，加以无人介绍。后来在一个学校机关充当工友，如今6年。他之所以当工友，实在是找不到别的事。在各种工作中，仆役自然是原始而低贱的，既不需要技术，也不需要本钱，所以改行者一时找不到别的工作，就很容易的走上此途，暂时有个栖身糊口之地，作为将来另谋出路的桥梁。至于改入厨役，人力车，擦皮鞋各行业，也和此相仿佛。至于这种改后的职业，和其原业相较，既不需要高深的技术，也不要长的学习时间，只要有劳力，差不多人人都可以胜任。在一般人的看法里，这些工作都是下贱的，被人看不起的，他们之所以改入此下贱的工作，并非高攀而是下就。这也许不是他们心目中最后的归宿，乃是一个过渡，从此也可看出改行实在并不是容易的。

（3）手艺人改行，跳到非原有的职业，无论在表面上，形式上或程度上，性质上，两种职业都相隔甚远。例如做铁匠的改做杂货生意，从事染匠的改开纸烟店。这两种不同种类的行道，从甲业到乙业，手艺人是如何跳走的呢？在"决定改业的原素"里，我们曾经讨论过这些问题，他们靠了特殊的力量，如亲友帮助等，使他们跨入和老业不同的圈子里去，是不是有了这些特殊的力量，他们就可以自由选择职业呢？

首先我们可以将这些人的改后的职业和其原有的做一个"新""旧"的分类。其中他们改入新起的职业：如司机，咖啡店，纸烟铺，理发店以及金店共有9人，余26人仍是落在传统的职业背景中。从这点说来，可见手艺人跳去跳来，尽管两个行道种类上有所不同，而他们还是难于跳出其原有的职业圈局（35人原有职业与改后职业图省略）。

手艺人改到与其原有的职业相差甚远的行道里去，在上文的分析中，我们可以看见他们靠了一些特殊的力量，在这里要指出的是这些特殊的力量，与他们所隶属的社会阶层，不可分割。其中亲属的关系尤为重要。他们虽然跑到和其原业相异的行道里，可是亲属的关系，仍旧把这相差很远的行业，联在一起。有三种现象，可以作一说明。

第一是属于父亲方面的，如（Ⅰ图）改行的手艺人他们返回父亲的老路。例如（Ⅰa）子代学面食手艺，父亲曾开过烟店，现在他放弃了面食业，而改做父业。（Ⅰb）图的情形也是如此。

Ⅰ：改行手艺人转向父亲职业图

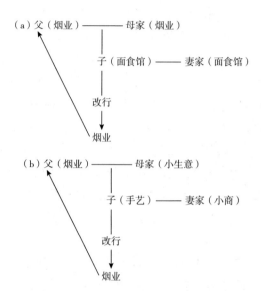

第二种是属于母家方面的，也就是手艺人得力于舅家的帮助，而改向舅家方面的职业。如（Ⅱ图）有一位在行家做客师的老李，呈贡人，23 岁。（如Ⅱa）他之所以放弃旧业，改卖烧饼，就是得力于他舅父的帮助，改习舅业。一位做小帽业的铺东，如（Ⅱb）放弃祖业改做金店，也是由于舅家的劝诱所致。

Ⅱ：改行手艺人转向舅家职业图

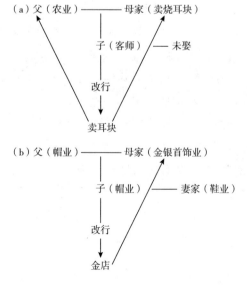

第三是属于妻家方面的，这种情形，在访问时遇到的例子较多（如Ⅲ图）。

Ⅲ：改行手艺人转向妻家职业图

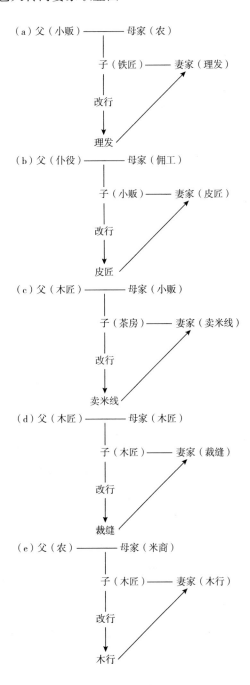

上面的几个例子，给我们一个较清楚的印象，改行者渗入岳家那一方面的职业，如（Ⅲe）是一位陆姓的木匠，宜良人，40 岁。由于他岳丈的帮助，放弃木匠，改入岳家的同行。又如（Ⅲb）是位姓张的皮匠，昆明人，45 岁。父亲业农，继后到昆明做工。他自己本来也是跟父亲做工过活的。父母死后，改营小贩，生活还好；但由于他自己行为不检，生意败坏，时方娶妻，岳父经营皮鞋，以遵岳父之命改习皮鞋。

无论是父亲也好，母亲也好，岳家也好，都使得改行的手艺人，无形间受了很大的暗示。表面上尽管他们改行到一个和原业差得太远的行道里去；实际上，这种差异不是阶层与阶层间的，不是经济背景与经济背景间的，也不是社会地位与社会地位间的，而是亲属之间的。就是说手艺人的社会背景表面上是各种不同的职业的形象，底子里却包含亲属的共同关系。手艺人的社会圈有多大，有多高，事实可以从他们的婚姻关系上测量出来。传统的社会上有所谓"门当户对"的婚姻。在手艺人这一层里，差不多也受这种行为的约束。皮鞋匠的女儿，嫁到帽匠的丈夫；铜匠的子女，多来找铁匠的子女成全家之好。这种关系，靠血的连结，也靠血来维持。因此手艺人跳来跳去，尽管他们改习不同的行业，可是他们很少有力量改变这种血统关系的层次。手艺人在社会上活动的距离，实在可以拿他们自己做圆心，以其亲属关系做半径，所作的圆。这个圆，就是他们所处的生活的社会圈局，也就是他们的社会阶层。从这里我们似乎可以说："不是人选职业，而是职业选人"。

总之，就上面的三种不同的改行情形看来：第一，改习容易的职业；第二，改习相近似的行道；第三，改到和原业相差悬殊的职业。这都是改行过程上，手艺人在走着不同的方向。这些"方向"的背后，包括了家世，血缘，地缘，同行的友谊等等关系。他们原都是在一个大的共同的社会圈子里生长出来的。生于斯，长于斯，工作于斯，亲朋戚友的关系也都在这一个圈子里。只有这一个圈子里的人，才真正帮助他们，心痛他们。他们是属于这一个"圈子"的，这一个圈子也属于他们。他们的职业联系，就是他们的社会联系；他们的社会联系，也差不多就是他们的亲属联系。同行的友谊，亲属的痛痒忧戚，使他们向来过着"公平交易，老少无欺"，忠于己忠于人的和平生活。可是目前激烈的社会变迁，打破了他们的生活的社会圈，使他们不能"安于其位"。眼见自己赖以生活的基础在土崩瓦解，而不得不放弃旧业，另谋出路。于是"改行换业"成为昆明市的手艺人最为流行的口头禅。如今他们有的业是换了，行是改了，可是他们的"改"与"换"，实在不过仍旧在原来的社会背景里，作感伤的旅行。

评潘光旦的《自由之路》[*]

（一九四七年）

近数年以来，民主自由的呼声，真是甚嚣尘上。民主自由已成为家喻户晓的名词。可是若一分析大家谈的民主自由，究竟是什么内容，右派有右派的论调，左派有左派的主张，"第三方面"的说法又不同了，百家争鸣，当然更可以衬托出真理的本来面目。各不相同，从民主自由的立场上说，自然是再好没有的现象。

可是不幸的是，在我们的国土上，似乎树立不起真正自由的空气，谈自由民主的人，往往是最不自由民主的人。因为有些人总把自己的货色，认为是天下唯一的真理，十全十美，没有虚心讨论的态度，没有宽容异己的雅量，没有清风明月的胸襟，唇枪舌剑，面红耳赤，非要做到你败我胜，"你死我活"，天下定于同一的局面不可。这样的结果，自由似乎成了江湖术士的辞令，"天下许多罪恶假汝之名以行"了。

正因为这种江湖术士太多，"宣传重于教育"的恶劣现实下，潘光旦教授所著《自由之路》实在可以纠正许多人盲目的态度，可以解放役于宣传下的心理，可以澄清舆论界的混乱。

一般人谈自由也许从政府立场，也许从经济立场，当然也有人从党的立场把自由似乎分析得一干二净。誉之者有之，毁之者亦有之。可是从生活、处世、做人的观点去对自由作一解释的《自由之路》一书的作者，也许要

---

[*] 本文原载于《自由之路》，由潘光旦著，商务印书馆中华民国三十五年 8 月出版；天津《益世报·社会研究》1947 年第 11 期。

算是开风气之先。

自由是什么？著者基本的肯定："自由是生命的最大目的"，这个看法显然出自人本主义。自由既是生命的最大目的，没有自由，当然没有生命。换言之，就是要把人当人看待，奴己奴人，刍狗人生，都不是自由，都不是通达到自由的境界！

一个真正懂得自由的人，心地是光明正大的，精神是独立自主的，对己对人可以从心所欲而不逾矩。用著者的话说："消极方面，我认为我们决不能把自由与散漫混为一谈，因为散漫的人不自由，他不能随时集结；也不能与放纵混为一谈，因为放纵的人也不自由，他不能随时收敛；只会打游击战的人，只会打阵地战的人，是同样的不自由。一个拘泥的道学家，一个沉湎于声色、货利、权位的人，也是同样的不自由。"放纵散漫在著者看来都不是自由。自由实际上就是运用自如，能收能放。

在积极方面，著者又提出："自由就是中庸，就是通达。如果我们把不偏不倚的旧解释撇开，而把中庸的概念和经学的概念联系了看，甚至当作一回事看"。可是一提到中庸，大家总以为是折中，实际上是误解的。中庸便是恰到好处，就是不有过也无不及。

一个人立身处世，人我之维系，群己之共存，团体之间的分合，消极方面，要是不能随时收放；积极方面，要是做得不能恰到好处，也就是不得体。前者不是奴己就是奴人；后者不是损人就是损己，这怎能说是生命的最大目的，怎能说是自由？

无论是哪一种人，哪一派，哪一党，哪一种主义，如果不能满足生命的最大目的，不把人当人看，奴己也罢，奴人也罢，都不是自由，都不是通达自由之路。对于自由的解释，虽然有很多，无疑的，著者对于何者才算自由，何者不是自由，要算是最为重要的一个！

在目前宣传重于教育的时代，胡说，乱说，既不根据事实，又不根据理性，在我们的舆论界，显然是乌烟瘴气一团糟，要是自由两字本身能够说话，怎能长久受着曲解？我相信它一定要把"假汝之名"者的伪招牌揭穿，使假自由在太阳光下站不住脚，那么自由一词的真谛，也许要更加显得活泼、天真、可爱。要是教育是本，宣传是末，甚至宣传根本不是教育，这句话不错，读者也许会从《自由之路》一书里得到不惧宣传，不怕暗示的信心。这是达到自由之路的初步。

有警察的社会 *

一

都市社区和乡村社区不同之点原是有很多的。其中都市有警察，乡村没有警察，也许是重要的一个。乡村里没有警岗，也没有穿制服的警察，社会秩序，并不紊乱；城市到处站着警察，可是人我之争，群己的失调，团体与团体之间的纠纷，阶级的冲突，司空见惯，一点也不足奇！

要解释这个问题，似乎可以从好几方面入手。第一，农村社会，极为单纯，决不似都市的复杂，农村里生活的人，是在"熟人里长大"。彼此的身世底细，知道得清清楚楚，知人知面而且知心。守望相助，疾病相扶持，自然用不着警察帮忙了。反之都市生活，五花八门，城市是各地陌生者的一个熔炉，集结在一起，萍水相逢，彼此的身家经历，只有天知道，知人知面而不知心，人与人相处，怎能不预先加以提防，明枪易躲，暗箭难防，不得不有警察来担任保镖。第二，农村社会的道德，风俗，习惯，其约束力远较都市的为强大，生活在农村社会的人，靠传统习惯，一代一代打发日子过去，相安无事，很少改换，大家既是在熟人眼里看着长大的，不好意思做着损人利己的事，长辈的脸色，邻里的闲话，似乎比警察的武器还要有力；哪里还用得着真正的警察来管闲事。第三，农村人口稀少，都市人口稠密，前者人少，意志力量都易于集中，步调易趋齐一；后者人多，意志庞杂，公说公有理，婆说婆有理，究竟谁有理，最后恐怕要靠警察了。若是我们从这许多方

* 本文原载于《益世报》1947 年 11 月 12 日星期四第六版，《社会研究》第 16 期。标点等保留了原样。

面去解释，都市所以有警察，是太浮浅的，并且这样的看法，还可以数得出许多来。我打算进一步从都市生活的特征上，去找问题的解答。

二

都市社会的生活，和农村的，似乎有一个基本的不同之点，就是：农村里长大的，主要是靠农业维持生活。可是农业和土地有不可分离的特性。"辟地植谷曰农"，农业和土地是何等直接何等密切。农业既然不能脱离土地，靠农业为生的人，怎能脱离土地，所以农村里长大的，和土地的关系又是何等直接何等密切。一般人都说乡下人土气，靠泥土生活的人，终生和泥土在一起，又如何不土头土脑呢！

若是"土气"是农村生活的特征，这"土气"实在也就是农村最好的解释起点，农村里的人，可以说是从泥土里长出来的，是大地的子孙。他们的生活，感情，事业以及一切的关系，有形的或无形的似乎都和土地分不开来，没有土地也就没有他们的生活。赛珍珠所描写的"大地"，透露出中国农民和土地的感情，那是如何的真切，在灾荒时期，饥饿的农民不忍离开饥饿的土地，原因就是"土地就是生命，生命也就是土地"。这虽是小说家笔尖下的幻想，不足为凭，可是从这里不难看出泥土对于人的感情，有着不可思议的亲切力！这种感情，无以名之，名之曰梓子情谊（Rural Sentiments），此为农村社会团结的力量，也是农村社会的生活特征。

另一方面，土地的利用，要靠天时，若是天公不作美，直接就要影响到土地上的收获，农民既然靠土地生活，就不得不靠天时了。因此，"天"这个神圣不可侵犯的力量于是很自然的成为乡民顶礼膜拜的中心，靠土地吃饭的人，同时也得要"靠天吃饭"。靠天吃饭，农民怎敢得罪上天的意旨，"拜天地"的信仰可谓支配了我们整个的农村社会，"天地"两字连在一起，实在是一物两名罢了。因之农村里人所应付的是大自然，是天事。天地不仁，以万物为刍狗，那是何等可怕的事。"谋事在人，成事在天"，一切都"听天由命"，难怪农村里生长的人，在危急的时候，要喊天了。"喊天"是农村社会的一个特色，推原其故，都莫不与土地有关。

上面我们把农村社会，作了一个简单的说明，我们的目的，是在从这个分析里衬托出都市社区有着不同的生活模式！

三

农村里的人民，遭受冤屈，或是吃到苦头，在万不得已的时候，常常要喊天的。"天呀！"因为天是最后的裁判者。天网恢恢，疏而不漏，善有善报，恶有恶报，为非作歹之徒，怎能瞒住天公的明眼。遭"天雷劈"，在数者难逃，何等可怕的刑罚。可是在都市里，人我的纠纷，冲突，在万不得已的时候，就不会喊天了，因为喊天天不应，无济于事，喊什么呢：警察。

若是我们打开每天的报纸，准可以找到许多违警案件，在人事的争端里，最后十之八九会找上警察来加以调解的。遗失了珍贵物品的主人，可以报警，请其侦察，代为找回；有伤风化的事件，可以报警，拘捕当事者，带局讯办，以儆效尤；口角，打架，行凶，抢劫，殆无一不可以叫警察来加以干涉，防范和惩处。假如我们把许多违警个例，作一分析，当然更可以看出城里人临危喊警的实情。在街市上最忙的人，不是商店的伙计，不是有如热锅上蚂蚁的路上行客；而是十字街头管治红绿灯的警察，往来如织的汽车电车，虽然威风凛凛，不可一世，在什么人前面哪肯低首下心让人一着；除开了警察。警察，多么有力的征象。设想都市没有警察，怎能想象，那成什么局面，什么体统。

生长在都市的人，好像是靠警察生活的，正如乡下人，靠天吃饭，有异曲同工之妙！这个原因在哪里，颇值得加以推求。

我想从都市兴趣或都市利益（Urban Interest）上试作一番探讨。原来都市人是一种脱离土地的人，他们的生活中心，不在土地上面；而在兴趣里边。城里人不靠土地生活，至少不像农村的人固着于地。和泥土很少关系的人，自然不会土气。可是为生活，总是人的生存起码条件，城市里的人，虽"四体不勤，五谷不分"；但是在生活的享受上，原比乡下人为高，城里人从什么地方取得糊口之资？"工作"，属于体力的也好，智力的也好，是谋生的主要园地。

中国的所谓三十六行，在城里都找得着，近代的大城市如纽约，伦敦，总在上千数的职业，可见都市分工的细密。都市人就在这种分工的细密圈子里，找到入款，找到生活。因为分工细密，每个人都不能独立生活，一人之身，百工之所为备，每个人都密切的依赖他人，以其所有，易其所无；尽其所能，取其所需，一个人的存在，不过是为另一个人的存在。每个人都是把自己的利益，建筑在他人的身上。相反相成，相得益彰。这是与兴趣的结合，也是与利益的结合。

城市集拢各地的人口在一块儿过共同生活，分工合作的生活。"兴趣"便是这个共同生活的基础。我们不是说城市居民的生活里没有感情的成份。不过这种成份是不会有如乡土上长大的那样浓厚。若是"兴趣"是城里人生活的中心，城里人实在也就是靠兴趣长大的。"土地"若是乡下人的生命，"兴趣"便是城里人的生命了。城里人生在"兴趣"上，也死在"兴趣"上，举一例也许要更清楚。近代的所谓无产阶级，原是工业生产中重要的角色，他们靠出卖劳力，换取工资，以资糊口养家，工资与劳力的交换，构成劳资的关系，假如工厂关门，失业马上要临到工人头上。劳工原是脱离土地的人。怎能忍受失业的威胁。退无土地的倚靠，进无资本家的怜恤；若还得不到政府协助，社会同情：失业实在等于宣布死刑。劳资关系如此，都市中其它的关系，何尝不可作如是观。兴趣的结合，关系的维持，从有兴趣始，从无兴趣终。

这样看来，"关系"对于城里人，何等重要，每个人都是生活在关系上靠兴趣吃饭的。因之，城里人对付的事，是人事；不是天事。如果人事搞得不好，生命难免就会发生危险。乡里人不敢得罪天，城里人哪敢得罪人？乡里人在危险的时候，喊天；城里人在危急的时候，很自然的就会想到喊警察了！

四

要是上面的分析不错，我们可以说，城市社区是一个喊警察的社会，城里人也是一种靠警察生活的人。最后我们还拟简单的把警察社会的特征，作一描写，结束本文的论点。

在兴趣上长大的，"喊警"，是麻烦甚至也是痛苦的事。生活本身就在找麻烦，习惯了就成为第二天性。"有事报警"城里人也就靠这点"喊"的本事，得到生活上的保障！

话虽如此说，喊警察总归是"不得已"的事，人何以一定要走上这个"不得已"的路，能够避免，我想每个人同具此感。夜不闭户，路不拾遗，所谓大同世界，也许就是个没有"不得已"的世界。因为喊警察实足证明生活的裂痕。为了要逃避这个不幸，城里人也许慢慢养成了他们的一套特别作风，所谓"滑头滑脑"，"城孤社鼠"等等形容城里人的绝妙好词，何尝不是这个"不得已"上的"不得已"！

在"不得已"的上面，人性也许要失去它的尊严和可贵，我们不是说城里人全是伪君子，全是大奸臣油滑者，乡下就没有这一套，这只不过是程度上不同，在城里有大奸，乡下有小奸；在城里要吃大亏，乡下只吃小亏。当然，有人只愿吃小亏，甚至根本不愿吃亏，何必惹起烦恼，自讨苦痛，于是有人主张"回到自然"，这安知不是"不得已"的一种反抗！

总之，自工业革命以后，都市化可谓踏遍全世界的主要城市。这是人类生活上空前的变迁，都市是现代文明的中心，也是现代生活的特色，都市产生警察，城里人离不开警察过着和平的生活！

城乡关系：敌乎？友乎？[*]

（一九四八年）

　　讨论城乡关系时，有一点似乎特别提出来注意的，就是时空的属性。百年前的城乡关系，自然会与目前的大异其趣；高度工业化的美国城乡之间和半殖民地的中国又有显著的不同。就时间来说，工业革命以前和以后，城市和农村有一个最刺目的改变，以欧洲的情形论，1800 年时，欧洲人住在城市里的占总人口的 3%，到了 1900 年增加为 25%。人口大量的从农村挤向都市，换句话说，乡里人大量的变为城里人，是工业革命以后的事。就空间上来说，在美国不仅许多城市是机械化的大量生产的中心，就是农村也是大量生产的园地。就贝克尔氏（O. E. Baker）的估计，一个普通的农民一年经营的结果，加上雇工的帮助，除去养活他自己与家内三口人以外，还可以生产足够的粮食与纤维质，去供给 12 个住在美国城市与另外 2 个住在美国以外的人们的需要；可是在中国，靠土地为生的人，差不多在 80%，乡里人不但吃不饱，穿不暖，还遭受到人多地少的压迫。

　　城乡关系，虽因时因地有不同的表现，可是大体上来说有相成相克的两方面。城市离不开乡村，乡村也离不开城市，彼此互相依倚，构成一体，这是相成；城市剥削乡村，榨取乡里人的血汗，或者乡里人围困城市，革城里人的命，彼此对立冲突，这是相克。从相成方面看，城乡是朋友；从相克方面看，城乡是仇敌。

　　若是我们从一方面入手，分析城乡的关系，见其偏不见其全，对于城乡

---

[*]　本文原载于《新路周刊》1948 年第 1 卷第 6 期。

的基本联系，难得透视出它的真相。城乡关系虽因时因地有不同的表现，可是这种表现不在它是朋友，或是仇敌，而是在"敌乎？友乎？"的格局如何相成相克的凑合。

有机的城乡循环

城市和乡村原是人类社区生活的两大方面。在古代只有城堡，没有像现代的都市。城堡大致是军事上的中心与军事上的圣地。到了后来，城市不但是军事的宗教的中心，而且还是商业的中心和手工业制造的场所。中世纪欧洲城市以及目前中国内地如云南四川等地的许多城市就是这种情形。

直到 19 世纪初年，工业革命后，工商业发达，近代的城市相继出现。欧洲在 1600 年时，万人以上的城市不到 14 个，到 1910 年，就增加到 168 个。五分之四或十分之九的都市全是 19 世纪的产物。都市不但是大量人口住留的中心，也是大量机器生产的场所。城市的起源虽多很早，可是城乡问题的严重，是从工业革命以后爆发出来的。

这个严重表现在城乡再也不是一个整体，而是城市压倒乡村，这是空前的变迁，可以自有机循环的崩溃上得到证明。

原来，城乡的关系，在手工业经济时代，是一种有机的循环。我们无须在中古时代的历史里去找事实，只要看看我国内地的许多城市像四川云南等地，就依然可以描出这个循环的特色。

例如昆明和成都，城市里的手工业者，十之八九都是来自农村的。他们背井离乡的主要原因，是经济压迫。地少人多，家乡无法立足，不能不跑到城市，另谋出路。城市里的手工业是他们谋衣食的园地。他们虽然远离家乡，在异地成家立业；可是在他们的观念里，有一种浓厚的念念不忘乡土的深情。我在昆明和成都两地做手工业研究时和手工业者谈话，最使我感动的就是他们的那种乡梓情谊。他们说家乡虽然饥饿贫困，谋生艰难，可是毕竟是生长自己的老地方。同乡过年过节总得要返里省亲，或打扫祖宗的坟墓。要是年纪老了，手边积蓄有钱财，多数人都有同样的打算，回老家去买块土地。城市的手工业者虽是从土地上被排挤出来的，可是乡土还是属于他们的，他们还是乡土的子孙。一种浓厚的情谊，无形把城市和城乡联系在一起，不能分割。

不仅城市的手工业者在感情上和乡土难舍难分，就是手工业和农业之间也是不能截然的一刀两断，彼此互相帮助，互相依倚，共同解决其中的人口的生存问题。在农村里，农业有农忙农闲的季节循环，一年中农闲期为农历一、二、九、十、十一、十二各月，而三、四、五、六、七、八各月是农忙时。农忙时期，工作多，需要的人工也多，于是在农业的结构上，发生膨胀现象；至于农闲时节，工作少，需要人工也少，于是在农业的结构里就是紧缩的情形。此种膨胀和紧缩现象一经发生，其中的人口势必发生流动。城市手工业，便是此种流动人口的来去对象。在成都或昆明，我们常常可以看见在农业消沉时期，便有一部分人口来到城市，参加手工业工作；而在农忙时，他们又回到老家栽田种地。不仅如此，而且手工业也有一种兴衰疲惫的循环现象。据手工业者说，他们的工作在四、五、六、七、八、九各月为疲劳时期，这时期的工作少，人手也少。因为市场萧条，货无销地，发生此种现象的原因，主要是由于农忙。农民在播种插秧，春耕夏种秋收，他们哪有闲暇，哪有余钱，可以来到城市添办货物？一到秋收以后，不但有余暇，而且田土上的谷子，可以换到钱财，使他们的手边活动了。乡土风气，嫁女迎亲也多在此时举行。因之农民不得不上城采办嫁妆，还有过年过节的物品，也多在此时准备齐全，市场活跃。手工业品的销路增加，手工业者也得忙碌起来，这是手工业的兴盛时期，为八、九、十、十一月。在旧历年间，无论城市或乡村都得歇业过年，所以十二月及次年一月，城市的手工业者大半停工。要到二月至三月又有一度的兴盛繁荣，以后四月至六月便是消沉时期。总之，城市手工业的兴衰与农业的忙闲，似乎恰成对照。正因为有法对照，彼此互相调剂其中过剩的人力而造成城乡的有机循环。

尽管城市和乡村有不同的生活方式，这个不同的背后，却有个共同的基础，就是城乡是一体不可分割，在人口的调剂上有机的循环把城乡连在一块。

城乡关系的脱节

在工业化都市化以后，城乡的关系一改旧观，有机的循环被打破了，代之而起的是无机循环。

在工厂制度下过生活的劳工，原也是脱离乡土的农民，可是一旦脱离土地后，从此乡土不再属于他们了，他们也再不是乡土的子孙。就是说城市和乡土之间鲜明的划出了一条鸿沟：到了城市就无法打回老家，也不愿再回老家。过河拆桥，他们到了城市就得永远在城市的生活中勇往向前，退后就是失败，也就是，也就会倒在社会淘汰的深渊。工业化的先进国家关于这方面的事实是太多了。大家也许读过史坦恩贝克的《愤怒的葡萄》，作者在这本小说里描写美国工业化过程中，机械化大生产无情的渗透到古老的乡土去，把农民几代都住在同一乡土情谊的生活，拆散得干干净净。靠家乡靠土地的饭碗被打破了，被迫得挤向都市靠卖劳力赚工钱过日子。农村的机械化不但把这些纯朴的乡民赶向城市，而且使他们破釜沉舟和老家一刀两断。这虽是小说家笔尖下的想象，本不足为凭，可是从这里似乎反映出来，工业革命后，城市和乡村，在人口方面一个严重的事实，就是城市在大量吸收农村的人口作为繁荣的基础。目前美国流行的一句话是"乡村生产小孩，都市把他们消费"。据邵罗金（P. M. Sorokin）教授在他的《社会流动》一书里所说的："在最近六十年或八十年中，欧洲社会从中产阶级去掘发上层阶级所需要的人才，是很紧张的。自二十世纪开始以来，他们掘发得越深，现在差不多要达到社会的底层了。"都市的发展，人口大量集中，城市的繁荣反而成为人才的涸泽。这是无机循环的特征之一。

乡里人往城里跑并不是一件凶多吉少的事。若是在人多地少的农业国家里，土地的收获有限，饥饿的威胁无穷，农民大量离地，在都市另谋出路，自是一条解决饭碗问题的好门径。可是就在这个门径里随之而来的乡土和城市，隔成两个彼此并不照顾的心情。前面已提过就是脱离乡土的人也是忘却乡土的人，在观念的领域里，城市和乡村不再是一体。即以我国的情形而论，似乎也在渗染着这种彩色，以往从乡土出来的人，背井离乡，大家都有荣归故里的夙愿，每逢佳节或是老年多半要回到父亲坟墓的老地，就是死在他乡，也不愿在异地做鬼，要把尸首运回原籍。生在乡土，死在乡土，做鬼也要在乡土，这是一种不忘本的德行。今日的知识分子里，恐怕绝大多数都不会再愿意回到乡梓服务，他们头也不回，哪里还记得自己的家乡残破不堪的场面；要是他们远涉重洋，游学镀金，无论是美国、苏联、英国，还是印度，他们一定会争先恐后。离开家乡越远，也许就是自我比天还高的代价。这又是一种无机循环的特征。

本来自产业革命后，乡土逐渐失去它的独立性——自给自足的独立性，从此乡村完全沦落在城市的支配之下，一任城里人的心意，剪裁出各式各样成品的原料制造场所。有人说："工业革命结果，是使乡村靠城里，东方靠西方。"这个"靠"字就把乡村原有的独立性的消失说得再清楚没有了。什么是原有的乡村的独立性，有加以简单说明的必要。在手工业经济生产的时代，乡村不但可以生产原料；而且还可以自行加工制造。乡村的自给自足，就是它的独立性。但是这个特征在工业革命之后，被取消了。从此乡村只能生产原料，供给城市的制造。这本是一种地域的分工，在合作的上面不过是原料与成品的交易，全然是一种物质交易的行为。除去物质的交换外，似乎没有其他了。说得过火一点，这不过是一种利害的关系，金钱交换的关系。所以我们说这是一种无机的循环。正因为是一种无机的循环，乡土也得跟着商品的市侩气转入贸易市场上成为赚钱赢利的一环。乡里人需要看城里人的脸色，似乎喜怒哀乐也要跟着喜怒哀乐，乡里人在生产的领域中再也没有以往那种独立自主的自由。土地上的五谷，不再是丰衣足食的靠山；而是城市工厂的原料。原料通过机器加工，回到娘家，带回的礼物是：土棉布变成洋布，糙米变成机器白米了。这是无机循环的第三种特征。

无机循环的特征自然还有许多，不必细举。以上面的三点而论，似乎可以看出城乡关系的脱节了。这脱节的现象很明显的表现在城乡只是利害的结合，城市与乡村除了商品与原料交接外，在生活上感情上观念上再也不是一体了。

都市乡村化，乡村都市化

城市里兴起的大量生产的制度，一是会破坏乡土上原有小规模的自衣自食的局面，本是工业化过程上不可避免的。土法的制造，代之以机器，不但节省时间，还增加效能，除甘地以外，恐怕是没有人反对的城乡关系改变，由有机到无机，也是事有必至的过程。有机关系城乡尚是一体，无机关系，城乡种下相互敌视的因素。今日城乡的冲突、对峙、相克，也许是从无机的脱节里产生的。在手工业经济时代，城乡关系似乎有一个完整的配合形式，因之调和多于冲突；在工业化后的城乡之间，似乎没有完整的搭配形式，因之冲突多于调和。这是我们这个时代的严重问题。

打破城乡的对立，抹平城乡之间的对立的鸿沟，在欧美已经在积极进行，所谓都市乡村化、乡村都市化运动，确是一种对症下药的良方，使城乡的关系不仅是利益结合，还是一个共同不可分割的整体——互助共存。都市的繁荣要建筑在农村的繁荣之上。若是可以打一个比方的话，我愿这样的说：农村是根，都市是花，花要开得茂盛，一定要根长得结实。如果根不结实，涸泽，虽一时开出好花，那还不是时代的昙花！

在我国的工业化过程中开出美丽的花朵是每一个人都希望的。是发展都市呢？还是繁荣农村呢？根据以上的讨论，不是孰重孰轻，而是都市与农村如何得到一个并行不悖的重建问题。

皇权下的商贾[*]

（一九四八年十二月）

"贵"与"贱"

孟子说："锱铢必较，此之谓贱丈夫。"在传统社会中锱铢里谋生的商贾，总是占有很低的地位。可是《周礼》所描写出来的社会分层里，商贾还没有贱到末流：

> 坐而论道，谓之王公；作而行之，谓之士大夫；审曲而执，以饬五材，以辨民器，谓之百工；通四方之珍异以资之，谓之商旅；饬力以长地财，谓之农夫；治丝麻以成之，谓之妇功。

这里所谓商旅，就是商贾。就其地位而论，仅在妇功于农夫之上，远在王公士大夫之下。到春秋战国，商贾的地位，在为政者的眼光里，却降到农工之下。值得我们注意的是，以兴盐海之利把齐国经济繁荣起来争霸的管仲，却是最先说"士农工商"的价值尺度的人。他建议桓公"成民之事"，把当时四民分为"士农工商"四等，"勿使杂处"。于是"士"在其首，"商"在其末。"士农工商"的社会分层，好像形成我国传统社会的格局。

《周礼》所记述的社会分层如果是事实，商贾的地位，在农夫之上。何

---

* 本文为袁方先生与费孝通、吴晗等六人合著的《皇权与绅权》中的一篇。该书于1948年12月在上海观察社初版，收入楚安平主持编辑的"观察丛书"。2013年9月由生活·读书·新知三联书店再版发行。

以管仲把它颠倒过来，落在四民之后？依我看来，与其说是管仲描写一个新的局面；不如说他为了政治的目的，有意要把商贾的地位压抑下去。这是当时商业发达和政权冲突的缘故。

春秋战国时代，国君都知道商贾于国有利，争相招挽，使"商贾皆欲出于王之市"。卫文公有通商惠工以兴国的举措，"陶朱公逐什一之利。居无何，则致赀累巨万"（《史记·越王勾践世家》）。子贡"子贡结驷连骑，束帛之币以聘享诸侯，所至国君，无不分庭与之抗礼"；"倚顿用盐盐起。而邯郸郭纵以铁冶成业，与王者埒富。"（《史记·货殖列传》）正是"以贫求富，农不如工，工不如商，刺绣不如倚门市"。商业勃兴，商贾的地位，事实上非但没有下降；反而在蒸蒸日上，甚至可说这是商贾在中国社会史上的黄金时代。

商贾运用他们锱铢必较的手法，累积财富，有时甚至富埒王侯。这是说，他们的经济实力威胁了原有的社会分层的等次。富埒王侯，进一步将是权倾王侯了。商贾的抬头也成为社会结构是否将予改弦更张的问题。若是不把这在分层里原处于低级的商贾抑下去，就得承认他们的新地位。也就是说要把原来较高的阶层，让出个位置来，给商贾去占据。在这社会结构面临改造的威胁中，原属上层的，也是握有权力阶层的不能不出来答复这问题：退让呢，还是保守？中国这段历史的答复是保守，不是退让。在握有权力的王侯，守住了他们的地位，利用了原有的社会价值的尺度——贱商——把在社会阶梯上跃跃欲上的新兴财富阶级，打击下去，一直把他们贬到四民之下，连农都不如了。

贵和贱，原是指社会上看得起看不起的分别。"士农工商"的层次是社会价值的尺度。居于末流的商，也是说社会上最看不起的人物。要使社会上看不起商贾，一定得做到没有人羡慕商贾。商贾是从事交换经济的人物，在这计较锱铢的过程中他可以逐什一之利而累积财富。如果要做到没有人羡慕商贾，必须使商机财富有所不能买，使他们不能单凭财富就可以得到具有引诱的享受和安全，而且还要在社会上另外开出能具有引诱力的路子来。这些另外的路子又要不去威胁原有的权力结构。做不到这些，尽管想贱商，而商还不贱的。换一句话说，要商贱，就得把贵贱之别，脱离财富多寡的标准，而把它系于权力的高下标准上。如果财富不能买到权力，一个人不能单通过财富去取得享受和安全，财富才不会成为最有力的引诱，商贾也不易被看得上眼了。若是在另外的路上，却能得到更可取得享受和安全的财富时，商贾的地位，就更要相对的降落了。我们传统社会中的特权阶级，就从这些方面入手去抑压商贾。管仲所安排出来的四民层次，后来竟成事实的图案。

千金之子竟死于市

大家也许会记得陶朱公想利用财富去保障他儿子生命的故事。《史记·越王勾践世家》里说：

> 朱公中男杀人，囚于楚。朱公曰："杀人而死，职也。然吾闻千金之子不死于市。"告其少子往视之。乃装黄金千溢，置褐器中，载以一牛车。且遣其少子，朱公长男固请欲行，朱公不听。长男曰："家有长子曰家督，今弟有罪，大人不遣，乃遣少弟，是吾不肖。"朱公不得已而遣长子，为一封书遗故所善庄生。曰："至则进千金于庄生所，听其所为，慎无与争事。"长男既行，亦自私赍数百金。
>
> 至楚，庄生家负郭，披藜藋到门，居甚贫。然长男发书进千金，如其父言。庄生曰："可疾去矣，慎毋留！即弟出，勿问所以然。"庄生虽居穷阎，然以廉直闻于国，自楚王以下皆师尊之。及朱公进金，非有意受也，欲以成事后复归之以为信耳。庄生间入见楚王，言某星宿某，此则害于楚。楚王素信庄生，曰："今为奈何？"庄生曰："独以德为可以除之。"王乃使使者封三钱之府。楚贵人惊告朱公长男曰："王且赦。"曰："何以也？"曰："每王且赦，常封三钱之府。昨暮王使使封之。"朱公长男以为赦，弟固当出也，重千金虚弃庄生，无所为也，乃复见庄生。庄生惊曰："若不去邪？"长男曰："固未也。初为事弟，弟今议自赦，故辞生去。"庄生知其意欲复得其金，曰："若自入室取金。"长男即自入室取金持去，独自欢幸。
>
> 庄生羞为儿子所卖，乃入见楚王曰："臣前言某星事，王言欲以修德报之。今臣出，道路皆言陶之富人朱公之子杀人囚楚，其家多持金钱赂王左右，故王非能恤楚国而赦，乃以朱公子故也。"楚王大怒曰："寡人虽不德耳，奈何以朱公之子故而施惠乎！"令论杀朱公子，明日遂下赦令。朱公长男竟持其弟丧归。

陶朱公在当时不可谓不富，而且曾贵为卿相。但是他的"贵"的来源是握有政权的王，离开了给他"贵"的王，也就没有势。他固然可以用他的"富"去邀得王者的恩赦，可是赦不赦还在王者，不在"千金"本身。"千金之子不死于市"，诚可以写出钱能通贵的力量。可是有时钱也无法通贵，而使朱公长男持其弟丧回家。富而不贵，便将受皇权的威胁，谈人权保障？与虎谋皮！

在我们传统社会里，何以"富贵"两字，老是连在一起，难分难解。委实有它的深厚的意义。孔子说："死生有命，富贵在天。"庄子骂孔子道："摇唇鼓舌，以迷惑天下之主，所以谋封侯富贵者也。"俗话有"功名富贵"等，若是一加仔细地分析，"富贵"在一块不是偶然，这里实在指出我国向来的社会一条真正的致富之路——由贵而富，不是由富而贵。

正因为由贵而富，所以齐筦山海之利，秦有盐铁之权，汉置盐铁官以筦其事，又禁"贾人不得衣丝乘马，重租税以困辱之"。并且禁他们为官吏，也不给他们田产，农民只出赋一算，可是商贾与奴隶则出赔算，对于商贾敛财致富，有种种限制的方策，凡获利最巨的几种商业如盐铁酒，一律收归国营，于是中产以上的商贾，破产者不知有多少！隋高祖开皇十六年，禁工商不得仕进，唐高祖定工商不得与于仕伍，"明太祖加意重本折末，令农民之家，许穿细纱绢布，商贾之家，只许穿布，农民之家，但有一人为商贾者，亦不许穿细纱。"此种情形，商人的无法抬头，表面上看来好像是政策的压制，其实是贵层的安全，不容许富埒王侯的商贾暗中来威胁。不能"退让"的绝对皇权，怎能再容许子贡之流，"分庭抗礼"？"小不得僭大，贱不得逾贵，夫然故上下序而民治定。"因之不是采商鞅的"事末利及怠而贫者，举以为收孥"，就是像秦始皇的徙天下十二万富户到咸阳京城免生异端：或消极的加以约束——不得购置田产，锦衣玉食；或积极地加以侮辱——把商贾与逋亡的罪人一体看待。"天无二日，地无二主"，神明的天子即操生杀予夺的大权，殆全然只有把"因其富厚，交通王侯，力过吏势，以利相倾"的商贾压下去，使财富不能通贵！

由贱而贵的道路

说到这里，有人自然会问：为什么商贾不去取得"高贵"身份的来源——政治权力？使人们可以由富而贵，做到名副其实的："富贵"次序？商贾的受制于王者，财富成为权力的报酬，而不成为权力的根据，究竟是什么缘故呢，是不为？还是不能？这就牵涉我国社会一条主要攀登贵层的路线。

天子是我国传统社会里高高在上的统治者，可是天子重英豪，特别知道"儒生有益人生"。于是"学而优则仕"，由仕而大夫接近真龙天子，成为常典。十年寒窗功名富贵，只要一举成名似乎就可以享受不尽，荀子说得好：

> 我欲贱而贵，愚而智，贫而富，可乎？曰：其唯学乎。彼学者，行之，曰士也；敦慕焉，君子也；知之，圣人也。上为圣人，下为士、君子，孰禁我哉！乡也混然涂之人也，俄而并乎尧禹，岂不贱而贵矣哉！乡也效门室之辨，混然曾不能决也，俄而原仁义，分是非，圆回天下于掌上，而辨黑白，岂不愚而知矣哉！乡也胥靡之人，俄而治天下之大器举在此，岂不贫而富矣哉！（《儒效篇》）

要是商贾攀登贵层，"唯学"是一个不可少的条件。学而优则仕，一登龙门，身价百倍，才可以脱去原有"锱铢必较"的本色，身份的改变，地位的转移，岂是轻而易举的事？士大夫自有其一套生活方式、思想、行为；商贾的又是另一套。尽管士大夫路上，并不排挤商贾同登王朝；但是商贾要想从这条道路，直上青天，怕是不容易的；何况还有人为的障碍加以阻挡？好比隋高祖禁工商不得仕进，唐高祖定工商不得与仕伍一类的设施，商贾欲想改行入仕，真是难上加难。据说以前有两位朋友，一贫一富，贫者科举出身，有功名；富者经商发财。同乡中有一武举时常欺侮这位富翁，富翁奈何不得。于是去请教那位科举出身的老朋友有什么办法可以对付。老朋友建议他捐笔钱买个官爵，提高地位。果然后来那位武举不敢再小看他了。可是爵位是买来的，不是正牌，表面上别人不敢再加以白眼，实际上还是暗中受人讥笑。他再去请教老朋友有没有更好的办法，真正使人心悦诚服的尊敬？朋友告诉他除了下一代读书中举外，别无他法，你这辈子可不行了。这虽是传说，不足为凭，但是从这里不难看出，底层的社会分子，抑压得苦哀。社会分层之迫力，看不见也摸不着。富而不贵，买来的官爵，显不出真正的威风，装不出炫耀的门面。

"殴民而归之农"

贱商的对面是重农。可是贱商和重农却是同一的作用，就是政治压倒经济，使皇帝把握住控制人们的大权。中国的皇权一直是建筑在农业基础上的；而且也只有在这种农业的基础上，这类皇权才能维持。商贾的抬头便是地主的式微。所以为了维护这皇权的基础，商贾不能不加以压制了。

自"伏羲氏没，神农氏作，斫木为耜，揉木为耒，教天下"以来，农业始终是我们的国本。"壁土植谷曰农"。农业和土是何等直接，何等密切！即到现在，我国人还有百分之七十五以上，犹依旧在农业里谋生。可见我们的生活和土地是不可分割的，从土地上长大的，靠农业养活的，怎能不对土地不对农业发生亲密的情谊？《诗经》上说："维桑与梓，必恭敬止。"桑梓值得恭敬，对于培养桑梓的乡土，又如何不油然涌起爱恋之感？加以农业和土地难舍难分，因之农业人口似乎也有固着乡土的特性。不要说"父母在，不远游"，即父母已经逝世，也不能轻易地背井离乡，忘却祖宗坟墓所在的地方。所谓"安土重迁"，就是导源于此。

农业的生活是安土重迁的。大家生于斯，长于斯，朝夕相处，有个共同的本无形的抓在一起。传统的思想家，特别强调"本"的观念，所谓落叶归根。孔子也说"慎终追远，民德归厚"，对于维持世俗人心，都从"本"字出发，这并不是思想家不着边际的幻想。

在这个"本"字实在就是农业的别名。农业既是国本，本之所在，何能忘恩负义。可是商业的社会是流动的，和农业的特性，针锋相对。"本末"原是对比的两端，传统的社会里，"本是农，末是商"。农业固着于地，商业脱离土地——这是对敌的局势，容易产生冲突的情感！

用实际的情形来说本末的冲突，也许较理论的引申，清楚明了。春秋战国时代，在日常生活里，工商业的重要性，日益增加。于是商人阶级趁机崛起。这是我国历史上一个空前的变迁，表现在"舍本逐末"的上面。舍本逐末，就是改农为商，人民从土地里跑出来，断了根变为商贾；可是商贾的天下，不是祖宗的坟墓所在地，家神土主也管制不住他的行为，懋迁有无，鸡鸣而起，遍走江湖，其目的在孳孳为利。"不农则不地著，不地著则离乡轻家。""财生于不足，不足生于不农。"晁错看见这些情形，痛心地说：

> 商贾大者积贮倍息，小者坐列贩卖，操其奇赢，日游都市，乘上之急，所卖必倍。故其男不耕耘，女不蚕织，衣必文采，食必梁肉；亡农夫之苦，有仟佰之得。因其富厚，交通王侯，为过吏势，以利相倾；千里游遨，冠盖相望，乘坚策肥，履丝曳缟。此商人所以兼并农人，农人所以流亡者也。今农夫五口之家，其服役者不下二人，其能耕者不过百

亩，百亩之收不过百石。春不得避风尘，夏不得避暑热，秋不得避阴雨，冬不得避寒冻，勤苦如此，尚复被水旱之灾。（《汉书》卷二十四上《食货志》上）

这看法差不多代表了传统重农的典型观念。本来从农本上看，商业实系破坏农业安定的因素。要是"资末业者什于农夫，虚伪游手什于末业。是则一夫耕，百人食之；一妇桑，百人衣之。以一奉百，孰能供之。本末不足相供，则民安得不饥寒？饥寒并至，则民安能无奸轨？"（《王符潜夫论》卷三《浮侈篇》）诸如此类看法，历史典籍里，可谓车载斗量，更仆难数。所以贾谊有"殴民而归之农"的论调："今背本而趋末，食者甚众，是天下之大残也，今殴民而归之农，皆著于本。"感动帝王，躬耕以劝百姓。这不是书生之见，空发议论！

舍本逐末，显然破坏农业生活的完整和安定。看不起商贾、贱商，不是偶然的事。自秦汉以降，传统的社会，一贯的重农抑商政策，始终不变，也不是偶然的事。而并非由于帝王的偏爱，思想家的空想，推本求源，都与农业有关。何况农民性情朴直，敬畏法令，《商君书》曰："属于农则朴，朴则令。"商贾多奸狡，且其经济势力危及人主。不抑商，不足以重农；要重农必须抑商。然后才可能做到"殴民而归之农，以著于地"。

帝王——大地主

贱商的一个主要原因，固由于不忘本：重农。可是尽管历代都主张重农抑商，实际怕是农并没有重，商亦没抑，结果有如晁错所说："尊农夫，农夫已贫贱矣，贱商人，商人已富贵矣。"

贱商，我想还要进一步加以分析，又要涉牵前面所谈过的两个字："贵"与"贱"。因为农夫虽受皇权的保护，可是不贵，依然在贱的领域与商贾同病相怜；比起商贾，实际上还受皇权的压迫。商贾是流动的，尽管是末业，易于躲闪皇权的威胁，农民的老根深深埋在泥土里，易遭直接的摧残。"四时之间，亡日休息，急政暴赋，赋敛不时。"除了铤而走险，揭竿为旗，哪敢和皇权为敌！

"君要臣死，不得不死。"在崇高无比的天子面前："士农工商"，本都是一视同仁，一样没有保障。富贵的天子可以使他贫贱；贫贱的天子可以使他富贵，老百姓的生命财产全是皇帝的私藏。"君者出令者也，臣者行君之令，而致诸民者也。"（韩愈《原道》）皇上的基业，"能以马上得之，却不能马上治之"。一定要有人帮同管理；帮君发号司令的人，不能不给他们以"功名富贵"。"贵为天子，富有四海。"皇权独占着天下之富，依他的主意，分赏给帮助他获取政权和维持政权的臣仆农奴。

荀子在《富国篇》说："人君者管分之枢也。"《王霸篇》解释分的意义是："农分田而耕，贾分货而贩，百工分事而勤，士大夫分职而听，建国诸侯分土而守，三公总方而议；则天子共己而已矣。"在"普天之下，莫非王土"的前面，帝王实际是一个全能的大地主。不是吗？历来做官的，做家奴的，都称自己吃的是皇家的俸禄。因之政权何尝不可看作是地权。"帝"和"地"在事实上相通的。帝王一般的通称是天子，可是在我们的社会上天与地又是一个不可分离的名词。这也许由于与农业有密切关系。因为农业的生产，一方面不能离地，同时也不能脱离天时。农业的生产，是靠天地的生产——皇天后土。乡里人在乱世都希望有"真龙天子"出现——龙是水，同时也是皇权的象征。

帝王的大地主，家奴臣仆，不过是皇上的大小听差。听差们可以在大地主的私产里分一杯羹。吃皇帝家的俸禄。自秦汉以后，仕宦的途径，或由选举，或由学校，隋唐至清，则出于科举。所以行政全由官僚包办；官僚几乎全是地主的产物。士大夫可以说是大地主下的小地主，历史上的士大夫，不一定全出身地主：可以等到做了士大夫以后，摇身一变，也成为地主。皇上利用儒生维持自己的天下，书生也依靠皇上维持他们的利益。互相依靠，他们共同的利益是在维持这安定的生产基础：农业和土地。他们不能容许末业者流："运其筹策上争王者之利，下锢齐民之业"。因为这是"伤风败俗，大乱之道。"（《汉书》卷九十一《货殖列传》）不能容许舍本逐末的商贾破坏其间的痛痒关系。贱商，历史的事实，利害的产物！

这种利害关系的结合，商贾难道不明白其中的道理吗？"学而优则仕"，商贾明知此路十分困难；在另一方面，他们也明白土地是权贵的基业，于是只有把资本投入土地，作为上跳贵层的桥梁。历史上商贾兼并农民的现象，异常普遍，这莫不是传统商贾改贱入贵的一幕惨剧！在绝对的皇权下，只容许贵而富，不容许富而贵，"贵为天子，富为四海"，所希望是"四海澄平"、"万世基业"。谁要冒天下之大不韪来破坏这个大一统的局面，谁要在太岁的头上动土，便会断子绝孙，诛灭九族！

桑巴特（W. Sombart）有一句名言说是在资本主义以前的社会里，人们由社会权力获取财富；在资本主义社会里，人们才能由财富取得权力。何以我们传统的商贾，不能摇身一变，由财富取得权力？打破由贵而富的僵局？绝对的皇权，贵贱的分层，贱商与商贱，也许是其中最为基本最为主要的一个原因。财富在权力之下，谈什么保障，发展更是不容易！

论天高皇帝远[*]

(一九四八年十二月)

以力服人者霸

传统中国社会结构里，皇权是一个基本的权力。今天，我们生活在没有皇帝的国家，皇权对于我们不免相当陌生。在民元前，帝制没有推翻，老百姓心里，皇帝是无上的威权。"真命天子坐龙庭"，"国不可一日无君"，自秦统一，以迄清末，成为天下一统的象征。

在秦以前，没有皇帝只有王，从王到皇帝，我国传统社会结构有一个空前的改变。这改变不仅是名义上的而且是本质上。因为在秦以前，王之下有诸侯，诸侯之下有卿大夫。诸侯封有领地，割据一方，号称国王，诸侯管制下土地，就是顶头高高在上的王也丝毫没有权力可以干预。至于诸侯下的卿大夫亦分有领地，世代传袭，也不是诸侯的力量可以任意调遣的。王、诸侯、卿大夫，这是一个贵族的封建等级。权力是分散。谁都不是绝对的盟主。自秦以后，一改旧观，权力集中在天子一人手里。在崇高无比的天子前，谁都不敢正面仰视，其下文武百官，不过是皇帝的耳目，家奴臣仆，"君者出令者也，臣者行君之令而至诸民者也"。君、臣，这是一个官僚的封建等级。权力是集中的，君要臣死，不得不死。老百姓是不必说了。

* 本文为袁方先生与费孝通、吴晗等六人合著的《皇权与绅权》中一篇。该书于1948年12月在上海观察社初版，收入楚安平主持编辑的"观察丛书"。2013年9月由生活·读书·新知三联书店再版发行。

皇权是绝对的，靠武力取得，靠武力维持，也被武力推翻。秦始皇在中国历史上开创帝王基业，自以为德兼三皇，功迈五帝。"丞相（王）绾，御史大夫（冯）劫，廷尉（李）斯皆曰：昔者五帝地方千里，其外侯服夷服，诸侯或朝或否，天子不能制，今陛下兴义兵诛残贼，平定天下，海内为郡，法令一统，自上古以来未尝有，五帝所不及，臣等昧死上尊号，王为泰皇，命为制，令为诏，王曰去泰著皇，采上古帝位号，号曰皇帝。"（《秦始皇本纪》）从此皇帝在传统社会里两千余年，一直是武力服人的霸主。

正因为是以力服人，以力服人者，非心服也，谁的武力强，谁就可以夺取帝王的宝座。将相本无种，武力的成败便是改朝换姓的依靠。"秦始皇游会稽，渡浙江，梁与籍俱观，籍曰：'彼可取而代也。'（《史记·项羽本纪》）汉高祖虽是流氓出身，观秦皇帝，喟然叹曰：'嗟乎，大丈夫当如是也。'"（《史记·高祖本纪》）说穿了，皇权的根源，并不神秘，只要看看历朝的开国君主，哪一个不是靠的军力？

成则为王败则为寇

一部二十四史，可以说不过是帝王的家谱，兴衰的记录，"改正朔，易服色"，开创的君主，都是武力里起家的。登了宝座，坐上龙庭，就是皇；那些失败的、反对的，压在皇权的底下，不是困死草野，就是流亡异地，叫做寇。尽管历史上有"不以成败论英雄"；但是握有武力成功的皇帝，都可以改写历史，武力的成功者不但是"英明"，而且"神武"？

传统的社会结构里，成则为王的天子，大至可以分为四种方式：第一，流氓型的，刘邦、朱元璋、刘渊、石勒、朱温，可以说都是出身流氓，无业起家，他们反对专制，起来革命，从流寇一变和地主利益结合在一起，打下天下，登上龙门。第二，地主型的，每当天下大乱，地主起而为了自卫，如秦末的贵族项羽，西汉的地主刘秀，三国时曹操、孙权，隋末的李世民，清之曾国藩，都可以说是代表地主利益，起而平定天下，有的失败，如项羽、唐之诸藩镇；有的成功，如刘秀、曹操等。第三，农民型的，陈涉、吴广，揭竿而起，西汉末之新市、平林，三国时之黄巾，隋末的王薄，唐之黄巢，清之太平天国，都被地主军打败，变成流寇。第四，游牧民族型的，异族入主中国，魏、辽、金、夏、元、清，都是农业民族为游牧民族所征服。

无论是哪一种方式，都是力的决赛。天下是打来的，流血的代价，成为我们的统治者唯一无二的法门。今日我们虽在没有皇帝的名目下过日子；可是当政者的血肉里似乎还遗留有传统对于皇权的想法。在成则为王，败则为寇的观念里，要树立起近代式的民主是非常困难的。

皇权的无为和有为

近年来费孝通先生从社会结构的观点讨论传统社会的许多问题，提出皇权、绅权等等概念作为分析的起点，引起不少辩论，这是很好的现象。大家从不同的看法里对于传统社会结构加以分析，当然可以增加对于传统社会的了解。其中关于皇权的看法，费先生的意见引起了吴晗先生不同的解释，前者认为皇权是无为的，有约束的；后者说皇权没有约束，是有为的，简单地把他们的意见引述如后：

皇权是无为的："为了皇权自身的维持，在历史的经验中，找到了无为的生存价值，确立了无为政治的理想。"这个无为的理由，因为"农业的乡土上并不能建立横暴权力，相反地，我们常见这种社会是皇权的发祥地，那是因为乡土社会并不是一个富于抵抗能力的组织，农业民族受游牧民族的侵略是历史上不断地记录。东方的农业原是帝国的领域，但是农业的帝国是虚弱的，因为皇权并不能滋长壮健，能支配强大的横暴基础不足，农业的剩余跟着人口增加而日减，和平又给人口增加的机会。"（见《乡土中国》）

"中国的历史很可助证这个看法：一个雄图大略的皇权为了开疆土，筑城修河，于是怨声载道，与汝偕亡地和皇权为难了这种有为的皇权不能不同时加强对内的压力，需用更大，陈涉、吴广之流，揭竿而起，天下大乱了。人民死亡遍地，人口减少，于是乱久必合，又形成一个没有比休息更能引人入胜的局面，皇权力求无为，所以养民。"（同上）

有两道防线约束皇权，一是无为而治，一是绅权的缓冲。这是费先生的主张。

另一方面吴先生的看法是：皇权是片面的治权，代表着家族利益，但是并不代表家族执行统治。这个治权就是被治者说是片面的、强制的，即就治者集团说，也是独占的、片面的，即使是皇后、皇太子、皇兄皇弟甚至太上皇、太上皇后，就皇帝的政治地位而论，都是臣民，对于如何统治是不许参加意见的，在家庭里，皇帝也是独裁者。皇权是与士大夫治天下，皇权所代表的是士大夫的利益，绝非百姓的利益。

从这一个立场出发，皇权的约束也就不存在了。无为政治并不是使皇帝有权而无能的防线，相反，无为政治在官僚方面说，是官僚做官的护身符，不求有功，但求无过，在皇帝方面说，历史上的政治法术是法祖，即使是法祖也不是皇权有权而无能的防线，祖制反而成为士大夫的工具。因为从另一方面看，第一，祖制的方法，有适合于提高或巩固皇权；第二，议的制度也是巩固皇权的工具；第三，隋、唐以来，门下封驳制度、台谏制度，在官僚机构里，用官僚代表对皇帝的诏令的同意副署，来完成防止皇权泛滥的现象；可是说这话的人，指斥这手令政治的人，就被这个手令杀死。总之，皇权是没有约束的。

以暴易暴

费、吴两先生的看法，给我们对于皇权的了解，都有很大的帮助。彼此相得益彰，互有发挥。本文想从另一个角度去看皇权，或者对于费、吴两先生的意见，多少有点补充。

"以暴易暴兮，不知其非也。"创业的君主，成则为王，都是以武力得来的天下，一将成名，万古皆枯。皇权的本身是有为的，残暴的。然而这个有为的皇权，在老百姓的心里反而变得无为了。因为老百姓都希望真命天子坐龙庭，除暴安良，大家过着太平日子，特别是戎马倥偬，干戈不息的时际，生民涂炭，一般人喁喁望治的心情，莫不都是寄托真命天子下凡者一类神话里面，获得无穷的慰籍。因之每个创业的皇帝即位，都要"改正朔，易服色"，履行一套所谓"应天顺人"的典礼。

应天顺人，使一般人可以忘却皇权的根源出自残暴，这是无为的开端。历代帝王的哲学，似乎都是以无为作为治天下的策略，所谓"主逸臣劳。"《庄子·天道篇》说："帝王之德"，"以无常为常，无为也，则用天下而有余，有为也，则为天下用而不足。""上无为也，下亦无为也，是下与上同德。下与上同德则不臣。下有为也，上亦有为也，是上与下同道，上与下同道则不主。上必无为而用天下，下必有为为天下用，此不易之道也。"这虽是庄子所谓帝王的模范，实际说来，历代的贤君相垂拱而治，未始不是朝这个理想。得民者昌，失民者亡，民心的向背，几乎可说是天下兴亡的测量器。

根据前面皇权取得的形式来看，皇权是建筑在地主阶层上的，也是农业社会统治权的中心。在我国天地两字连在一起，成为一个名词，实在有深远的历史意义。天是皇权的象征，地是土地的代表，中国的皇权也是管理土地的特权，"普天之下，莫非王土"。因之帝王实际上是个大地主。皇权的摄取，如果不和地主阶层连在一起，十有八九是要失败的。广阔的土地，天子一个人的威力，可以马上得之，但是不能马上治之，历代的皇上，似乎都特别知道"儒生有益人主"、"学而优则仕"，士大夫便应运而生帮同天子管理四海，士大夫多是地主阶级的代表人物，天子的利益是他们的利益，他们的利益也是天子的宝藏，天子则利用儒生保障他的天下，儒生也假借皇帝的权威保障自己的土地。既是一种利害的结合，要是皇权过于横暴，士大夫的利益全然只是皇帝一己挥霍的资源，不仅是地主阶层，就是农民以及流氓，也会起而反抗的。历史上皇帝残杀士大夫的例子，固属不胜枚举；但是士大夫完全只是皇帝的帮闲帮忙，而丝毫没有力量阻止无法无天的皇权，恐怕是不尽然的。即以始皇而论，秦之速亡，原因当然有很多，其中得罪了读书人，也是重要的一个。所以苏轼说："始皇知畏此四人（均系儒士）有以处之，使不失职，秦之亡不至若是之速也，纵百万虎狼于山林而饥渴之，不知其将噬人，世以始皇为智，吾不信也。"（《战国任侠论》）诚然"秀才造反，三年不成"，可是"君之视臣如手足，则臣视君如父母；君之视臣如草芥，则臣视君如寇仇。"可见皇权不是毫无约束的野马。寇仇之间，如果到了水火不容的局面，最后只有诉诸暴力了。以暴易暴，其间实有深远的社会意义。

天皇神明

以暴易暴可以阻挡皇权的过分的伸张，另一方面皇权的崇高与神圣也是无为的重要因素之一。在皇帝与老百姓中间，隔着很长的一套官僚机构，老百姓伏在地上，皇帝位高比天，如是天高皇帝远，在我们传统社会结构里使得皇帝与老百姓在表面上隔成毫无关系的两极，皇帝在老百姓的心里是天生的圣人、可望而不可即，加以历史典籍的渲染，传说的流行，因之皇帝变成了一个神明的天子。

本来自始皇以来有意或无意的把皇帝的真面目神圣化和凡人不同。赵高说二世曰："天子所以贵者，但以闻声，群臣莫得见其面，故号曰朕，且陛下富天春秋，未必尽通诸事，今作朝廷，谴举有不当者，则见短于大臣，非所以示神明于天下也。且陛下深拱禁中，与臣及侍中习法者待者，事来，则以搂之。如此，则大臣不敢奏疑事，天下称圣主矣。"（《史记·李斯列传》）天子之所以贵，群臣莫得见其面，老百姓是不必说了。又如汉高祖刘邦的母亲，有一天在野外，有龙降到她的身上，于是才怀胎生下了刘邦，《三国演义》中描写献帝出宫避难，黑夜中有萤火成群为他引路的故事，《说岳传》里有泥马渡康王的一回，这些都是要把皇帝神化的象征，使一般人对他莫测高深，顺服在皇权之下。

正因为皇权的神圣，一般人看不出他的本来面目，只要苛政不猛如虎，孔子过泰山时，也许就不会听到哭而哀的声音，就是说老百姓能够活得下去，哪怕是最艰苦的日子，也会忍受地伏在土地上苟延残命，哪敢揭竿而起与皇权为敌？这是消极方面。老百姓的惨受苛政，直接压在他们头上的是那些不能为民父母的官吏，"国家之败，由官邪也"。尽管官僚实际上依仗皇权作威作福，可是老百姓认为这也许并不是皇帝的恶作剧，而是僚属欺下蒙上，因之老百姓受了委屈常常要喊天，大乱时常常希望真命天子降世，可以减轻他们的痛苦，这是积极方面。无论是消极或积极，此种心理的养成，与天高皇帝远的关系至为密切。因为皇帝高高在上，握有误伤的威权，普天之下，一人的能力怎能驾御四海？就是皇权有为，"天高"的距离便是一个限制。皇权在他们的心中不过是一个可敬可畏的象征。因为距离的关系，上情不能下达，下情不能上闻，上下暌隔，神明的天资有时也难免天恩不及兆民，从反面看，土地上的农民，只要能日出而作，日落而息，过着安静的日子，也就谢天谢地了。

民主的难产

要是从天高皇帝远的特性可以分析出皇权在传统社会结构里的功能，皇权的有为无为，似乎并不是一个互相对立的看法。本来天高皇帝远就包含了距离的因素，也指示出皇权不过是无为而有为。帝王大业，鞭长莫及，皇权的无为也许是没有办法的表现，在这个两极中间，官僚可以大显神通，作威作福，狐假虎威，仗势凌人，众暴寡，强欺弱，因之使人有天高皇帝远的感觉。不但神圣了皇权，而且暗淡了民权。皇权的伸张就是民权的式微。何以在传统的社会结构里，二千余年人民要求自由平等的感觉十分软弱，也许是天高皇帝远底下一种特殊的现象。

论人力的生产制度[*]

手工业是以人工为主，以手工艺为中心，而有组织的一种经济生产制度。就人工说：人力是生产力的原动力。木匠的工作，铜匠的制造，裁缝做衣服，长机工匠的织丝织网，他们都是运用体力，靠手艺制造出成品来，此种成品总是所谓手艺品。

一个体力不健全的人，很难从事手工业的制造，那是很明显的，比如铁匠挥起他们的铁锤，木匠举起他们的斧子，这铁锤斧子就是他们的生产工具，若是一个体力衰弱的人，既不能挥动铁锤，又不能举起斧子，试问如何能从事铁匠或木匠的工作？因为铁锤不能自己工作，斧子也不能自己活动，一定要有人力在其背后作为动力，然后才能进行工作的，人力是手工业生产的主动力，这是一个特征。

正因为人力是手工业生产的主动力，手工业的生产规律，似乎也就可以从人力上得到说明，人力与生命具有不可分割的特征，在使用时就必然发生如下的关系：即有生活才有工作，有工作才有生产，有生产才有成品，有成品才有粮食，有粮食才有生活，这里生活、工作、生产、成品、粮食与生活共同构成了一种有机的循环，这种关系当然只是相对的，但对于手工业的生产规律却极其真实，极有意义。手艺人不是常说吗："工作一停，生活也就断了"，又说："我们的生活在双手上面"，这就是说手艺人的工作，是为粮食而生产的，换句话说，就是为消费而生产的，他们必须从工作里得到粮食，而从粮食里得到生命。

---

* 本文原载于《社会学刊》1948 年第 6 卷合刊，第 54～58 页。

人力既然与生命具有不可分割性，其所能发挥的工作效能，自然是有限度的。手艺人不能毫无节制的从事工作，就是说手工业的生产受人力原则的支配。人力有多大，手工业的生产能力也就有同样的大小，在手工业里不是常常可以看见多数的人，在从事同样类似的工作，或者三四个人只能做出一件极为细小的成品吗？像铜器业中的一个圆周不到一寸的帽花，就分为四个步骤，从原料到成品，一个剪圆，一个打凹，一人镶嵌上模型的花纹，最后一人烧焊，一个帽花的成功，要花四五分钟，若是一个人去做要到八分钟。一个极简单的帽花，要花上这许多人力和时间，在手工业里是非常普遍而不以为奇的事。又如制"古老钱"，以往成都制古老钱，不是用机器模型压出来的，而是纯粹靠人力打出来的。古老钱本是放在烟斗做凹心用的，其圆周不及四分之一寸，将一块半分的薄铜片剪成圆，然后再用人力做成凹子，过去全行烟袋科，有十家专做古老钱每月出 16000 个，方够全行工作的所需，而今该业主家采用了机器模型只需要一个学徒，从朝至暮，不到一月的时间，即可出 16000 个成品。以往十家专做古老钱者，就被这一架机器打垮了。手工业的生产本是人手众多的生产，所花人力时间之多，不是看管了机器大量生产的人能够想像的事。

人力生产的效能，原是有限的。因此手工业里的生产者，需要很多的人手，来发挥最大的效能。若是手工业者人数增加；而其生产的收益并不能随之比例增加。影响所及，就是生活程度的降低。可是为生活为粮食，总是手工业者起码的条件，也是最后的防线，手工业者常说："谋不到生活是不会干的。"这直接关系于他们的生命问题：因为有粮食才有生命；间接关系于他们的工作问题，因为有生命才有工作。

根据人力的生产原则，每一种手工业的生产，其中生产能力之大小，自然以其所容纳的手工业者的人数而定。可是这个容纳的原则，又是根据其生活程度而定的。一般说来，手工业者的生活程度，其最低极限在以"不饿死"为原则。事实上，他们的生活程度，只是不饿死三字就可以逼真的形容出来。这也许就是桑巴特所说的手工业者受"糊口观念"所支配。发生这种现象的原因，似乎仍然可以从人力的生产上得到解释。先看事实，仍以成都铜器业烟袋科的情形说：就民国二十三年的情形估计，全行有二百余家，帮工约三百四十人，学徒约二百人，总计全行的工作者在八百人左右，据他们说：手艺优秀的匠人，每天可以做完三支烟袋，手艺低劣的只是一支半。平均论每人每天做完两支烟袋，一个月三十天，有忙有闲，截长补短，可有二十天的工作。总共全行人员大致每月可出 16000 支烟袋，这个数目的出产，方够全行人口的生活开销，就是说一个匠人，每天至少要做完两支烟袋才可以糊口。两支烟袋的工作，是他们每个人每天起码的工作，若是做不完两支烟袋，糊口就要发生问题。每天两支烟袋的工作，手艺优良的匠人可以不必担心；而手艺低劣者，总是长时间的工作完成两支烟袋的出品。

大体上说：手工艺者的工作时间，总是很长的，尤以徒弟为甚，早晨五时至深夜三点，都是他们的工作时间。就是说在这个工作的时间里以完成两支烟袋为标准。因为完成了两支烟袋，就有一天的生活费可食糊口。本来人力的生产效能有限，参加工作的人手又多，自然延长工作时间，才足以保证他们的糊口，不致发生问题。正因为要使糊口不会有问题，所以他们的工作就无法受时间观念的约束。他们根本不是拿时间来测量工作的，而是以一天的生活费用来约束工作和生产或成品的。一天的生活有了保障，一天的工作也就告一结束。这显然是生命粮食工作成品循环的问题。手工业的生产就是这循环上的现象。铜器业如此，木器丝织棉织以及其他各种传统手工业，似乎都没有二致。

工作迟慢，靠多数的力量以及长时间的工作，这是手工业生产本不可以避免的。这是受人力原则限制所使然。何以手工业的组织无须过乎庞大，也无须大规模的设备，也不能有大量的生产，都无须多加以分析了。至于资金，手工业者的本钱，向来就是微小的。手艺人不是常说："无本钱吗"？可是微小的本钱，不够他们发展事业，只够他们进行工作；而从工作里获得生活，在他们看来，已经心满意足了。

其次就手艺说，手艺是手工业者的生产方法，在手工业里自然是很重要的一个概念。不是每一个人都可以做木器家具的，也不是每一个人都可以织布的。只有木匠才能做木工，机匠才能织布，这个不同，就在手艺的上面，因此手艺是手工业者唯一工作的武器，也是手艺人唯一吃饭的工具。手工业者一方面有生产的能力；一方面有生产的手艺，能力加上手艺才可以在手工业里立足，从事生产，有些人简直就把手工业称为"手工艺"实在有很大的道理。

再次就组织说：有了能力和手艺，并不能一定有效的进行生产。因为生产工作，本非一个人的事；而是团体的事。以手工艺说，一方面是经验的累积，另一方面也靠师徒的传授。无论是经验或传授都是参与组织以后的事，有团体就有分工，有分工然后才可以更有效的生产。铜器业分作十三科，木器业有八科，每一科的人各从事其专业，而靠了团体的力量，维持他们的共同生活。

组织的大小、简单、复杂，都似乎是与人力生产的原则有密切的关系。典型的基本的手工业组织是由老板，客师，和学徒所成立的团体，这是最普遍而也最常见的，在这种组织里所受人力原则的支配，是分外鲜明的，可是这里不是说人力支配下的手工业生产是一成不变的。有些手工业中，仍可以看见兽力帮同工作。兽力自然比人力大，有时一头牛，一匹马所能发挥的能力，要超过数人乃至十数人之多。有些手工业中也使用简单的机器，例如上述"古老钱"自采用机器模型后，代替了往昔十多家的人工。这些都是增加生产能力的设施。生产能力增加后，自然使人力在手工业里渐渐失去其支配的力量。所谓现代化的生产力使用机器，无非是把人力从生产中排挤出来。机器代替人力，人力自然从生产力解放出来，因此近代式的工厂组织，与生产动力的改革，是有莫大的关系的。

以成都（其实我国内地许多城市如昆明、贵阳等都是如此）的情形来说：新工业尚在萌芽时间，机器还是很少引用到生产事业里来。一切的生产都还在人力原则支配下。不过手工业里，有些掌柜，却积极在那里想方设法改良手艺，改良生产工具，以增加生产的能力，而把人力从生产里节省出来。例如丝织业主席的工作场所里所采用的木机，都是改良过的。原来织花绸，花绫，一架木机需要三人。一人织，一人拉花，一人跑交，须三人力量，才可以进行工作。如今只需要二人，却是在木机上安放一个固定的花纹模型，便可以把这拉花匠人节省了，二人即可以从事工作，而生产效率，反较前增加三分之一，这也自然在他们的生产成品里，减出了一个人为工作而消费的工资及伙食费，也恐怕在三分之一。

若以机器生产说：成都刚有一个引用动力的丝纺工厂。这又比上述改良木机的生产效率大多了。即以织花绸说：只须一位十三岁的小孩管理机器，机器便在那里迅速的转动。人力在生产里几乎快要没有地位可言了。这些事实的变迁，很值得研究。从三人的工作到二人的改良木机，到一位十三岁的小孩管理一架电动机器，这是从手工业到新工业的一个重要的关键。动力改变，为手工业与新工业分家的开始，或者说，两种观念的不同；手工业是一种无法讲求效率的工作，而机器生产则是讲求有效率的生产，判然指出手工业社会和新工业社会的差异。这里我们希望讨论一个问题：动力是在什么原则下改变的。

动力是在什么情况下改变的，当然是一个很有趣味的问题。我们试图从手工业的组织形态上加以分析，也许可以得到一点启示。成都的手工业组织主要的有两种：一种是行家式的；另一种是作坊式的。行家式的组织是手工业里的基本组织，资本小分工简单，手艺人的人格还不明显的分化，就是说：从原料制造到成品销售，都由铺主一人处理。在这一类的手工业里，其受人力原则的约束，是极为明显的事。他们生存在为消费而工作的循环中。"手艺一停，工作也就完了"是他们常说的一句话。这句话证明了为消费而工作的循环是不能截断和脱节的。主要原因就是这些人都在利用全副精力花在糊口上面。手边的资本既然有限，这一次的工作收入，又得要担保收回下一次的工作本钱，没有多余的本钱足够他们周转。他们的本钱包括在工作里面，工作就是他们的本钱。他们的生产目的极其单纯，就在糊口养家，除此以外，任何事也管不着了。工作消费，使他们没有多余时间去改良生产技术，扩大生产设备，以及加强生产效能。"工作，工作"，把他们紧紧的压制着。在这种情况下，又如何谈得上引用动力的原则？

不但改变技术在行家式的组织里想像不到，就是有这一方面的改革，在心理上和行为上，手工业者都是反对的，为什么手艺人墨守成法，反对革新的理由也似乎是他们受糊口观念支配所致。有一位宁波籍的木匠，来到成都十三年了。宁波是沿海重要的商埠，交通发达，工业化的程度原是很高的，一般人从小就有新工业的习惯，据这位木匠说："上海一带的工人们都是在讲求工作效率，讲求新颖的方法，为生存竞争的前提。像成都的手工业者，一则知识程度太低，一则工作效率太差，要是他们到上海一带去，简直无以为生了。"这位上海籍的手工艺人，还告诉他在成都曾经吃过许多本地人的亏的故事，他说："在上海做手艺，便利得多，只要有熟人，即可以拿到原料；在成都则不然，不但借钱不易，而且本地人还非常的仇视外省人，这些都还是小事。最大的困难，就是本地非工业的环境，找不到技术工人；就是找到了，他们的工作效率和工作习惯，简直使人头痛！"

为什么使人头痛呢？"上海人"举一个亲身经历的事说："有一次我们包下一笔工程，自然我们和主方讲好了条件，订了契约。做的是100000个木盒，限四十天交货，以我们的工作经验，是不成问题的，于是我们找了十多位本地木匠来工作，也和他们说好了条件，四十天交货，可是这些人并不按我们的工作条件做工，仍以原有的工作习惯，而且做到三十五天时，出人意外的，他们提出要求来：'上海技师，我们的工作太累了，我们得休息几天。'休息几天，这如何可以呢？四十天的期限，就要到了，我们想这也许是托辞，于是加他们一点工资。可是做不到三天，他们又要休息了。真使人着急头痛，只好听从他们了，结果把功夫拖到五十天才算完事。"上了这次大当，吃了这次大亏，使"上海人"不敢按照过去的经验处境了。

从"上海人"的经验里所吃的这一次大亏，本地人的工作习惯，工作效率的迟慢，那是很明显的，不但使"上海人"不能如期完成工作，而且也使"上海人"的信用破产。可是这位"上海人"毕竟还是上海人，想出了另外的方法，来对付本地工人，他说："后来又包过一笔工程，期限是九十天，我们便对本地工人说，交货日期是四十天，照他们的工作习惯，做了一个时候，是要讲求休息的，休息过一次还不够，还要第二次，结果把工作拖到五十天才完成。"虽然"上海人"有妙法保持了他们自己的利益和信用；可是这妙法却不能改变本地工人的工作习惯！

推求发生这种现象的原因是很复杂的。我们仍然可以从人力生产的原则上得到解释，手艺人的工作本是为消费而生产的。本地人虽没有新工业的习惯，赶不上"上海人"的花样翻新，然而他们对于为吃饭而工作的原则，是懂得很透彻的。若是他们按时间赶完工作；工作赶完后不是有"工作一停，生活也就断了"的危险吗？因此他们宁愿把工作拖长，保持有工作便有饭吃的日子，他们无法讲求工作效率。若是在短时间内做好工作，赚钱的不是他们自己，而是"上海人"。他们为啥子要牺牲自己的利益为"上海人"谋利呢！

从这些事实里，似乎我们可以得到一个结论，若是要建设工业化，讲求有效率的工作，这个为消费而生产的人力原则，首先有冲破的必要。

其次我们要谈到作坊式的手工业组织，这里组织和行家式的不同，以内行的铜器业铺号说，"他们的资本至少比行家式的大上十倍。"生产的资本中，有一部分是为工作过程使用的；有一部分是参与商号作为流动周转的，一则他们靠工作以维持生活；一则他们靠资本的周转来得到盈余。在组织上，工作人员少则五人，多则十人以上。作坊式的老板，本身在渐渐脱离生产工作。就是从原料到成品的工作。他们可以不必亲身参与其事。他们主要的任务，在看守铺号注意市场的变动，如何能使周转金增加盈余。在人格上，劳动者的性格在消失，至于外行的老板，则完全没有劳动者的身份了。纯粹是以资本家的态度出现。

我们不讨论作坊式的老板，他们多有的一笔周转金是如何得来的。正因为他们多有了一笔资金，他们可以到沿海一带招请技师，改良工作产品和式样。有了这种改革，对于他们的生意是有利而无害的。以成都的情形来看：在这些作坊老板的铺店中，所陈设的手艺品，比起行家式的店子里的货品来，要美观得多了，这自然容易吸引顾客。生意兴隆，在他们的周转金的盈利下，自然是大有帮助的。

本来欲获得盈利，一方面靠市场的销路好；一方面也靠工作的成本低。就后者说：手工业生产本就无法减低成本，因其受人力原则支配所致。就前者说，市场的销路则以出品的优良，以及价格的低廉为依归。可是手工业依本传统的方法生产，在式样上既无法大加以改变。而人力在生产中所占的本钱，又无法使其降低。这些问题，在作坊式的老板心目中，就不能不加以考虑。

如今在作坊式的手工业中，所使用的工具有改革的趋势，前述改良木机的使用，便是一例。这种改革的事实一经发生，不但人工在生产中减少；而且工作效率也大为增加。人工减省，效率增大，即等于在生产成本里，节省许多开支。成本减轻，市场的盈利自然便可以扩大了。

本来作坊式的生产，一边受市场盈利的指导，一边受人力原则的限制。盈利原则和人力原则两者站在相反的地位。若要增加盈利，只有在人力原则上加以改良，加以改变。因为技术的改良，人力的节省，自然会使成本减低的。从这里，我们似乎可以说，技术的改变或新式工业的生产，也许是从盈利原则里发育而出。我们欲建立工业化，讲求有效率的生产，恐怕也只有从新的习惯上去培养新的生产的精神！

总之，人力的生产，是苦事，含辛茹苦的不但在工作上成为奴隶，在谋生上也是奴隶，终生因在为消费而生产的循环圈子里，生老病死，过一辈子的劳役生活。房龙（Willem Van Loon）说得好："一个国家的机械发展程度，是与奴隶数量成反比的。"本文的分析，不过就是对成都的手工业生产作一说明，可见人力仍在我国生产力占重要成份，惟有机械的生产，才可以解救人力苦役的悲剧！

四十年代云南社会学的发展[*]

（一九九七年）

1937 年 7 月卢沟桥事变不久，平津即告陷落。当时的教育部令国立北京大学、国立清华大学、私立南开大学 3 校南迁湖南组成国立长沙临时大学。1938 年 4 月，长沙临时大学迁至云南昆明，更名为国立西南联合大学。联大共有文、理、工、法商、师范 5 个学院，26 个系。该校在昆明 8 年，坚持和发扬艰苦奋斗、严谨治学的民主与科学的精神，为我国培养出大批栋梁之才，在我国的教育史上写下了光辉灿烂的篇章，为世界所瞩目。抗战胜利后，该校完成了重要的历史使命，遂于 1946 年 7 月 31 日结束。

联大社会学系原与历史学系合并为历史社会学系，属于文学院。1940 年 6 月两系分别独立成系。社会学系主任是陈达教授，仍属文学院。1941 年起属法商学院。1943 年 8 月陈达辞去了系主任职务，由潘光旦教授继任。联大结束后，社会学系随清华大学法学院复原北平。

联大社会学系先后有教授 7 人，即陈达、潘光旦、李景汉、陈序经、吴泽霖、李树青、陶云逵；副教授 1 人，林良桐；1944 年聘费孝通、瞿同祖为讲师；另有教员 3 人；助教 5 人。

清华大学国情普查研究所成立于 1939 年 8 月，地点在呈贡文庙。所长是陈达教授，调查部主任是李景汉教授，统计部主任是戴世光教授。该所成立的目的是为国家在战时及战后制定"适合国情、通盘周密的统计计划与

---

* 本文原载于《云南社会科学》1997 年第 5 期。本文虽然发表于 1997 年，但因其记述了 20 世纪 40 年代社会学的发展，故放入此部分。

整个国策提供社会情况，并提供理论根据与技术经验"。该所进行的户籍普查、人事登记与社会行政调查等工作均属国家社会行政工作的一部分。同时要求通过人口普查试验，专门研究各种普查的方法、技术以便推行全国。该所出版了以下主要调查报告：1、《云南呈贡县人口普查初步报告》（1940 年油印本）；2、《云南省户籍示范工作报告》（1944 年铅印本）；3、《云南省呈贡县、昆阳县户籍及人事登记初步报告》（1946 年 6 月油印本）；4、《农业普查报告》（1946 年油印本）。这些调查研究报告现在看来仍具有十分重要的价值。特别是 1943 年昆明市、昆明县、昆阳县、晋宁县 4 个环湖县市近 60 万人口普查，是我国最早一次采用现代人口普查方法进行的。这次普查引起了国内外人口学界的高度重视，它为我国人口普查提供了丰富的资料、数据和现代人口普查方法的宝贵经验。

根据以上人口普查的资料和研究报告，陈达教授写出了《现代中国人口》一书。这本著作也是 1946 年他应美国普林斯顿大学建校两百周年学术讨论会之邀向大会提交的论文，通过会上交流，受到与会者的普遍关注和好评。会后他去芝加哥大学讲学，该书由《美国社会学杂志》一次全文发表，成为畅销书，受到国际社会学和人口学者的重视，被认为"在中国人口学上有一本好的著作，是一件值得夸耀的事"，"这是一本真正以科学的态度讨论中国的书"。此书已由廖宝均译成中文在天津人民出版社出版。

抗日战争爆发后，1938 年夏，吴文藻教授不顾燕大教务长司徒雷登再三挽留，辞去社会学系主任和法商学院职务，率家属南下。1939 年他在昆明云南大学担任社会人类学讲座教授，同时又创建了社会学系，任系主任，文学院院长。1939 年，费孝通回国参与该系教学研究工作。1941 年吴文藻去重庆后，该系由费孝通教授主持，同时以云南大学和燕京大学合作名义，设置了社会学研究室，后迁至呈贡县魁星阁，简称魁阁。

云南大学社会学系主要培养社会学、民族学的教学研究和社会服务的人才，为云南昆明地区社会学的建设和发展奠定了一定的基础。社会学研究室是以吴文藻教授倡导的"社区研究"为中心，采取田野调查方法、深入实际，参与观察进行研究的。费孝通、田汝康、张子毅、史国衡、谷苞等先后参加了该室的研究工作。他们通过对云南农村、工厂和边疆少数民族的实地调查研究，写出了《禄村农田》（费孝通著，1943 年商务出版），《易村手工业》（张子毅著，1943 年商务出版），《昆厂劳工》（史国衡著，1946 年商务出版），《芒市边民的摆》（田汝康著，1946 年商务出版）等专著。费孝通和张子毅还根据禄村、易村和玉村 3 个村的社区研究成果编写了《乡土中国》一书在美国出版,这是费孝通继《江村经济》一书后,研究中国农村生活的另一本重要著作,为社会学中国化作出了典范,指明了方向。

　　回顾一下云南昆明地区社会学发展的历史,是很有必要的,具有深远的现实意义。老一辈社会学者在抗战时期,不顾日寇的炮火和压力,不计个人名利,团结一致为中国社会学继续发展,同时为云南昆明地区开创社会学、人类学、民族学的那种责任感和忘我精神以及他们根据在云南昆明地区进行的大量深入的实地调查研究,写出具有国际影响的著作,为我们留下了难得的精神财富。这都值得我们认真学习和继承,以促进我国和世界的迅速发展和繁荣,迎接即将到来的 21 世纪。

第二部分

1949~1957 年

清华、联大社会系史[*]

袁　方　孙观华　韩明谟

华　青　张祖道　全慰天

（一九九一）

一　学系名称沿革

本系设立于 1928 年（袁方在此页注有：1926，编者），1929 年秋始增聘教授，招收新生。

抗战前在清华大学叫做社会人类学系（袁方在此处注有：1930 年该系分理论社会学、应用社会学、人类学三组。1932 年该系改名为社会人类学系。1933 年增设社会学研究生部，招收研究生，1934 年社会学研究生部撤销，恢复社会学系。编者）。抗战时期联大初期，与历史系合称历史社会系，属文学院（袁方在此处注：抗战时，西南联大初期社会学与历史系合并属文学院。编者）。1940 年秋起，独立为社会学系，属法商学院。复员到清华大学后（袁方在此处注：1946 年 5 月，联大开始向平津迁移，社会学系随迁。编者），继续叫做社会学系，属法学院。

---

[*]　本文原载于 1991 年北京市社会学学会编《社会学与社会调查》第 2 期，记述了 1928 年至 1952 年院系调整前中国社会学发展的历史，虽然写作时间为 1991 年，但内容关系到解放初期的院系调查，故编于此。

二　前后两系主任

自 1928 年开始建系至 1944 年由陈达任系主任；自 1944 年至 1952 年由潘光旦任系主任。

陈达，别号通夫，1892 年 4 月 4 日出生于浙江省余杭县里下河村的一个中农家庭。父母均不识字。1899 年，开始在里下河村私塾读书。1912 年进北京清华游美预备班肄业。1916 年，由清华用公费保送美国留学，先后得硕士、博士学位。1923 年回国后便长期在清华，联大任教。曾兼任系主任，国情普查所所长。1975 年 1 月 16 日在北京逝世，终年八十四岁。他是梁启超亲笔为他题写的一副对联——"以浅持博，以一持万；自知者明，自胜者强"中所说的这样一位学者。他是中国人口劳工问题的专家和老前辈。一生除授课外，著作甚丰。

潘光旦，别号仲昂，江苏省宝山县人。1899 年 8 月 13 日生于该县罗店镇。1905 年开始在罗店镇私塾读书。1913 年进北京清华游美预备班肄业。1922 年，由清华用公费保送美国留学，得硕士学位。这以后，便主动放弃了利用公费继续攻读博士学位的机会和权利，于 1926 年提前回国工作。1926 至 1934 年间，先后或同时在吴淞政治大学、上海光华、大夏、暨南、复旦、沪江等校任职或兼课。1934 年开始长期在北京清华和昆明西南联合大学工作，先后兼任教务长、图书馆馆长、注册组主任、秘书长、系主任等职。除教课外，著作甚丰。1967 年 6 月 10 日在北京逝世，终年六十八岁。是我国著名优生学家兼社会学家。

三　教授

历年在本系担任教授的约十八人，如下：陈达：1929～1952；1928～1944 年兼任系主任。潘光旦：1934～1952；1944～1952 年兼任系主任。吴景超：1931～1935；1947～1952。李济。傅葆琛。史禄国。杨堃。李景汉：1935～1944。陈序经：1938～1946。吴泽霖：1941～1952。李树青：1940～1945。费孝通：1944～1952。陶云逵。林良侗。苏汝江：1947～1952。史国衡：1948～1952。李有义：1949～1952。关瑞梧。

四 讲师、助教

历年在本系担任讲师、助教的约十六人，如下：倪因心。苏汝江。史镜涵。马全鳌。吴志翔。晏异东：1941～1942。李植人：1941～1942。袁方：1942～1952。徐先伟：1943～1945。全慰天：1945～1952。刘世海：1948～1952。周荣德：1946～1948。张荦群：1946～1952。廖宝昀：1946～1952。胡庆钧：1947～1952。

五 教授著作

本系教师的教学工作一直是和研究工作统一进行的。所以先后不断有新著问世。择要列后：

（甲）陈达主要著作如下：

1. *Chinese Migrations With Special Reference to Labor Conditions*	1923
2. 中国劳工问题	1929
3. 人口问题	1934
4. 南洋华侨与闽粤社会	1938
5. *Emigrant Communities in South China*	1940
6. 浪迹十年	1946
7. 解放区的工人生活状况　　（尚未出版）	
8. 抗日战争和解放战争时期工人运动史　　（尚未出版）	

（乙）潘光旦主要著作和译著如下：

1. 冯小青	1927
2. 中国之家庭问题	1929
3. 日本德意志民族性之比较研究	1930
4. 画家的分布，移植与遗传	1931
5. 中国伶人血缘之研究	1934
6. 近代苏州的人才	1935
7. 明清两代嘉兴之望族	1947
8. 优生概论	1928
9. 人文史观	1937

10. 民族特性与民族卫生　　　　　　　　1937

11. 优生与抗战　　　　　　　　　　　　1944

12. 自由之路　　　　　　　　　　　　　1946

13. 政学罪言　　　　　　　　　　　　　1948

14. 优生原理　　　　　　　　　　　　　1949

15. 苏南土地改革访问记（与全慰天合写）　1952

16. 开封的中国犹太人　　　　　　　　　1983

17. 霭理士原著：性的教育　　　　　　　1934

18. 霭理士原著：性的道德　　　　　　　1934

19. 霭理士原著：性心理学　　　　　　　1946

20. 达尔文原著：人类的由来　　　　　　1983

21. 恩格斯原著：家族、私产与国家的起源（尚未出版）

（丙）吴景超主要著作如下：

1. 都市社会学　　　　　　　　　　　　1930

2. 第四种国家的出路　　　　　　　　　1937

3. 战时经济鳞爪　　　　　　　　　　　1945

4. 劫后灾黎　　　　　　　　　　　　　1947

5. 有计划按比例发展国民经济　　　　　1954

（丁）李景汉主要著作如下：

1. 北京郊外乡村家庭调查　　　　　　　1929

2. 定县社会概况调查　　　　　　　　　1935

3. 北京郊区乡村家庭生活的今昔　　　　1956

（戊）陈序经主要著作如下：

1. 全盘西化言论集（四册）　　　　　　1934

2. 疍民的研究　　　　　　　　　　　　1946

3. 文化学概论（四册）　　　　　　　　1947

4. 南洋与中国　　　　　　　　　　　　1948

5. 大学教育论文集　　　　　　　　　　1949

（巳）吴泽霖主要著作和译著如下：

1. 社会约制　　　　　　　　　　　　　1930

2. 现代种族　　　　　　　　　　　　　1932

3. 中国社会病态的症结　　　　　　　　1934

4. 社会学及社会问题   1935

5. 社会问题   1935

6. 世界人口问题（与叶绍纯合著）   1937

7. 上海社会救济事业之调查（与章复合编）   1937

8. 炉山黑苗的生活   1940

9. 社会学大纲（与陆德音合译）   1934

10. 马克苏德原著：印第安人兴衰史（与苏希轼合译）   1947

（庚）李树青主要著作和译著如下：

1. 蜕变中的中国社会

2. 土地经济学

3. 天竺游踪琐记

4. 人性与社会（又名人文社会学论丛）   1985

（辛）费孝通主要著作如下：

1. *Peasant Life in China*（另有中译本）   1939

2. *Earthbound China*   1945

3. *Chinese Gentry*   1945

4. 禄村农田   1944

5. 内地农村   1946

6. 生育制度   1947

7. 乡土中国   1948

8. 乡土重建   1948

9. *Toward a Peoples Anthropology*   1981

10. *Chinese Village Close-up*   1983

11. 小城镇四记   1985

12. 费孝通社会文集   1985

13. *Small Towns inChina*   1986

（壬）其他教授，副教授，讲师，助教个人少量著作不详。

六　硕士研究生

抗战前有研究生一人：费孝通。抗战时期二人：戴振东、张莘群。抗战结束前后六人：韩明谟、王康，孙执中，李艮、李世珍，黄显经。

七　大学本科生

就学生人数说，社会系是个小系，抗战前每年级一般十人，抗战时期十余人，抗战结束后二十余人。现将历年学生姓名列后（有少数年级的学生姓名不全，需要增补）：

1933 级　石　端　李有益　刘历荣　潘如树　潘嘉林　（5 人）

1934 级　李　宽　吴至信　赵　簿　苏汝江（4 人）

1935 级　王福时　李树青　刘广宗　（3 人）

1936 级　余即苏　洪为浦　孙元珍　张景观　陈聚科　郑安仑　卢铭浦　柳无垢　陆璀（9 人）

1937 级　蒋福华　李作猷　刘昌裔　薛观涛　马　克　刘秉仁　周荣德　赵文壁　吴文建　靳鹤年　方珂德　许豫昌　莫钟骐（13 人）

1938 级　张景明　任扶善　居浩然　鲁心真　李立睿　左大圻　凌松如　黄汉炎　徐寿寅　王　勉　袁可尚　汪　涵（12 人）

1939 级　张之毅　史国衡　毛　掬　孙世实　黄日驹（5 人）

1940 级　陈　霖　江　雪　车溢湘　萧庆萱　郭士沅　李为宽　罗振庵　唐盛琳　杨　志　刘绪贻　许致志　李公权　孙惠君　张宗颖　任孝逵（15 人）

1941 级　何其拔　吴淑芳　萧学渊　晏异东　陈珍琼　谷　苞（6 人）

1942 级　黎宗献　张莘群　游补钧　朱瑞青　周颜玉　袁　方　游凌霄　孙观华　胡庆钧　邝文宝　张征东　徐泽物　李仲民　梁树权（14 人）

1943 级　白先猷　全慰天　朱鸿恩　沈瑶华　柯化龙　虞佩曹　徐先伟　陈　誉　陈道良　常绍美　廖宝昀　刘懋修　萧远浚　赖才澄（14 人）

1944 级　王　康　江心苇（江明）　杜景沼　胡一美　徐　继　唐文秀　尉迟淑君　章　珠　许英华　韩明谟　李春芳　张燕俦（12 人）

1945 级　卢文中　李世珍　张玉珍　李　艮　董杰　李爱山　胡继藻　万禄　傅愫斐　殷俺卿　陈行智　张荆南　简秀文　王万春　戴嘉祺　高锦芳（16 人）

1946 级　甯继举　萧鸣皋　黄曾赐　郭文佩　黄兆曾　徐再亨　梁琢如　刘极常　刘承铭　林炽坤　黄显经　章亦棠　梅祖杉　朱文章　徐玉荣　裴毓苏　蔡文眉（17 人）

1947 级　曾祥鹏　虞集炜　郑　昭　左绍琪　陈绚文　刘世海　熊湘　黎永昭　郭宁然　施巩秋　杨佐镇　樊自熟　周天一　郑若洋　邬泽尧　刘振泽　蓝浦珍　程文铎　金多芬　黎启颖　陈绍业　孙执中　宋汝礼　杨炯宗　杨　诚　陈楚雄　欧阳鸿　牟　波　丘尧宗　罗瑞华（30 人）

1948 级　王松涛　尚赞熟　李玉润　曹正昌　李忠立　林玉屏　刘立信　王文英　王承典　卫根愧　李开鼎　颜绍卿（吴彦）王金铸　徐学富（江明）李和清　刘华烈　孙同丰　黄宗英　庞桂丹　唐崇三　商茂奎　何孝达　陈复初（华青）徐子奇　岳　瑞　黄咏裳（26 人）

1949 级　张仙桥　何炳桓　吴锡光（吴方）胡　茜　阮风秀　周光淦　解希文　王春尧　王承典　王传德　王会期　薛　寅　周文珊　张祖道　胡天健　陈启麟　魏新武（17 人）

1950 级　尹淑慧　刘镇藻　杞居芬　萨本善　朱　和　黄耀平　徐伟　段锤楣　周文琳　叶琢良　王溪川　柳小芬　胡克瑾　贺文贞（斐棣）徐肇溶　冯碧焦　李　铭　吴家茵　别炳灵　孙德本（20 人）

1951～1952 级　吴宏宛　彭珮云　孙亦棻　毛　翔　李云山　张朝仪　姜固中　陈乃雄　谢澄甫　陈志华　郭德远　张幼成　张乃映　张大翔　赵培忠　徐祖文　董纪兴　夏剑峰　梁惠全　徐德治　邓德祥　徐芳伟　张孝纯　谢延泉　张正明　于　真　莫如邦　王胜泉　饶慰慈　程端生　谢逢我（31 人）

上列各年级学生当然都来自五湖四海。例如在 1945 级 16 人的籍贯中，山西 3 人，湖北 3 人，湖南 2 人，其余吉林、河北、安徽、辽宁、江西、河南、广东、江苏各 1 人。在 1946 级 17 人的籍贯中，湖南 2 人，山西 2 人，河北 2 人，福建、四川、湖北、广东、安徽、浙江各 1 人，不明者 5 人。

八　历届毕业生中的杰出人才

担任教授，研究员，部级以上领导干部的系友姓名如下：

费孝通　李树青　苏汝江　周荣德

张之毅　史国衡　任扶善　刘绪贻

何其拔　谷苞　张荦群　袁方

孙观华　胡庆钧　张征东　陈誉

廖宝昀　徐先伟　全慰天　王康

韩明谟　徐学富　彭佩云　蔡文眉

孙执中　华　青　王胜泉　张正明等（统计不完全）

九　学生选修的课程

依照校系统一规定，本科学生四年中必须修满 136 学分，方能毕业。任何课程，每周授课一小时，满一学期者，算一个学分；满一年者，算两个学分。全校开设的课程，主要有四种学分的课程：①六学分课程，每周授课三次，每次一小时，讲授全年，这种课程占绝大多数，例如中国通史；②三学分课程，每周授课三次，每次一小时，讲授半年，如儒家社会思想；③四学分课程，每周授课二次，每次一小时，讲授全年，如哲学概论；④二学分课程，每周授课二次，每次一小时，讲授半年，如文化论。每人每学年约可选六七门课程，总共合三十多个学分。

校系开设的课程又可另外分为必修、必选和选修三种。社会系学生的必修课程如下：中国通史、西洋通史、逻辑、大一国文、大一英文、社会学概论、哲学概论、统计学、人类学、西洋社会思想、社会机关参观、初级社会调查、人口问题等共约 80 个学分。必选课程，即在一定范围内必须选修一种的课程，如下：政治概论或经济概论选一，物理学或化学或生物学或地质学选一（社会系实际上规定只能选修生物学），共约 12 个学分。以上必修课程和必选课程，一般开设两个班或两个以上的班，分别由不同教授主讲；在这中间，学生也一般可自由选择一个课堂听讲。社会系学生除上述必修、必选的 92 个学分的课程外，还余下 40 个学分，则可用以选修自己想修的任何课程。本系历年开设的这类供学生自由选修的课程甚多，例如中国劳工问题、华侨问题、优生学、家庭问题、儒家社会思想、社会变迁、社会制度、都市社会学、乡村社会学、贫穷问题，社会运动、社会立法、社会组织、人才论等，而且经常随着形势需要的变迁而有所增减。另外，社会系学生也可选修外系的有关课程，如中国哲学史、西洋文学史等，以拓宽知识领域。

十　本系教师开设的课程

本系教师开设的课程主要是有关社会学专业的课程。这类课程绝大多数由教授主讲，选修者除本系学生外，也有外系学生。课程名称如下：由陈达主讲的有人口问题、中国劳工问题、华侨问题等；由潘光旦主讲的有优生学、家庭问题、儒家社会思想、西洋社会思想、人才论等；由吴景超主讲的有社会学概论、都市社会学、犯罪学、贫穷问题等；由李景汉主讲的有社会学研究方法、初级社会调查、高级社会调查等；由史禄国主讲的有体质人类学等；由陈序经主讲的有社会学原理、主权论、文化学等；由吴泽霖主讲的有高级社会学、人类学等；由李树青主讲的有社会制度、社会变迁、乡村社会学、土地经济学等；由费孝通主讲的有乡村社会学、民族学、社区研究、生育制度等；由陶云逵主讲的有体质人类学、西南边疆社会等；由苏汝江主讲的有人文区位学等。其他由副教授、讲师、助教等短期讲授的选修课程，不详列。社会机关参观一课则一般由讲助一人负责。

社会机关参观和初级社会调查，这两门课程特别体现社会系联系实际的特色。基于这种特色，一般很难严格划清社会学与社会调查的界限。现将这两门课程略加介绍。

本系学生一般在读二年级时即选修社会机关参观，一年级时选修的社会学概论，可说已为社会机关参观作好了准备。这门课程完全摆脱了校内的课堂教学，一般定在星期六下午进行，由副教授或讲助一人负责即可。他事先拟定一个全年参观计划，每周再和所要参观的机关进行具体联系妥当，到时即领队前往。到达后，先由机关的负责人员介绍情况，再进行具体参观访问。每人必须于参观后一周内上交报告一份，至少两千字。参观机关的范围非常广泛，如工厂、商店、市集、监狱、妓院等。一年参观下来，每人的确都对现实社会增加了许多感性认识，也增强了分析问题和运用文字的能力。

初级社会调查一课，由李景汉教授开设。他从美国留学回来后，曾在北京、河北定县等地多次进行实地调查，有专著问世。每年开学后，他开始进行数周的课堂讲授，然后即与每一选修学生分别商定调查题目及纲要，再由各人自己按纲要进行调查访问，对材料进行整理分析，于暑假前上交调查报告一份。社会系学生一般在三年级选修这一课程，因而，能在二年级选修社会机关参观的基础上得到进一步的锻炼。

十一 学生毕业论文

社会系学生必须上交毕业论文一篇，成绩及格者，方能毕业。论文题目甚广，但大多是有关当前社会状况的社会调查报告。

例如 1942 级毕业生十四人的论文题目：胡庆钧：中国旧节之初步分析；游凌霄：昆明妇女消闲生活之调查；梁树权：昆明招贴之研究；周颜玉：有关使女的研究；张征东：大学男生的婚姻生活研究；邝文宝：妇女婚姻生活调查；李仲民：联大男生婚姻态度的研究；徐泽物：空袭与昆明社会；孙观华：江苏无锡的婚丧礼俗；袁方：昆明市之都市化；张荦群、黎宗献、游补钧、朱瑞青等不明。

又例如 1943 级毕业生十四人的论文题目：沈瑶华、常绍美：昆明纱厂与劳工；陈誉：茨厂劳工；陈道良：云南纺织厂劳工调查；萧远浚：昆明市 21 个商业同业工会的研究；全慰天：昆明市 27 个手工业行会的研究；白先猷：昆明市 26 个同业工会的研究；虞佩曹：昆明市离婚案件之分析；朱鸿恩：昆明市 16 个职业工会的研究；廖宝昀：昆明市社会救济事业之研究；刘懋修：联大同学消闲生活调查；赖才澄：昆明县大普吉农村社会调查；徐先伟：路南县尾则夷族之生活概况；柯化龙：（不明）。

十二　教授学术思想鸟瞰

本系教师所担负的教学工作及研究重点不相同。有侧重人口、劳工问题的，有侧重生物、遗传、种族、社会思想的，有侧重城市经济、工业化问题的，有侧重民族学、民俗学的，有侧重社会调查的，有侧重社会制度和社会变迁的，有侧重乡土经济社会的等等。古今中外的实际社会现象有多么广泛复杂，本系的教研工作也几乎同样有多么广泛复杂。

但教师的每项教学研究工作还是相通的。作为社会系教师成员，大家多多少少有一些共同的学术思想。依照传统看法，社会学以及社会系的目的无非就是：了解社会，改造社会。因此大家在了解和改造中国社会的总问题上，本着求同存异原则，大约有以下共同认识：在人口数量方面主张节制生育，在人口质量方面主张实行优生、优育，在城市经济方面主张实行工业化和现代化，在乡村经济方面主张发展农业和农业以外的家庭工业和乡村工业，在家庭方面主张实行既养老又养小的折中家庭制，在文化教育方面主张兼容并包、百家争鸣、不同而和等等。这些共识是非常明确的。这些共识也可说就是大家当时的救国主张。这些救国主张对吗？实践是检验真理的唯一客观标准，历史总是会作出适当答案的。但无论如何，这些主张和后来新中国的各项建设方针政策并不是不一致的。

以下分别再就《人口问题》、《优生原理》、《第四种国家的出路》、《江村经济》等重要著作，对社会系的这种学术思想，进一步进行简略的考察。

（一）《人口问题》

陈达著。1934 年商务出版。大学丛书之一。全书贯串着生存竞争与成绩竞争的理论。这个理论主要来源于达尔文"生存竞争，适者生存"的理论。生存竞争是谋求衣食方面的竞争，成绩竞争是创造科学文化方面的竞争。二者互有联系影响：只有取得生存竞争的胜利，才能进一步求得成绩竞争的胜利；反之，如果能够取得成绩竞争的胜利，也更容易求得生存竞争的胜利。一般说，为要求得生存竞争的胜利，必须注意研究人口的数量问题；为要求得成绩竞争的胜利，必须注意研究人口的质量问题。作者明确主张，在土地面积，自然资源，技术水平等的不变条件下，必须实行生育节制，控制人口数量，这有利于求得生存竞争的胜利；并明确主张，一对夫妇最好只生一对子女，进行自身的简单再生产。至于在人口质量问题上，作者也明显是主张实行优生优育以及区别生育率等政策的。

（二）《优生原理》

潘光旦著。1948 年观察社出版。作者其他著作也多少谈到优生原理，谈到与优生原理有关的社会思想。作者的所有社会思想都和优生原理有联系，是他的属于自然科学方面的优生原理在社会科学方面的发展。所谓优生原理是有关生物个体在先天遗传方面的演变的原理。这个演变包括繁殖、变异、遗传、竞争、选择（或叫淘汰）、调适（或叫位育）与最后物种的形成。一切生物现象都按照这个演变过程不断变迁进步。在农业，畜牧业和渔业中，人们早就开始利用这种优生原理改良品种，成效显著。人类本身也是生物，决不例外。所以源远流长的人类社会，不能只是讲求个人进步，也不能只是讲求社会进步；从长远考虑，从人类社会的前景考虑，还必须依照优生原理，讲求种族进步。这就是说，在从事经济文化建设的同时，还必须设法对人口本身实行区别生育率，鼓励优秀健全的男女多生子女，否则便少生乃至不生子女。这样，人类社会中像达尔文一类的优秀人物，便越来越多了，其所创造的物质财富和精神文化，自然也就不愁不会丰富多彩，日新月异。由此可见，优生原理是最根本的原理之一，种族进步是最根本的进步之一，但是，在作者生前，他所倡导的优生原理却一直遭到莫须有的歧视和污蔑，这难道不是很可笑的么？

（三）《第四种国家的出路》

吴景超著。1937 年商务出版。这是作者的主要代表作之一。本书的主题思想非常明确，就是为了救中国，为了求得民富国强，为了使广大人民能够生活得好一点，如此而已。全书分四章阐述这一主题思想。

第一章导论指出，中国在世界上属于第四种国家。作者按人口密度与职业分配两个标准将世界各国分为四种：人口密度高、农业人口少的为第一种，如英、德；人口密度低，农业人口少的为第二种，如美国、加拿大；人口密度低、农业人口多的为第三种，如俄国；人口密度高、农业人口多的为第四种，如中国、印度。第四种国家人民的生活水平最低，提高也最难。不幸中国正好属于这第四种国家。作者进一步认为，影响一国人民生活水平的不外四大因素：一、国家资源；二、生产技术；三、人口数量；四、分配方式。所以，为了提高中国人民的生活水平，必须大力同时改善这些因素的现状。

第二章经济建设提出：提高人民生活水平的途径之一是发展生产，实行工业化，发展都市经济以救农村。作者明确指出：中国面临两条路的选择：一条是工业化之路，这是利用机械生产方法之路，使人富有、聪明、长寿之路；另一条是过去以农立国之路，这是利用筋肉生产方法之路，使人贫穷、愚笨、短命之路。只能走工业化之新路，不能再走以农立国之老路。

第三章人口政策提出：提高人民生活水平的途径之二是实行生育节制，控制和减少人口数量，在一定的生产条件下，人口数量少了，每人分得的产品数量便多了。当时作者说："假如中国的人口不是四万万，而是三万万或者二万万，那么，中国人的生活比现在一定要舒服得多"。

第四章分配问题提出：提高人民生活水平的途径之三是实行新的税收政策，以缩小贫富差距。具体说，即由政府出面，一面对富有者、剥削者实行所得税、遗产税，以增加财政收入；一面运用这种税款，对穷苦的劳动者主办社会事业。结果便会逐步实现一种"新社会"或"公平的社会"，在这里人人生活有保障，人人上升机会均等，贫富差距缩小等。

作者的上述救国理论在 1949 年新中国成立前是不可能实现的。但其中的不少意见至今还不无现实意义，有的正在实行中。

(四)《江村经济》

费孝通著。本书英文原本系 1939 年在伦敦初版，越四十七年始有中译本与国人相见。在 1986 年 12 月 20 日中译本出版发布会上，作者即兴抒怀一首，以表心意。现照抄如下：

> 愧报对旧作，无心论短长；
> 路遥试马力，坎坷出文章。
> 毁誉在人口，浮沉意自扬；
> 涓滴乡土水，汇归大海洋。
> 岁月春水逝，老来羡夕阳；
> 阖卷寻旧梦，江村蚕事忙。

在十二句的全诗中，仅仅最后两句，严格说，仅仅最后一句五个字，才直接涉及江村经济。包括土地、人口、生产、生活、宗教、习俗等等在内的，真实名字叫做开弦弓村的江村，理当是丰富多彩的，为什么作者经过半个世纪的坎坷浮沉之后"阖卷寻旧梦"时，偏偏就只提到它的小小蚕儿之事呢？一个明显原因是，这蚕事关系整个江村的兴衰胜败。在十九世纪后半期和二十世纪初期，江村蚕事兴旺发达，整个江村经济也兴旺发达。到了二十世纪三十年代，江村蚕事因受国际影响萧条下来了，于是整个江村经济也很快面临崩溃饥饿的边缘。作者在这一铁的事实面前充分认识到，在以农立国的传统中国，只有在充分发展农业的同时，也充分发展包括"蚕事"在内的家庭工业等，才能真正求得民富国强。这就是作者的救国主张。诗中提到"坎坷出文章"，这完全是写实。作者坎坷一生的确写了不少的书和文章。上述救国主张，正像一根红线贯串在他的很多著作中。

家庭手工业在旧中国农家经济中占有这样重要的地位，似乎还有更深一层道理。和希腊、英伦二岛海洋国家不同，中国　直是大陆国家。因此，中国人口也和西欧重视商业不同，只能依靠黄河，长江两岸泥土讨生活，从事农业，深深地扎根在泥土中。作者曾把中国叫做 Earthbound-China，直译出来，即捆绑在地球上的国家。而农业有季节性，全年有农忙的时候，也有农闲的时候。华北比华中、华南的农闲季节更长。农忙季节需要劳动力多，而农闲季节相反。这中间便产生了矛盾：农闲时劳动力怎么办呢？在生产力水平比较低下的情况下，还过着从手到口的紧张生活的人口，一张嘴既需要天天吃饭，一双手也便不能不天天劳动生产，否则便非饿饭不可。实际情况正是如此。农业人口在农闲时也千万不能坐着吃闲饭。解救的主要办法就是利用农闲从事家庭手工业。所以中国农家经济历来都是同时依靠小农业与家庭手工业两根支柱维持温饱的。古语说："一夫不耕，或受之饥；一女不织，或受之寒"。所以，家庭手工业必然和农业一样关系到农村经济的兴衰盛败。

十分明显，作者企图从发展家庭手工业着手，以求得民富国强的主张，在新中国成立前，同样是行不通的。作者当时写下了堪称姊妹篇的两本书：《乡土中国》与《乡土重建》。前者偏重了解剖中国，后者偏重改造、建设中国，前者是客观的，后者却不能不是空想的。只有在党的十一届三中全会后，才有"离土不离乡"的家庭工业、乡土工业、小城镇工业等，在中国广大农村逐渐兴起，并大大促进了农村经济的兴旺发达。

十三　言教与身教并重

清华校长、联大常委梅贻琦有一句名言："所谓大学者，非谓有大楼之谓也，乃有大师之谓也"。社会系也主要是依靠社会系的几位著作甚多的"大师"维持着的。但在此同时，他们的品德，也是很受全系师生尊敬爱戴的。他们身教的影响更大于言教的影响。试举一例。

1987年，吴泽霖教授在为他举行的执教六十周年暨九十寿辰纪念会上致答谢词时，谈到了他一生遵循的人生观——天平人生观。他说："我常想，我们一个人的一生好象躺在一架天平上，天平的一头是我们的父母、老师、社会为培养我们放进去的砝码，天平的那一头是我们应当给社会所做的事情，所做的贡献。我们一个人要对得起人民，对得起国家，对得起父母，最低限度应当使天平的两头取得平衡。"很难说这种天平人生观和宋代名相范仲淹的"先优后乐论"有什么差别吧。吴先生的品德，吴先生的为人处事，是一直受到称赞的。

十四　学术的自由民主

联大纪念碑称："联合大学以其兼容并包之精神，转移社会一时之风气，内树学术自由之规模，外来民主堡垒之称号，违千夫之诺诺，作一士之谔谔"。清华和联大都是这样的。属于清华、联大的一个小小的社会系，自然也不能不是这样的。系内学术自由民主空气的确很浓厚。试举二例如下：

例一：《皇权与绅权》。1947 年，社会系的讲师、助教、研究生袁方、胡庆钧、张荦群、全慰天、王康等约十来人，定期在胜因院 39 号年轻教授费孝通家的客厅里集会，漫谈各种各样的有兴趣的社会思想和社会历史问题。住在旧西院 12 号的历史系吴晗教授有时也被吸引前来参加讨论。每次讨论一个问题，有人先作中心发言，然后自由讨论。这时，在学术真理面前人人平等，似乎谁也不怕谁。穿着蓝布大衫的吴先生比较对皇权有兴趣，穿着西服的费先生比较对绅权有兴趣。他们两人以及其他每个人都多少有自己所坚持的观点和主张。吴先生似乎特别相信自己观点的正确性。他经常这样表达他对自己观点的信念："我可以再列举几百个例子来说明。"年青讲助们自然有时做不到这地步。结果大家都感到收获很大，增长了知识，更增长了分析认识问题的能力与智慧。《皇权与绅权》（文集）正是在这里自由讨论的成果之一，新中国成立前夕由上海观察社出版。

例二：《谁说江南无封建?》新中国成立初期反封建主义的土改运动高涨。1951 年春，社会系主任潘光旦奉命以中央文教委员身份到江浙一带视察如火如荼的土地改革运动。他因当年在清华游美预备班求学时已失去右腿，一直只能依靠两拐走路，行动不便，不得不指派系中年轻助教全慰天，作为秘书随行，就便照顾起居及生活琐事。两人一起乘火车到了苏州、无锡，上海、杭州，其间也转乘轮船到了常熟，乘小帆船到了吴江县严墓镇等地。在江南春水绿如蓝、桃花开放的季节，他俩单独自由地在各地参观访问了共约一个半月。回到北京后，又在好几个月内，共同将所得材料进行整理，写成《谁说江南无封建?》、《苏南封建制度的几个特点》等六篇文章，先后在《人民日报》、《新观察》等处分别发表，后又编辑为《苏南土地改革访问记》，由三联书店出版。在两人共同访问和写作的全过程中，潘光旦始终以平等态度待人，使得全慰天日益　点也不感到一般在老师面前常有的拘束。两人先一起商定写作计划，写作提纲。由全慰天写出初稿后，又两人在一起反复修改定稿。文章发表时，由两人署名："清华大学教授潘光旦"字样在前，"清华大学教员全慰天"字样在后。稿费寄来了，也总是两人平分。《谁说江南无封建?》一文在《人民日报》发表后，很受毛主席重视，毛主席在一次国宴上还曾当着潘光旦的面提到它，称赞它。

另外，抗战时期社会系学生会在联大民主墙上主办的壁报——《社会》，抗战结束后在天津《益世报》上主办的副刊——《社会研究》，都是定期出版的，都可说是全系师生经常开展百家争鸣的园地。两刊物上的文章，几乎全是社会系师生的作品，有专论，也有译著。"社会"二字由陈达题写，"社会研究"四字由潘光旦题写。

十五　系学生会的活动

（一）"民主墙"上的《社会》。联大新校舍分为南北两区，两区之间横贯一条东西向的大马路。马路两旁高树参天。两区均围以土墙。南区的北墙和北区的南墙的中间，都在马路旁开设了一道很宽的大门，作为南北两区的通道。在北区靠公路的内墙上，在紧靠大门两边约百米之内，经常贴满各种各样的布告、海报、启事、招贴、墙报之类：有召开演讲会、辩论会的，有招聘教员、家庭教师、秘书的，有出让衣物、书籍的等等，花样翻新，无奇不有。南北两区横过马路的过往行人，莫不在这里停步观看一番，有时真是人山人海，肩相摩、踵相接。这就是联大有名的"民主墙"。

在这民主墙上，也经常在《群声》、《腊月》等等墙报之外有一张名叫《社会》的墙报。它就是社会系学生会编辑的，每两周出刊一次。它是社会系师生百家争鸣的园地。各种社会理论、社会问题，都可以在此进行讨论。在"民主堡垒"里面，每个人不论职位高低，学术真理面前都是平等的，也是自由的。《社会》即充分享受着这种自由平等，李景汉教授三句话不离本行，曾为《社会》题辞："事实是最好的证人"。李树青教授针对当时国民党政府贪污腐化现象，也曾借用孔子的话为《社会》题辞："邦有道，贫且贱焉，耻也；邦无道，富且贵焉，耻也。"在联大左右派政治斗争中，《社会》的政治态度一直是居中偏左的。

（二）迎送会。社会系学生会主办的全系师生大会每学年都有两次，二次是开学后的迎接新生大会，一次是放假前的欢送毕业同学大会。一般在晚间教室内举行。会上大家坐成一大圆圈，把用会费和其他捐赠买来的一些花生米、宝珠梨之类，平分给每人一份。除正式简短讲话外，主要是自由讲话和余兴，空气极为融洽活跃。在余兴中，老师也同样提供节目。吴泽霖教授从贵州大夏大学来到联大后不久，便曾在这种迎新会上大谈他将在云南开展少数民族研究的设想。

（三）演讲会与讨论会。联大校园内的演讲会、讨论会多不胜数。一般都在晚上利用大小教室举行。例如，某学会定好时间地点请某教授演讲某个问题，便可贴出海报，邀请校内外听众自由参加，到时在指定地点举行，非常简便。社会系学生会也不断举办了这样的演讲会与讨论会。每次选题都是大家广泛关心和感兴趣的，富有吸引力。有时只由老师作专题演讲，有时在老师演讲后就接着展开讨论或辩论，各摆各的观点、主张，空气活跃，教室内外经常发出爽朗笑声。有一次请潘光旦老师演讲家庭问题。他主张妇女在四十岁以前最好在家养育和管教孩子，等孩子成长后再参加社会工作。这很快引起女同学的反对。在争辩过程中，尽管女同学情绪激昂，潘老师仍一边抽着烟斗，一边微笑着进一步阐述自己的观点。又有一次请哲学系冯友兰老师演讲现代化问题时，系学生会负责人还作了详细笔记，整理成文，请冯老师过目后送报上发表。十分明显，同学们通过这类活动，增加了相互了解，也增加了知识和智慧。

十六　社会系师生的政治态度

在国际国内左右两派的政治斗争问题上，一般说，社会系师生多数人早期是采取超然态度的，既不右，也不左。在抗战时期，教授们宁可不当"部聘教授"，也不肯填表参加国民党；当然也没有公开参加共产党的。但是，随着国内外政治斗争形势的巨大变化，这种政治态度也发生了变化，多数人由不偏不倚而变为居中偏左，最后变为左倾。各人变化的步伐很不一致；一般说，学生走在前面，教师跟在后面。1935年"一二·九"运动中，即有社会系很多学生参加游行示威，后来，在抗战时期教授们的转变过程中，潘光旦、费孝通又是走在较前面的，陈达、吴泽霖等则是紧跟在后面的。1946年，清华，联大教授闻一多被国民党特务杀害，潘光旦、费孝通等也因受迫害不得不临时假借昆明美国领事馆避难，这更大大推动了社会系师生的进步。陈达教授在这前后便有非常明显的变化。1947年4月19日出版的上海《观察》杂志上，有全慰天写的一篇《记陈达教授》的报道，其中有这样一段，照抄如下："陈先生有一次说：'闻先生（指闻一多先生）是一个好人，富于感情。我们常在一起。他被刺的那天下午，我和他同时出门分手，三小时后我回来，他就被特务刺倒了。我小儿子旭都帮同学们把他抬回，旭都身上还染上血渍。我亲眼看见闻先生死去，真惨。那时，我真恨。我愤怒得很！我们至少可以说：闻先生被刺，是陈先生对政府态度改变的一大关键。的确，随学校复员来平后，如果和陈先生谈起国内形势，他总是老老实实六个大字：'国民党是不行'"。

联大社会系办公室就设在新校舍北区大图书馆西头的一所简易平房内。进门处另隔出一小间作为社会系平日开会、讨论或辅导之用。里面一间较大，才是正式的办公地点，摆满办公桌和书架。书架背后也没有紧靠墙壁。其间又留有空隙，刚好可摆下助教袁方、全慰天的两张窄床，他们白天就在书架前办公桌上工作，夜间就在书架后窄床上睡觉，谁也不能否认这间办公室的的确确得到了充分利用。而且，谁也没有事先想到，在1945年"一二·一"运动前后，办公室中靠门的那一小间又临时改作了联大学生罢课委员会的办公室，云南省继龙云当省主席的卢汉，就曾前来这里慰问会见罢课委员会的委员们。由此也不难想见当时社会系政治态度之一斑。

社会系的教师对受迫害的进步学生，都毫无例外地抱同情帮助态度。决没有人"打小报告"，落井下石。吴泽霖教授，在抗战胜利后兼任清华教务长时期，常因公进城开会。1947年，在一次会议过程中，就便得知清华历史系教授吴晗和社会系学生裴毓荪等人已列入黑名单，有被军警逮捕危险。于是，他在会议结束回到清华园后，马上报告梅贻琦校长，商议保护对策。不久，吴晗，裴毓荪等便脱险逃到解放区去了。

十七　社会系的最后遭遇

1949年，中华人民共和国成立，从此中国历史开辟了新的时代。1952年进行了院系调整，社会系被取消，教师被分配到其他院校。到1957年反右斗争中，原清华社会系陈达、潘光旦、吴景超、费孝通、吴泽霖、李景汉等多人被错误地打成了右派，原社会系其他师生中被划为右派或漏网右派的也大有人在。

实践是检验真理的标准。历史终于对此作出了正确的结论。在党的十一届三中全会后，经过拨乱反正，陈达、潘光旦、吴景超、费孝通、吴泽霖、李景汉等得到平反昭雪了，社会学系又在北大，南开等大学恢复与重建起来了。

我国劳动人民物质生活和文化生活水平的不断提高[*]

新中国成立以来，劳动人民的地位根本改变了，由过去被压迫和被剥削的地位，成了国家的真正的主人。劳动人民的生活改善了，富裕起来了。在旧中国劳动者的那种朝不保夕、经常陷于贫困和饥饿的日子，已经一去不再来了。现在，劳动是无上光荣的事情，劳动者有崇高的地位，劳动者的物质生活和文化生活水平不断地提高着。这是新中国的一个最显著的标帜。

一

劳动权是幸福生活的一个重要保证。新中国的劳动人民第一次获得了劳动的权利。国家通过国民经济有计划的发展，逐步扩大劳动就业，改善劳动条件和工资待遇，保证我国劳动人民能够逐步实现劳动的权利。劳动权有了保证，生活水平必然会不断的高长。

在国民党反动统治时期，根本不能实现劳动权。失业现象大量存在和不断增加，就是一个证明。根据不完全的统计，1945 年 10 个大城市中失业工人即有 46 万人，1947 年就增至 1 百余万人。在资本主义国家里，失业现象的不断增加和大量存在，劳动权也是根本不能实现的。以美国来说，1929

---

[*] 本文原载于《新建设》1956 年 4 月。

年，失业人数占就业人数 11%，1946 年增至 18%，1951 年达到 20%①。 1955 年，资产阶级经济学家称为"稳定的繁荣"时期，根据官方的统计，美国完全失业的人数为 300 万人，半失业的人数为 900 万以上；西德有 100 万完全失业的人；意大利完全失业的人数为 200 万，另外还有同样多的半失业的人。1954 年，日本完全失业的人数达到 60 万，半失业的人将近 900 万②。毫无疑问，失业是劳动人民的大灾难，必然地降低劳动者的生活水平。

只有在社会主义制度下和人民民主国家中，才能彻底实现劳动权和消灭失业。在苏联，职工人数是不断的大量增加的，人民早已不知失业为何物。苏联职工人数，1928 年为 1080 万人，1932 年为 2280 万人，1937 年为 2700 万人，1940 年为 3150 万人，1950 年为 3920 万人，1955 年增加到 4790 万人，根据第六个五年计划的指示，1960 年还要增加到 5500 万人左右。

我国是沿着苏联的道路前进的，职工人数也是不断增加的。职工人数如以 1949 年为 100，则 1950 年为 111，1951 年为 166.5，1952 年为 216.3，1953 年为 262.3③。按第一个五年计划规定，1957 年，职工人数将从 1952 年的 1012.4 万人，增加到 1548.4 万人，增加了 52.9%。工人职员人数的增加，这是生活水平提高的一个重要指标。

由于工人职员人数的不断增加，我国国民经济各部分的劳动力的构成，将会发生很大的改变。这种改变，也清楚的反映了劳动人民生活水平是不断改善的。

第一，工人职员在物质生产部门的比重上升，在非物质生产部门的比重下降。按照我国第一个五年计划的规定，在全国职工总人数中属于物质生产部门的比重，将由 1952 年 73.9%，上升为 1957 年的 74.9%；非物质生产部门的比重，将由 1952 年的 26.1%，下降为 1957 年的 25.1%（《中华人民共和国发展国民经济的第一个五年计划》，以下简称《计划》，第 130 页）。这种比重的改变和生活水平的提高密切相关。因为，增加社会财富，原要依靠物质生产部门；非物质生产部门是不创造物质财富的，并且还要用去一部分物质财富。物质生产部门劳动力的比重上升，说明了物质财富不断的增

---

① 《劳动经济》，工人出版社，第 38 页。
② 参阅赫鲁晓夫《苏联共产党中央委员会向党的第二十次代表大会作的总结报告》。
③ 许涤新：《论社会主义基本经济规律在我国过渡时期的作用》，见《新建设》，1955 年 8 月号，第 31 页。

长；而物质财富是人民生活水平不断提高的基础。

第二，社会主义工业的劳动力大量的增加，而私营工商业、手工业和搬运业等经济部门的职工人数迅速的减少。根据五年计划规定，工业的劳动力将从 1952 年的 286.4 万人增加到 1957 年的 513.5 万人，共增加 227.1 万人（《计划》，第 128 页），在全部增加的职工人数中占将近 1/2；而私营工商业、手工业和搬运业等，估计从 1952 年的 1089.7 万人，减少到 1957 年的 975.7 万人，将减少 114 万人（《计划》，第 129 页）。由于资本主义工商业、手工业社会主义改造的高潮的到来，在 1955 年 12 月底"资本主义大型工业以产值计算，已有 30% 以上实行公私合营"。"全国已有手工业合作社 7 万多个，社员 200 多万人，约占手工业从业人员 785 万人的 25% 强，再经过两年即到 1957 年，就可以基本上完成手工业的社会主义改造。"① 这样，在社会主义改造的高潮前面，落后经济部门的职工人数，其减少的速度，比五年计划所规定的还要大得多。

第三，农业合作化的人口迅速地大量的增加，而小农经济的人口则急剧的下降。1956 年 1 月底，农业合作化的农户，已经占总农户数的 78%，包括 9281 万多农户，其中属于高级社的农户为 2549 万户②。按照《1956 年到1967 年全国农业发展纲要（草案）》的规定，要求在 1955 年已经有 60% 以上的农户加入农业生产合作社的基础上，达到 85% 左右的农户加入农业生产合作社；1958 年基本上完成高级形式的农业合作化。

由此可见，无论城市或农村，目前在社会主义改造的高潮中，中国的情况起了一个根本的变化，落后经济部门的人口，迅速地大量地过渡到先进的社会主义的生产部门。这种过渡，同时也就是我国劳动人民，由贫穷破产的道路，走上了真正富裕繁荣和幸福的道路。

第四，因为工业和农业日益发展，工资增加，购买力提高，人民的需要也就日益增长，商业的活动也必然随之扩大。做好商业工作，保证市场的供应，促进工农业产品的合理分配，对于满足日益增长的需要是非常重要的。因此，随着商品流转的增加，在商业方面的工人和职员的人数也必然是增加的。这方面将由 1952 年的 113.4 万人，增加到 1957 年的 208.7 万人，1957

---

① 周恩来：《政治报告》（1950 年 1 月 30 日在中国人民政治协商会议第二届全国委员会第二次全体会议上的报告）。

② 陈伯达：《中国农业的社会主义改造》，《人民日报》，1954 年 2 月 3 日。

年为 1952 年的 183.4%（《计划》，第 120 页），在增加的全部职工总人数中仅次于工业；建筑业人数的增加，同样反映了人民生活水平的提高，1957年的人数将从 1952 年的 102.1 万人增加到 176.5 万人，共增加 74.4 万人（同上），在增加的全部职工总人数中次于工业和商业。

第五，文化教育、卫生、城市公用事业等，这些部门的工人职员，虽不直接创造物质财富，但是他们的劳动是提高人民的福利和满足人民日益增长的文化需要所不可缺少的。这一方面的人数绝对和相对的增加，说明了人民的文化福利生活不断的增长。五年内，文化教育、卫生、城市公用事业共增加 51.8 万人，在增加的全部职工总人数中次于工业商业和建筑业。

第六，增加物质生产部门的劳动力，可以增加财富；减少非生产人员，精简行政管理机构，可以节省国家开支，增加积累。因此，国家机关和金融部门的工人职员人数所占比重，将由 1952 年的 9.8%，下降为 1957 年的8.8%（《计划》，第 130 页）。

总之，我国第一个五年计划时期，就业人口的增加，先进生产部门人数的增加，落后经济部门人数的减少，以及分配在国民经济各部门有利于增加生产的劳动力的比重的上升，而非生产人员的比重下降。这些现象，都生动地说明了我国劳动人民的生活水平在不断的提高。

虽然，新中国成立以来，我们还存在着失业现象；但是这主要是旧社会遗留下来的恶果。这种失业现象和资本主义国家的完全不同，是可以彻底消减的。我们的党和政府对于事业人员的生活和就业，特别予以关怀。1950 年 6 月 17 日，政务院发布了《关于救济失业工人的指示》，1952 年又作了《关于劳动就业问题的决定》，这就使旧社会遗留下来的严重失业现象得到了初步解决，劳动人民避免了像在资本主义国家那样遭受到饥饿和死亡的威胁。随着生产的发展，劳动就业不断扩大，从 1950 年 7 月到1953 年底，仅由各地劳动部门介绍就业的就有 207 万人左右，自行就业的还不包括在内。目前由于农业合作化高潮的到来，"许多人感觉短期内难于解决的城市 100 多万失业人员问题，现在也出现了新的情况，浙江省嘉兴专区就要求从上海移入 10 万个劳动力，江西省也要求把能从事农业生产的城市失业人员移 50 万人到那里去。至于地多人少的边远地区迫切需要劳动力，就更不多说了。新中国成立以前遗留下来的这个100 多万尚未就业的失业人员，由城乡两方面去作安排，就可以在几年内使他们就业了"①。

工人职员人数的增加，不但是劳动人民物质生活的改善，而且对于我们的社会主义建设有很大的意义。这就是扩大了我国的工人阶级的队伍。社会主义建设，要求工人阶级队伍不断的扩大，这是符合劳动力扩大再生产的规律的。第一，扩大了工人阶级的队伍，这也就加强了社会主义制度的阶级基础，是非常重要的。因为"无产阶级是代表着并实现着比资本主义更高式样的社会劳动组织。要点就在这里。共产主义所具力量的来源及其必然完全胜利的保证，就在这里"②。第二，可以巩固人民民主专政，加强国防力量，保卫社会主义建设。第三，工人职员人数的增加，也是增加生产的重要方法之一，国营企业 1957 年比 1952 年增加的产值有 1/3 是要由增加人数得来。

不但如此，工人和职员人数不断的增加，同时也使我国工人阶级的文化技术水平和熟练程度不断的提高。社会主义的建设，是在高度技术基础上不断增长和完善的，要求有高度文化技术水平的工人掌握技术，这就要不断提高劳动人民的文化技术水平和熟练程度。

我国工人阶级的文化技术水平和熟练程度，原是很低的。"科学技术人才的缺乏，显然是我们前进中的一个巨大的困难。我们在第一个五年计划和第二个五年计划中必须完成的重大政治任务之一，就是培养大量的忠实于祖国，忠实于社会主义事业的具有现代科学知识的工程技术人员，培养熟练工人，以及各方面的专门人才"（《计划》，第 213 页）。我们培养的工作，是从两方面进行的。

第一，扩大高等学校和中等专业学校，以培养高级技术人才。我国第一个五年计划期间，高等学校和中等专业学校毕业生共计 117 万 1 千 3 百人；第二，开办各种训练班、技术学校、业余学校等，以提高工人职员的熟练程度。第一个五年计划时期，仅就中央工业、农业、林业、运输、邮电、劳动等部门来说，即将培养熟练工人 92 万多人。此外，我们还派遣留学生和实习生到苏联及人民民主国家去学习。五年计划时期，共派遣 10100 人，学成归国的为 900 人。

技术水平和熟练程度的提高，这是劳动人民生活水平提高的指标之一。这只有在社会主义制度下才有可能。苏联在 1913 年工业中每 1 千人中，工

---

① 廖鲁言：《关于 1956 年到 1967 年全国农业发展纲要的说明》，《人民日报》1956 年 1 月 26 日。
② 《列宁文选》（两卷集），第二卷，莫斯科中文版，第 590 页。

程技术人员占 18 人，其中只有 3 人具有高等教育程度；而现在每 1 千名工人中就有 120 多位工程技术人员，具有高等教育程度的增加到 30 人了[①]。1927 年，苏联工业中熟练工人的比重为 74.6%，到 1934 年就增至 80.7%了[②]。我国是按照苏联的方向前进的。至于资本主义国家，情形完全相反，技术水平和熟练程度是降低的。1947 年美国 21 岁以下青年工人，其中熟练的或者曾受过专业教育的只有 3%，半熟练的为 23%，完全非熟练的占74%[③]。这是很可以理解的。资本家根本就不关心劳动人民的技术水平的提高；恰恰相反，资本家为了追求利润，所要求的正是技术水平的下降。

二

我国劳动人民生活水平的不断提高，又鲜明的反映在工资水平的增长上面。

全国各地区职工的平均工资，1952 年比 1949 年提高 60% ~ 120%[④]。根据中央五个工业部门的统计，1952 年按货币计算的平均工资比 1950 年增长84%[⑤]。1954 年职工所得货币工资比 1953 年又提高 2.6%。按五年计划规定，1957 年比 1952 年，平均工资要增长 33%。

农民的生活也是逐渐改善的。1952 年，大多数农产品产量已经超过了新中国成立前的最高年产量。目前农业生产又大大提高了。1955 年比新中国成立前最高年产量，粮食增加 20% 以上，棉花增加 70%[⑥]。五年计划规定，全国农业及其副业的总产值五年内增长 23.3%，每个农业人口平均产值将增长 12.2%，1957 年比 1952 年，农民购买力提高将近 1 倍（《计划》，第 134 页）。

工资水平不断增长，这在国民党反动统治下是绝对不可能的。那时，工资水平不仅低下，而且不断下降。以上海缫丝业工人工资来说，1930 年平均日工资为 0.65 元；1931 年为 0.60 元；1932 年为 0.50 元；1934 年为

---

① 《劳动经济》，工人出版社版，第 163 页。
② 同前引书，第 160 页。
③ 《苏联人民福利的增长》，中华书局版，第 48 页。
④ 《中华人民共和国三年来的伟大成就》，人民出版社，1952，第 8 页。
⑤ 周恩来：《政府工作报告》，人民出版社，1954，第 18 页。
⑥ 廖鲁言：《关于 1956 年到 1967 年全国农业发展纲要的说明》。

0.42 元；1935 年降至 0.32 元。并且这种水平是不能维持最低生活费用的。根据 1931 年反动政府的统计，上海 305 家工人家庭的每年平均最低生活费用需要 454 元。如以平均日工资 0.60 元计算，每人一年可收入 216 元。如果家庭只有一人做工，这就不及最低生活费用的一半，两人工作，也还相差 22 元，达不到最低生活费的标准。

在资本主义国家里，工资水平也不是增长，而是不断下落。以美国来说，制造业每小时的工资率如以 1939 年为 100%，则 1950 年降至 93%，1952 年只及 90%[1]。加以物价不断上长，工资又远落在物价之后，购买力就一天天下降。1950 年的平均工资仅为最低生活费的 72%[2]。至于农民也是不断贫困和破产的。自 1947 年到 1953 年，美国农民的购买力降低了 35%，在 1942 年到 1952 年这十年间，美国有 70 万农民陷于破产[3]。

相反，在社会主义经济的道路上，工资不断增加，这是必然的趋势。苏联的情形就是如此。1928 年，苏联工人每年平均工资为 708 卢布，1940 年达到 4054 卢布[4]。1950 年平均工资为 1940 年的 219%[5]，第五个五年计划工人职员实际收入增加 39%，到 1960 年，实际工资还要平均提高约 30%[6]。不但如此，苏联还经常采取降低物价的办法，以增加劳动人民的收入。苏联农民的生活也是不断提高的。1940 年同 1913 年相比，农民收入大约增加 2.5 倍。1952 年同 1940 年相比，农民的收入大约增加 72%[7]。第五个五年计划期间，集体农民的实际收入增加了 50%，第六个五年计划时期还要提高至少 40%[8]。

正是因为我们沿着社会主义的道路前进，工资提高了，农民的实际收入增加了，商品流转也就自然随着扩大。1953 年社会商品零售总额已增至 325 万亿（旧币）元，为 1950 年的 1.8 倍[9]。1954 年全国商品零售总额比 1953 年增加 12% 左右[10]。按五年计划规定，到 1957 年，商品零售总额比 1952 年

---

[1] 希尔·卢摩尔著《美国战争经济与危机》，世界知识出版社版，第 51 页。

[2] 《劳动经济》，工人出版社版，第 42 页。

[3] 《历史唯物主义》，人民出版社版，第 105 页。

[4] 《苏联人民福利的增长》，中华书局版，第 79 页。

[5] 《劳动经济》，工人出版社版，第 347 页。

[6] 赫鲁晓夫：《苏联共产党中央委员会向党的第二十次代表大会作的总结报告》。

[7] 《政治经济学教科书》，人民出版社版，第 442 页。

[8] 赫鲁晓夫：《苏联共产党中央委员会向党的第二十次代表大会作的总结报告》。

[9] 周恩来：《政府工作报告》，人民出版社，1954，第 134 页。

[10] 《关于 1954 年度国民经济发展和国家计划执行结果的公报》，统计出版社版，第 13 页。

还将提高 30% 左右。

但是，由于我们的生产还很落后，短时期还不可能提供更多的消费品来满足日益增长的需要；同时由于就业人数与日俱增，农民的购买力还会增长，过去对于这些消费品消费得少的人都有可能增加消费量，而全国人口有六亿之多，因此，实际上平均每人能够增加的消费暂时还是有限的。我国人民目前的生活水平还是比较低的。可是，我们完全可以相信，经过六亿人民克勤克俭的劳动，随着社会主义建设的发展，生活水平将会逐步上升，这是完全可能的。

这样，我们就应该正确的理解，生活水平和生产发展以及劳动生产率的提高是分不开的。正如李富春副总理所说的："人民需要的满足决定于生产力的水平，决定于社会所拥有的现有物质资源，人民生活水平的提高必须建立在生产发展和劳动生产率提高的基础上。"（《计划》，第 216 页）

为此，我们在工资增长上面，不可不增，但不可多增。不增，那就不符合社会主义建设的要求；多增，那就会超过我们目前生产水平的担负。五年计划时期，我们工资水平增长 33%，低于生产发展的速度，也低于劳动生产率提高的速度，这是可以理解的。因为第一，工资水平决定于生产力发展的水平。实现了第一个五年计划后，我国现代工业总产值在工农业总产值中，虽由 1952 年的 26.7%，上升到 1957 年的 36%，这个标帜着现代生产力发展水平的指标，还是比较低的。因此，工资水平不能不服从生产力发展的水平。第二，我国第一个五年计划时期，国营工业劳动生产率提高 64%，平均每年约提高 10%；五年内平均工资约增长 33%，每年少于 10%。道理是非常清楚的，只有劳动生产率的增长大于工资的增长的条件下，"才能创设物质基础，才能积累资金，以便保证工资的增加，扩大那些需要增加流动资金直部门的生产，修复业已破损陈旧的机器装备，满足日益增长的文化需要，培养教育年青的一代，及满足国家管理与国防的需要"[1]。

因此，我们必须反对两种偏向：一种是不合理的随便增加工资，把资金大量用来改善人民的生活。这样就会影响社会主义工业建设。没有社会主义工业建设，就没有改善人民生活的物质基础。那种认为不经过刻苦的建设而希望一整夜的工作就能够把人民的生活水平提得很高，这种提法和做法，是错误的，不正确的。

---

[1] 《联共（布）关于经济建设问题的决议》，第一辑，人民出版社版，第 103 页。

另一种是在可能的条件下不逐步地改善人民的生活，那种对人民生活采取漠不关心的态度，不注意解决那些必须解决而有可能解决的问题，也是错误的。"很明显，在我们的国家里，经济建设的发展和人民生活的改善，不能不是互相一致的，因为社会主义经济的唯一目的，就在于满足人民的物质和文化的需要，而为了充分满足人民的物质和文化需要，又必须不断发展社会主义经济。"①

除工资外，我国劳动人民还从国家得到社会保险、免费医疗等费用的补助。1951 年，我国颁布了《劳动保险条例》，参加劳动保险的职工，从 1949 年的 60 万人，增加到 1954 年的 538 万人，增加了 8 倍。1952 年 7 月起，全国机关人员和教育工作者实行了公费医疗制度，到 1953 年止享受这种待遇的工作者已有 529 万人。由于劳动保险和公费医疗制度的实行，这就解决或减轻了工人职员因生、老、病、死、伤残而发生的困难。五年计划时期，国营企业和国家机关支付的劳动保险金、医疗费、福利费等，将共达 50 亿元以上。

保健事业的发展，这是人民福利提高的一个重要方面。以卫生部系统所属卫生事业来说，1950 年病床总数为 60.2 千张，1954 年增加到 178.2 千张；门诊部，1950 年为 759 个，1954 年达到 10058 个；卫生防疫站，1950 年只有 30 个，1954 年达到 264 个；妇幼保健所，1950 年为 141 个，1954 年达到 3028 个；医生（包括护士、助产士），1950 年为 32.2 千人，1954 年达到 121.7 千人。

五年计划时期，还要发展人民的保健事业。1957 年比 1952 年，全国卫生行政系统和中央产业系统所属医院的病床，增长 77.2%；疗养院的病床增长 237.1%；区卫生所、卫生防疫站、保健站和保健所增长 56.1%；医生人数增长 74.3%。

由于医药卫生事业的发展，人民健康水平是不断提高的。1953 年发病率与 1950 年相比，鼠疫降低 90%，天花降低 95%，这些都是危害人民健康最大的疾病，现在已经基本上制止了它们的流行。因此，人口死亡率逐渐下降，自然增加率逐渐上升，这是必然的结果。我国人口的规律已经摆脱了国民党反动统治下的高死亡率与低自然增加率的道路。在国民党统治时期，人口死亡率为千分之 33，这是世界上最高的纪录，自然增加率为千分之 5，又

---

① 周恩来：《政府工作报告》，人民出版社，1954，第 19 页。

是最慢的速度①。而现在根据内务部在若干典型单位包括 3019 万人口调查的结果，死亡率为千分之 17；自然增加率为千分之 20②。

住宅条件的改善，也说明了我国劳动人民生活水平的提高。1952 年，国家拨款 2 万 8 千 6 百余亿元（旧币），进行修建住宅，可以解决 110 余万工人职员的住宅问题。五年计划期间，由国家拨款建筑工人职员住宅达 4600 万平方公尺。

工人职员的住宅问题，在资本主义国家里是根本不能解决的。由于严重的缺乏住宅，工人阶级只能住在恶劣的拥挤不堪的贫民窟，甚至栖息在露天之下，恩格斯说："现代自然科学已经指明，挤满了供人们所谓'恶劣的街区'，是周期性的光顾我们城市的一切瘟疫病的发源地。"③ 这一切瘟疫病的发源地，是资本主义国家所不能消减的，因为资本主义国家永远不能解决工人住宅的问题。恩格斯指出："要结束这种住宅缺乏现象，只有一个方法：一般地消减统治阶级对各劳动阶级的剥削和压迫。"④ 然而，在我们国家里，住宅缺乏使工人住在一切瘟疫病的发源地的现象，已经一去不再来了。

工资，劳动保险，医药卫生保健事业以及住宅等，都是和劳动条件密切不可分的。这一些方面的改善，当然是劳动人民生活提高的标帜。在劳动条件里，最重要的，还有工作时间的劳动保护的问题。

旧中国的工作时间是很长的。工作时间，一般是 12 个小时到 15 个小时，有长至 18 个小时的。对于工人的生命和健康，是根本不注意的。劳动保护也是极端缺乏的。因此伤亡事故不断发生，简直骇人听闻。例如煤矿中由于没有通风设备，经常发生瓦斯爆炸，死人成百成千。1942 年井陉煤矿一次炸死 343 人，1943 年本溪煤矿一次炸死 1600 余人，这种万分惨痛的事，在旧社会，并不以为奇怪。

新中国根本改变了这种情况。国营企业机关都已实行了 8 小时工作制度，并在宪法上规定了休息的权利，保证了劳动人民有充分的休息时间。在劳动保护方面，党和政府特别加以重视，以国营煤矿来说，矿井采用机械通风的已达到了 92% 以上，这就大大减少了瓦斯爆炸事故的发生；采煤的机械化程度已达到 34%，这就大大的减轻了矿工的劳动，从而保护了工人的

① 陈达：《人口问题》，商务印书馆，1934，第 191 页。
② 白建华：《六万万人——我国社会主义建设的伟大力量》，《人民日报》1954 年 11 月 1 日。
③ 《马克思恩格斯文选》（两卷集），第一卷，莫斯科中文版，第 556 页。
④ 同前引书，第 536 页。

生命的安全。

由于厂矿企业重视劳动保护，伤亡事故不断减少。1951 年比 1950 年死亡事故减少了 10.7%，重伤减少了 9.6%；1952 年比 1951 年死亡事故减少了 39.1%，重伤减少了 38.3%[①]。

三

我国劳动人民的物质福利生活，能够得到不断的改善，这是因为，第一，是我国人民革命的胜利以及沿着社会主义建设的道路前进所带来的伟大的成果。"人民革命和社会主义建设的最高目的，就是要不断的提高人民的物质生活和文化生活的水平。"（《计划》，第 216 页）第二，我们的党和政府是不断的关怀人民的生活的，因而保证了劳动人民的生活可以不断地改善。第三，生产的不断发展和劳动生产率的不断提高，这是我们物质生活能够不断改善的基础。1952 年，我国工农业的总产值比 1949 年增长了 77.5%，其中现代工业增长了 178.6%，农业（包括农村副业）增长了 48.5%（《计划》，第 13 页）。1955 年的工业总产值比 1952 年又增长 62%，农业生产得到了空前的丰收，粮食产量达到 3650 亿斤，比 1952 年增产了 372 亿斤；棉花产量达到 3006 万担，比 1952 年增产了 396 万担[②]。我国劳动生产率也是不断的提高的，在国民经济恢复时期，工业每年平均提高 18.5%，国营公司与合营企业工人的劳动生产率如以 1949 年为 100，则 1950 年为 125，1951 年为 146，1952 年为 166。根据五年计划规定，国营工业劳动生产率 1957 年比 1952 年要增长 64%。这种速度是资本主义国家望尘莫及的。第四，劳动人民的积极性和创造性，这是人民生活高涨的一个重要源泉。人民的幸福要靠人民自己的辛勤劳动去取得。新中国成立以来，我国劳动人民已经成为国家的主人，劳动态度改变了，积极性和创造性空前的提高，这种积极性和创造性，可以从劳动竞赛和合理化建议上得到说明。1950 年有 68.3 万多工人参加劳动竞赛，1951 年就有 238 万人参加竞赛。目前，我国各产业、各地区职工正以空前壮阔的规模，迅速开展群众的社会主义竞赛，为提前完成第一个五年计划而奋斗。过去几年在竞赛过程中，工人群众

---

① 《工业中的安全技术和劳动保护》，经济资料编辑委员会编，财政经济出版社版，第 146 页。
② 周恩来：《政治报告》，1956 年 1 月 30 日。

提出了许多合理化建议，从 1950 年到 1952 年，合理化建议就将近 40 万件，1953 年，合理化建议有 62 万 9 千 892 件，1954 年合理化建议即有 84 万 8 千 6 百多件，已被采纳的 46 万 3 千多件中，仅 10 万 2 千 966 件，为国家节约有 1 亿 7 千 431 万 2 千 6 百余元。

四

毛主席说："随着经济建设的高潮的到来，不可避免地将要出现一个文化建设的高潮"。文化是经济的反映，生产发展了，生活改善了，对于文化的需要，也就会日益增长起来。目前，经济建设的高潮已经到来，文化建设的高潮不可避免地也就要来到。

我们的党和政府是非常关心劳动人民的文化生活的。采取各种措施，创造条件，来不断提高劳动人民的文化生活水平。

首先，我国劳动人民第一次获得了受教育的权利。"国家设立并且逐步扩大各种学校和其他文化教育机关，以保证公民享受这种权利。"（《中华人民共和国宪法》第 94 条）

全国各级学校（包括小学，中等学校，高等学校）的学生人数，1949～1950 年为 2577.6 万人；1953～1954 年为 5550.9 万人；1954～1955 年达到 5572.1 万人。按五年计划规定，到 1957 年高等学校在校学生人数为 434600 人，为 1952 年的 227.4%；中等专业学校为 671800 人，为 1952 年的 105.6%；高级中学为 72.4 万人，比 1952 年约增长 1.8 倍；初级中学为 393.3 万人，比 1952 年增长 78.6%；小学为 6023 万人，比 1952 年约增长 17.8%。

应该着重指出，我们的教育是为广大工农劳动群众服务的。在国民党反动统治时期，只有上层剥削阶级，才有受教育的特权，广大工农被剥夺了受教育的权利，90% 是文盲。现在教育已成为劳动人民自己的事业。党和政府给予工农子女入学的各种便利条件。现在小学学生中，工农成分的子女已占 80% 以上，中学占到 58%，高等学校中工农子女也在不断的增加。

我们的教育是普及的，将要使新生一代人人能够成为全面发展的新人。《1956 年到 1967 年全国农业发展纲要（草案）》明确地提出，"按照各地情况，分别在 7 年或者 12 年内普及小学义务教育"。这是一条具有重大意义的纲领。"普及义务教育就是要使新生一代人人都受到必要的基础教育，成为全面发展的新人，他们具有辩证唯物主义世界观、共产主义道德，有系统的科学基础知识，明白工农业生产的基本原理，有运用简单生产工具的技能，有健康的体制，爱好艺术的兴趣和欣赏艺术的能力。"① 1955 年，全国小学已有 51 万所，平均每个乡有 2.1 所小学，小学在校学生数占学龄儿童的 75.7%。

不但如此，我们还要在成年人里面扫除所有的文盲。目前全国已经有 4500 万以上的农民参加了各种业余文化的学习组织，农村中的 1.8 亿青壮文盲，在 7 年以内，要逐步成为读书识字的人。旧社会遗留下来的 3 亿以上的文盲，将在 7 年内加以扫除。

其次，知识分子的队伍不断的扩大，知识界的面貌已经发生了根本的变化。目前，我国普通知识分子 384 万人，高级知识分子 10 万多人。在全国高级知识分子 10 万多人中，讲师以上的教育人员为 31000 余人，助理研究员以上的科学研究人员有 31000 余人，高级文化艺术人员 6000 余人，其他专家有 5000 余人。其中新中国成立以后新生力量占 35%。对于高级知识分子，政府已拟定一个 12 年培养的规划，根据初步计算，今后 12 年内至少要培养出 100 多万高级知识分子②。

周恩来总理指出："我国的知识界的面貌在过去六年来已经发生了根本的变化。"绝大多数的知识分子，已经是工人阶级的一部分。在党的正确的对待知识分子的政策下，他们的觉悟水平不断提高。根据北京、天津、青岛 4 所高等学校对 141 个教师的统计，过去六年中，进步分子由 18% 增至 41%，落后分子由 28% 降至 15%。估计在第二个五年计划期末，进步分子在高级知识分子中，将占四分之三以上，而使落后分子降到 5% 左右。在思想觉悟水平不断提高的基础上，很多知识分子申请加入光荣的中国共产党。重工业部有色金属设计院工程技术人员 1920 人，申请入党的 605 人，占 31.5%；天津六所高等学校讲师以上 291 人，申请入党的 106 人，占 36.4%；华北农业科学研究所研究人员 131 人，申请入党的 53 人，占 40%。到 1962 年，在高级知识分子中，党员数量还要扩大，将占 1/3 左右③。

知识分子的业务水平也是不断上升的。仅以高等学校的教员来说，1950 年全国高等学校助教只有 6796 人，到 1955 年已增至 24479 人，为 1950 年

---

① 1956 年 2 月 27 日《人民日报》社论：《普及义务教育》。
② 郭沫若：《在社会主义革命高潮中知识分子的使命》，1956 年 2 月 1 日《人民日报》。
③ 周恩来：《关于知识分子问题的报告》，1956 年 1 月 30 日《人民日报》。

的 3.6 倍，占全部教师 42066 人的 58.2%；1950 年讲师只有 3637 人，到 1955 年增至 10095 人，为 1950 年的 2.78 倍，占全部教师的 24%①。

最后，科学、文化艺术事业的发展，也标帜了我国人民文化生活水平的不断提高。

在科学研究工作方面，几年以来，有了很大的发展，全国的科学技术界在地质勘探方面，基本设计和施工方面，新产品设计和试制方面，都进行了巨大的工作，得到了显著的成就。我国工程界现在已经学会了许多现代化的工厂、矿井、桥梁、水利建设的设计和施工，在设计大型机械、机车、轮船方面的能力也有了很大的提高。"从 1952 年到 1955 年试制成功的新的机械产品，已经约有 3500 种左右，少数已经达到世界水平。在冶金方面，我国能够冶炼的优质钢和合金钢，已经有 240 多种；我国高炉和平炉的利用系数已经达到苏联 1952 年的水平。在理论科学方面，我国在数学、物理学、有机化学、生物学的若干部门中的成就，也受到了世界科学界的重视，其中一部分已经对生产的实践有了贡献。"②

我们大家都知道，目前已经到了原子能的时代。苏联已经建成了世界第一座原子能发电站；今年又将建成一座新的原子能发电站，有 10 万瓦的发电能力。无可讳言，我们在科学方面，是落后于世界先进水平的。虽然我们的科学研究，也有少数学者在国际上是有相当地位的。为了赶上世界的先进的科学水平，党和政府制定了从 1956 年到 1967 年科学发展的远景计划。这就可以把我国最急需的科学部门在 12 年内接近正在不断发展中的世界先进水平。

在文化艺术方面，新中国成立以来，有了迅速的发展。电影放映队，由 1950 年的 522 队增加到了 1954 年的 2723 队；电影院，由 1950 年的 641 座增加到 1954 年的 2120 座；文化馆 1950 年为 1693 个，1954 年达到 2392 个；公共图书馆 1950 年为 63 个，1954 年增加到 93 个；博物馆 1950 年为 22 个，1954 年增加到 46 个；1950 年全年报纸出版 798 万份，1954 年达到 1711 万份；杂志在 1950 年为 35 万册，1954 年达到 205 万份；图书全年出版数在 1950 年为 275 万册，增加到 1954 年的 940 万册③。按五年计划规定，文化

① 郭沫若：《在社会主义革命高潮中知识分子的使命》，1956 年 2 月 1 日《人民日报》。

② 周恩来：《关于知识分子问题的报告》，1956 年 1 月 30 日《人民日报》。

③ 《关于 1954 年度国民经济发展和国家计划执行结果的公报》，统计出版社版，第 41 页。

艺术事业，到 1957 年还要进一步的发展。例如，报纸发行分数 1957 年比
1952 年增长 55.2%；杂志，增长 93%；图书馆增长 54.2%。

　　所有这一切都充分的说明了"中国人被人认为不文明的时代已经过去
了，我们将以一个具有高度文化的民族出现于世界。"①

　　我们的国家尽可能的创造条件，满足劳动人民日益增长的在教育、文
化、科学、艺术方面的需要。这是资本主义国家和国民党反动统治时期，绝
对不可能的事。剥削阶级的统治者是不关心劳动人民的文化生活的。劳动人
民越是愚昧和落后，就更加符合剥削阶级的利益，更利于他们的残酷剥削和
统治。而我们的国家完全相反，不断提高劳动人民的文化生活，发挥劳动人
民无穷无尽的天才和智慧。列宁说得好："以往全部人类智慧、全部人类天
才的创造，只是把技术和文化的一切财富观给予一部分人，而剥夺另一部分
人最必需的东西——启蒙和发展。现在一切技术奇迹、一切文化成果都成为
全民的财产，而且从今以后，人类的智慧和天才永远不会变成暴力手段，变
成剥削手段。"②

---

　　① 《毛主席在中国人民政协第一届全体会议上的开幕词》，《新华月报》，第一卷第一期，第 5
　　　　页。
　　② 列宁：《全俄苏维埃第三次代表大会闭幕词》，《列宁全集》第四版，第 26 卷，第 436 页。
　　　　转引自《政治经济学教科书》，人民出版社版，第 443 页。

开展我国工人阶级状况的调查研究[*]

（一九五七年六月）

一

调查研究我国工人阶级状况，对于我国社会主义建设，特别是我国社会科学的发展，是一项不可缺少而且又极为重要的工作。新中国的工人阶级，已经是国家的主人，已经彻底改变了旧中国那种被压迫被剥削的悲惨局面，这是空前的变化。为了说明这种变化，为了教育和鼓舞工人阶级积极的忘我的进行社会主义建设，全面、系统、周密的工人阶级状况的调查研究，是一个很好的武器。这种调查将非常具体的生动的使工人阶级认识到只有推翻了帝国主义、封建主义、官僚资本主义在中国的统治，只有建立了人民民主政权，才能有今天美好的生活；而且这种生活还会不断改善，这就需要工人阶级艰苦奋斗，忘我的劳动。同时，这种调查研究，也是党和政府制定政策和法令的依据。党和政府的劳动政策法令，必须以工人阶级的状况为基础来制订。

调查和研究工人阶级状况，对于丰富和发展我国的社会科学，尤其有着现实的意义。目前我国思想战线上，反对教条主义，仍是一项严肃而艰巨的任务。如果要反对教条主义，那么进行详细的工人阶级状况的调查研究，在若干重大问题上，就是不可缺少的一项重要的工作。这种工作可以使理论联系实际，从而克服教条主义。同时，也只有依靠调查研究才可以掌握丰富的

---

* 本文原载于《新建设》1957 年 6 月。

直接的材料，才可以检验理论的正确，特别是创造性的来发展理论。所以工人阶级状况的调查研究是我国社会科学不断丰富和发展的重要源泉。

工人阶级状况的调查研究与中国现代史、经济、法学等科学的关系，至为密切。工人运动史是现代中国历史的一个重要部分。中国工人阶级的出现，是近百年来的大事。对于这样一个有远见、有伟大前途的阶级，其产生和发展的过程，应该全面而系统的加以研究。但是，我们这方面的工作，零星的有一些，全面的系统的还没有。而我们要开展这一研究工作，首先就有必要研究工人阶级的状况。只有全面系统地研究了工人阶级的状况，才有可能正确阐述工人运动史。恩格斯曾在"英国工人阶级状况"一书中指出，"工人阶级的状况是当代一切社会运动的真正基础和出发点"（人民出版社版，第4页）。

劳动经济学，也脱离不开工人阶级状况的调查研究。劳动经济学是研究有关劳动问题方面的经济学的一个重要部门。顾名思义，劳动经济学就和工人阶级状况有着直接的联系，实际情况也是如此。所以，发展和丰富我国劳动经济学，就不能不全面系统的调查研究工人阶级的状况。

作为法学一个部门的劳动法，更迫切需要工人阶级状况的调查研究。因为劳动法的重要任务之一就是要保护劳动。而要保护劳动，就必须要知道劳动者的生活与工作的条件，这就需要进行调查，否则，不但制订法令没有根据，而且研究法令也必然与实际脱节。

以上几点，已经指出了工人阶级状况的调查研究，在我国社会主义建设过程中，以及社会科学研究工作中，占有重要地位。而且谁都知道，历史是劳动人民创造的，但是，创造人类社会的劳动者，在过去许多历史学者的笔下是看不到的。这是由于阶级偏见，他们的头脑里只有帝王将相，而没有劳动人民。马克思主义的历史学家与社会学家，当然与此相反。首先应该研究而且应该特别着重研究劳动者，劳动人民生产和生活的历史。工人阶级状况的调查研究，就是劳动人民生活历史最为主要的一项研究。

二

如果我们要谈到工人阶级状况调查的历史，就不能不感谢马克思、恩格斯，正是他们首先倡导而且亲自从事过这种调查研究。因此，在这里着重的说明一下马克思、恩格斯如何重视和怎样规划这种调查研究，是有必要的。

我们知道，马克思、恩格斯在开始从事工人运动的时候，就再三指示工人阶级状况调查的重要。马克思说，社会主义者"必须要求确切地和真正地知道工人阶级工作的和进行工人运动的那些条件，因为这个阶级是作为未来主人翁的阶级"。（转引自"统计译文专辑"，第六辑，财政经济出版社版，第61页）他又说："搜集劳工资料，是社会主义民主派为了准备改造社会所必须做的第一个工作。"（"马克思与工会"，工人出版社版，第163~164页）恩格斯也认为："为了给社会主义理论，同时给那些认为社会主义理论有权存在的见解提供坚实的基础，……研究无产阶级的境况是十分必要的。"（"英国工人阶级状况"，第4页）所以，在第一国际协会开始活动时，工人阶级状况的调查研究就被提到了议事日程。1864年10月，马克思起草的"国际协会成立宣言"和"国际协会临时规章"中，就已经包括了对工人阶级状况进行研究的要求。1866年9月，马克思为第一国际日内瓦大会写的"关于几个个别问题对临时中央委员会代表的指示"中，特别提到工人阶级的统计调查研究。马克思说："必须由工人阶级自己来从事各国工人阶级状况的统计调查，乃是我们所要提出来的，'在国际的统一行动'方面的重大措施之一。因为要使行动有成效，便应该知道必然要影响到这种行动的材料。"（转引自"统计译文专辑"，第六辑，第63页）

不但如此，马克思还详细的制订了"调查大纲"，同时指出，必须根据各国的发展条件去变更提纲上的问题，必须把问题具体化，以适合于各国发展的特点。这个大纲由以下问题组成：

（一）生产的名称。

（二）生产中从业人员的年龄和性别。

（三）生产中从业人员的人数。

（四）薪给和工资：（甲）学徒的工资；（乙）按日工资或计件工资；由中间人支付的工资额。每周、每年的平均工资。

（五）（甲）工厂中的工作时间。（乙）在小企业主方面和家庭生产中的工作时间，在这一切生产形态都具备的情况下的工作时间。（丙）夜间劳动和日间劳动。

（六）用膳休息期间和对工人的待遇。

（七）手工工场的状况和工作的条件：厂房狭窄，通风设备不良，缺少阳光，使用煤气照明，清洁及其他等等情形。

（八）职业种类。

（九）工作对工人生理状况的影响。

（十）道德条件，教育。

（十一）生产状况。生产是否是季节性的或全年中的工作多多少少是均匀的，是否常受相当大的波动，是否遭到外国的竞争，它主要是供应国内市场抑或供应国外市场。（转引自"统计译文专辑"第六辑，第63～64页）

在这个调查大纲的基础上，1880年马克思结合法国工人运动的情况，又制订了包括有一百个问题的"关于工人的调查表"。这些问题包括工资形式、工作日的长度、劳动保护、生活费、解决劳资纠纷的方式、互助方式、劳资斗争中国家干涉的方式、自愿的和强迫的互助组织的形式、抵抗组织的数目与性质、罢工的性质与持续的时间等等（参阅"马克思与工会"，第165页）。总之，为了对资本主义社会的工人阶级状况的科学理解，调查表的编制包括工人的社会地位和生活情况各个方面的问题。这些问题，研究劳动条件的大约有45%，研究工人的物质状况和法律地位的占35%，研究工人组织和合作社组织情况的占20%。这些问题，不仅为了提供必要的材料，而且它还是直接为提高填写者的阶级觉悟而服务的。下面的问题就可以证明。例如："在法律上应该允许企业主在发生事故时叫工人或其家属赔偿吗？""企业主惩罚过为使企业主致富而工作时发生事故的人吗？""生活必需品（如：房租、食物、衣物、各种费用、捐税）的价格"以及"请你们说一说你们的企业主为了管理他的雇佣工人而规定的规章和罚款"（"马克思列宁与统计"，东北财经出版社1953年版，第17～18页）等等。

应该指出，马克思不但制订了工人阶级状况的调查表格；同时，通过这些表格也向我们指示了调查研究的科学方法。如果自然科学需要凭借精密的仪器进行自然现象的研究，那么，调查大纲和表格乃是社会科学家研究社会现象时不可少的工具。马克思天才的创造了研究工人阶级状况的科学方法。所以，这些调查大纲和表格，仍是我们今天应该认真研究的重要文件。

同样，恩格斯不但对于工人生活状况的调查研究，很早就特别重视，而且也亲自作了这方面的调查。"英国工人阶级状况"一书，就直接是恩格斯调查的伟大的成果。这一成果，乃是马克思列宁主义调查研究最早的经典著作。这一著作，不但生动的刻画了当时英国工人阶级真实的面目，而且也正确的指出研究工人阶级状况的方法。

<h1 style="text-align:center">三</h1>

正是因为马克思、恩格斯首先开创了工人阶级状况的调查研究，特别是制定了调查方案与提纲，这样，就使调查研究有了可靠的方法收集资料，从而社会研究也就上升到科学水平。

资产阶级的国家及其学者不可能首先提出调查工人阶级状况的伟大工作。道理非常明白，这种调查研究，会揭露资本主义剥削的无耻现象。但是后来，资产阶级国家及其学者也着手调查工人的生活状况；而且这一方面的工作做得似乎越来越多，在具体的调查方法上面也有不少的经验。应该指出，他们搞这方面的调查还是在马克思、恩格斯领导的第一国际协会的影响下开始的。调查研究的范围，也没有超过马克思所规划的调查方案。从什么地方来证实这点呢？美国就是很好的一例。1871 年 12 月 13 日，美国国会通过了设立劳动统计局法案，马克思当时就指出了"这个方案是依据国际工人协会所表示的愿望而通过的"（转引自"统计译文专辑"，第六辑，第73 页）。总之，在第一国际活动开始以前，没有一个国家成立过劳工统计的专门机构，而在第一国际活动开始之后，由于国际的影响，这样的机构和调查研究，才在资产阶级国家相继出现。

尽管资产阶级的国家和社会学家也采用调查方法研究劳工，但是由于他们的阶级立场，以及研究目的，为了资本主义社会的利益，他们不可能从调查研究里面得到必须推翻资本主义制度，工人阶级才能彻底解放的正确结论。因此，我们对他们的调查研究完全有必要仔细的认真的加以分析批判。

但是，我们却不能由此得出结论，认为资产阶级的调查研究，完全是荒诞妄为，毫无可取，可以一笔勾销。这是不对的。尽管他们的调查研究有他们自己的目的，结论是反科学的，危害工人阶级利益的；但是，他们某些具体的调查研究方法，本身只是一种工具。这种工具掌握在哪一个阶级手里，就为哪一个阶级服务。同时，他们所收集的材料，只要不是捏造，总反映一定的现实，可以作为进一步研究与分析的参考。对他们的调查研究应该具体分析批判，去其糟粕，取其精华。如此，我们才可以从资产阶级的调查研究中吸收到许多有益的东西。

总之，我们应该大力的发扬马克思、恩格斯所开辟的工人阶级状况的调查研究工作。我们有马克思列宁主义的理论，又有社会调查方法，毫无疑问，我们的调查研究的科学成果，那是资产阶级的调查研究可望而不可即的。我们的调查研究，能够在了解情况和掌握政策，在认识世界和改造世界这两方面使理论与实际紧密结合起来。马克思列宁主义创造性的发展始终是沿着这条正确道路前进的。

四

我们的党和毛主席对于社会调查研究一向是重视的，而且把调查研究放在极其重要的地位。毛主席早就指出："没有调查，就没有发言权"。这句名言给教条主义是一个致命的打击，使教条主义没有活动的余地。同时，毛主席还亲自作了许多农村调查，例如"兴国调查"、"长冈乡调查"、"才溪乡调查"等。这些调查，说明了我们党有极其丰富的调查研究的优良传统和经验；并且也为我们创造了许多调查研究的科学方法，例如"开调查会"，"必须有调查纲目"（参阅"毛泽东选集"，第三卷，第810页）等等。这些调查研究，是我们学习调查很好的典范。总之，应该如毛主席所指示的，"就是应用马克思列宁主义的理论和方法，对周围环境作系统的周密的调查和研究"（同前引书，第821页）。但是，直到现在，我们还没有很好的按照毛主席的指示，进行系统的周密的调查研究工作，特别是工人阶级状况的调查研究，这种现象是不健康的，应该大力加以改变。

我们的社会科学必须从客观存在的实际事物出发，从其中引出规律，作为我们研究的向导；而不仅是根据报章杂志已有的材料来论证人所共知的规律。如果这样，我们的社会科学就只有僵硬，只有停步不前。不搞科学研究则已，如要进行科学研究，就要像马克思所说的要详细的占有材料，加以科学的分析和综合的研究。而要详细地占有材料，最好的方法就是向社会作调查。

毫无疑问，我们应该在马克思列宁主义的基础上，大力开展中国工人阶级状况的调查研究，这是无须多说的。如何来开展这一项有伟大意义的工作呢？

首先，科学院，高等学校，应进一步重视这一工作。只有这样，才能更好地开展这一工作。

其次，工人阶级状况的研究，应从实际调查入手。首先要全面地系统的周密的调查新中国成立以来工人阶级的状况。这种调查研究可以从好几方面开始。第一，全面的一般的概况调查，或者叫工厂调查，也可以叫工人生活调查。通过这种调查，我们就可以全面知道工厂工人的一般状况。第二，典型调查。选择主要工业部门或主要厂矿进行调查。这种调查，比概况调查深入了，细致了，包括的项目更多了。通过这种调查，对于某些重要工厂，或工业部门的工人生活，就可以有比较详细的了解。第三，专题调查。选择工人生活中某些重要问题，例如，住宅问题，工资问题，生活费，女工问题，工会组织等，这种调查范围虽然小了，但调查的程度就更深了。第四，工人生活史的研究。这种调查以工人本身为研究对象，从工人生活的历史过程中，了解工人生活的真实面目，例如工人的思想，心理等方面的状况。这种研究比以上的几种就更加深入，更加细致了。这种方法也是马克思经常采用的一种方法。"马克思老想和工人接触，和他们谈话，他对于基层工人的意见有很大的兴趣。马克思倾听工人的谈话，企图抓住他们的思想，看他们对于周围一切如何反应"（"马克思与工会"，第 165～166 页）。总之，这种调查研究，不但从表面而且还可以从内心方面了解工人阶级的真实情况。

当然，以上的工作，有的适宜于政府机关做，有的适宜于科学研究机关或有关的高等学校来做，这要看条件。但是，无论哪一方面从事这种研究工作，都应密切的配合起来。各搞一套，彼此无关，是不好的。因为，我们的工作都是整个国家计划工作的一部分，我们的共同目的都是为了工人阶级的利益，所以应该很好的合作。但是，这并不是说就不要分工，如果不很好的分工，也就不会有更好的合作。

再次，对于旧中国工人阶级的状况，对于解放区的工人阶级的状况，也需要同时全面地系统地研究。过去工人阶级生活状况的资料，要大量的广泛的收集。无论是进步的，不进步的，中文的，外文的，只要是关于我国工人阶级的状况资料，都应收集起来，特别是党过去关于中国工人阶级状况的一些文件，资料，要尽可能的收集。由于旧中国为我们在这一方面留下的调查统计资料很少，为了补救这一缺点，我们同时还要采取实地调查的方法，访问老工人、老的工会干部、老同志。这样，一定可以为我们提供不少旧中国工人生活的材料。

最后，工人阶级状况的调查研究，应与"工人运动史"，"劳动经济学"等专业密切结合起来进行研究。特别是工人运动史离不开工人阶级状况的调查研究。

五十年代我国社会学和人口研究的回顾[*]

（一九九七年十二月二十一日）

50 年代中国大陆社会学经历了曲折的发展过程，社会学被取消、被批判成为"禁区"，中断了 27 年。

1949 年新中国成立后，中国大陆社会学者都努力学习马克思主义，提高认识并对社会学系的办学方向和课程进行主动改革。1950 年召开的高教会议，确定社会学系开设八门课程：马克思主义社会学、社会研究方法、社会统计学、现代世界史、中国社会状况、人类学、政策法令、马克思主义著作选读，并成立劳工、民政、民族等专业组。尽管如此，有人还是主张取消社会学系。理由是，它是"最反动、最腐朽、最无用、最不成体系的学科。"1952 年院系调查时，在一边倒学苏联的情况下，由于当时苏联高等院校没有社会学，对社会学持否定态度，把它看成是马克思列宁主义敌人。因此，中国也得取消社会学。取消的理由据说是社会学是资产阶级伪科学，历史唯物主义可以替代它；社会学是研究社会问题的，资本主义社会有社会问题，而社会主义社会没有，因此无需社会学。那时我在清华大学社会学系参加了这次调整。老一辈社会学家都不同意取消社会学。陈达说："资产阶级社会学理论有错误，但决不等于一无可取必须连根拔除。"他还说："中国

* 本文原载于北京大学社会学系编《社会研究》1998 年第 8 期。本文虽然发表于 1998 年，但是对研究我国五十年代社会学发展的历史有重要意义，故编入此部分。

过去搞社会学的人一向注意实地调查工作，积累了丰富的材料和成套的行之有效的经验、方法，是可以批判继承的；我们不能把过去的学科一刀割断，任何社会科学都是逐渐形成的，不是从天而降的。马克思恩格斯列宁的社会主义理论也是在批判资本主义的一些理论，取其中有价值的部分而形成的。"这些意见尽管是中肯的，但在当时的形势下是不可能被采纳的。

1956 年传来消息，苏联恢复了社会学并派代表参加国际社会学大会。于是在中国兴起了一阵恢复社会学的浪潮。罗马尼亚社会学者访问北京时，由于人民大学吴景超教授接待，谈了国际社会学发展的情况。1957 年 1 月号《新建设》杂志发表了吴景超的《社会学在新中国还有地位吗?》这篇文章，提出有关社会学的一些问题如人口、家庭、婚姻、妇女、儿童、犯罪等在高等院校还没有得到安排。他认为以历史唯物主义论的知识为基础来研究这些问题，对于我们社会主义社会的建设还是有用的；他还认为有设立社会学课程的必要，在这门课程中可以利用历史唯物论的原理，对资产阶级社会学进行系统的批判；同时也尽量吸收其中一些合理成分来丰富历史唯物论。

这篇文章引起了学术界的注意和讨论。

原中宣部科学处和科学院哲学社会科学部（以下简称科学处和学部）也开始注意研究社会学的地位问题。在科学处和学部的领导下，社会学研究重新搞起来了。下面我把当时社会系研究的一些情况简述如下。

（1）1957 年 1 月 18 日科学处潘梓年主持召开了一次社会学座谈会，参加座谈会的有：陈达、吴景超、吴文藻、雷洁琼、林耀华、赵承信、全慰天、袁方等。座谈内容主要是社会学研究有哪些学派以及社会学在资本主义国家近来发展的情况。陈达和吴景超都谈了这方面的情况。会议主持人要大家回去后研究一下会上提出的问题，有些事情可以先做起来，例如某些问题的研究（指陈达的人口研究），机构问题也要研究一下，至于具体问题由科学院学部来考虑。

（2）《人民日报》2 月 2 日发表了李景汉一篇题为《北京郊区乡村家庭生活的今昔》的调查报告，受到各方面的重视和好评。这篇文章就是运用社会学调查方法写成的。

（3）《文汇报》2 月 12 日发表了费孝通《关于社会学，说几句话》一文。他从社会主义改造和社会主义建设的需要角度提出这个问题。他说："吴景超先生在《新建设》把社会学的地位问题提了出来，引起了不少人的注意。""这时候把社会学的地位问题提出来研究一下好不好呢?"他觉得

"是好的，也是必要的。"他还说："如果承认这些也是科学研究，那就应该在科学院里，能成立个社会学研究所那就是最好了。如果觉得社会学这个名词不体面，不妨称社会研究所。

（4）毛泽东在 1957 年 2 月 18 日作了《关于正确处理人民内部矛盾的问题》的报告。这个报告是针对当时社会上出现的一些社会问题，针对人民内部矛盾而提出的。其中谈到了有关人口的问题。我们听了这个报告后十分高兴，人口问题可以研究了。1952 年取消社会学系，也取消了人口问题的教学研究。在社会科学领域就没有人再来研究这个问题了，那时不承认有人口问题。苏联人口增长快是社会主义的优越性，我国人多是好事。后来也认识到人多也有困难。毛主席的报告发表以后，在一次最高国务会议上以邵力子、马寅初、陶孟和为代表的一些爱国民主人士向毛主席、周总理提出了关于人口问题的研究和对晚婚、节育的两项倡议，得到积极的采纳。从此人们又不能不考虑已被取消的社会学了。因为人口问题曾是社会学研究的主要问题。一些社会学者又开始研究和讨论人口问题了，这是很自然的。如吴景超在《新建设》杂志 1957 年 3 月号发表了《中国人口问题新论》，费孝通在该杂志 4 月号发表了《人口研究搞些什么》，陈达在该杂志 5 月号发表了《节育、晚婚与新中国人口问题》一文。特别是北大校长马寅初提出了《新人口论》。人口问题和人口理论研究一时成为热门的科学研究领域。

另外值得一提的是 1957 年 2 月 15 日由罗青主持召开的有 40 余人参加的人口座谈会，主要讨论陈达去参加在瑞典举行的世界统计学会的人口论文提供。这次座谈会是新中国成立以来第一次人口研究学术讨论会。

（5）1957 年 3 月 17 日左右，张子毅、史国衡、胡庆钧、全慰天、张乐群、袁方等根据中宣部科学处的指示收集有关社会学研究开展情况。我们收集后向该处作了汇报。胡庆钧和袁方还草拟了《关于开展社会学研究的几点意见》。主要内容有：第一，提出了社会主义制度下产生的社会问题是社会学调查研究的任务；第二，建议在中国科学院成立社会学所或其他类似机构；第三，根据发展情况可在大学内建立社会学系或相当的专业。这几点意见有打印稿可供参考。

（6）1957 年 4 月 10 日，《新建设》杂志社召开了"关于社会学研究的对象和内容"的座谈会。参加座谈会的有：陈达、费孝通、吴文藻、吴景超、潘光旦、李景汉、严景耀、林耀华、赵承信、张子毅、全慰天、胡庆钧、沈家驹、王康、王庆成、袁方等 20 余人。由费孝通主持，讨论社会学的对象和内容，各抒己见，百家争鸣，会场一直很活跃。每个人的发言，由《新建设》杂志于 6 月号发表。可供参考。

（7）1957 年 4 月 23 日学部召开了一次社会学座谈会，参加这次会的有陈达、吴文藻、李景汉、雷琼洁、林耀华、沈家驹、袁方等。座谈内容主要是关于建立一个适当的工作机构，如工作委员会以便进行一些调查工作。同时会上推选了陈达、费孝通、吴文藻、李景汉、吴景超、雷洁琼、胡庆钧、袁方八人负责进行工作委员会的筹建工作，陈达为召集人。

（8）1957 年 6 月 9 日陈达在太常寺人口研究室，召集了社会学工作筹备委员会第一次会议。会议前由陈达书面请示学部潘梓年，得到同意后召开的。陈达主持会议，我担任记录。开会前我还到学部请示会议怎么开，并希望派人主持。会后我又如实地将会议情况作了汇报。参加会议的人有陈达、费孝通、吴景超、吴文藻、李景汉、雷洁琼、袁方等。讨论了以下问题：1. 关于本会名称和任务；2. 关于社会调查研究工作如人口与劳动调查研究、城市社区调查、民族学研究；3. 关于筹备社会学系的计划；4. 关于筹备成立中国社会学会。这次会议着重讨论了人口问题的调查研究。会议有记录可供参考。

这就是 1957 年我国社会学研究在科学处学部领导下搞起来的主要过程。

当时社会学和人口问题研究从被取消到恢复重新搞起来不是没有阻力的。这个问题刚提出来时就有人在一旁针对社会学敲起了批判新老马尔萨斯的锣鼓。"六九"社会工作筹备会刚结束，反右斗争开始了。由于反右斗争扩大化，陈达的人口研究和人口座谈会都被认为是"从人口问题打开缺口复辟资产阶级社会学的反党反社会主义的政治阴谋"。特别是社会学工作筹备委员会第一次会议也被认为是"反党反社会主义的黑会"，商讨了"复辟资产阶级社会学的具体行动规划"，受到了无情的批判。陈达等老一辈社会学者一律被划为右派，我被划成极右派，被开除党籍，送北大荒监督劳动。当时我们都是全心全意希望在党领导下搞中国社会学和人口问题的科学研究，为社会主义建设服务；但万万没有想到那时竟落到如此悲惨的结局，成了反党反社会主义的敌人。从此社会学成了"禁区"，中断了 27 年，整整有一代人之久。

1978 年，党的十一届三中全会，恢复了实事求是的思想路线，拨乱反正，为社会学恢复创造了前提。1979 年 3 月，全国哲学社会科学规划会议筹备处在北京召开了"社会学座谈会"，社会科学院院长胡乔木在会上作了重要讲话，指出："否认社会学是一门科学，并用一种粗暴的方法来禁止这门科学在中国发展、存在、传授，这是完全错误的。"这个讲话，为社会学平反，恢复了名誉。在这次会上成立了"中国社会学研究会"，后来改为社会学会，推选费孝通为会长。研究会的成立，揭开了中国社会学恢复和重建的序幕。

当时，社会学恢复和重建并不是一帆风顺的，党内外一些理论权威对此有不同的看法。正是在社会学恢复的时候，就有一位颇有影响的理论权威再版了他那本在 1957 年反右斗争时期"批判"社会学的《论丛》，说"绝不允许资产阶级社会科学复辟"。因为"为资产阶级的社会科学打开复辟的道路，也就是为资本主义打开复辟的道路"。五十年代中国大陆的社会学就是在这种极左思想下被取消的。

前事不忘，后事之师。回顾 50 年代我国社会学和人口研究的历史是必要的。我们社会学理论和实际工作者不应忘记这段历史，要从中分清是非，吸取有益的教训，认识极左思想的危害性。

1. 社会学是一门帮助人们认识社会、研究社会、改造社会的社会科学，是一门为社会服务的经世之学，不是资产阶级伪科学。

社会学之所以是一门科学是因为它有自己的研究对象和研究方法。早在 1977 年 8 月，邓小平在《关于科学和教养工作的几点意见》一文中就明确指出"科学当然包括社会科学"。这一论断在当时的历史条件下从理论高度肯定了社会科学也是科学，从而也就否定了长期以来把社会学认为是资产阶级伪科学极左思想。1979 年 3 月 30 日邓小平在《坚持四项基本原则》的讲话中又明确指出："政治学、法学、社会学以及世界政治的研究，我们过去多年忽视了，现在也需要赶快补课。""我们已经承认自然科学比外国落后了，现在也应该承认社会科学的研究工作（就可比的方面说）比外国落后了，我们的水平很低，好多年连统计数字都没有，这样的情况当然使认真的社会科学的研究遇到了极大的困难。"邓小平的这些论断是实事求是的，是马克思主义毛泽东思想继承和发展。我们要继续坚持邓小平关于"科学当然包括社会科学"的理论论断，"赶快补课"，加速发展中国社会学，努力赶超世界水平。

2. 在引进、学习国外的理论和经验时，不能照搬照抄，要与中国的实际相结合。

我国社会学是从国外引进的，自引进之日起，就有与中国实际相结合的传统。1895 年严复在天津《直报》开始介绍英国斯宾塞的社会学，译名为"群学"。1903 年他在出版的《群学肄言》的"译余赘言"中说："窃以为其书实兼《大学》《中庸》精义。"严复是我国最早介绍西方社会学的学者之一。他引进国外社会学不是照搬而是与中国社会文化相融合，洋为中用，为我们作出了光辉的榜样。老一辈社会学者引进国外社会学时也是这样考虑的。而五十年代，我们引进国外经验时，却忽略了与中国实际结合的传统，照搬苏联的做法，取消了社会学，使我国社会学中断了 27 年，给社会主义建设事业造成了损失。实践证明，当时那种照搬苏联经验的做法是完全错误的。

今天，我们要吸取五十年代照搬的教训，继承和发挥严复和老一辈社会学家的优良传统，引进国外社会学的理论和经验要与中国社会思想、文化结合起来，才能促进有中国特色社会学的发展，为社会主义建设服务。

3. 求同存异，鼓励不同学派，为社会主义服务。

50 年代我国科学文化领域由于极左思想的干扰和教条主义、宗派主义和形式主义的影响，缺乏民主、自由、科学的学术讨论，突出表现为用历史唯物主义替代社会学，不容许不同学派的发展。社会学被认为是资产阶级伪科学而被取消。这一历史教训是应当牢记的。我们应在马克思主义、毛泽东思想、邓小平理论指导下，求同存异，鼓励不同学派，为发展有中国特色的社会学服务。

我国社会学从恢复重建到今天已经 18 年了，取得了显著的成绩。为庆贺北大社会学系恢复重建 15 周年和迎接百年校庆，我们应在马克思主义、毛泽东思想、邓小平理论指导下，为建设和发展有中国特色的、为社会主义服务的社会学做出更大的成就。这是中国社会学者义不容辞的职责。

第三部分

1979～1992年（时任北京大学社会学系系主任）

要搞马克思主义社会学，
不是搞资产阶级社会学

——有关五七年在党领导下开展社会学研究的一些情况*

（一九七九年三月十五日）

　　社会学这一长期以来人们望而生畏的科学禁区，终于打破了。1978 年中国社会科学院在科学规划中，列入了社会学和社会问题的科研项目，明确肯定了它在社会科学领域的地位。最近乔木同志再次提议，要开展社会学的研究，我都衷心拥护。今天参加这个会，非常高兴。对于开展社会学研究，我和二十年前一样，双手赞成，但也有不少感慨。

　　五七年中宣部科学处和哲学科学部有关负责同志出面倡议开展社会学研究，我参加了。同时在中央劳动干部学校校长罗青同志领导下，我具体协助陈达副校长搞人口研究。正因为这样，反右运动中被认为我伙同罗青同志把陈达教授这面社会学已砍倒的"黑旗""重新扶起来"，"阴谋从人口问题打开缺口"，为"章罗联盟复辟资产阶级社会学。"这就使我蒙受了不白之冤，二十多年了，一直到去年十一月，才得到平反改正。党的实事求是的优良传统和有错必纠的严肃精神，又重显威力。

　　我记得乔木同志 1978 年 1 月在一次报告里提到，社会学有资产阶级的，也有无产阶级的。我认为这就肯定了有马克思主义社会学，也驳斥了林彪

---

　　* 原文存北京大学社会学系，油印稿。封面上有手写"五七年开展社会学研究的一些情况，1979. 3. 15."。

"四人帮"那个"顾问"否定马克思主义社会学的谬论。这个肯定是有科学实践和根据的。列宁说：马克思一开始从事写作活动和革命活动时，就极其明确地提出了他对社会学理论的要求，社会学理论应当确切地描写现实过程，如此而已。（《列宁全集》第一卷，第 157 页）又说：马克思"第一次使科学的社会学的出现成为可能。"（同上，第 120 页）可见马克思主义社会学的存在在理论和实践上都是颠扑不破的。因此，我们可以理直气壮地开展社会学研究。

但是人们一想到五七年社会学的遭遇，无不谈虎色变，内心紧张异常。搞过社会学的人，大多不想搞了，没有搞过的人害怕和社会学沾边，目前人口研究，又搞起来了，但有些人不愿和社会学挂钩。由于民族学和社会学曾是姐妹学科，有些搞民族研究的同志甚至连民族学这一学科的名称都不愿提。搞劳动经济研究的人，不敢谈劳动方面的社会问题。前不久规划联络局委托费孝通同志召集座谈会，征求学过社会学的同志们的意见，约我参加。我的爱人、孩子极力拦阻，"不要再惹麻烦"。这些奇怪现象和倾向都是社会学以往的遭遇所造成的严重后果。所以我觉得要开展这项科学研究，就必须拨乱反正，旗帜鲜明，澄清五七年这段往事，为社会学恢复名誉，扫除其发展的暗礁明障。

目前我们党和国家的工作重点，正转向社会主义四个现代化。四化的先行和主干是科研教育的现代化。社会学的科学研究和教育的发展，是一个不可缺少的有机的组成部分，例如人口增长与四个现代化的关系问题，农业机械化过程中农业劳动转向非农业的问题，社会结构或职业结构的变化问题，少数民族地区的许多社会问题，城市与农村关系问题，晚婚和计划生育、家庭、妇女、青少年、老年、就业、就学、犯罪问题等等归结到人民生活水平和人口质量的提高的根本问题。这些问题需要用社会学的方法来调查研究，即对这些问题进行全面地系统的、实事求是的研究，尽可能在实现四个现代化的过程中，对党和政府能解决上述等等问题提供一些参考资料，同时通过社会调查来发展社会学本身。

新中国建立以来，社会学的教学和科研工作，经过了一条异常曲折的道路，简单回顾一下这段历程很有必要，也是不可回避的。前事不忘，后事之师。我们不应回避，必须从中吸取经验教训，提高我国社会学界的思想和科学水平，以利于为实现社会主义的四个现代化的新长征而努力。

新中国成立初期，社会学系的课程内容以马克思、列宁主义为指导，初步进行了一些改革。为使课程内容紧密结合实际，以北京高校情况来说，系内分别成立劳动、民族、民政等专业组。但有人还是主张取消社会学系。其理由，它是"最反动、最腐朽、最无用、最不成体系的系科"。五二年院系调整，终于被撤销了。我在清华大学参加了这次调整，陈达老师不同意取消。他认为"资产阶级社会学的理论虽有错误，需要在马克思列宁主义基础上来彻底进行改造，但决不等于一无可取，必须连根拔除"；他特别强调"中国过去搞社会学的人，一向注重实地调查工作，积累了丰富的材料和成套行之有效的方法和经验，是可以批判继承。我们不能把过去的一切割断，任何社会科学都是逐渐形成而不是从天而降的。马克思、恩格斯、列宁的社会主义理论也是在批判资本主义的过程中，取其中有价值的部分而丰富了自己的内容的。"现在看来，这些意见，基本上还是中肯的，但在当时有谁听呢？由于苏联对社会学取否定态度，因此，我们对社会学这门学科只能取消，没有什么可继承的。

　　五二年取消社会学系造成了社会学发展的中断，五七年整风前后，在党领导下社会学又重新开始搞，但是反右运动中，又把它压了下去。从此，鸦雀无声，无人再敢问津，现在又处于再起的时刻。这就是三十年来社会学在新中国的异常曲折的过程，实践证明，取消社会学这门学科不等于它的研究对象——社会问题不存在了。社会主义还是存在社会问题的，学过资产阶级社会学的人，可以经过改造来为人民服务。为什么这门学科不可以用马克思主义来改造成为新中国需要的学科？一门学科既有研究对象，又有实际需要，人为的把它取消了，客观存在的矛盾，迟早要露出头来，迫使人们正视，这是不以人们意志为转移的。

　　毛泽东同志在1957年2月27日作了《关于正确处理人民内部矛盾》的报告。这个报告是针对当时社会上出现了一些社会问题，针对人民内部矛盾而提出的，其中谈到了六亿人口统筹兼顾的问题。在这个报告以后，一次最高国务会议上，毛主席、周总理积极采纳了一些爱国民主人士马寅初、邵力子、陶孟和等提出的人口问题的研究和对晚婚、节育的两项倡议。在党的"八大"和双百方针的号召鼓舞下，我看到一些社会学者打破了沉寂，响应党的号召开始重新谈论人口问题，这里我要特别提到最近得到平反改正的陈达教授。他是一辈子专门搞人口问题研究而有国际声望的社会学家。从五二年取消社会学以后，就被迫停止人口问题的教学研究了。五六年十一月他接到世界统计学会和人口学会联合举行的学术年会的邀请，并希望他提出人口研究方面的论文，作科学经验和学术交流。当时陈达任中央劳动干部学校副校长，我把陈的这一情况向校长罗青同志反映，得到积极支持，他鼓励陈重新搞人口研究，并为他配备助手，成立人口研究室。在罗青同志领导下，我和李舜英等同志协助陈把人口论文准备起来，我还把陈达的这些情况，在五七年一月十八日向中宣部科学处作了反映，该处有关负责同志表示支持，并希望我们组织一些讨论会帮助陈达写好人口论文。

五七年二月十四日，由罗青同志主持，我协助他召开了有 40 余人参加的人口论文座谈会，讨论陈达的人口论文提纲：《一九五三年的人口普查——国家经济建设和人口研究的基础》。这是新中国成立以来第一次人口研究学术讨论会。会上百家争鸣，互相启发，思想活跃，对开展人口研究起了推动作用。同时，我还和李舜英、李良等同志协助他写了《节育、晚婚与新中国人口问题》一文，在《新建设》五月号发表，对党的人口政策，进行了积极的宣传。

陈达教授的人口研究由被迫取消到重新搞起来，阻力还是很大的。当这个问题刚提出来的时候，有人就在一旁针对社会学，敲起了批判新老马尔萨斯主义的锣鼓。我感觉到这个问题不好搞，一谈人口问题就要被认为是贩卖马尔萨斯反动的人口论，但是我作为一个共产党员，组织既然交给任务协助陈达搞人口研究，我应该坚决执行，不能推托。我们力求用马克思主义作指导，慎重对待这个问题，但是反右运动中，陈达老师的人口研究和人口论文座谈会果然被错误的认为是反党反社会主义的政治罪行，是"为章罗联盟复辟资产阶级社会学聚集力量。"罗青同志和我同陈达教授株连在一起，分别被错误地打成"从人口问题打开缺口为章罗联盟复辟资产阶级社会学的'参谋长'，'急先锋'和'黑旗'。费孝通、吴文藻、李景汉、潘光旦、吴景超等教授也受到牵连。因为他们参加了人口座谈会，赞助人口研究，也受到许多不实之词的诬陷，说他们"公开否认我国一九五三年人口普查的成绩，夸大我国人口问题的严重性，散步了马尔萨斯的反动人口论"，而受到了无情的批判。

以上事实很明白，陈达教授重新搞人口研究是在党领导下，根据毛主席、周总理关于"生育方面加以适当的节制"的指示进行的。怎么能说是贩卖马尔萨斯反动人口论呢？怎么能说是复辟资产阶级社会学呢？这和章罗联盟又有什么关系呢？

现在真相大白，这是一个冤案错案。北京经济学院党组织，坚决落实党的有错必纠的政策，已为陈达教授平反改正。我和罗青同志也因此在政治上恢复了名誉。我们党还继续肯定陈达教授在五七年从事的人口研究有显著的成就。乔木同志现在带头恢复社会学的科研活动，就是旗帜鲜明的。陈达这位勤勤恳恳，实事求是，学而不厌，诲人不倦的老教授逝世四年了，他应含笑于九泉。

如果五七年的人口研究，能继续不断搞到今天，这对我国控制人口，使人口有计划的增长，适应四化的需要是会有百利而无一害的。从我国五三年第一次人口普查起到目前，人口增长三亿多，可是这方面的科学研究落后了三十多年。我们需要把人口研究工作搞上去，开展社会学和社会问题的研究，用马克思主义的方法研究人口，仍然是一个值得重视的问题，也是我们搞过社会学的同志应该努力担负的任务。

除协助陈达的人口研究外，我还在中宣部科学处，哲学社会科学部有关负责同志领导下和部分社会学者一起参与了开展社会学研究的一些其它活动。从这些活动里，可以看到五七年整风前后，一些社会学者在党领导下从事开展社会学研究的动人情景，今天也有必要在这里一并向大家谈谈。

①五七年一月十八日，中宣部科学处召开社会学座谈会，参加座谈的有：陈达、吴文藻、雷洁琼、李景汉、林耀华、赵承信、全慰天和我。座谈内容主要是关于社会学究竟有哪些学派和流派以及社会学家在资本主义国家近来发展的情况。主持座谈会的同志要大家回去后研究一下会上提出的问题，有些事情可以先做起来，例如陈达的人口论文和研究工作。

②五七年三月十七日左右，胡庆钧同志根据科学处有关同志要收集一些社会学的情况的指示，邀请了张子毅、史国衡、张荦群、全慰天等人和我交换了意见。胡庆钧和我于四月八日还向该处作了汇报，还草拟了《关于开展社会学研究的几点意见》，主要内容有：第一、提出了社会主义制度下的社会问题是社会学调查研究的对象；第二、建议在中国科学院成立社会学研究所或其它类似机构；第三、根据发展情况，可在高等学校建立社会学系。现在还保存有打印稿，可供参考。

③五七年四月十日，《新建设》杂志社召开了"关于社会学的对象和内容"的座谈会。参加座谈的有：陈达、吴文藻、李景汉、雷洁琼、潘光旦、林耀华、张子毅、全慰天、王庆成、王原等二十余人。座谈由费孝通主持，胡庆钧同志和我做些具体事务工作，会上每人发言稿由我收集整理，交《新建设》杂志七月号发表。

④五七年四月二十三日，哲学社会科学部召开社会学座谈会，讨论内容主要是交换关于建立一个适当的工作机构，如工作委员会。同时会上推定了陈达、费孝通、吴景超、吴文藻、李景汉、雷洁琼、胡庆钧和我八人负责进行工作委员会筹备工作，陈达为召集人。

⑤五七年六月九日，陈达在他家里也是他的人口研究的工作地点，召集了社会学工作筹备委员会的第一次会议。这次会议在事前，由陈达书面请示学部有关负责同志，获得同意召开的，开会前我还到学部向有关负责同志请示会怎么开，并派人主持。该负责同志讲会由陈达主持，拨款五万元和五人编制名额。这次会议参加者如陈达、费孝通、吴文藻、李景汉、雷洁琼、吴景超等都是四月二十三日学部社会学座谈会批定的。陈达主持会议，我担任记录，讨论了以下的问题：1、关于本会名称和任务；2、关于社会调查研究工作，如人口与劳动调查研究，城市新区调查，民族学问题；3、关于筹备成立社会学系的计划；4、关于筹备成立中国社会学会。这次会议着重讨论了人口问题的调查研究，有记录可供参考。

我参加这些会，并做了一些具体工作，都是根据中宣部科学处，哲学社会科学部有关负责同志的意图和指示进行的，事前有指示，事后有汇报，完全符合党的组织原则。同时我当时的思想是要编马克思主义社会学。用马克思主义作指导研究人口问题，对社会主义革命和建设能够作些有益的工作，当然不是什么复辟资产阶级社会学的问题、胡庆钧同志和我草拟的《关于开展社会学的几点意见》，明确地提出了搞马克思主义社会学，批判资产阶级社会学的内容，社会学工作筹备委员会第一次会议记录中，在人口项目中，也是把马克思列宁主义人口理论放在研究的首位，这都说明我们当时的想法。

社会学工作筹备委员会第一次会议的参加者，陈达、费孝通等几位同志都是我的老师。我在和他们接触的过程中，深深感到他们热爱新中国、热爱党，希望在党的领导下，力求用马克思列宁主义毛泽东思想来研究社会学和社会问题。对于他们这种为社会主义服务的强烈的愿望，我是很受鼓舞的。

但是反右运动中我被错误地认为是章罗联盟复辟资产阶级社会学的"联络人"，胡庆钧同志和我根据科学处的指示与张子毅、全慰天、史国衡、张荦群等同志交换意见后，草拟的《关于开展社会学研究的几点意见》被错误地认为是"资产阶级复辟社会学的具体行动的计划"，是费孝通《关于社会学，说几句话》的具体化。特别是六月九日在陈达家里召开的社会学工作筹备委员会第一次会议被错误地认为"商讨了复辟资产阶级社会学的具体行动规划"，是反党反社会主义的"黑会"，受到了反复的无情的批判和打击。我们在科学处和学部领导下刚刚搞起来的社会学就这样被一棍子打了下去。我们原来是一片诚心希望在党的领导下，搞马克思主义社会学和社会问题的科学研究为社会主义建设贡献一些力量，万万没有想到竟落到如此悲惨的结局。

党的优良传统是实事求是，有错必纠。现在真相大白，五七年社会学问题是个错案冤案，拨乱反正，把颠倒了的历史重新颠倒过来。我们都感谢党，感谢中国社会科学院组织在这一方面的积极领导。

令人奇怪的是正当党和中国社会科学院根据社会主义现代化的需要，密切注意国内外社会学发展的情况，重新号召开展我国社会学研究的时候，却有人又把他那些在五十到六十年代给社会学加上政治帽子的陈货端出来，还说什么"可供参考"。这说明在开展社会学和社会问题的研究中，还是有阻力的，需要引起我们的注意。

历史不能割断。回顾一下五七年人口问题和社会学的研究过程，澄清这一段历史，对于目前开展社会学和社会问题的科学研究，充分调动科研人员的积极性是很有好处的。我们要团结在党中央周围，进一步努力学习马克思主义，向前看，树雄心，立壮志，在社会学和社会问题的科研方面，为社会主义现代化做出更多更大的贡献。

1982 年北大社会学专业研究生开学迎新会上的讲话[*]

（一九八二年二月十七日）

同志们：

今天社会学专业的师生在一起第一次集会，见见面，谈谈心，彼此认识认识。这是一个开学会，也是一个迎新会。欢迎来到本专业的研究生和留校的助教。

社会学在我国中断了近三十年。现在北大新设了这个专业，择优录取了第一批研究生，在此基础上还要发展维系，国内国外都重视，关心这件事，意义是深远的，令人高兴。

建立社会学专业是适应我国社会主义四化的需要。实践一再证明，社会主义仍然有种种社会问题，如人口、劳动、民族、农村、城市、家庭、婚姻、妇女、老年、儿童、犯罪等等，都需要社会学来研究，需要社会学专业来培养这方面的人才。社会学研究能促进四个现代化建设，也能促进社会主义精神文明的建设，它的重要性日益为各方面所理解。现在对社会学关心和感兴趣的人日益增多。去年报考我校社会学的研究生有 37 人，可见很多人员愿意学社会学。这是可喜的现象。

北大能建立起这个专业，首先要感谢党的关怀以及在社会科学方面所实行的正确政策。1979 年 3 月中国社会科学院院长胡乔木同志在成立社会学

* 本文原载于《社会研究》1985 年第 1 期。

研究会上，拨乱反正，为社会学恢复了名誉，还语重心长地提出了要赶快带徒弟，要教学生，要培养接班人，也就是要在大学恢复社会学系。胡乔木同志这篇讲话，不但鼓舞了老一辈社会学家，也是恢复和重建社会学的指导性文件，希望大家认真学习。

其次要感谢老一辈社会学家费孝通教授、雷洁琼教授等积极地建议和支持在北大成立社会学系。

第三感谢教育部和北大党委同意在北大建立社会学专业。为了建立这个专业，许多同志经过一年多的积极努力，克服了许多困难，做了大量的工作，为社会学专业奠定了初步基础。到目前为止教职员专任的有 15 人，兼任的有二人。同时积极地培训了新生力量，去年选送我校四年级学生四人到南开大学社会学班学习，现已结业返校，其中四名留社会学专业担任助教。图书资料方面，已开始订阅社会学期刊，编印了本校馆藏中外文社会学书目，同社会学教学研究单位及其有关实际工作部门建立了资料交换关系。

去年招收了第一批研究生，并制定了硕士研究生的教学计划。现有专任、兼任导师五人。社会学专业已经由国家学位委员会批准有资格授予研究生硕士学位。招收研究生的目的主要是培养本专业的教学和研究人才。研究生的学习时间为二年半。

党和人民把在北大建立社会学专业，培养社会学的专门人才的重大任务交给我们，这是对我们大家的信任。这个任务是艰巨的，也是光荣的。因为我们要建立的是马列主义、毛泽东思想指导下的与我国社会主义建设实际紧密结合的社会学和社会学专业。我们今天在座的同志都有责任完成好这个任务。

我们的专业虽然有一个初步基础，但还很薄弱，与党和人民的要求差距很远，面前还有很多困难，例如师资不足，教材缺乏，资料不够。由于这个专业中断近 30 年，没有基础，白手起家，比起别的专业，困难就更多。万事开头难，因此需要我们大家有创业精神，知难而进。

同时，我们也应看到我们有许多有利的条件，例如有马列主义、毛泽东思想的指导，有胡乔木同志的讲话，为我们建立社会学专业和教学研究指明了方向，有北大坚强的党委领导以及北大这个历史悠久的学府，系科较多，人才也多，图书资料也丰富，这都有利于我们这个专业的发展；有老一辈社会学家费孝通、雷洁琼等教授的指导，他们有丰富的社会学方面的知识和教学研究经验，随时可以向他们请教，得到他们的帮助，还有年轻助教和研究生，是这个专业的新生力量，接班人。他们朝气蓬勃，思想敏锐，富有进取精神。这个专业的建设要靠他们。我们相信，他们一定能够很好地继承、创新和发展这个专业。

总之，有以上优越条件，只要我们团结一致，同心协力，在马克思主义指导下，坚持四项原则，我们一定能够搞好各项教学工作，办好这个专业，为社会主义四个现代化作出贡献。

青年就业问题的调查研究及其方法[*]

（一九八二年）

一　我国新形势下的就业问题是
以青年为主体的就业问题

七十年代后期，我国城镇广泛出现待业现象，十年动乱期间，从全国城市动员了知识青年一千五百多万人上山下乡；同时，通过各种渠道进城做工的农民，也有一千三百多万人。粉碎"四人帮"后，大批下乡青年陆续回城，不能及时安排就业，同时，每年新成长的劳动力也得不到就业，持续数年积累起来的待业青年有二千多万人，待业问题一时成为十分严重的社会问题。

党和政府非常关心并大力着手解决这个问题，提出了"三结合"的就业政策，采取了一系列有利于就业的方针和措施，如，调整所有制、产业和就业结构，大力发展城镇集体经济，适当发展个体经济，改革中等教育结构，加强就业前的培训，发展劳动服务公司等。这些措施有效地增加了就业，减轻了待业的压力。一九七七年到一九八一年，全国共安置待业人员二千六百万，加上国家统一分配人员，共三千七百万。几年来，安置待业青年的成绩是很大的，这项工作显示了社会主义制度的优越性。

但是，从整体、现实以及长远的观点看，就业问题还没有解决，仍然是一个重要的社会经济问题。解决就业问题不是一朝一夕能达到的。从一九八

---

　　*　本文原载于《青年研究》1982 年第 14 期。

一年到二〇〇〇年，我国每年进入劳动年龄的人口约在一千七百多万到二千七百万。调整时期，一九八一年至一九八五年每年进入劳动年龄的人口约二千五百万至二千七百万。这是客观存在的，因此，我们要看到这个问题的长期性和艰巨性，不能掉以轻心。

我国七十年代后期出现的待业问题，原因很多，也很复杂。概括起来，可以说有人口增长过快、人口布局不适当，所有制结构、产业结构以及教育结构、就业结构不合理、生产发展慢、劳动管理制度不适应以及极左的思想发展和政策的影响等多种因素。在这方面，无论是理论工作者或实际工作者，都进行了认真的探讨，基本上取得了一致的看法。当然，对有些理论上的问题，还存在着不同意见。例如，什么是就业？什么是待业？还需进一步研究。国务院第三次人口普查关于在业也就是就业的规定是指从事劳动或工作，取得劳动报酬或经营收入的，就算在业或就业，而不论你是在全民、集体或个体单位中劳动或工作，也不论你是临时工、合同工以及个体开业的人。实际上对这个定义也有不同看法。再说待业，它同资本主义失业，究竟有什么不同？从性质上看两者是不同的，这一点没有什么分歧，至于从非本质方面看，如资本主义毕业即失业，我们的青年毕业就待业，是否也有相同之点，还有不同的看法。总之，我国社会主义就业理论，还需要理论工作者和实际工作者进一步探讨和研究。

最近几年我国解决就业问题取得了很大成绩，在这种情况下，我们的就业面临着新形势。一九八〇年底，全国有九个省、市、自治区把一九七九年以前积压的待业人员基本安置完毕。常州、沙市等中小城市已基本上解决了待业问题，西安、青岛等城市待业问题已接近解决。如果说前几年我国的就业问题主要是解决积压的待业知识青年就业，那么，目前则是主要解决新成长起来的劳动力即进入劳动年龄（年满十六即进入劳动年龄）的劳动人口的就业。从城镇来讲，调整时期每年新成长六百多万劳动力需要就业。可是，全民企业或事业单位早已人浮于事，人员多余约三分之一。不考虑经济效果，硬往企业塞人，实在是下策，这个办法不足取。况且企业多余的劳动力本身也有一个转业和重新调整安排的问题，每年解决六百多万人就业，这个任务也十分艰巨。

同时，我们还要在考虑就业的同时考虑到劳动生产率的问题。要提高劳动生产率，就要重视劳动力的质量问题。现代企业需要的不只是一般的劳动力，而是有文化、科学技术知识的劳动力。当前和今后，解决就业问题不能再像过去那样单纯的从人数上考虑，同时要考虑到劳动力的素质，要看到新形势下解决劳动就业比前几年解决积压的待业青年的就业问题还要艰巨。

发达国家由于人口老化，带来了严重的老年人问题。一九七〇年西欧各国六十五岁以上的人口占总人口的百分之十三，美国也是如此。我国与这些国家不同，我国人口年龄构成轻，一九八〇年十五岁的人口在总人口中为百分之三十三点四七，十六至二十四岁的人口为百分之三十五点八六，二十五至二十九岁的人口为百分之九点四五。按年龄中位数来看我国二十一岁以下的青少年占总人口的一半。正因为我国人口还是一个比较年轻型的人口，人口基数大，又一直高速增长，以致每年都有二千多万人口成为新成长的劳动力，不断为劳动人口补充新生力量。这些新成长的劳动力都是朝气蓬勃的青年，当他们不能继续升学时，就需要就业，不能及时就业就成为待业。这就带来了我国劳动就业的突出特点，从这个角度出发，可以说我国劳动就业是以青年为主体的就业问题，也是一个青年的社会问题。

二　必须大力开展对青年就业问题的调查研究

青年是我们的未来、希望，是社会主义事业的接班人，是实现四化的新生力量。进入劳动年龄之后，他们从家庭学校来到了广大的社会，需要就业、接班。可是，现实情况是大多数青年不能及时就业，成了待业青年。用他们自己的话来说，成了"多余的人"。他们说："我们生在困难时期（指六十年代初），长在动乱时期，念书受教育在不讲知识的时期，毕业以后赶上了待业时期"。待业给青年的思想、学习、生活带来了一系列的变化，影响到青年的心理、道德、行为，给社会带来了各种问题，也给他们的家庭带来了各种问题。因此，从待业到就业这一段，将对待业青年的现在、未来产生重大的影响。对这些变化和问题，做深入细致的社会调查，探求如何解决他们的就业，这正是关系到一代甚至几代青年的健康成长和为四化建设服务的大问题。

如果说，我国就业问题是一个以青年为主体的就业问题，那么这个问题的研究，还只是开始。在这方面，青少年研究起了带头作用，狠抓了这个问题的调查研究，做出了可喜的成绩。他们去年在哈尔滨，今年又在重庆召开了以研究青年就业为主要内容的专题学术会议，对推动青年就业问题的研究起到了积极的作用。

刘鉴农同志在他的论文《广开就业门路与提高劳动力质量的方法问题》中说得好："关心、解决青年的劳动就业，是团结教育好这一代青年的重要方面。研究青年劳动就业，不仅是研究待业青年问题，还要研究如何对在学青年进行就业教育及指导，特别要研究他们的就业意识，劳动态度，研究如何开发他们的智力资源，如何加速各种人才的培养和使用，为社会主义现代化事业做贡献。"在这里，他把关心和解决有关青年就业的重要问题都提到了。过去，我们研究就业问题，从原因方面，以及解决的方法方面研究讨论得多，这点是必要的，今后还应继续研究和探讨。但是，对就业问题的主体——青年本身研究得少。既然青年是就业的主体，解决就业问题的主要又是解决他们的问题，这就要求我们全面地、系统地、深入地了解青年的历史和现状，从中找出问题，以便采取科学的对策。

马克思主义是以事实，而不是以可能性为依据的。列宁说："马克思主义者只能以确切的有根有据的事实作为自己的政策的前提。"（《列宁全集》35 卷 230 页）我们对于青年就业问题的情况，还不能说全面了解了，也不能说系统掌握了，更不能说深入了解了。为了掌握丰富的大量的第一手材料，唯一的办法只有向社会、向青年去做调查。

在这次会上，看到了很多的论文和调查报告，文章中都调查搜集了许多材料，其中一些文章是青年人写的，我们看了感到很高兴。青年人研究自己熟悉的问题，已经在动手做调查研究并取得了初步成果，应该祝贺。但这只是个开端，有志于这项工作的同志，特别是青年同志，应该沿着这条路走下去，注意搜集第一手材料，注重调查，并认真地分析和研究，摸清青年就业问题的种种情况，这是我们认识和研究青年就业问题的基础。

三 关于调查方法和资料整理

社会调查是认识社会和社会问题的基本方法，也是理论联系实际的重要途径。它体现了辩证唯物论的原则，实事求是。

三中全会以来，拨乱反正，恢复了党的实事求是的优良传统。搞社会调查需要严格遵守实事求是的原则，从实际出发，事实是什么就是什么，不能夸大，也不能缩小。从中发现问题，找出原因，提出假设，再回到实践中去检验，经过反复大量事实的验证，如果重复出现相同的现象和趋势，才能上升为科学结论即规律。

（一）几种主要的调查

为了全面地系统地深入收集以青年为主体的材料，可以进行以下四种主要的调查。

1. 整体调查或全面调查

这种调查是将一个问题的个体都包括在内，由个体计量推论到整体，人口普查就是整体或全面调查，这是一个基本情况的调查。一九五三年，我国进行了第一次全国人口普查，那时项目少，只有四项，如性别、年龄、民族、文化程度。今年七月一日进行第三次人口普查，项目有十多项。一九八一年，我们在北京市东郊八里庄公社选了二个大队和城市大雅宝居委会，按人口普查的方法进行小规模的普查，普查分户和个人。

（甲）按户内容如下：

（1）户主姓名、住址、街、胡同、门牌号；

（2）全户人口＿＿＿人，其中：男＿＿＿人，女＿＿＿人；

（3）本户本年出生人数＿＿＿，其中：男＿＿＿人，女＿＿＿人；

（4）全户本年死亡人数＿＿＿，其中：男＿＿＿人，女＿＿＿人；

（5）全户月（年）收入＿＿＿；

（6）住房情况＿＿＿＿＿＿。

（乙）按人情况如下：

（1）姓名＿＿＿＿

（2）与户主关系＿＿＿＿

（3）性别＿＿＿＿

（4）年龄＿＿＿＿

（5）民族＿＿＿＿

（6）教育程度＿＿＿＿

（7）在业情况：行业　　　　职业

（8）无业状况：退休，退职，在校读书，年幼，年老无业，待业，家务劳动，其他

（9）婚姻状况＿＿＿＿

（10）妇女生育状况：存活子女数＿＿＿＿已死子女数＿＿＿＿

（11）人口质量＿＿＿＿

以上都是人口的基本情况。由个人情况的计量来推论全体，这种调查不

只是调查一个地区一个国家有多少人口以及人口基本情况，而且要记录每个人的基本情况，整体调查是其他调查的基础。

人口普查方法要求调查的是一定时间、空间的常住人口。

待业青年也可以进行整体调查，调查一个地区、一市、一县、一省以至全国待业青年的基本情况，如，姓名、性别、年龄、家庭状况、教育程度、待业时间长短、待业期的生活状况和问题等。

2. 典型调查或选样调查

典型调查也就是选样调查，所谓典型就是有代表性，有共性，选样也是挑选共同性的，有代表性的个体作为样本。

为什么要采取这种方法？主要是限于人力物力和时间，如果调查的人数多，内容多，那么就可以在整体中抽出一部分调查，以此推论整体。这就是选样或典型调查，选样或典型调查的可靠程度，关键在于样本的代表性。代表性高，可靠程度就高，反之则低。

怎样选样？一般有任意选样或随机选样、间距选样、分层选样等具体方法。选样调查需要应用统计和数学方法，国外在这方面有很多研究，我们也要注意选样调查方法的研究。

3. 专题调查

在整体调查的基础上可就某一类问题选出一个专题问题，进行调查研究。首先，要确定调查的范围和内容，然后系统的进行调查研究。例如，在青年问题的这个范围内，可提出就业问题或婚姻问题来做具体的调查内容，这就是专题调查研究。

4. 生活史调查或个案调查

为要对被访问者的生活的历史和现状得到系统的全面的了解，可以进行生活史的调查。这种调查可以由被访问者叙述其生活史的各方面，由访问者记录下来，或者被访问者自己写下来。这种调查是以个人为对象，因此这种调查亦称个案调查。例如，我们对待业青年调查，可以将待业青年的生活史详细地、系统地、全面地、如实地记录下来。这种方法是了解社会和社会问题的最重要的一种方法。因为社会问题的主体是有了问题的个人，以个人为对象进行全面地、系统地、深入地调查研究，更可以发现问题的真实情况。

上面几种调查，由整体到个体，从量地方面讲是由大到小，从质的方面讲是由浅到深。整体调查是其它各种调查的基础，其间的关系是整体与个体的关系，或者说宏观与微观的关系。我们不论从事哪种调查，不能顾此失彼，就是说不能忽视整体与个体、宏观与微观、数量与质量的辩证关系。我们的调查总是从个体开始，要注意个体在整体中的地位，是从个体来看整体，但通过个体的调查最后还是要上升到整体，从整体再来看个体。因此，我们不能随便调查几个个体，就认为代表全体。列宁对那种断章取义、为我所用的方法作过严肃的批评："在社会现象方法，没有比胡乱抽出一些个别事实和玩弄实例更普遍更站不住脚的方法。罗列一般的例子是毫不费劲的，但这是没有任何意义或者完全相反的作用，因为在具体的历史情况下，一切事情都有它个别的情况。"列宁正是在这种情况下提出了统计学的应用问题，要求我们从事实的全部总和，从事实的关系去掌握事实，这就是说要从全部的总和从联系中去掌握事实。把统计学应用到社会调查和调查资料的整理分析上，可从数量关系上提高调查研究的科学水平。

（二）事实的收集和整理

北京经济学院劳动经济系一部分学生在社会调查实习课和毕业论文选题中着重地从事了劳动就业问题的调查研究，写出了以下主要的调查报告，如：

1. 北京景山东街待业青年的调查研究；
2. 北京景山东街待业青年调查的一些体会；
3. 北京厂桥居委会妇女就业问题的调查；
4. 北京市城区从事个体经营情况的调查；
5. 北京市原工商业者在发展集体经济安置待业青年工作中发挥作用的调查。

以上调查采取发调查表与直接访问（包括开座谈会）相结合的方法。中国社会科学院青少年研究所青年就业意识研究小组关于"我国城镇青年的就业意识"的调查，也是采取发调查表与直接访问（包括座谈会和个案调查）的方法，作出了一定成绩。其具体调查方法，可供参考，这里就不多说了。

在整理资料过程中，首先要审核资料的准确性。关于所收集的事实要有正确的记载，记载可以因材料的性质有计数和描写，记载时要小心谨慎，要正确而避免错误，在整理资料时，还要审查资料的可靠性。

其次是分类和比较。对收集来的资料要加以分类比较，例如将待业青年的性别、年龄、家庭经济状况、文化程度、待业青年的构成、待业时间的长短、待业期间的生活和问题等等，加以分类，相同的归于一类，不同的放在另一类。

再次是分析和综合。分类工作是多种多样的，分类也是一种比较，从分类过程和结果可以看出各类青年不同的情况，从而可以发现哪些因素对待业青年产生不同的影响，从而找出问题的原因。如果事实是充分的又是可靠的，就可以作出初步的结论，如果事实不充分，可根据已有的事实提出假设。总之，结论是带有规律性的，没有充分的事实不要轻易下结论。但我们可以据此做为进一步研究的线索，提出假设还是需要的。

最后是征求意见、讨论和修正。

（三）关于调查研究需要一套社会统计指标体系的问题

过去我们的调查研究定性多定量少，因此，需要统计学的应用来解决这个问题，这就需要一套社会统计指标，它是解决社会现象的数量描述及其动态趋势不可少的工具。可是我们在这方面的指标还缺乏。例如社会劳动力，待业和待业率，就业和就业率，劳动力素质，文盲，待业青年的年龄划分，病残青年的定义、范围，所谓失足青年为什么叫失足，劳动力过剩如何衡量，企业的多余人员如何算多余等等，都缺乏严格的科学定义。因而也不可能确定正确的指标，这样，对调查研究和资料整理就会缺乏统一的口径，也不便于对比分析。在这方面有待于大家共同研究和解决，这是提高调查研究和资料整理分析的科学水平所不可缺少的一环。

（四）关于建立社会调查基地的问题

为了经常地调查研究青年就业问题或其它问题，建立各种不同类型的调查基地是必要的。例如在城市的工厂、街道、学校，农村的社队等等，选出不同的基地，作为调查研究的试验室。首先摸清这个基地的全面情况，包括历史和现实的情况，在此基础上逐步地作各种类型的调查研究，同时要经常地深入地了解基本情况和问题的变化，这样的调查材料积累越多，就可以使我们能够深入地、准确地认识基地的社会现象和问题及其发展趋势。建议青少年研究所在各地建立不同类型的调查基地，使我们对于青年就业问题和其它问题的研究建立在可靠的基础上面。

现代中国人口学的拓荒者

——忆陈达先生*

（一九八二年三月十七日）

已故陈达教授的英文著作《现代中国人口》的中译本，历尽沧桑，终于由天津人民出版社出版了，高兴捧读之余，使我更加怀念这位现代中国人口学的拓荒者、我的老师陈达先生。

一

陈达是著名的人口学家，也是旧中国组织人口普查实验的先驱者之一。

要振兴祖国就要了解国情。旧中国号称有四万万人口，但四亿人口的基本状况究竟怎样，谁也说不清楚，因为当时从未进行过全民性的人口普查。对于组织人口普查这种关乎国计民生的大事，腐败不堪的国民党政府是毫无兴趣的。当日本侵略战争的炮火逼近西南，敌机日夜肆虐于昆明上空之际，其时任西南联大社会学系主任的陈达，不顾环境险恶，条件困难，毅然组建了呈贡县清华大学国情普查研究所，并亲自担任所长，在李景汉、戴世光两教授以及农志俨博士等人的协助下，开始了人口普查实验工作。他们力图通过解剖麻雀的办法，来研究中国人口问题。

这次实验工作，普查地区包括云南环湖地区一市（昆明）四县（昆明

---

* 本文原载于《读书》1983 年第 3 期。

县、呈贡县、昆阳县、晋宁县），普查人口共五十七万多人。普查应用了现代人口普查方法，进行直接调查，并在呈贡县和昆阳县主办了人事登记。进行普查工作的人员，都经过了专门训练。普查所得各种资料，经过核实整理，计有六十五种统计报表。最后写成十四万多字的《现代中国人口》一书。这本书，既是呈贡县清华大学国情普查研究所的工作经验的科学总结，也可看作是旧中国现代人口普查工作的实验总结。陈达教授认为，只有通过这种挨门逐户进行直接调查的方法，才能使人口普查建立在真正可靠的科学基础上，才能把人口资料的收集，由"传统的间接方法转移到采用现代普查方法"的轨道上来，从此无须再以间接方法来估计人口。

对这次人口普查实验，国内外一些著名的人口学家和社会学家均极为重视，并给予了高度评价。当时的美国芝加哥大学社会学系主任奥格朋教授就认为，这种用现代普查方法所进行的人口普查实验，"还是中国破题儿第一遭的尝试。对于中国以外的读者阅了这本书之后，不但对中国人口有了一个梗概，而且还给予研究人口问题的学者一些基本表格及有价值的参考资料。"可见，陈达教授在我国现代人口普查的科学实验，早在三十多年前就已在国际上得到了承认。从《现代中国人口》这本专著的写作到中译本的出版，尽管其间已经过了三十多年，但无论是该书所探讨的人口普查方法，还是在人口普查和人事登记的资料基础上所进行的人口静态与人口动态的研究，对于我们从事人口普查和人口学研究来说，仍可从中得到启发和教益。

二

陈达教授又是一位热心宣传和致力于社会改革的社会学家。他进行人口普查实验，搜集我国人口资料，目的就在于为解决中国社会问题服务。在《现代中国人口》的原序中他写道："希望本书不但在战后为中国社会科学，准备着有关事实研究的根基；而且希望这种工作，可以成为国家现代化的一部分基础。"这段话写于抗日战争尚未取得最后胜利的年代；然而，作为一名人口学者的陈达，却已在胜利的曙光中，从科学研究的角度筹划着如何在战后振兴祖国的宏图大业了。

概述陈达一生关于人口问题研究的主要见解，一是要控制人口的数量，二是要提高人口的质量。他所以坚持中国人口必须控制数量的增长，是"因人口有大量的增加或增加率太速时，对于人民的谋生，当然要发生恶劣影响"，如不改变这一旧习，就无从提高人民的生活水平。为此，他主张每对夫妇只生一对子女，实行"对等的更替"。他所以强调提高人口质量，是因为每个人的质量和品质不可能完全一样。人口品质越高，其中聪明能干的人所占比重越大，越有益于提高整个社会的经济文化水平。为此，他主张加强遗传学、优生学的研究，从先天遗传方面采取更为根本的措施；要在推行生育节制过程中，适当实行区别生育率，例如劝说有遗传疾病的成年男女自动绝育。他还主张大力兴办教育，提高人民文化水平等等。这些见解，构成了陈达从人口问题方面提出的救国论。

陈达的人口救国论，从科学角度看，当然有其价值；但是从政治角度看，如同当年流行的教育救国论和实业救国论等一样，在旧中国是根本行不通的。

事实上也确乎如此，陈达当时在人口问题研究方面提出的诸多科学建议，国民党政府根本不予理睬，相反，他的亲密同事闻一多教授却在争取民主、反对内战的斗争中，惨死于国民党特务的枪口之下。同事的鲜血和国民党政府的腐败，教育了平日绝不过问政治的陈达。他不仅清醒地认识到人口救国论的局限，而且借诸报纸公开发泄了他对国民党反动统治的愤怒。

作为一个学者，陈达并没有因为国事日非而中断自己的科学研究。一九四四年，陈达应美国普林斯顿大学的邀请，出席该校建校两百周年纪念的学术讨论会。为了准备论文，他用英文起草了这本《现代中国人口》。一九四六年，他赴美并在讨论会上宣读了这本著作。会后芝加哥大学邀请他讲学半年，同时《美国社会学杂志》（一九四六年七月号）以该期全部篇幅全文发表了这本著作。这在美国学术期刊上也是极为罕见的事。此后本文又被印成专书，在欧美畅销，受到了国际人口学界的重视。国外学者评价此书说："在中国人口学上有一本好的著作，是一件值得夸耀的事"，这是"一本真正以科学态度讨论中国的书。"（见该书第 4 页）

当然，这本书作为一部三十多年前的旧著，没有以马克思主义的指导来观察和研究人口现象，不可避免地存在着局限性。例如他对历史上人口循环曲线的分析就缺乏阶级观点（第 5~9 页）。一九五三年，他在为本书写的"再序"中说："本书的立场与观点在有些方面与今日的情形相比是有错误的或是不正确的。"这是实事求是的态度。但是，我们也不应当认为这本书有某些缺点错误，就否认它的价值，因为这不是对前人的著作应持的态度。

三

陈达教授平生以治学严谨著称。他极为重视调查研究，一贯主张靠资料立论，用数字说话。我于三十年代末至四十年代初在西南联大社会学系学习和工作，陈教授先是我的老师，后是我的领导。他平日就是以他的上述治学经验教育我们，要求我们。他认为：即使道理再好，没有材料说服力也不强。他说："你有一分材料便说一分话；有两分材料，便说两分话；有十分材料，可以只说九分话，但不可以说十一分话。"因此他对材料的要求，一要大量搜集，二要力求翔实。他多次对我们说："什么叫专家？你在一个问题上长期坚持调查研究，积累的资料多了，又经过筛选核实确实是可靠的，在此基础上进行精心研究，就能提出科学的正确见解，这时你就是专家了。"陈老先生自己治学成家就是走的这样一条路：他研究问题不求面广，坚持抓住一点就锲而不舍，狠狠地钻下去，务求深透。他常说："我自己除本行之外其它都是外行。"有一次，先生回顾他的治学道路时，曾经意味深长地对我说："我觉得一个人不容易通。我的办法是一条路，要走一条路才有成绩和贡献。"先生当年字斟句酌、反复品味"一条路"这三个字的神情，给我留下很深的印象。斯人，斯语，斯情，斯景，我是终生难忘的。

我追随老师多年，深深知道他老人家在这一条路上做学问，具有多么惊人的毅力，付出了多么巨大的超乎寻常的精力。他平日过的是三点式的机械一样的生活，在家中吃饭和睡觉，在体育馆锻炼身体和洗澡，在图书馆读书和研究。他不看戏，不看电影，极少会客，极少开会，一上班就全神贯注地工作，绝不允许别人任意干扰他的工作。

陈先生在社交方面是时间的吝啬者，然而在调查研究上他却从不吝惜时间。他时常亲自带领助手进行直接调查，调查内容十分细致，记录更是一丝不苟。当别人的调查资料出现疑点时，他就抓住不放，非弄准确不可。为此他能雇上马和调查人员一起下乡核实，有时甚至不惜徒步往返几十里山路。云南呈贡人口普查实验，正是在他的这种严格要求下，才得到了准确可靠的数据和资料。也正是因为拥有这些大量翔实可靠的资料作基础，才使他众多的著作获得了较高的科学价值，并赢得了国际学术界的重视。例如，一九二三年他在美国哥伦比亚大学的博士论文被美国众议院第六十八次会议选为档案出版的《中国移民的劳动状况》，一九二八年由商务印书馆出版的《人口问题》，一九三八年由商务出版的《南洋华侨和闽粤社会》（此书有英、日两文译本）等等，直到今天，国内外学者凡讨论到旧中国的人口、劳动和华侨问题时，都少不了要参考他的这些著作。国外学者称赞他是"以研究人口著称的科学家"，是"中国人口研究最著名的权威"。他是世界人口学会副会长，国际统计学会和国际社会学会会员，还是太平洋国际学会中国分会负责人之一并兼该会研究部主任。联合国成立后，他又被聘为远东经济委员会顾问。

四

陈达教授是一位爱国的学者。一九四八年北京解放前夕，他毅然拒绝前往台湾，坚持留在祖国大陆迎接了解放。新中国成立以后，他努力学习马列主义毛泽东思想，继续收集资料，从事人口和劳动问题的研究，先后完成了《抗日战争和解放战争时期市镇工人生活》和《解放区的工人生活》这两部约一百五十万字的著作。此外，他还积极从事有利于国计民生的学术研究和论文的写作。

陈达教授早就提倡计划生育。新中国成立以后，曾在五十年代和《新人口论》的作者马寅初先生等相呼应，在政协会议上积极向党和政府提出节制生育、控制人口的建议，受到了重视。一九五六年周恩来总理在《关于发展国民经济的第二个五年计划的建议的报告》中提出："为了保护妇女和儿童，很好的教养后代，以利民族的健康和繁荣，我们赞成在生育方面加以适当的节制。"他非常拥护这一主张。一九五七年上半年，在党的双百方针鼓舞下，我国人口问题研究开始蓬勃兴起，陈达教授写了《节育、晚婚和新中国人口问题》一文，在《新建设》发表。在这篇论文里，他说："自一九五三年人口普查以后，新中国的人口每年均有增加。全国出生人数超过于死亡人数每年约在一千万人以上。这种庞大的自然增加数额，从人口学的角度看，产生了一系列重大影响而迫切需要解决的问题，这些问题可以概括为两类：（1）人民的就业；（2）出生率的提高。"当时他提出这两类问题是富于卓见的，由于工作的失误和左倾思潮的干扰，这些问题今天不是更为突出地摆在我们的面前吗？陈达以大量事实论述了只有实行节育和晚婚，才是解决这些问题的根本途径。这篇文章发表后，产生了广泛的影响。即使在今天看来，它依然具有深刻的现实意义。可是不幸的是，一九五七年陈达教授却因此蒙受了错误的批判。实践证明，他提出节制生育的论点根本不是什么马尔萨斯主义，而是实事求是的科学结论。

一九五七年，国际统计学会和人口学会联合邀请陈达去瑞典参加年会。

由于当时的形势，他没有去成，但仍用英文写了《一九五三年新中国的人口普查——国家建设和人口研究的基础》这篇论文寄给大会，后来发表在一九五七年的《国际统计学报》上（现已译成中文，编入《人口问题研究搞些什么》一书）。

在这篇论文中，他论述了一九五三年人口普查与国家建设和人口研究的关系，认为这次普查的意义很大：第一，这是我国第一次在全国范围用科学方法进行的人口普查，搞清了全国人口总数。这在旧中国是不可能的。第二，在一九五三年前中国总人口没有一个可靠的数字。中国是世界人口最多的国家，中国人口数字不准确，世界人口也就不可能有一个精确的数字。一九五三年的人口普查为解决这一难题前进了一大步。第三，我国开始第一个五年计划，需要可靠的人口统计数字作为依据。这次人口普查为国家经济建设和人口研究提供了材料。他还针对当时一些外国人口学家怀疑这次普查结果的可靠性，高度评价这次人口普查，认为这次普查"由于运用了现代科学方法和人民热情地支持这项工作。这两者相结合，在很大程度上说明了普查的成功。"（《人口问题研究搞些什么》第 33 页）

陈达教授已于一九七五年不幸逝世了。如果他能看到去年的全国人口普查，看到党和政府将以人口普查资料作为有计划地进行社会主义现代化建设的依据，他该是何等高兴。作为他的学生和助手的我，抚今追昔，不能不引起对他的深情怀念。

北京市社会学学会一九八一年工作小结和一九八二年工作安排的初步设想*

（一九八二年二月）

各位理事同志们：

北京市社会学学会成立半年以来，在马克思列宁主义、毛泽东思想的指导下，为实现中共中央书记处关于首都北京建设方针的四项指示，为首都北京的社会主义现代化建设、社会主义精神文明建设贡献力量，团结和组织北京地区的社会学理论工作者和社会实际工作者，在开展社会调查、社会学理论研究和各种社会学学术活动方面，做了一些工作，取得了一些有益成果，现在简要汇报如下。

第一、关于组织建设情况。

一、1981 年 8 月 18 日上午召开的学会成立大会上，选举产生学会理事四十七名。

二、1981 年 8 月 18 日下午，举行了学会理事会第一次会议，除就如何开展社会调查，进行理论社会学与应用社会学的研究提出初步意见外，还推举出了以雷洁琼同志为首的，由会长、副会长、秘书长、副秘书长共十二人组成的常务理事会，以主持日常会务。

---

* 这是袁方先生在中国社会学会 1982 年年会作的工作报告，原载于《北京社会学通讯》1982 年第 1 期。

迄今，常务理事会召开过四次会议。

在九月十一日常务理事会第一次会议上，具体研究了学会各项工作内容，并初步安排了学会活动，制订出学会"一年工作计划"和"一九八一年十月至十二月份工作安排"。其主要内容包括：

（一）从北京地区的社会实际出发，常务理事会决定学会在一九八一至一九八二年开展以下五个方面的专题调查研究活动：

1. 人口与劳动就业问题

2. 青少年犯罪问题

3. 婚姻家庭问题

4. 社会福利问题

5. 民族、宗教问题

（二）常务理事会决定，会长负责学会全面工作，五位副会长分别对以上五个方面的专业组具体负责，进行指导。同时制定专人为有关专业组的具体工作联系人，协助副会长协调有关方面的力量共同开展调查研究等活动。

（三）为便于进行日常工作，常务理事会决定袁方同志兼秘书长并成立秘书处。下设：

1. 学术组；2. 组织组；3. 宣传组；4. 翻译组。

（四）建立秘书处工作会议制度，一般情况下一月开办公会议一次；特殊情况下秘书长可以随时召集。

十一月十一日召开了常务理事第二次会议，主要听取各专业组开展活动情况的汇报，并为执行学会工作计划作了进一步的安排。

在十二月二十八日的常务理事会第三次会议上，雷洁琼会长首先传达了中国社会学研究会理事会的情况，然后具体总结了学会近半年的工作，并初步研究和安排了一九八二年学会活动计划。

今年2月20日又召开了常务理事会第四次会议，讨论并确定了第二次全体理事会内容和1982年1月至6月工作安排设想。

三、秘书处工作会议81年召开过三次：九月十一日一次，九月二十七日一次，十二月二十日一次。主要检查了学会工作计划执行情况，并研究解决一些具体工作问题。

四、学会发展会员情况：已先后两批共发展委员278名，目前又有一些人提出申请要求加入学会。

第二、关于开展社会调查和学术活动的情况。

半年来，学会在五个专业组的基础上，开展了初步的调查研究活动，进行了一些专题学术报告讨论，主要的有：

一、举办了一次大型学术报告会。十二月二十四日上午，在中山公园中山堂，请费孝通教授作了题为"三访江村"的学术报告，约有五百人参加，除学会会员外，尚有民盟成员及市妇联、团市委、市民政局等单位一些同志参加，应会员和有关同志要求，已将报告录音整理成文，编入《社会学与社会调查》第一期上。

二、召开了首都人口社会问题的专题讨论会。时间是十月十五日，有中央党校、中国社科院经济研究所、北京经济学院、国家城建总局、市劳动局等十二个单位的有关同志共二十一人出席。本着社会学要为四化建设服务的精神，重点讨论了北京市人口增长所带来的一系列社会问题，并对贯彻中央书记处四项指示精神中如何控制首都人口发展规模进行了具体探讨，为有关决策部门提供了调查研究的情况和座谈讨论的意见，以供参考。

三、召开了青少年犯罪问题座谈会。时间是十二月二十二日，参加会议的有中国社科院青少年研究所、市社科所、北京政法学院、市公安局、市高级人民法院、团市委等七个单位的十二位同志。主要内容有二：一是介绍八月份召开的全国青少年犯罪问题研究规划会议情况；二是根据全国规划会议精神，具体协商、安排了北京市在青少年犯罪问题方面调查研究的具体计划。会后，学会有关会员即着手进行了有关调查研究活动，陆续写出了调查报告和学术论文，并准备近期召开一次青少年犯罪问题讨论会（已经召开）。

四、召开了在业人口划分标准专题讨论会。时间是十一月九日上午，在国务院人口普查办公室、中国社科院青少年研究所、中国人民大学人口理论研究所、煤炭部、市联社、市仪表等十多个单位的二十余人参加。中心议题为：如何确定在业人口与待业人口的划分标准，以便为一九八二年全国人口普查项目之一——"职业"的填写提供科学依据，已将讨论意见反映给人口普查办公室，供参考。

五、婚姻家庭问题座讲会于十二月十一日上午召开，参加座谈会的有中国社科院哲学研究所及民族研究所、中央团校、市妇联、西城区团委、北京日报社等十三个单位的十五位同志，大家主要讨论研究了近一二年来婚姻家庭方面出现的一些问题，如部分男女找对象难，部分青年办婚事讲排场，以及第三者插足造成的离婚纠纷等。大家建议，有关方面应相互配合，开展这方面的调查研究工作，以促进广大人民婚姻家庭美满幸福，以利实现四化，学会已成立婚姻家庭研究组，进行专题调查研究。

六、元月三日上午在国际俱乐部由学会与中国社会学研究会共同邀请美国纽约市立大学帕斯蒂纳克教授报告了天津市尖街婚姻家庭和生育方式调查情况，雷洁琼会长主持，到会者约 80 人。

七、元月二十日下午在中央民族学院，由陈永龄副会长主持召开了民族宗教研讨座谈会，着重讨论了北京市民族问题，到会者约 40 人。

以上初步开展的社会调查和学术研究活动，都取得了一些有益成果，学会工作迈开了第一步。

第三、学会出版了内部刊物——《北京社会学通讯》（铅印一千份）。主要内容为：学会成立大会纪要；大会报告；会务通讯以及学习资料。除赠送学会会员外，并与全国各地有关社会学研究、教学单位交换资料。

总之，近半年来，学会开展了一些活动，取得了一些有益成果。有了很好的开端。在工作中，学会深感会员及各方面同志对社会学研究的积极热忱，大家都愿意为研究和解决北京地区现存的社会问题贡献一份力量，但是，在实际工作部门的同志忙于日常事务，无暇坐下来分析、研究一些社会问题，而从事理论和教学工作的同志想探讨、研究一些社会问题，手头又缺乏社会实际资料。将以上两方面的力量组织起来，协同工作，理论和实际相结合，开展有关的调查研究活动，为党政有关部门提供决策的实际情况和科学依据，这是学会责无旁贷的任务。

由于学会是群众性的学术团体，一般会员都有自己的工作岗位，所以，在开展调查研究和学术活动中，应该立足于本职工作，结合自己的业务进行一些有关的学术研究是较为切实可行的。譬如，劳动部门的会员同志可以研究当前比较迫切和比较突出的劳动就业问题，公检法部门的会员同志可以研究有关犯罪的问题，工、青、妇系统的会员同志，可以研究婚姻家庭问题，民政局系统的会员同志可以研究有关残疾人、老年人等社会福利问题。科研单位和高等学校的会员同志，可以按照自己的科研课题和教学需要，与实际工作部门的同志密切结合，进行调查研究。

学会工作虽然取得以上一些成绩，但仍有许多不足之处，主要是广泛发动会员同志参加活动不够，对会员情况了解不够，今后应予以改进，对学会工作请大家提出批评和意见。

关于一九八二年工作，学会常务理事会经过讨论，提出了如下安排的初步意见：

一、组织建设方面。

1. 完成会员的清理登记工作，并已于一九八二年元月编印出《会员通讯录》，发给了所有会员。大家手中有了会员名册，便于联系和工作。

2. 继续有计划地吸收新会员，壮大队伍，调查研究北京地区和社会问题以便为党政领导决策提供一些有用的科学依据。

3. 在已有专业组基础上，加强力量，建立相应的学术研究组。目前，有关单位和会员建议开展医学社会学、教育社会学、体育社会学、比较文化社会学等方面的学术活动和建立相应的学术研究组。

二、学术活动方面。

1. 除继续按现有的五个专业组（研究组）进行调查研究活动外，拟积极开展有关社会主义精神文明，城市社会学，妇女就业，退休的工人、干部和教师等问题的调查研究活动。

2. 在现有调查研究活动基础上，积极为将于一九八二年五月份召开的中国社会学研究会年会准备提交的科学论文和调查报告。

3. 举办学术报告会，大约六次，有计划地请老社会学者和实际部门的负责同志做有关社会学研究的报告。

4. 拟开办社会学讲座，普及社会学知识，介绍社会调查的方法和经验。

5. 召开社会学专题讨论会，以反映社会情况，交流社会学研究经验和社会工作经验。

6. 组织国内外学术交流，与中国社会学研究会及各兄弟省市社会学学会进行联系，开展学术交流，组织翻译介绍国外社会学研究成果，有选择地邀请来华的外国学者做学术报告或举行座谈会。

三、拟于一九八二年九月召开第一次年会，检阅一年来学术研究成果，总结工作，制订下半年工作计划。

四、出版专门学会刊物《社会学与社会调查》，内部交流，不定期出版，并在秘书处内成立《社会学与社会调查》编审委员会。

五、经费预算（略）。

关于一九八二年 1 ~ 6 月工作计划，常务理事会建议主要抓以下几项工作：

1. 一九八二年 2 月底召开第二次全体理事会。

2. 举行学术专题报告三次。

3. 于一九八二年 8 月与北京市青年研究会联合召开青少年犯罪问题讨论会。

4. 积极与有关单位协作筹备社会主义精神文明、城市社会学与社会资源、老人问题、妇女就业等专题讨论会的有关事宜。

5. 出版《社会学与社会调查》三期。

6. 组织翻译国外社会学资料。

7. 与中国人口中心合作开展北京市人口社会情况的社会调查。

8. 与外国社会学者适当进行学术交流。

9. 筹备社会学讲座。

10. 其他学会日常工作。

以上报告内容是否妥当，特别是学会今后如何进一步开展工作，请大家多提宝贵意见。

大力开展城市社会学和
社会问题的调查研究[*]

（一九八三年一月）

　　在由北京市社会学学会召开的"城市社会学和社会问题"的座谈会上，大家发言踊跃，关心首都社会主义现代化的建设。听了大家内容丰富的发言，受益很多，增加了对北京市各种社会问题的了解，深感城市社会学研究的必要性和紧迫性。雷会长要我作个总结，但我是来学习的，只能作为座谈会的一个参加者，谈点个人的体会，不是总结。

一

　　这次讨论和研究城市社会学，在北京是第一次，在全国来说也是第一次，为我国开展城市社会学研究作了一个良好的开端。这次座谈会选在这两天开，正好是学会成立周年之时，也是对学会周年的庆祝。

　　回想学会成立时，于光远同志、刘导生同志、雷洁琼同志都希望学会重点研究城市社会学，开展北京市社会问题的调查研究，为北京市社会主义现代化，两个精神文明的建设，以及中央对北京市四项建设指示服务。学会成立以来，先后成立了马克思主义社会学组、人口与劳动组、婚姻家庭组、青少年犯罪组、民族宗教组等，同时开展了一些调查和学术讨论。但是把北京

---

　　* 原文原载于《社会学与社会调查》1983 年第 1 期。

市作为一个整体，从各方面，从整体规划和发展来调查，研究和讨论，这次座谈会是一个开始。有些同志建议，学会有必要成立一个城市社会学组，这个建议很好，大家都同意，并推选了几位同志作为城市社会学组的联系人。今后城市社会学组和实际工作者要密切结合，为开展北京市城市社会学研究作出应有的贡献。

二

两天座谈会上，提出了北京市发展到 2000 年的总体规划中不少迫切需要研究的社会问题，例如人口、住宅、就业、教育、家庭、婚姻、妇女、老年、青少年犯罪、社会福利、城市布局、城乡关系、环境保护与生态平衡、社会风尚和道德等等。这些问题中，大家谈得最多的是人口问题，这是一个突出的社会问题，可以说其他社会问题都和这个问题息息相关，我也谈谈这个问题。早在 1957 年，北京市前副市长张友渔在市人大代表大会上就指出北京人口增加太多、太快，给市政带来种种困难。那时实际上感到人口压力了，但是由于理论上失误，当时不承认社会主义社会有人口问题，因而忽视控制人口增长，以致北京市区的人口由 1949 年 176 万增加到 1979 年的 495 万（不包括郊区），增长 1.8 倍，如包括郊区，目前北京市人口已达 900 多万。到 2000 年能否控制在 1000 万，实现中央关于北京市控制人口增长的指示，不能不是大家关心的问题。如果人口控制不住，北京市发展到 2000 年的整体规划就有被冲破而落空的危险。30 年来北京人口增长这么快，给城市各方面带来了很大的困难。现在大家切身体会到衣、食、住、行都十分困难，就业、就学、就医也十分困难，大家认识到必须严格控制人口增长。北京市人口增长这么快的原因主要是，迁入人口即人口机械增长太多，30 年来迁入人口占城市人口净增总数的 45.8%。所以，认真控制人口机械的增长，才抓住了控制北京市人口增长的关键。如果北京市人口仍是大量的迁入而不能迁出或疏散，那么要想控制北京市人口在 1000 万显然是不可能的。

三

座谈会上还提出了北京市整体规划中城市建设与发展的许多理论问题。例如：什么是城市？社会主义城市的性质和特点？首都北京是世界著名的古城，有悠久的历史和文化，又是全国政治、经济、文化科学的管理中心，在全国城市中占有特殊（和）主要的地位。怎样建设和发展才能体现出它的特点？社会主义城市发展的道路？怎样建设卫星城？怎样处理好城乡关系？怎样搞好城市布局的管理？等等，都需要从理论上加以研究。

国外一般把常住人口 2500 人以上的地区叫城市，以下叫农村。我国 1963 年统计部门把常住人口 2000 人以上，非农业人口 50% 以上的地区叫城镇，以下为农村。1964 年改为 3000 人以上，非农业人口 70% 以上的地区叫城镇，以下叫农村。这是从统计上划分城市人口和农村人口的标准，当然还有其他标准。社会学把城市叫做城市社区。如何确定城市社区的概念？国外一些城市社会学者认为是"人群共同生活的地区单位"，"包括生产，居住、消费（包括衣、食、民需及文化活动）的社会单位"。这种概念是从国外城市的情况概括出来的，可以参考。国内有些经济学家把城市作为"一个独立的整体，里面有那么多的人口，那么多的行业，这些构成了一个城市社会"。如何科学地规定我国社会主义城市社区的概念，这是城市社会学需要从理论上研究的问题。

一般讲社会主义国家的城市的性质和特点，本质上不同于资本主义国家的和旧中国的城市。前者是城乡结合的，友好互助的。历史遗留的城乡对立和差别，将会逐步消失。后者是城乡分离和对立，城市压迫和剥削乡村，存在着不可调和的矛盾。这在资本主义制度下是不可能解决的。两者性质不同，城市建设发展道路当然也是不同的。

我国城市建设的方针是严格控制大城市规模，合理发展中等城市，积极发展小城镇，形成合理的城市体系。这是适应我国实际情况的。我国实际情况是人口多，在总人口中农村人口又占绝对优势，1952 年总人口中农村人口占 87.5%，城市人口只有 12.5%，1979 年前者下降为 86.8%，后者上升为 13.2%，下降和上升都甚微，城市化水平还很低。目前世界城镇人口比例平均为 39%，发达国家为 70%，非洲一些发展中国家平均在 26% 以上。我国不仅远低于发达国家，也低于一些发展中国家，但是可以肯定四个现代化建设会促使总人口中城市人口上升和农业人口下降，这是必然的。这就涉及城市人口的规模问题。30 年来，我国城镇人口发展走过一条曲折的道路。50 年代特别是"大跃进"时期，城市人口猛增，2000 多万农业人口迅速流入镇市，1960 年城市人口在总人口中上升到 19.8%，超过了国民经济的负担，以致城市生产和生活都发生严重困难，不得不压缩城市人口，使之重返农村。60 年代以来，城市人口不断下降，1970 年下降到 12.2%，这两年才上升到 13.2%。尽管稍有上升，但城市人口，特别是大城市人口多的压力仍然严重。从这里我们应清醒的看到，城市建设的发展和城市人口的规模，不能脱离农业经济的发展和农业劳动生产率的水平。就是说，农业生产提供的农副产品，除满足自身需要外，还有多少可以满足城市人口的需要，这是城市人口规模的一个重要经济条件。北京市的发展和卫星城的建设都需要考虑这个经济条件。

城市化过程也是农业人口逐步转化为城市人口的过程。产业革命以来，城市迅速增加，百万人以上的大城市不断出现，人口大量向城市集中，城市的社会问题，特别是大城市的社会问题日益严重。我国城市化的规模，不能走资本主义盲目发展大城市的道路。控制大城市，发展中小城镇，严格控制农业人口流入城市，这是符合我国实际情况的城市建设和发展的正确方针政策。尽管如此，30 年来，大城市还是逐步增加。农业人口总是先挤进小城镇，再往中等城镇挤，最后想方设法挤进大城市，原因很多，主要是城乡之间，大中小城镇之间物质生活、文化教育、就业选择、工资福利等等相差较大，水往低处流，人往高处走，这是可以理解的。发展中小城镇，特别是与农村密切结合的小城镇，逐步缩小城乡之间、大中小城镇之间的差别，使农业过剩人口可以就地转移，不再向往大城市。这里有许多理论问题值得城市社会学研究。

北京市的建设和发展过程中有许多社会问题和城市化的理论需要研究和解决。城市社会学组要与实际部门密切结合，从实际出发，全面地、系统地、深入地开展城市社会调查，掌握第一手资料，这是研究城市社会学和社会问题不可缺少的基本条件。这样城市社会学的研究才有可靠的基础。在这方面，城市社会学组要作出应有的贡献。

新生的社会学系在茁壮成长[*]

（一九八四年十月八日）

社会学是一门把社会作为整体，综合研究社会现象各方面的关系、问题及其发展变化的学科。当代不同的社会制度的国家里都有社会学的研究机构，高等学校普遍设置社会学系。

为适应社会主义现代化建设需要，经教育部批准，我校于 1980 年下半年着手筹建社会学系。81 年先在国际政治系设置社会学系专业，82 年正式成立社会学系。

我们恢复和重建社会学系，当然不是简单照搬旧中国的和外国的社会学，而是要在马克思列宁主义毛泽东思想指引下建设有我国特色的、为社会学主义现代化建设服务的社会学，既要批判继承传统的社会学，又要吸取国外有益的科学成果。这是一项艰巨的任务。

为实现上述目标，我们在校党政领导的大力支持下，开始建系工作。我们碰到的最大困难是缺乏专业师资，原来学过社会学的人为数不多，而且年岁已高，高等学校多年没有培养社会学人材，社会学教学和研究人员青黄不接。我们千方百计的排除人才流动的种种阻力，调来少数老年社会学者，充分发挥他们传、帮、带的作用；另外还积极在有关专业物色青年教师和学生，予以短期训练作为教学继承力量。目前，我系有专任、兼任教师 16 人，共中教授 3 人，副教授 3 人，讲师 3 人，助教 7 人。

---

*　本文原载于《社会研究》1985 年第 1 期。

国务院学位委员会批准我系有权授予硕士和博士学位。81 年我系招收第一批研究生 5 人，其中 2 人代培送国外学习，其余 3 人到目前已完成学习计划，成绩良好，获得硕士学位。我系招收研究生主要是为了培养社会学发展所急需的科学教研人员。现有研究生 26 人，包括为社会学研究所代培的 8 人，为政法大学代培的 7 人，此外，还接受了进修生 9 人。83 年我系第一次招收 31 名本科生，84 年又招收了 30 人。两年多来，研究生、本科生人数迅速增加，社会学这门学科已呈现出后继有人的景象。

课程设置方面，我们重视德、智、体全面发展，理论与实际并重，以及基本理论、基本知识、基本技能的训练。研究生的研究方向有社会学理论和社会学调查研究方法、农村和城市社会学、社会心理学、人口和劳动问题、家庭社会学等。

建系需要抓紧教材和教学参考资料的建设。我系已编印成册的教材和教学参考资料 17 种，如《社会学概论》试用教材，《社会学方法和调查研究》讲义，以及《数理社会学》，《家庭社会学》，《社会心理学》等教学参考资料。

我们还广泛开展了科研工作。社会学系与其它单位协作，承担了国家六五时期社会学科研项目两项，一项的课题是："我国生育率下降的趋势和问题"，另一项为："北京市人口和城市发展"。这两个课题都由我系担任学术指导。同时还承担了北京市第六个五年计划时期科研项目两项，如编写《城市学》专著和通俗读物《社会学十讲》。

我系教师积极参加了中国社会学会、中国劳动会、中国城市科学研究会、中国心理学会、北京市社会学学会、北京市家庭婚姻会、北京市社会科学联合会等学术团体的活动。在这些学会里，承担了顾问、会长、副会长、秘书长、常务理事等职务，为学会做了一些工作获得了好评，扩大了社会学的影响，同时对我系的教学和科研工作也起了促进作用。

本系成立以来，对外学术交流工作日益增多。接待来访的国外社会学代表团、学者共计 54 起，95 人次。通过这些来访和学术交流，增加了相互了解和友谊；同时我们也可以及时掌握国外社会学发展的动态。这对我系建设和发展都是需要的。

两年多来，新生的北大社会学系在前进，在茁壮成长。但还远不能满足社会主义现代化建设和迎接新技术革命挑战的需要，迫切需要改革。在坚持四项基本原则的前提下，我们要进一步解放思想，从我系的实际情况出发，"面向现代化、面向世界、面向未来"，搞好系的各项改革和建设，为社会主义现代化建设培养更多的更好的社会学人才，竭尽全力作出我们应有的贡献。展望前途，我系有广阔发展的前景。

谈谈我国的人口问题[*]

（一九八五年十二月）

　　人口问题是一个重要的社会问题。多年来，由于"左"的思想影响，我们总是认为社会主义社会不存在社会问题。既然没有社会问题，人口问题也就不存在了。1957年，有一些社会学家、人口学家、医学家看到我国人口急剧增长带来的种种问题，指出这是一个严重的社会问题，必须严加重视，并建议提倡晚婚，节制生育，以此解决我国的人口问题。可是，他们的正确意见不仅未被采纳，反而受到批判。如马寅初的《新人口论》就受到批判，这是众所周知的。当时有人认为人口增长快是社会主义社会发展的规律性所决定的，是社会主义优越性的具体表现，这是一种模糊的认识。毛泽东同志在《关于正确处理人民内部矛盾的问题》这部著作中就曾说过，我国人多是好事，当然也有困难，比如粮食问题、灾荒问题、就业问题、教育问题等等。但有些人只看到人口多的好处，不承认困难。在这种思想指导下，我国在决定人口政策时，出现了偏差，造成工作上的失误，从而影响了经济发展的速度和人民生活水平的改善。现在，我们已经认识到人口问题是一个重要的社会问题，这是经过长时期的曲折过程而取得的教训。胡耀邦同志在《全面开创社会主义现代化建设的新局面》一文中指出："在我国经济和社会发展中，人口问题始终是极为重要的问题。""实行计划生育，是我国一项基本国策，到本世纪末，必须力争把我国人口控制在十二亿以内。"

　　* 本文原载于《社会学与社会心理学》第113~124页，中国社会学函授大学、人民日报社研究班编，工人出版社1985年12月第1版，1985年12月第一次印刷。

我国是世界上人口最多的国家，根据 1982 年人口普查提供的资料，我国人口为 1，031，882，511 人，约占世界人口的 22.6%。其中大陆二十九省、市、自治区（不包括福建省的金门，妈祖等岛屿）人口和现役军人共 1，008，175，288 人。这么庞大的人口数量是我国历史上人口长期发展的结果。

一 旧中国的人口发展

旧中国四千年来，虽然各个历史时代疆域有所不同，人口数字也不准确，但从中仍可看出我国历代人口发展的趋势。

我国是世界上具有人口记载最早的国家。公元前二十一世纪《文献通考·户口考》载：禹平水土为州，人口 1355 万人。这是世界各国最古老的人口数字之一。公元前十一世纪西周兴盛时期，人口为 1371 万人（《帝王世纪》），比夏代多 16 万人；经春秋战国到秦二十六年（公元前 221 年），人口达到 2000 万。从夏至秦约两千年的漫长岁月中，人口始终停滞在 1000 万到 2000 万。

西汉时期，人口增长过快。汉平帝元始二年（公元 2 年），人口为 5959 万人（《汉书·地理志》）；东汉顺帝永和五年（公元 140 年）人口为 4915 万人（《后汉书》，志二十三郡国五）。

三国、东晋及南北朝，战乱频繁，人口很少超过 1000 万人。隋炀帝大业五年（公元 609 年）全国人口约 4601 万人（《隋书》卷 29，《通考》户口一），恢复到汉代水平。

唐天宝十四年（公元 755 年）人口 5291 万人（《通鉴》食货七），同西汉最高数字相比还少 600 多万。五代十国期间，北方少数民族内侵，战乱将近百年，人口又大减。宋徽宗大观四年（公元 1110 年）人口 4673 万人（《宋史·地理志》），其中黄河流域仅有全国人口三分之一，而南方各省人口占三分之二，全国人口重点已移至长江流域。

元代蒙古族统治中国近 90 年（公元 1279～1368 年），元世祖二十八年（公元 1291 年）人口为 5984 万人（《元史》卷 16 世祖本纪十三）。

明朝统治全国近三百年。洪武二十六年（公元 1393 年）人口达 6054 万人，成祖永乐元年（公元 1403 年）全国户数 1141 万户，人口数达 6659 万人（《明成祖实录》卷 26），整个明代历年人口数在 5，000 万—6，600

万人。

清初人口又有减少，以后迅速增长。乾隆五年（公元 1740 年）人口第一次突破一亿大关，为 14198 万人；道光二十年（1840 年）人口增至 32349 万人（王世达《近代中国人口的估计》，第 181~186 页，1931 年）。

从 1840 年起，中国沦为半殖民地半封建社会，人口增长比 1840 年前一百年慢得多。1940 年（民国二十九年）人口为 45000 万，1947 年增加到 45559 万（《中华民国经济提要》），1949 年新中国成立时人口达到 541，67 万人（《中国经济年鉴》1981 年）。

旧中国四千年间人口变动总的来说增长很慢。头两千年间人口在 1200 万左右，到西汉平帝时（公元二年）人口增加到 5000 万，其后经过一个五百多年，到明神宗万历六年（公元 1578 年）也只有 6069 万。每逢分裂战乱期间，人口大幅度减少，而太平盛世，人口又迅速增长。十八世纪中叶，我国人口第一次突破一亿。其后，一百年间人口增长较快。从 1740 年到 1840 年人口增加了 127.8%。但进入半殖民地半封建社会后，人口增长几乎处于停滞状态。从 1840 年至 1949 年的 109 年间，净增约 13000 万人，年平均增长率只有 0.26%。这种情况主要是由于帝国主义的掠夺，以及官僚资产阶级、封建地主阶级的剥削和压迫，加以国内外战争的破坏，灾荒不时发生，同时也与全国人口密度显著提高，广大农民生活更加贫困有一定关系。

旧中国，特别是半殖民地半封建社会的人口发展，有以下几个特点。

第一，人口再生产长期处于高出生率、高死亡率和低自然增长率的过程。出生率在 35‰~60‰。云南、贵州个别县在二十世纪三十年代出生率竟高达 50‰，死亡率约在 30‰~50‰，因而死亡率则在 275‰ 左右，个别地区如绥远省，1918 年的婴儿死亡率高达 429.9‰，形成了"只见娘生儿，不见儿叫娘"的惨景。马寅初先生早在 1935 年出版的《中国经济改造》一书中就指出："生产率高者，其死亡率也高，非人类之福也。某教授问一中国妇女子女几何，据答三人；复问生过几个，答称十一个，死去其八。"这是中国人口高出生率，高死亡率的真实写照。

第二，人口数量多，质量低，在世界总人口中，我国人口一直占很大比例。按照美国学者 M. 贝内特的计算，公元 1000 年世界人口为 27500 万，中国为 7000 万，占世界人口四分之一（《马克思列宁主义人口理论》，商务 1978 年版，第 252 页）。人口数量多，但质量低，体质差，平均寿命仅有 35 岁左右。那时中国人被称为"东亚病夫"。文化教育水平低，文盲占 80%。

第三，人口分布极不平衡。城乡人口相差悬殊，新中国成立前，农村人口占 80%～90%，地区分布也不平衡，东南沿海人口多，西北人口少。

第四，劳动人民生活极为贫困。农村劳动人口相对过剩，农村过着饥寒交迫的生活；城镇劳动人口大量失业，生活极为困苦。

二　新中国人口的发展

三十多年来，我国人口更动趋势可分为六个阶段来加以叙述。

1、1949～1952 年。新中国成立后，在短短三年时间内，党和政府领导人民发展生产，恢复了国民经济，医治了长期战争造成的巨大创伤，人民生活得到安定和改善。人口死亡率开始下降，由 1949 年的 20‰ 下降到 17‰；而人口出生率仍维持旧中国的水平。1950 年、1951 年、1952 年出生率都在 37‰。自然增长率开始上升，由 1949 年的 16‰ 上升到 20‰。这种现象表明我国人口发展开始摆脱旧中国的高死亡率、低自然增长率而进入低死亡率与高自然增长率的人口再生产类型。这是人口过渡的第一阶段的特点。

2、1953～1957 年。这是我国发展国民经济的第一个五年计划时期。由于经济的迅速发展，使旧中国遗留下来的城市大量失业现象基本上得到消除，就业人口逐渐增多，人民生活进一步改善，人口增长出现了新中国成立以后第一个高峰。

1953～1957 年出生率平均为 34.69‰，死亡率年平均为 12.34‰，自然增长率年平均为 22.35‰，全国人口共增加 5857 万人，平均年增加 1464 万人。

3、1958～1961 年。五十年代后期和六十年代初，我国国民经济和人民生活都遭受了严重的困难。三年自然灾害期间，人口出生率迅速下落，死亡率回升，自然增长率下降，人口增长处于低潮。

4、1962～1971 年。1960 年冬到 1961 年春，党和政府为了解决经济困难，提出了调整、巩固、充实、提高的八字方针，采取精简职工，压缩城市人口等措施，使经济逐步得到了恢复和发展，人民生活开始摆脱困境，人口再次有了较大的增长。1963 年出生率为 43.6‰，自然增长率为 35.5‰，出现了新中国成立以来第二次生育高峰。人口增长率迅速上升，1964 年我国人口总数突破七亿。

早在五十年代中期，党和政府曾提出在生育方面加以适当节制的口号。

1962 年国务院发出《关于认真提倡计划生育的指示》；1963 年，国务院作出《中央和地方都要成立计划生育委员会》的决议；1964 年国务院成立了计划生育办公室。在党和政府的领导下，加强了计划生育的宣传教育和实际工作，收到了一定效果。1963～1965 年人口自然增长率有所减缓，出生率由 43.6‰下降到 38.06‰。

但是，1966 年爆发了"文化大革命"，由于林彪、"四人帮"一伙的干扰破坏，我国社会主义事业遭受严重挫折，计划生育工作处于无政府状态。1966～1971 年五年间，人口净增 1.22 亿，1970 年我国人口总数突破八亿。

5、1972～1980 年，党和政府日益重视人口问题。1973 年开始，把人口增长指标纳入国民经济计划，同年，国务院正式成立计划生育小组，1978 年新宪法第七十三条规定："国家提倡和推行计划生育"的条款，把计划生育第一次纳入法制范畴。1980 年，中央提出"计划生育要采取立法的、行政的、经济的措施，鼓励只生一胎。"同时，发表了关于控制我国人口增长问题致全体共产党员、共青团员的公开信，号召一对夫妇只生一个孩子。由于党和政府高度重视并认真抓紧了计划生育工作，从七十年代以来人口增长率开始呈现下降趋势。人口出生率由 1972 年 29.92‰下降到 1980 年 15.28‰，八年下降了 14.64‰，自然增长率由 1972 年的 22.27‰下降到 9.12‰，下降了 13.15‰，年平均下降了 1.64‰。只用八年时间，人口增长率降低将近一半，这在世界人口发展史上是很少见的。

1976 年人口自然增长率（12.72‰）开始低于 1949 年（16‰），出生率也下降到 20.1‰，如果说死亡率先于出生率而下降是人口过渡到第一阶段的主要特点，那末低出生率、低死亡率和低自然增长率则是我国人口过渡到第二阶段的特点。

6、1981 年至今。进入八十年代，我国人口出生率和自然增长率都出现回升现象。1981 年人口出生率为 20.19‰，比 1980 年高 4.19‰，自然增长率为 14.55‰。1982 年人口出生率为 21.09‰，比 1980 年高 5.81‰，自然增长率为 14.44‰。

回升现象的出现绝不是偶然的。这与五十年代和六十年代两次生育高峰有直接联系。因为这两次高峰出生的人口目前正陆续进入结婚、生育时期，每年平均约有两千多万人。这两千多万人，假定男女性别数量相等，大约有 1100 万对男女，即使每对夫妇只生一个孩子，每年也要出生 1000 多万人。同时，从 1981 年起我们实行新婚姻法。新婚姻法规定的结婚年龄比过去低了三岁。这样，几种不同年龄的青年同时登记结婚，也促使全国人口结婚率、出生率向上升。八十年代，我们将面临新的人口生育高峰。

三　三十年来我国人口发展的特点

第一，由人口高速增长逐渐转向低速增长。

世界各国人口的发展经历了一个漫长的高出生率、高死亡率、低自然增长率的过程。只是到十九世纪中叶工业革命后，英法等西北欧国家开始扭转一向人口高度死亡的现象。1850 年，西北欧几个工业先进国中，瑞典、挪威的死亡率已降到 18‰ ~ 20‰，英国是 22.6‰，法国是 23.5‰；德国工业化开始稍晚，当时死亡率为 27‰。以后随着工业化的进展，逐年有所下降。到二十世纪三十年代（1930 年），这些国家的死亡率几乎全部降低至 10‰ ~ 12‰，与目前这些国家的死亡率相差无几。经过八十多年的人口过渡，死亡率降低了百分之四十以上。死亡率下降是人口过渡时期的特征，这是工业革命影响人口变动的基本事实。同时出生率又落后于死亡率的下降，因而出生率与死亡率的差距扩大，自然增长率迅速提高。在世界人口发展史上，人口过渡的每一阶段都是人口大量增长的时期。

新中国成立后，我国人口死亡率从 1950 年开始下降。1949 年人口死亡率为 20‰，1957 年下降到 10.8‰，1958 年为 10.1‰，六十年代中期人口死亡率在 8‰ ~ 10‰，七十年代末又有些下降，大约在 6‰ ~ 8‰，1982 年为 6‰。这说明我国人口死亡率的水平已进入世界最先进行列。这是因为三十多年来，我国人民生活得到初步改善，医疗卫生事业得到很大发展，实行了公费医疗和合作医疗制度，开展了群众性爱国卫生运动和体育运动，婴儿和儿童的常见疾病和多发病得到控制，婴儿死亡率大大降低。

但是我国人口出生率并未与死亡率同时下降。1954 年出生率为 38‰，1957 年为 34‰，1963 年为 43.6‰，1969 年为 34‰。三十多年来出生率在 30‰以上的有十年，在 21‰ ~ 29‰的有七年，在 20‰以下的有八年。如果把 20‰以上作为人口高出生率的标志，那么我国三十多年来高出生率的年份为 25 个年头，只是从 1977 年开始才低于 20‰，我国人口从高增长开始转向低增长。目前尽管有所回升，但这只是一个暂时现象。

第二，人口基数庞大。

1949 年全国人口为 5.4 亿。这是一个庞大的基数，在世界人口中占了四分之一。1980 年人口突破十亿大关。三十三年来，人口翻一番。据美国人口咨询局 1983 年世界人口资料表明，全世界人口翻一番的平均时间为 39 年，我国为 33 年。从个别国家来看，翻一番时间最短的国家有肯尼亚（17 年），叙利亚（18 年），约旦（19 年），利比亚（20 年），伊拉克（20 年），洪都拉斯（20 年）等，但它们都是人口很少的国家，人口尽管翻了一番，在世界总人口中所占比例不大。我国十亿多人口占世界人口总数的 22.6%。如果按目前 21‰的增长率，再过三十多年翻一番就是二十多亿，在世界人口中所占的比重就更大。

人口基数大，每年增加的人口绝对量也大。如果人口平均出生率上升 1‰，十亿人口每年就要增加一百多万人。三十多年来，全国共出生 6.6 亿多人，平均每年 2000 万，出生率平均 29‰，自然增长率平均达 9‰，扣除死亡净增 4.6 亿。分开来看，从 1949 年的 5.4 亿增加到 1964 年的 6.9 亿，15 年共增加 1.5 亿，年平均增加 1019 多万人；从 1964 年到 1982 年，18 年间人口共增加 3.1 亿，年平均增加 1742 万人。由于人口基数大，18 年中我国人口增长的绝对数和每年增加的绝对数都是很大的。因此，我们控制人口的时候，不能只看到出生率、死亡率和自然增长率，还要看到人口的基数。过去在研究人口问题时，有些同志只看到出生率、自然增长率而忽视人口基数。有时候，人口出生率虽然低，但自然增长率仍高，人口增加的绝对数也大，这是由于基数大的原因。所以不能忽视我国人口基数大的这个特点。我国人口基数日益增大，给控制人口带来很大困难。

第三，人口年龄构成逐渐转为成年型。

从年龄结构上看，世界人口可分为"幼年型"、"成年型"、"老年型"三类。

幼年型人口的年龄构成是：15 岁以下的人口占 40% 以上，65 岁以上的老年人口占 4% 左右。发展中国家除极少数国家外都属于这种类型。"幼年型"人口多，说明出生率高，在死亡率降低情况下，如果出生率不能同步下降，则人口一定迅速增加。旧中国的人口属于幼年型。新中国成立后，经过几个生育高峰，我国幼年型人口的比重又有所提高。七十年代由于抓了计划生育，出生率开始下降，15 岁以下人口相应减少。

成年型人口的年龄构成是：15 岁以下的人口一般在 30% 左右，老年人口增加到 5% ~ 8%，象智利、阿根廷都是这种情况。我国幼年人口比这些国家高一点，老年人口又低一点，成年型人口出生率比较低，人口增长也比较慢。

老年型人口的年龄构成是：15 岁以下的人口占 20% 多一点，65 岁以上的人口占 11% ~ 12%。

人口年龄构成对人口发展有着举足轻重的影响，我国目前人口年龄构成开始由幼年型逐渐转向成年型。如果出生率继续下降，则成年型人口会向老年型人口转化，人口老化很快会到来。研究人口的这三种类型，可以看到年龄构成与人口的变动以及人口增长的关系。现在，我国人口还是增长的，人口稳定还需要一定的时间，降低人口出生率仍然是控制我国人口增长的重要任务。

第四，人口密度高，地区分布极不平衡。

人口总是在一定的时间和空间里的。一个地区人口数与该地区的土地面积之比就是人口密度。1982 年我国人口密度已从 1964 年每平方公里 74 人增加到 107 人，18 年中增长了 44.6%。

我国土地面积占世界陆地面积的 7%，而人口密度相当于世界平均人口密度 [33 人/平方公里（1981 年）] 的 3 倍以上，分布也极不平衡。有的地区近 1.6 人/平方公里（西藏），有的地区达到每平方公里 590 人（江苏省）。如果我们把国土（台湾省除外）分为东南、西北两个部分，西北部分包括内蒙古、宁夏、甘肃、青海、西藏、新疆六个省、市、自治区，其面积占全国的 54.4%，而人口只占 5% ~ 6%；东南部包括其余的 23 个省、市、自治区，面积占 45.6%，人口占 94% ~ 95%。同旧中国相比，现在我国的人口的年龄结构，增长率都发生很大的变化，但人口的地区分布变化不大。这同经济发展水平有关。有人主张人口移动，使地区之间人口分布得到平衡，这是很值得研究的问题。

第五，城乡人口分布相差悬殊。

产业革命以来，工业发达国家城市人口日增，农村人口日减，这是工业化、城市化、现代化的一种必然趋势。据 1983 年世界人口资料统计，现今全世界城市人口占 39%，发达国家城市人口达 70%，发展中国家为 29%。发达国家城市人口增长到目前的水平经历了一个漫长的过程。美国城市人口占总人口的比例从 1851 年的 18.5% 上升到 1983 年的 74%，用了 132 年。苏联从 1881 年的 12.1% 上升到 1983 年的 62%，用了 102 年。

长期以来，农业在我国国民经济中占着主要的地位，农业人口占绝对优势，工业不发达，城市人口较少。新中国成立以来，由于经济的发展，城乡人口的分布也发生了一些变化。新中国成立初期的 1952 年，城镇人口占 12.5%，农村人口占 87.5%。1982 年，城镇人口占 20.6%，农村人口占 79.4%。但是多年来，我国城市人口的增长不明显，而且中间有反复。大跃进时期，二千万人口跑进城市，城市人口大量上升。三年困年时期，城市人口大量下乡，城市人口比重下降。"文革"期间原来城镇知识青年大批下乡，农民大量进城。根据 1982 年人口普查的资料，我国目前城乡人口的比例为 2∶8，怎样使城乡人口的分布适当平衡，这也是我们目前迫切需要研究的课题。

我国农村人口多，耕地少，农业劳动力过剩。根据发达国家的情况，农村人口大都跑到大城市。结果城市人口膨胀，带来许多难以解决的城市社会问题，如交通拥挤，环境污染，土地昂贵，水利资源缺乏等，我们要避免走这条道路。我国实现农业现代化后，据估计最多有一亿农村劳动人口就够了。还剩那么多劳动力，怎么办？不能象发达国家那样都跑到大城市，而要从我国国情出发，探索出一点有我国特点的、农业人口转向非农业人口的农村城市化道路。农村多余的劳动力应就地解决，"离乡不离土"。这就需要发展多种经营，发展小城镇，使农村城市化。农村城市化可以吸收农村多余的人口，使他们在广大的农村安居乐业，这也有助于控制城市人口的膨胀。

第六，人口质量比较低。

新中国成立后，我国人口质量比新中国成立前有很大提高。人民生活改善，死亡率下降，平均寿命延长。另一方面，文化教育水平比旧中国大大提高了。但与其它一些国家相比，从现代化的要求来看，我国人口质量还需要大力提高。1982 年人口普查资料表明，我国文盲和半文盲占总人口的 23.5%，将近两亿人。这是一个很惊人的数字。另外，我国大学生、中学生数量与发达国家相比，还有很大差距，甚至比印度还低。我国人口的质量与四个现代化很不适应。我们需要大力提高人口质量，要加强身体素质，特别是需要大大地提高文化教育和科学技术水平。

四　我国人口问题的综合治理

我国社会主义现代化建设过程的人口问题需要综合治理。首先要继续降低人口出生率，控制人口数量。根据社会主义现代化建设的要求，到本世纪末，我国国民经济总产值要翻两番，人民物质文化生活要达到小康水平，这就需要控制人口增长，在本世纪末要把人口控制在十二亿之内。这就要求在今后的十多年内，人口增长不能超过 1.9 亿人，平均每年只能增加 1037 万人，年平均人口增长率要降到 10‰以下。为此要大力抓紧抓好计划生育工作，特别是要把计划生育的工作重点放在农村。现在农村基本上还是手工劳动，实行生产责任制以后，需要劳动力；同时农民还有比较浓厚的重男轻女意识，非生男孩不可。这样一来，农村的一胎化就比较困难，而城市一胎化较易实现。例如北京市一胎化已达到 90% 以上，但在广大农村，一胎化只有 60% 左右，两胎、三胎以上约有 40%。因此，我们控制人口增长（重点是两胎和多胎生育），重点是抓好农村的计划生育工作，要采取有效措施，控制计划外二胎和多胎生育。

其次，在控制人口数量的同时还要大力提高人口质量。现在我国人民的文化教育程度、身体素质和健康水平与新中国成立前相比有了很大提高，但与一些发达国家相比，尚有一定差距。有的同志认为，我国的人口问题就是数量的问题，没有质量的问题，只要数量问题解决了，质量问题也随之解决。这种看法是片面的，没有看到质量提高反过来有利于控制数量，人民的文化教育水平提高以后，就不会愿意多生孩子了。质量和数量是统一的，不能忽视任何一个方面。提高人口质量要重视优生，我国很早就知道近亲结婚，其生不蕃。婚姻法规定近亲不婚，要认真贯彻执行。

第三，要重视人口的合理分布。

我国人口的地区分布，长期以来是极不平衡的。这种现象需要逐步加以改变，使人口的地区分布能够合理。人口合理分布可以减轻人多地少的地区人口过剩矛盾，也可以促进人少地多的不发达地区的资源的开发利用。本世纪末我国 12 亿人口的合理分布，也是当前迫切需要研究和解决的主要问题。

总之，综合治理我国人口问题的任务是艰巨的。但是，我们也要看到有利的条件。我们是社会主义的国家，实行计划经济，人口增长也是有计划的。特别是有党和政府的正确的人口政策指导和广大人民的支持，我们一定能够逐步控制人口数量，提高人口质量，使人口合理分布，以促进我国社会主义现代化建设和进一步提高人民的物质、文化生活水平。

北京市人口发展的控制问题[*]

（一九八四年十一月）

党中央、国务院对《北京市建设总体规划方案》的批复要求"坚决把北京市到 2000 年的人口规模控制在 1000 万左右"。这是北京市社会主义现代化城市所需要的，也是探索具有中国特色城市化道路所需要的。为实现北京市城市建设总体规划方案和中央关于首都建设方针的四项指示，需要采取强有力的行政、经济和立法措施，严格控制城市人口发展规模。据 1983 年人口统计数字，北京市人口已达到 933.2 万人，如加暂住人口和其它人口，实际已超过 1000 万人。

根据人口预测材料，北京市 2000 年人口数量将达到 1200 万左右，规划市区面积 750 平方公里，只占全市土地面积 4.5%。1982 年人口为 439 万人，比 1949 增长 1.7 倍，实际已接近 500 万人，2000 年将增加到 645 万，而总体规划要求控制在 400 万左右。可见，控制北京市人口发展规模的任务，非常艰巨。

我国从 60 年代初期就提出"控制大城市"的方针，但实际上大城市人口仍然迅速增长。50 万～100 万人口的城市由 1949 年 10 个增加到 1982 年28 个，增加 1.8 倍，100 万人口以上的特大城市同一时期由 6 个增加到 20个，增加 2.33 倍。过去单纯靠行政手段（如户口）限制人口迁移，防止农民盲目流入大城市，实际上大城市人口迁移并没有停止。1950 年至 1983 年

---

[*] 本文原载于《社会学与社会调查》1985 年第 1 期。这是袁方先生在全国大城市人口问题与对策讨论会上宣传的论文。本文所指的大城市是人口在 100 万人以上的城市。

北京市迁入人口 581.5 万人，迁出 455.8 万人，净迁入为 125.7 万人。当然，城市人口有进有出，这也是正常的。

"控制"只是控制大城市的人口和用地规模，绝不是控制生产和各项事业的发展。大城市，尤其是特大城市，都是工业、高等学校和科研机构集中的地方。要发挥这些大城市的作用，使之为全国提供优秀人才和先进的技术。因此控制不等于冻结。不是说大城市一个人也不许迁入，而是应根据大城市社会经济发展的需要与可能，调整城市人口规模，使之可增可减，当然这也不是说大城市人口规模不要严格控制了，大城市还是要严格控制的。为此，要研究大城市人口迁移规律，按规律办事，除行政手段外，还要采取经济措施，逐步使大城市人口由恶性膨胀变为良性循环，能进能出，特大城市的人口要逐步减少，迁出大于迁入。那么，2000 年北京市人口发展规模怎样才能控制在 1000 万左右呢？

我以为应当采取综合治理的办法。综合治理就是说不能单纯地只考虑人口数量问题，还要考虑人口质量和分布问题。

一　人口数量问题

北京市目前常住人口 933.2 万人（1983），实际人口已超过 1000 万人，这是新中国成立以来人口高速增长的结果。与 1949 年全市人口 414 万人相比，34 年来人口净增 519.2 万人，增加 1.25 倍，年平均增长率为 2.4% 左右，高于天津（2.1%），上海（1.3%），全国（2%），北京已成为世界特大城市之一。

北京市规划市区面积 750 平方公里，30 多年来市区人口迅速膨胀，1982 年增加到 439 万人，与 1949 年的 161 万人相比，增长了 1.7 倍。这里是人口最密集的地区，集中了全市人口的 82%。建成区面积从 1949 年 109 平方公里扩大到 1982 年 355 平方公里，增长 2.2 倍，人口 437 万人，人口密度为每平方公里 1.23 万人。其中 4 个城区土地面积 87.1 平方公里，1983 年人口 238.1 万人，每平方公里密度超过 2.7 万人，高于东京（1.4 平方米，1981）、莫斯科（0.9 平方米，1981）、伦敦（0.4 平方米，1978）、巴黎（1.9 平方米，1980）。

北京市人口，特别是市区人口基数日益扩大，给北京市现代化建设增加种种困难，例如，水源不足，能源短缺，住房紧张，交通阻塞，生态失调等一时难以解决的问题。从这方面来讲，北京市人口规模已超过北京市的自然资源的供给和社会经济发展水平，同时也高于国外一些首都的人口规模。因此，必须坚决控制人口发展规模继续膨胀，才有助于促进北京市社会主义现代化建设和发展。

在一定的自然资源和社会经济条件下，一个城市有多少人口合适，也就是城市的最佳人口数量，这是需要认真加以研究的，它可以为控制城市人口规模提供科学依据。2000年北京市人口规模控制在1000万左右也需要开展科学研究。

为了有效地控制北京市人口发展规模，首先要明确北京市的性质和功能。中共中央、国务院对《北京市城市建设总体规划方案》的批复指出："北京是我们伟大社会主义祖国的首都，是全国的政治中心和文化中心。北京的城市建设和各项事业的发展都必须服从和充分体现这一城市性质的要求。"当然，北京市人口发展规模也需要服从北京市的性质和功能要求。过去北京城市建设规划虽也注意这一要求，但同时又强调要把首都建设成为"强大的工业基地，也要有独立的工业体系，还要建设成全国的经济中心"。这样，北京除政治、文化中心外，还是经济、工业、科学技术的中心。其结果是，在把北京变消费城市为生产城市的过程中，北京的工业建设成为国家重点建设项目之一。从1950～1980年北京得到的基建投资高达157亿多元，超过天津72.1%。这样，经过三十多年的建设，从1949～1980年工业总产值增长238.2倍，其中重工业增长390倍，轻工业增长85倍，成为全国最大工业中心之一。由于工业迅速发展，工业人口大量增加，1983年达到150.2万人，比1949年增加8倍多，占城市在业人口40.9%，成为北京市在业人口中最多的一个行业，而国家机关（4.7%），教育文化艺术事业（5.8%），科学研究和综合技术服务事业（4.0%）等在业人口比重太小了，显示不出政治、文化中心的特点。以工商业为中心的城市和以政治文化为中心的城市，对人口发展规模的要求是不同的；功能多的城市和功能少的城市对人口发展规模的要求也是不同的。国外首都人口发展规模的经验教训可以借鉴。

日本东京是功能比较多的一类首都。1982年人口1163.4万人（包括郊区），每平方公里有5395人。东京是日本的政治、经济、文化、工商业中心，工业产值属全国第一位，工矿建筑在业人口占到36.75%（1974）。由于城市性质和功能过于庞杂，城市人口日益膨胀，带来一系列难以解决的社会问题。但值得注意的是，目前一些发达国家大城市的人口开始减少，东京也是如此。人口、工业、资本和技术向郊区疏散或迁入小城市。华盛顿是城市功能比较少的一类首都，它的功能主要是政治中心。人口 1979 年 286 万，密度每平方公里 540 人，工业很少，在业人口中工业人口只占 3%，其它在业人口主要是政府机关工作人员和服务行业的人。

以往我国城市建设过分强调综合性，不论什么城市都追求一种大而全，忽视每个城市历史的特点，从而造成城市之间分工不明确，千篇一律。由于城市功能和性质多而杂，中心不突出，城市人口规模难以控制。因此考虑城市人口发展规模时，要从城市的性质、特点和功能出发，"扬长避短"，"发挥优势"，城市人口规模要适应城市的性质和功能。

其次，要严格控制人口的自然增长和机械增长。新中国成立以来，北京市长期忽视控制人口生育的变动，高出生率持续 20 年左右，死亡率又迅速降到低水平，人口自然增加过快，同时随着北京市变消费城市为生产城市的过程，以及政治、经济、文化、教育、科学事业的发展，在较长时间对迁移增长也失去控制，以致净迁入人口数量较多，这些人口因素致使北京市的人口猛增，规模日益庞大。70 年代后期，抓紧了计划生育工作，人口自然增长率迅速下降；同时从严控制进京人口，净迁入人口也在逐渐减少。为了实现 2000 年人口发展规模控制在 1000 万左右，要继续控制人口自然增长和人口迁移增长。

1983 年全市人口计划生育率达到 92.82%，一胎率 91.2%，其中城市为 99.66%，农村为 83.69%。但是五六十年代人口的高自然增长，造成北京市人口中青少年比重较大，这些青年人群目前正陆续进入婚龄，带来了新的婚育热潮，促使人口自然增长率回升，这种趋势将持续 10 年左右，至 1995 年左右才有可能下降。今后几年每年结婚人数都将保持在 10 万对以上，人口出生率仍会较高。从目前起到 90 年代中期是北京市控制人口增长率的关键时期。1981 年出生的孩子中，二胎占 12.8%，三胎及以上占 3.1%，1983 年计划外生育及多胎占 7.2%。今后控制人口生育的重点要放在农村和多胎上面。

70 年代以来，北京人口迁移又处于迁入大于迁出时期，1971～1978 年净迁入 34.7 万人，平均每年 5 万人，1979～1983 年净迁入 33.8 万人，平均每年 8.4 万人，扣除落实政策和知青回城等特殊因素，平均每年净迁入人口 5 万人左右，1983 年净迁入人口 5.9 万人。如果今后每年照此增加，本世纪末将净增 100 多万人，还要看到迁入人口后面潜伏着的自然增长。据北京市政府研究室 1983 年所作千户抽样调查结果表明，籍贯或出生地在外地的，约占样本人口 40%—60%。按母系计算的后裔约占 25%，可见移民及其后代已经占 65%。控制北京市人口增长，过去只重视计划生育工作，而忽视人口迁移的影响，城市化历史一再证明人口迁移对城市人口数量的增减有着巨大的作用。城市化就是人口川流不息向城市集聚的过程，从而使城市人口迅速增加，这种作用远比城市人口本身自然增长大得多，也快得多。1949 年到 1984 年底，北京市共增加 736.9 万人，其中自然增长 347.2 万人，占 37.1%，机械增长 389.7 万人（包括行政区划扩大），占 53.9%。因此，必须重视人口迁移对城市人口增长的影响。

北京市人口迁移之所以难控制，客观上是由于四面八方要求迁入的人口太多，主观上缺乏统一的权威性审批机构。进京人口批准权限分散，有权批准户口进京的机构多到 240 家，把关又不严，这是造成迁入大于迁出的重要原因之一。为此需要建立统一性的有权威的审批机构，加强人口迁移管理；还要把人口迁移增长纳入北京经济与社会发展计划，制订控制指标，使迁移入口逐步实现出大于进，以压缩北京市区人口发展规模。

控制北京市人口规模重点要放在 750 万平方公里的规划市区，这个区域的人口占全市 82% 以上。目前城市建设区面积 355 平方公里，人口 439 万人，已超过总体规划所要求的 400 万左右的人口规模，到 2000 年规划市区的人口还要增加，估计将增到 600 多万，要及早采取措施向远郊县的城镇或发展卫星城疏散多余人口，才能实现 400 万左右的人口发展目标。

二　城镇人口分布问题

北京市人口分布极不平衡。从全市看每平方公里 554 人，而城区每平方公里 27223 人，各县每平方公里 260 人，城区高于各县 103.7 倍。从城区和各县城镇来看，北京有 9 个县城，14 个镇，213 个公社，农村集镇 260 多个。14 个镇人口共 37.2 万多人，占各县人口 10.25%，占全市人口 4.03%，郊县城镇规模平均人口 4 万人左右，远低于城区的人口数量（241.2 万人）。

30 多年来北京市小城镇发展很慢，甚至衰落。而城区郊区人口又急速膨胀，使城镇之间的人口分布"头重脚轻"。城市化一般是农业人口转化为城市人口或非农业人口的过程。在这个过程中，农业人口不但相对而且绝对减少，一些发达国家早已完成了这一过程。可是 30 多年来北京城市人口迅速增加，同时农业人口也迅速增长。城市人口由 1949 年的 164.9 万人（当时行政区划年底数字）增加到 1983 年的 547.2 万人，在总人口中由 81.19% 下降到 58.63%，农村人口由 18.80 万人增加到 386 万人，在总人口中由 18.8% 上升到 41.36%。这是城市化历史上少见的现象，因为农村人口不但没有减少，反而增加，占总人口的比重下降甚微。一些发展中国家目前也存在这种现象。这样在城市化过程中不可避免要加速农业人口转化为城市人口和非农业人口，也促使大城市人口急速膨胀。

目前北京市区人口过剩，需要疏散，同时农村又有富余劳动力要转为非农业人口和城市人口，这是个矛盾，这个矛盾需要从调整城镇之间人口的分布不平衡去解决。

为了逐步实现北京市的人口合理分布，首先要大力建设和发展 9 个县的城镇以及农村小集镇。与北京城区相比，郊县城镇的城市化水平很低，亟需提高。这些城镇的建设条件也好，亟待开发。为了建设好小城镇，在规划布局上要明确各城镇的性质和发展规模；要考虑吸收北京城区需要疏散的工业和人口；要考虑促进周围农村经济发展的需要。

如果 9 个县城和 14 个镇到 2000 年都有很大的发展，其规模由 5 万人到十几万人不等，如果平均按 10 万人计算，那么小城镇人口可增到 200 多万人。这对于疏散北京市区人口和吸收农村剩余人口，将发挥重要作用。

三中全会以来，北京市农村多种经营和商品经济兴旺发达，农业经济结构逐步改变。从事农业的劳动力开始下降，从 1978 年的 65.98% 减少到 1983 年的 54.75%，而林、牧、副、渔多种经营的劳动力由 1978 年的 12.22% 上升到 19.68%，乡镇工业的劳动力由 1978 年的 5.48% 上升到 1983 年的 8.46%，商业、饮食业、服务业的劳动力由 1973 年的 0.24% 上升到 1983 年的 1.19%，农村劳动力结构在发生变化，种植业的劳动力在减少，非农业劳动力在增加，迫切需要发展小城镇。

北京农村乡镇 280 个，其中远郊县 213 个，过去处于衰落状态，现在开始复苏繁荣。这是由于农村多种经营，乡镇工业兴旺发达。1983 年农业总产值达到 27.1 亿元，比 1978 年增长了 77.2%，其中种植业产值失去了五业之首的地位，只占 36.1%，比 1978 年下降 22.3%，副业跃居第一位，占 41.4%。农村多种经营产值达到 31.5 亿元，比 1978 年增长一倍多，其中乡镇工业产值增长 2.2 倍，为增加农民收入分配提供 7000 多万元资金，对以工补农做出了贡献。与此相适应，劳动力的职业结构也在发生变动，成为农村繁荣兴旺的主要标志之一。

实行农民离土不离乡，需要发展多种经营、农村工业和小城镇。小集镇发展表明了农村迈向城市化，为农村富余人口广开了就业门路。农村现代化过程中，将会有大量农业人口转化为非农业和城镇人口，这是必然的。1983年北京郊区农村劳动力184万人，从种植业转移出去从事乡镇工业、专业民建筑队、交通运输、商业、饮食、服务等有82万人，占农村劳动力的45％。过去农村多余的劳动力总是通过各种途径由小城镇到中等城市，最后拥入大城市。因为城乡差别大，城镇之间差别也大，人往高处走。现在农村富裕起来了，农村工业蓬勃兴起，集市和集镇也开始兴旺起来，这就有条件有力量有可能把农村多余人口留下来，无须再向往大城市。搞好农村集镇建设，可以从这里探索出一条有我国特点的农村工业化、城市化的新途径。这对生产力合理布局、工农结合、城乡结合、控制大城市人口发展规模，都将发挥积极作用。

其次，要发展中等城市。中等城市是指20万~50万的城市。北京市镇人口，从城区近郊区到远郊区的分布来看，城近郊区人口占总人口93.78％，远郊县城镇人口占6.23％，城镇之间人口分布"头重脚轻"，已如前述，中间没有中等城市，远郊县城镇不但发展不起来，甚至衰落。房山县城镇人口最多也只有3.6万人，这种现象说明小城镇对农村剩余人口的截留作用有限，不能不增加大城市控制人口迁入的压力。

为了减少城区过剩人口，不可能都疏散到远郊区小城镇，需要建立一些中等城市或把郊县有条件的小城镇建设成中等城市，在北京市地区形成大、中、小（包括农村集镇）城镇体系，大、中、小城镇相结合，在城镇体系之内调整人口分布。因此中等城市的建设是不可忽视的，既可以吸收市区多余的人口，又可以促进郊县小城镇的发展。北京总体规划的批复指出："应着重发展卫星城镇，逐步把市区的一部分企业和单位迁到卫星城"。发展卫星城可以解决北京城镇人口分布"头重脚轻"的现象，也可以解决北京市缺少中等城市的问题。早在1925年北京就开始了卫星城的建设，成效不大，主要原因是规模小，投资少，基础设施差，服务设施不配套等等。因此对疏散市区人口吸引力小。目前重点抓黄村、昌平、通县和燕山四个卫星城的建设。为此要总结前一时期发展卫星城镇的经验教训，也要研究国外卫星城发展的经验教训。

这里有两个问题需要考虑。

一是现代化的交通、电讯设施问题。北京市的交通拥挤相当严重，以致市内的来往极为不便。城市人口生活在一定的社区内，有着各种各样的社会关系，如果解决了交通问题，虽然有些人迁往卫星城，原有的社会关系也不会疏远和中断。这是一个重要问题。有了现代化的交通设施，城市立体化了，缩小了地理上、空间上的距离，卫星城才真正是大城市的卫星城，而不是与中心城市无关的一个小城市。电讯问题也同样，这个问题解决了，卫星城和中心城市的联系就密切了，卫星城的吸引力也会随之加强。

二是两个积极性的问题。卫星城的建设可能是"一头热"，只是中心城市想搞个卫星城，疏散工业、疏散人口。要有两个积极性，即地方上的积极性。如果只有一个积极性投资是巨大的，经济效益、社会效益是需要研究的。目前，北京重点建设的四个卫星城：黄村4.3万人，昌平4.8万人，燕山7.4万人，通镇12万人，平均人口规模为7.15万人。其中黄村较小，通县较大，黄村离市区20公里，原来是一个自然村，1975年后才开始建设，投资约4亿多元，主要吸收了当地农业人口，起到了截留农村人口向城市的流动，也疏散了城区的一批人口，但作用还不显著。怎样建设好卫星城，有效的疏散城区过剩的人口，还需要认真研究。发展小城镇和中等城市（包括卫星城），可以使北京市辖区1.68万平方公里土地上，从城区、近郊区、远郊县城以至村镇，形成一个大、中、小的城镇体系，并结合调整产业结构、职业结构，逐步解决城镇之间的人口规模"头重脚轻"的现象。

第三，调整产业、职业结构。为了促进北京市城镇之间的人口合理分布，应结合首都北京城市的性质和功能，调整社会经济结构，主要是产业、行业结构。北京城区人口规模日益膨胀，其中一个重要原因就是产业、职业结构与城市的性质和功能不相适应。所以，不改变北京市人口的产业、行业结构，人口的合理分布是难以实现的。

根据1982年人口普查资料可以看出，北京市在业人口的产业、职业分布有以下特点。

首先，分配在物质生产部门的人口共440.4万人，占在业人口81.1%，这个部门的人口主要分配在工业185.4万人，占全市在业人口34.2%，工业人口中制造业的人口共175.3万人，占全市在业人口32.3%，主要集中在重工业。国外一些首都的工业人口一般在30%以下，如东京27.3%（1977年），莫斯科27%（1978年）。北京市有这么庞大的工业人口，显然不符合首都的性质和功能，需要压缩和疏散。

中央书记处对北京市提出的发展方针指出：北京市要以发展电子、轻纺、食品等直接满足人民生活的工业为主。而目前适合首都北京性质和功能的工业人口在整个行业人口中只占 14.2%，需要增加和发展。

其次，分布在非物质生产部门的在业人口只有 102.5 万人，占在业人口的 18.9%。国外一些首都的非物质生产部门的在业人口一般在 30%，如，美国 40.8%（1977 年），日本 26.3%（1978 年），法国 35.2%（1978 年），相比之下，首都北京生活服务事业中的人口太少了，也要大力增加和发展。

再次，物质生产部门中，农、林、牧、渔的在业人口有 154.6 万人，占全市在业人口的 28.5%，这是仅次于工业的第二大产业。农业人口与工业人口之比为 1∶1.2。而农业人口又主要分布在种植业共 149.3 万人，占 96.1%。北京市农业人口的比重较大，降低了北京城市化的水平。在四化建设过程中，农业人口会加速向非农业人口转化。这里存在一个农业人口转化时的行业职业的重新分布问题。

如果我们按三个产业的划分标准来看北京市管辖范围内在业人口的分布，那么分布在第一产业的在业人口（农、牧、渔等行业）占 28.5%，第二产业（泵矿、电力、煤气、制造业、建筑业、地质勘探等）占 41.4%，第三产业（商业、饮食业、交通运输、邮电通讯、公用事业、文化、教育、科学研究及综合商业、卫生、体育、社会福利事业、国家机关等）占 29.7%。国外一些首都第三产业一般在 60% 以上，东京 63.7%（1977 年），莫斯科 61.1%（1978 年），巴黎 62.3%，贝尔格莱德 64.7%。对比之下，北京第三产业比重太小，要大力发展，才能适应目前城市改革和控制人口发展规模的需要。

总之，城镇人口的合理分布，是控制大城市人口规模的重要方面。如果能较快形成大、中、小城市的城市体系，就既能疏散城市中心区的人口，又能截留农村人口。而人口在空间的合理分布，又离不开生产力的合理布局。为此，北京市的人口分布要结合城市性质，大力调整产业、行业结构。产业、职业结构调整好了，人口分布就会日趋合理，而城市人口规模的控制，就会由难而易。当然，要使北京市真正成为全国政治、文化中心，还有一个提高人口素质的艰巨任务。

三　人口质量问题

人口质量和数量是辩证统一的。所谓质量是指人口的文化教育程度、技术水平、智能和健康状况等。北京市人口发展规模不仅限于控制数量，还要大力提高质量，这是人们常常忽视的。这里只就文化教育程度来看北京市人口质量的状况。据1982年人口普查资料，北京市人口的文化教育程度与其它省市相比是较高的。大学毕业文化程度的占全市六岁以上人口的3.9%（上海2.6%，天津1.8%）；大学肄业或在大学学习的占1.4%（上海1.1%，天津0.8%）；高中（包括中专）文化程度的占19.2%（上海22.1%，天津14.7）；初中文化程度的占31.7%（上海30.4%，天津31.3%）；小学文化程度的占23.5%（上海27.3%，天津33.9%）。但是按四个现代化的要求来看，北京人口的文化素质还是偏低的，主要表现在以下几个方面。

1. 初中以下文化程度的比重较大。据1982年普查资料，初中以下占全市6岁以上总人口的75%，小学以下的占43%。

2. 在业职工、干部和教师文化水平普遍不高。在职职工中，初中以下文化程度占近70%；国家机关负责人中，初中以下文化程度占40%；企事业负责人中，初中以下文化程度占60%以上，小学以下文化程度占20%，还有176人是文盲；教学人员中，小学文化程度占60%。北京市职工队伍文化素质低。这与北京市的文化中心地位是极不相称的。

3. 城乡人口文化程度差别极大。北京市6岁以上的人口中，文盲、半文盲，占总人口的13.98%，对首都来讲，仍是相当高的比例。从地区来看，四个城区，文盲率为10.1%；6个近郊区文盲率为11.3%；九个远郊县，文盲率为22.3%。特别是15~49岁劳动人口的文盲率为5.58%，这不能不影响现代化建设。

4. 大专学历的专门人才年龄结构存在断裂层。北京市大学毕业文化程度的人，在40~44岁年龄组所占比例最高，平均每百人中有15人大学毕业，在45~49岁年龄组，平均每百人中有12.8人，而在35~39岁年龄组明显下降，平均每百人中只有7.7人，在30~34岁年龄组，平均每百人只有4.8人。出现这种情况，主要是"文革"期间，大学被迫停课和未能进行正常教学所造成的。今后十几年，大学毕业人才比例是递减的趋势。如果不采取措施，及时填补这个断裂层，将出现后继乏人的局面。

中央书记处关于首都建设方针的指示要求经过 15 年或更长一些时间的努力，把北京建成全国科学、文化、技术最发达，教育程度最高的第一流城市，并且在世界上也是文化最发达的城市之一。根据目前北京市人口质量存在的种种问题，到 2000 年，实现中央书记处提出的上述指标十分艰巨，下述措施是不可缺少的。

1. 在人才预测的基础上，对北京市的人口质量问题进行深入研究，制订与北京市建设总体规划相适应的教育事业发展规划。

2. 通过扩建与改建，充分挖掘现有高校的潜力，逐年扩大招生规模的同时，根据郊县各项事业发展的需要，组织现有老大学去农村办一批分校，以缩小城乡人口文化程度的差距，老大学还可以开办两年短学制教育，培养各行各业急需的人才。

3. 加强师资队伍建设，切实办好现有的师范院校，加速提高在职教师的业务水平和文化素质，并尽快解决他们在工资待遇、住房职称等方面的问题，以提高教师培养人才的积极性。

4. 通过制定有关政策和立法，发动各级各类学校以及企业和社会各方面力量，大力发展成人教育，多形式、多渠道地提高人们的文化程度。这是弥补大专人才年龄断裂层的根本途径。

5. 在农村大力开展扫盲活动。要通过经济手段和说服教育，鼓励大人识字，儿童上学。同时，要大力加强郊县的师资队伍建设。

6. 增加智力投资，切实解决北京市教育经费不足的问题。大力采取措施提高人口的文化教育水平，有助于北京市人口发展规模控制在 1000 万左右。人口自然增长率是影响人口数量的重要因素，为了控制人口数量，要加强计划生育，进一步降低人口出生率。1983 年北京市人口一胎率为91.26%，其中城市一胎率为 99.09%，高于农村（80.79%），原因很多，城市文化教育水平高于农村是重要的一个。一般讲人口的文化教育水平高，出生率就比较低；反之文化教育水平低，出生率则比较高。这是生育史的研究一再证实的。1982 年北京育龄妇女（15 ~ 49 岁）有 868，051 人，其中小学程度的育龄妇女生育 5 胎以上的多于初中程度的，中学程度的又多于大学程度的。因此提高人口文化教育水平有助于提高人们对于计划生育的自觉性，从而可以降低多胎率，减少人口增长的数量。

综上所述，控制大城市人口规模是实现有我国社会主义特色的城市化道路需要解决的问题。大城市的人口发展规模能否有效的控制，只从数量方面考虑是不够的，还需要从人口分布和人口质量方面考虑，也就是要采取综合治理的战略方针和措施。从城市的历史和现实、性质和功能、自然条件和社会经济条件等方面出发，实事求是地制定综合治理的规划和具体办法，我们认为大城市人口发展规模是可以得到控制的，北京市到 2000 年人口规模控制在 1000 万左右也是能够实现的。

老骥伏枥　壮心未已

——在庆雷洁琼教授执教五十五周年大会讲话*

（一九八五年）

今天，我们在这里欢聚一堂，庆祝雷洁琼教授执教五十五周年。

雷洁琼教授是社会学界的老前辈，是国内外著名的社会学家，社会活动家。1905 年雷先生出生于广州，早年就读于广州女子师范学校，1924 年去美国留学；1931 年在美国南加州大学获社会学硕士学位。1931 年 9 月回国在燕京大学社会学系任教。1941～1946 年先后在上海东吴大学、沪江大学、震旦女子文理学院、圣约翰大学、华东大学、复旦大学任教，1946 年回燕京大学社会学系任教。

中华人民共和国成立后，雷洁琼教授热爱党、热爱社会主义，忠诚党的教育事业。1952 年院系调整后，雷先生由燕京大学调任北京政法学院教授兼任教务长，1973 年 8 月任北京大学国际政治系教授，1982 年 4 月起任社会学系教授。

社会学系在我国中断二十七年后，在党中央的关怀下，在老一辈社会学家雷洁琼教授等的积极建议和大力支持下，1979 年 3 月得到恢复和重建，1982 年 4 月北京大学成立社会学系。五年来，社会学系的艰苦创业过程，始终得到了雷洁琼教授的关怀和支持。她不但为研究生、本科生讲授社会学的专题，并亲自指导硕士和博士研究生，还承担中国社会科学院社会学所

＊　本文原载于《社会学与社会调查》1985 第 3 期。

"六五"时期国家重点科研课题有关五大城市家庭研究的学术指导，出版了《中国城市家庭调查报告和资料汇编》，受到了国内外的重视。现在又承担了教育委员会"七五"时期有关我国家庭问题的研究项目。

五十多年来，雷洁琼教授勤勤恳恳，从事社会学理论、妇女问题、家庭问题、儿童问题的教学、科研工作，发表了很多有价值的学术论文，培育了很多社会学人才，桃李满天下，为我国社会学事业做出了重大的贡献。

雷洁琼教授还是一名著名的社会活动家。早年，她参加了五四运动，并代表女子师范学生会出席了广东省学生联合会，呼吁科学和民主。当日本帝国主义发动侵华战争后，雷先生积极参加救亡运动，曾任燕京大学教职员反日救国会常务委员，宣传抗日，动员教职员支援前方抗战。在"一二·九"运动中她冒着风险，支持学生抗日救国运动，并想方设法救护进步学生，表现了她强烈的爱国主义精神和正义感。抗日战争爆发后，她离开燕京大学前往江西从事妇女工作及伤兵救护工作，并在江西省地方政治讲习院中正大学任教。抗日战争胜利以后，全国人民迫切希望民主与和平，1946年她参与发起中国民主促进会，参加上海人民团体联合会，并被选为和平代表团成员赴南京向国民党政府请愿，呼吁民主和平，反对独裁，反对内战，在下关遭到国民党特务暴徒毒打，激起了全国人民的愤慨。但是，雷先生同其他爱国人士一样，没有被反动派的威吓殴辱所吓倒。紧接着，她参加了当时北平文化教育界的民主运动，为我国民主革命事业做出了重大的贡献。

新中国成立以来，雷洁琼教授担任了全国政协委员，全国人民代表大会一、二、三界代表，国务院专家局副局长，北京市副市长等职称。现在还以80高龄担任全国人民代表大会常务委员会法律委员会副主任、全国妇联副主席、中国国际交流协会副会长、民进中央副主席、香港特别法起草委员会委员、中国社会学会副会长、北京市社会学学会会长、中国婚姻家庭研究会会长等职。她不辞劳苦地奔波于国内外，为我国的社会主义现代化建设、为学术交流、为妇女解放事业、为增进我国人民与世界人民的友好和团结做出了重要贡献。

在庆祝雷洁琼教授执教五十五周年之际，我们要学习她爱憎分明，热爱党热爱社会主义，勤勤恳恳，全心全意为人民服务的精神；要学习她坚持四项基本原则，实事求是的态度，发展我国的社会学事业；要学习她忠诚党的教育事业，关心学生，热爱学生，教书育人的高尚品格，为国家培养德才兼备的人材。

　　老骥伏枥，壮心未已；有一分热，发一分光。党的三中全会以来，雷老虽日益年高，但身体健壮，并被选为模范健康老人。更加老当益壮，还继续为建设有我国特色的适合社会主义现代化需要的马克思主义社会学而辛勤工作。雷老这种生命不息，战斗不已的精神，对于我们后辈是很大的鞭策和鼓励。

民政工作与社会学[*]

（一九八五年）

　　我参加全国民政理论会，第一是来祝贺的。通过讨论，大家一定取得了很多成果，这是应该祝贺的。第二是来学习的，因为北大社会学系准备建立民政福利管理专业。社会学研究的社会问题有许多是民政工作领域中的问题，社会学与民政部门的关系是非常紧密的，要办好社会学系，就要得到民政部门的领导和在座的各级领导的支持。

一　民政工作和社会问题

　　第一天听了邹副部长的报告和其他同志的发言，很受教育。从他们的发言中可以看到，民政工作与社会学联系紧密，社会学要得到发展，就要从民政工作处理的一系列社会问题中吸取营养。昨天，朱传一同志作了关于美国社会保障的报告，社会保障问题也是社会学研究的问题。民政工作就是做人的工作，是解决人民群众的困难和问题，这些困难和问题有灾荒问题、贫困问题、老年问题、残疾问题、儿童问题、精神病问题、殡葬问题、游民问题、婚姻问题、烈军属问题、复员退伍军人问题，还有基层政权建设问题，等等。从社会学观点看，这些都是社会问题。

　　那么，什么是社会问题？马克思说，凡是有关人与人相互关系的问题都

　　* 本文是袁方先生在全国民政理论讨论会上的发言（根据录音整理），原载于《社会研究》1985 年第 4 期。

是社会问题。也就是说，社会问题是有关人的问题。在社会问题里面，人是主体，这就与其它问题不同，比如物价，它是经济问题。当然，经济问题会影响到社会问题，但它的性质就不同了。在人与人的相互关系里面，如果发生了失调的现象，带来人们共同生活的困难和危害社会的安定团结，阻碍社会的协调发展，从而引起人们的重视，需要运用社会力量来解决，这就是社会问题。社会问题不是个人能解决的，比如家庭问题。两口子吵架，这个关系就不大协调，但还不是社会问题。一直吵到两个人不能生活在一起，非要离婚不可了，那就需要采取社会力量来解决，这个时候才构成社会问题。像民政工作对象中的孤寡老残，他们无家可归、无依无靠、无生活来源，这是一个社会问题，靠个人不能解决，需要用社会力量来解决。另外，像盲、聋、哑、残，这些人虽然有一定的劳动能力，但很难找到工作维持他们的生活，他们容易失业或待业，当提供劳动力的一方和需求劳动力的一方的关系失调时，就会带来失业或待业，从而带来社会问题。

社会不是静止的，而是经常不断地变化的，在发展变化的过程中，社会和自然环境之间、社会结构各个部门之间，也常常会发生失调的现象。就整体来讲，生产力和生产关系、上层建筑和意识形态之间，在变化过程中也常常会发生失调现象，如果不及时解决，也会造成社会关系的失调，产生种种社会问题。比如说城市化，人们卷入到工业里面来，到城市里面来，这也是一个城市化过程。在城市化过程里面，城市人口不断增长，大城市人口出现迅速膨胀的现象。拿北京来讲，现在是一千万左右，在城市人口增长的过程中，住宅紧张、交通拥挤、犯罪增加、环境污染等等，出来一系列较难解决的社会问题。社会问题是多种因素造成的，或者是自然环境的变动引起的，如地震天灾一类，或者是由于社会机构的变动引起的，如孤、寡、老、残等等，或者是因为个人的生理素质引起的，个人生理素质能遗传，如精神病、低能等，或者是由于不同的伦理观念引起了不同的看法，如离婚、弃婴，特别是女婴，重男轻女与弃婴有关。当然，这些原因不是孤立的，它们是互相影响的，像天灾引起社会问题，但人为地破坏自然生态环境也会引起天灾，天灾带来人祸，人祸又会引起天灾。正是因为形成社会问题的因素是复杂的，我们研究社会问题的时候就要实事求是，具体问题具体分析。同时，在解决问题的时候，要采取综合治理的办法，现在民政部门解决的一些问题，都是综合治理。比如，残疾人问题的产生原因有先天的，也有后天的，那么，应该针对这样一种情况，组织各方面的力量，运用各种科学知识进行综合治理。残疾人问题归民政部门管，但仅仅靠民政部门是很难解决的，它还要靠医疗卫生等其它部门的力量，这就是综合治理。又如，我们现在提倡一对夫妇生一个孩子，因为我国人口太多，需要降低和减少人口数量，我们现在是十亿人口，到本世纪末是十二亿，能不能控制在十二亿，怎样才能控制在十二亿，这还值得研究。那么，怎样从数量上加以限制呢？办法就是要降低出生率，要少生，一对夫妇生一个孩子，那是少生的一个措施。在这个问题上，我们以前从数量上考虑得多，而忽视了质量的问题。一个孩子生下来，我们希望不是一个低能，这个问题我们还不敢保险。当然，在科学方面还可以探索这个问题。总之，我们在对待一个社会问题的时候，不能只看到一个方面而忽视另一个方面。

　　社会问题是普遍存在的，马克思主义哲学讲得很清楚，矛盾是普遍存在的，矛盾就是问题，有人类社会就有社会问题，奴隶社会、封建社会、资本主义社会都有社会问题。社会主义社会是不是还有社会问题呢？我看也不例外。社会主义社会不是从一个有矛盾、有问题的社会变成一个没有矛盾和问题的社会。社会主义社会是推翻旧社会建立起来的新社会，旧社会有社会矛盾和社会问题，我们建立的新社会是不是就没有矛盾问题呢？事实证明是有的。这一点，乔木同志在为社会学恢复名誉的时候，就是这样论述的：人类将来进入共产主义社会，也会有社会问题，因为社会问题的主体是人，旧的社会问题解决了，又会出现新的社会问题，只是不同的社会制度下面社会问题的性质和种类不同。社会主义社会问题的性质与阶级社会的性质是不同的，解决的办法也不会完全相同。国外一些社会学者把社会问题看作社会病态现象。既然是社会"病"，就需要重视它、研究它、医治它、解决它，才能促进社会健康地发展。一个人得病后只有得到医治，才能健康起来，一个社会有病，你不去医治，它能健康吗？这是同样一个道理。至于把社会问题看作是病态现象，能不能这样看，也值得研究。国外有一种社会病理学，国内社会学界也有类似的看法，把社会问题看成是一种社会病，但对这一病态现象还不太重视，甚至不敢重视，也不积极去研究，甚至怕研究，这就是一个问题。我碰到社会学界的一些同行或者其他一些搞理论工作的都是避开这一问题走，都不敢碰这个问题。以前，社会问题被划为禁区，被认为是阴暗面，它不用病态，用阴暗面这个词。事实上，大家都接触了这个"阴暗面"对社会问题采取掩盖和不承认的态度。在一些人看来，社会主义社会不可能，也不会有社会问题，我看这不是实事求是的态度。1957 年，那时有许多人口学家、社会学家、经济学家，如马寅初、陈达等，提出节育晚婚，解决中国人口问题。因为当时中国人口增长太快，会拖社会主义建设的后腿，所以提出一些积极措施来解决人口问题。当时中国已经有六亿人口。陈伯达却说，我们中国再有六亿人口也没关系，你们谈人口是何居心，是不是要通过人口问题来攻击社会主义制度？把问题无限上纲，一说社会问题就说你是攻击社会主义制度，否定社会主义优越性。当然，社会主义社会的性质不同于阶级社会，解决的办法也不完全相同。资本主义社会问题，一般都是和社会的基本矛盾结合在一起的。马克思在《资本论》中讲到资本积累与无产阶级者贫困化的问题，在资本积累规律下，在相对人口过剩最底层的那些贫苦人们，如失业者、鳏、寡、孤、独、残疾人等等，这些问题在资本主义社会是很难解决的。社会主义社会的优越性不在于有没有社会问题，而在于能通过社会主义制度本身的调节，逐步使社会问题得到解决。如旧中国留下来的无业游民、流氓、妓女等等，我国民政部门已经通过改造性的社会救济福利事业使他们逐渐成为自食其力的新人。民政部门在这方面做了很多了不起的事情，把资本主义社会不能解决的社会问题解决了，这只有在社会主义能做到，为什么这样说呢？因为以前一说到社会问题，就怕与社会主义优越性联系起来。我记得，1980 年，万里同志主持的就业问题的讨论，就有人提出这个问题。因为在七十年代后期，城市出现大量待业现象，不解决这一问题就会影响安定团结，我们党采取了积极措施来解决这一问题，制定了新的就业方针。原来就业途径很窄，只有全民所有制，现在要广开门路解决当时的待业问题，那么待业问题是一个什么问题呢？当时文件中提得很高，说是一个爆炸性的问题，但是不敢提是社会问题。也有人提出这是一个社会问题，但是不敢往文件上写。以后我读了小平文选，小平同志明确指出，我们要实现现代化，而现代化又不需要那么多人，而我们人口又这样多，这就是一个矛盾，我们需要统筹兼顾，不能完全搞尖端的现代化。完全搞尖端的现代化，我们就会面临一个长期的社会问题。他指的是待业问题。李先念同志也指出这是一个严重的社会问题。

上面说的这一些，意在说明社会问题的普遍性。为什么谈这个问题呢？因为我们对这个问题还有一些不同的看法。所以，我着重论了这一方面，不一定说得对。当然，社会问题除了它的普遍性外，还有它的特殊性，有的社会问题是长期的，有的社会问题是短期的。

民政工作要解决的问题主要是社会问题，而社会问题是社会学，特别是应用社会学研究的内容。应用社会学就是运用社会学的理论和方法去发现社会问题，研究和分析社会问题，探索解决社会问题的途径，提出解决的方案。从目前民政工作的任务来看，它不是解决所有的社会问题的，而是解决社会问题的一部分。它的专门工作对象有二亿人口，还有一部分民政工作是为十亿人服务的。它的解决办法，主要是通过发展社会保障、社会福利，为社会服务。社会保障里面包括社会保险，社会福利中还有各事业。民政部门在社会保障中有一部分任务，国外的社会保障是一个完整地系统。社会保障概念是在第二次世界大战前后提出来的，1935 年，美国就通过了《社会保障法》。特别是英国到 1945 年工党上台后，提出了一个完整地社会安全计划，实际上就是社会保障，只是翻译不同而已。因为第二次世界大战后，人们如果没有安全感，不能安居乐业，这个社会是很难维持下去的，当然，在资本主义社会是否能做到社会保障，那是另一个问题，但毕竟提出了这个概念。现在民政部门的工作对象主要是社会问题中特定的一部分人，他们是最困难的一部分人，不能自谋生计或者不能维持最低生活。社会学把民政工作看成是一种社会工作。不过，在我国，社会学中的社会工作与民政工作，可能不太一致，社会学把每一个人参加一些社会活动等等，也叫社会工作，民政部门的社会工作主要指的是社会福利、社会保障这方面的工作。这些工作的目的是增进社会福利、增强社会安定团结、提高社会主义精神文明，这种工作是现代化社会中一种伟大的事业，也是崇高的事业。什么叫现代化？现代化国家也有先进和落后之分，有现代化水平很高的，也有水平不高的，在世界上有发展中国家，有发达国家，但是，不管是哪一种国家，都是在向现代化国家发展。那么，现代化的标准是什么？标准当然很多，西方不少社会学者都在研究这些标准，可以找出很多指标来说明现代化的程度。需要指出的是，在现代化过程中，人也在现代化，也需要找出衡量人的现代化标准。我看，社会福利事业就是现代化社会的一个重要标志。怎样对待社会工作，怎样对待孤、寡、老、残，也可以作为衡量一个人是不是现代化的一个标准，这是社会主义精神文明的一个组成部分，要承认人的价值。在社会救济事业里面，过去是施舍和被施舍的关系。我们现在的观念改变了，现在被救济者感到自己不是一个被施舍的对象，通过帮助和教育，他们也可以自食其力，在现代化人的观念中，他们享受社会福利和社会保障是一种权利，是应该的。

二　社会学要为民政科学的发展作出贡献

我参加这个会有一个深切的体会，这就是觉得自己也像是这个会的主人，原因就是民政部门非常需要社会学，社会学更需要民政部门的实际工作。在我国，社会学的发展要得到民政部门的指导和支持，得到从事民政实际工作的同志的帮助。同时，社会学也要为民政科学的发展作出它应有的贡献。民政科学是一门综合性的科学。科学的理论来源于实践。小平同志在他的文选中指出，新的科学理论的提出，都是总结概况实践经验的结果。理论来源于实践。新中国成立以来，在党的领导下，我国民政工作取得了很大的成绩，积累了丰富的经验，为建立符合我国国情的、具有我国特色的民政科学奠定了基础。把民政工作看作是一门科学，是我们思想现代化的体现，过去谁能把民政工作看成科学呢？我参加了中国城市科学研究会，过去谁把关于城市的学问看成科学呢？我参加了中国劳动学会，其也把劳动看成是科学。这是适应四化的要求而对我们的工作产生的一些新看法。民政科学是一门相当现代化的新科学，它的发展需要多种学科来共同研究，既需要社会科学，也需要自然科学，还需要人文科学。要研究精神病人问题，就要懂得心理学。要搞救灾救济，就要懂得农学等自然科学。系统工程、电子计算机等新兴学科也要懂得，社会科学如经济、哲学、法律、政治学、社会学、社会心理学、社会统计学等都要懂得，人文科学中的人类学等也要懂得。当前科学发展的趋势是综合多科性。18～19世纪，科学上的分法较粗。随着科学的发展，科学日益分化，社会学就是从哲学中分化出来的，而社会学现在又在分化。时代发展到今天，科学越来越细，每一个人的时间和精力是有限的，要掌握许多知识很难，特别是有许多学科与学科之间有不少空白地带需要研究，还要研究社会生活中的重大问题，这些问题需要多种学科共同进行研究，这是当前学科发展的趋势。如我国近年来出现的城市科学、劳动科学、环境科学、民政科学等，标志着我国在这些领域中的工作进入到综合性的多科性的研究阶段。提出民政工作科学化，标志着民政工作发展到了一个重要阶段。社会学是以社会整体为研究对象，社会学原来就是从哲学领域中分化出来的，目前，它日益成为发展边缘科学的基础和多科性研究的骨干。现在许多自然科学技术与人类社会关系越来越密切，进行自然科学技术的研究和学用，也需要社会学知识。如卫星上天、原子弹爆炸，光靠物理学是不行的，它必须由多种科学共同研究。在多学科领域里，社会学，特别是应用社会学成为重要的组成部分。目前世界各国都重视社会学的研究，美国、苏联、日本等国家社会学的研究都在迅速发展，美国发展更快，它不但研究社会学的机构多，研究人员也多。社会学产生于欧洲，却是在美国得到发展起来的。美国社会学一开始就重视实际问题的研究，第二次世界大战后更加重视社会问题。1971年美国政府给社会学研究的经费达10405万美元，其中应用社会学研究就占了8900万美元。在应用社会学里，社会福利、社会保障、社会服务等社会工作蓬勃发展。美国高等学校社会学系一般都开设社会福利课程。美国还有专门的社会福利学院，培养从事社会福利等工作的人才比社会学系培养的还多，因为这个事业发展起来，就需要大量的专业人才。所以，上次我与卢谋华院长谈，民政学院的成立是民政科学建设中的一件大事。是不是可以考虑会后民政学院可以设立一个社会福利专业和社会工作专业。我看这个问题现在需要提到议事日程上来了。在中国香港、美国、英国等地都有类似的学院和专业。我们这样大的一个国家，在现代化过程里，社会福利事业将来会蓬勃发展，我们的人才跟不上是不行的。社会福利事业的发展是现代化国家的一个标志，在美国专门从事社会工作的人员由30年代的四万人发展到目前20多万人，社会服务机构遍及全国，各级都有。为什么社会福利事业在现代化国家里这么发展，这是值得研究的一个问题。因为现代化社会生活是社会化的问题，它不同于小农经济。小农经济下的生老病死伤残等问题，都可以靠家庭和亲朋来解决，在现代化社会中，分工越来越细，社会化程度越来越高，这些问题靠家庭和亲朋已无法解决，需要靠社会力量来解决。美国社会福利这样发展，与高度社会化的生活和众多的社会问题是联系在一起的，许多社会问题不解决，社会就不能安定，个人问题得不到解决，个人就没有安全感。

现在来看我国的情况。我国社会学的恢复和发展经历了一个曲折的过程。1952年院系调整时取消了社会学系，主要原因有：第一，受苏联影响，因为当时苏联没有社会学。第二，部分人认为历史唯物主义可以代替社会学。第三，认为社会学是资产阶级的东西。然而苏联的社会学经过了一个曲折的过程后，今天已蓬勃地发展起来。在1956年前后苏联发展社会学时我国的反右斗争把社会学又批了一顿，如费老，当时说他是以人口问题打开缺口，复辟资本主义社会学。1979年，社会学得到恢复，乔木同志在会上为社会学平反，指出过去取消社会学的做法是错误的，历史唯物主义也不能代替社会学，它只是社会学的指导思想。在四个现代化的过程中，有许多新情况、新问题，都需要运用社会学去研究。1979 年恢复社会学时，高等学校里还没有社会学系，但是过去一些搞社会学工作的分散在各个单位，还是能与我们国家的社会学研究结合起来，很多实际工作部门，如民政部门，实际上就是研究社会问题的，而且实际工作并未中断。从 1979 年到目前，我国的社会学发展比较迅速，中国社会科学院成立社会学研究所，各省市自治区社会科学院也相应地建立了社会学研究所和社会学会，有的政府部门（如北京市）也成立了社会学研究室。另外，高等学校设立社会学系，培养社会学专业人才，如中山大学、南开大学、上海大学、北京大学都有社会学系，使社会学研究由青黄不接变为后继有人。几年来，社会学理论工作者和实际工作者相结合，从事社会问题的调查和研究，为四化建设服务，取得了一定的成绩。几年来，各地搞社会学理论的都是与从事实际工作的同志和部门相结合。如人口问题、家庭问题、老年问题、儿童问题、残疾问题、民族问题、宗教问题、社会福利等社会问题的研究，都是这样进行的。现在结合北京大学社会学系的情况来讲一讲这个问题。北大社会学系是在 1980 年筹建，1982 年成立，我们是从招取研究生开始的，从 1983 年开始招取本科生。到目前为止，我们有本科生两个年级，共 60 人，今年还要招取一个班，本科生可达 90 人。现有研究生 20 多人，今年还招取了一个研究生班，20 多人，另外还为其它一些研究机关代培研究生。现在报考北大的人数很多，我们的力量跟不上，我们的教材师资跟不上。我们之所以从招取研究生开始，目的就是培养师资。我们发展北大社会学系还主要靠实际工作部门的同志来支持，如北大社会学系讲老年人、社会福利等社会问题，就是请卢院长来讲的。

目前北大社会学系已在研究的课题有这样一些。我们承担了"六五"计划中的两个国家项目，一个是北京市的人口和城市发展。北京市人口现在已达一千万，原来想控制在一千万以内，现在已经不可能做到了。但大城市的人口是要控制的，到底控制到什么程度合适，能够控制到什么程度，社会学要研究这个问题。我们这个课题的研究是与北京市政府社会学研究室协作的。再有一个课题是中国人口出生率下降的趋势和它的问题。人口生育率下降会带来一些什么问题，好的方面就是人口逐渐减少，但是里面也存在问题，比如性别比例的问题，一对夫妇只生一个孩子，大家就想生男孩，不生女孩，这个问题需要研究。人口出生率下降后，人口老化问题就会出现，这些问题不研究不行。这些都与我们的现实问题紧密挂钩。第三个研究项目是为北京市制定一个选拔干部的标准。因最近北京市组织部找到北大党委，说他们要提升一批局级干部，我们不能提升老的，到底局长要有些什么标准，他们就请了北大心理学系和社会学系的老师和同学给他们研究这一问题，希望在选拔干部的问题上搞一个科学的标准出来。第四个研究课题是北京市的家庭问题、老人问题，主要是研究离休干部。去年暑假我们组织同学对这方面问题进行了研究，还要作一些厂矿企业退休人员的研究。第五个课题是结合体制改革，从事有关问题的研究，比如物价变动对人们心理有什么影响。据说这个调查还引起国务院和赵总理的重视。第六，最近体改委又找到我们系，要我们研究社会福利问题。因为朱传一同志从美国回来，给赵总理写了一个报告，主要是讲美国社会福利问题。我们也要在四化中解决这个问题，赵总理很重视这个报告，批示体改委成立一个研究社会福利问题组，我们也参与这个研究。第七，在体改委成立研究社会福利组以前，科委找到我们系来，说他们是搞科学的，但现在搞自然科学的需要社会学，这两个方面需要互相渗透，光靠自然科学许多问题不好解决，他们找我们作社会福利的编写工作。因为国外每一个人都有一个这样的卡片，我们的社会保险事业发展以后也应那样，这样便于进行科学化的管理。只要把卡片一看，对这个人的全部情况就知道了，而这个工作我们现在还未做。当时我在会上提到，民政部门、劳动部门和卫生部门应参与这个工作的研究。这个工作还在进行。参加社会福利编写工作的还有标准局，这就是说它需要多科性研究结合起来。第八，我们和中国劳动学会合作，在北京市研究业余时间从事第二种有报酬人员工作的调查。因有关这一问题的六个红头文件中三个赞成，三个反对。到底怎么办，书记处说你们去搞点调查研究看看。现在搞第二职业的科技人员，有的只能偷偷摸摸地搞。我们同学调查结果表明，有的很难调查得出来，因为这个调查与他们的利益有关。但利用业余从事第二职业是一种趋势，也能发挥不少作用，但是其中有许多问题需要研究。第九，我们与城市科学研究会协作，研究中国城市化的通路问题，如大中小城市发展的标准问题，小城市是否包括小城镇。去年我们在无锡开小城镇会议时，就遇到这些问题。从人口上讲，多少人为城市，多少人为镇，这些问题都需要研究。从上述列举的这些情况看，可知我们系狠抓了实际问题的研究，狠抓了社会问题的研究，二者关系如何，我们还在进一步研究中。我们认为理论还是从实践中来，离开具体社会问题的研究，社会学就会丧失生命力。民政工作有许多解决社会问题的经验，这些经验一经上升，就是民政科学的理论，就可以说是民政社会学。当然，民政科学里面不只是民政社会学一部分。不过，民政科学我看就是应用社会学，这里面有许多经验值得我们总结，要建立具有我国特点的民政社会学。应用社会学的研究也可以为中国社会学理论打下基础。社会学界要重视社会福利的研究，要重视民政工作，为发展我国民政科学作出它的贡献。北大社会学系过去请了一位曾在协和医院做过社会工作的老教授讲社会工作，他也一再告诉我们说，你们要注意社会工作和社会福利这种课程，为我国社会福利工作培养人才。我们系决定要开民政概率这门课，卢院长已经答应支援我们。我们还要开设社会福利课程，还打算成立社会福利行政专业，为民政部门培养人才。另外，我们要积极参与民政工作和社会福利的调查研究，我看了社会调查的选题，非常赞成。这些选题我们一定积极参加，这是发展民政科学和社会学不可缺少的工作，需要民政部门大力支持和关心，希望在座从事实际工作的领导同志大力支持我们，我们今后无论是开展社会福利的研究，开设这方面的课程，还是成立这方面的专业，没有民政部门的指导和大家的关心支持，那是十分困难的，因此从这方面讲，我们也应该积极为民政科学作出努力。

社会学与小城镇研究

——《小城镇 大问题》一书读后感[*]

（一九八五年五月）

　　小城镇研究是国家社会科学"六五"规划中的一个重要课题。两年多来，这个课题的研究在马克思主义基本原理指导下，运用社会学理论和方法，深入江苏各地调查研究，取得了丰硕成果。《小城镇 大问题》一书，就是在调查研究的基础上写成的。这是一本社会学界紧密结合小城镇建设的实践，从不同角度探索小城镇发展的重要论文集。这里，我仅就《小城镇 大问题》一书中提出的某些社会学理论问题和实际问题谈谈自己的看法。

城、镇、乡的关系

　　集镇是从农村分化出来的，并逐步发展为各种不同规模的城镇。

　　党的十一届三中全会以来，农业生产、多种经营、工副业、商品经济都迅速发展，长期衰落的小城镇得到复苏和繁荣。

　　正是由于小城镇的发展，农村早已过剩的劳动力有了改行换业的广阔领域。目前，大批剩余劳动力向多种经营、工商业转移，进而到小城镇工作。马克思说："一切发达的、以商品交换为媒介的分工的基础，都是城乡的分

　　* 本文原载于《社会调查与研究》1985 年第 3 期。

离。"① 农业过剩劳动力转向工业和商业，由农业人口转化为非农业人口或城市人口，反映了城市的发展和城乡的分离。

城、镇、乡三者的关系，实质是城与乡的关系。城和镇两者没有本质的差别，都是建立在以商品交换为媒介的分工基础上的。不同之点在于交换的范围、分工的程度有所不同。由乡—镇—城反映了由乡土社会向工业社会逐步演变的进程。

费孝通教授在《小城镇　大问题》一书中，提出了"小城镇应当归在城、乡的哪一边"的问题。他说："如果把'城镇'这个名词用来指作为农村中心的社区，从字义上看，它似乎应当属于城的一方，而实际却是乡的中心。"他主张"把农村的中心归到乡的一边，但也可以考虑在城乡之间另立一格"，称之为"集镇"。②

小城镇是一个广义的概念。目前，我国将大城市的卫星城、城市郊区的市属镇、县属镇（包括县城）、乡属镇（乡政府驻地）、乡以下集镇、未设市建制的工矿区等统称为小城镇。

从江苏看，1982 年全省县属镇和乡属镇共有 1，897 个，其中县属镇 132 个，乡属镇 1，765 个。乡以下的小集镇（村镇）无完整资料。小城镇的人口规模，全省原来设建制的县属镇，平均人数为 24，800 人；新批准设置的 21 个县属镇较小，平均每个镇 4，255 人；乡属镇（公社驻地自然镇）平均每个镇 728 人。就吴江县来说，小城镇也是三个层次：第一个层次是"城镇"及县属镇，包括县城在内，如县城松陵和非县属镇震泽等六镇。第二个层次是"乡镇"，即乡镇府所在地的镇。吴江有十六个乡镇。第三个层次是"村镇"，在区域上属于某一大队范围，在行政上不附设商业管理机构，但有商店、服务社和集市贸易及经常性的商业管理人员。在吴江县共有十二个村镇。

以上可见，小城镇的下限是村镇，上限是县属镇。按照我国现行的城镇体制，县属镇是城市的最低层次，而且只有建制镇才属于城市。非建制镇及乡镇、村镇不属于城而属于乡。江苏省 1，897 个小城镇中，132 个建制镇属于城，占 6.95%。而绝大多数小城镇被排除在城之外，属于乡。由此看出，所谓小城镇，可以分为两部分：（1）小城；（2）乡镇、村镇。

---

① 《马克思恩格斯全集》第二十三卷，第 390 页。
② 费孝通：《小城镇　大问题》，江苏人民出版社，1984，第 33 页。

费孝通教授根据吴江县小城镇的性质、类型和分层等方面的调查和研究，概括出"集镇"这个名词，目的是在城乡之间另立一格。这也许由于当前占小城镇中大多数的乡镇、村镇发展水平还不能升级到设建制的标准而属于城，但属于乡也有问题，因此在城乡之间另立一格。当然，我想作者也不是要用"集镇"来代替"小城镇"这个名词。因为"小城镇"这个名词有双重涵义，既包括小城又包括集镇。"集镇"能够在城乡之间另立一格，是因为它在城乡社会经济结构中是不可缺少的一个层次。它包含亦乡亦城两重属性，这也是它能存在和发展的特殊条件。"集镇"具有乡的属性，是因为它与乡村社会经济密切联系，是乡村的政治、经济、文化中心；具有城的属性，是因为它是乡村城市化、现代化的前哨基地，并成为城市领导农村和促进城乡社会经济协调发展的力量。具有双重属性的集镇，是城乡之间的过渡性地带。

城镇社区的标准问题

农村集镇或乡村集镇是小城镇的起点。如前所述，一般地讲，工商城市是从集镇发生和发展起来的。上海是这样，吴江县很多小城镇也如此。因此，从村镇、乡镇到县镇，可以看出小城镇的发展过程。这种发展过程，社会学称为城镇化过程。村镇、乡镇、县镇是城镇化水平层次不同的社区，它们都与乡村分离，但又结合，只是分离和结合的程度不同。各个层次的城镇社区用哪些名词来表达最为妥当，诚如费孝通教授所指出的，"还是个值得考虑的问题"。这个问题，主要是用什么标准来给城镇下定义。如果城镇社区这个概念搞清楚了，城乡的界限也就明确了。

国外关于城镇的定义，主要以人口聚居程度划分城乡界线。不论哪一个层次的城镇，人口总是构成城镇的主体，或称为社会实体。1955 年 11 月，国务院《关于城乡划分标准的规定》中指出："凡符合下列标准之一的地区，都是城镇：甲，设置市人民委员会的地区和县（旗）以上人民委员会所在地（游牧区流动的行政领导机关除外）。乙，常住人口在二千人以上，居民百分之五十以上是非农业人口的居民区"。1955 年 6 月，国务院在《关于设置市、镇建制的决定》中指出："市、镇是工商业和手工业的集中地"。"这种地区的经济条件和生活方式都不同于农业地区"，"市，是属于省、自治区、自治州领导的行政单位。聚居人口十万以上的城镇，可以设置市的建制。聚居人口不足十万的城镇，必须是重要的工矿基地。省级地方国家机关所在地、规模较大的物资集散地或者边远地区的重要城镇，并确有必要时方可设置市的建制"，"镇，是属于县、自治县领导的行政单位。县级或者县级以上地方国家机关所在地，可以设置镇的建制。不是县级或者县级以上国家机关所在地，必须是聚居人口在二千以上，有相当数量的工商业居民，并确有必要时方可设置镇的建制"。

可见，市、镇都有一定规模的人口。市的人口规模大，十万人以上，属于省、市一级；县镇的人口规模小，二千人以上，属于县一级。1963年12月，国务院对设镇标准做了修改："工商业和手工业相当集中，聚居人口在三千以上。其中非农业人口占百分之八十五以上，确有必要由县级国家机关领导的地方，可以设置镇的建制。少数民族地区的工商业和手工业集中地、聚居人口虽然不足三千，或者非农业人口不足百分之七十，但是确有必要由县级国家机关领导的也可以设置镇的建制"。最近，民政部对设镇的标准又做出了新的规定。符合以下一些条件可以设镇：（1）县政府所在地；（2）人口 2 万以下的乡、乡政府所在地，非农业人口 2，000 人以上；（3）2 万人以上的乡、乡政府所在地，非农业人口占 10% 以上；等等。

从省市城市到县属城市有各种不同层次的城市社区体系，即特大城市（100 万人口以上）；大城市（50 万以上至 100 万人口）；中等城市（20 万以上至 50 万人口）；小城市（20 万和 20 万人口以下）。在这一城市体系内，排除了县属非建制镇及其以下的乡镇和村镇或者说农村集镇。

从不同时期区分城镇的标准可以看出，衡量其是否构成城市或小城市，人口聚居数量及居民所从事的经济活动的内容，是两个重要的衡量标准。凡是人口达到一定的聚集程度，而且居民中具有一定数量的人口从事非农业的商品生产活动的社区，就基本属于城市，它与农村社区有了不同。如果以这个标准看待集镇，亦可以看出集镇是向城市发展的起点，以及集镇由乡向城的过渡性质。集镇的人口有一定数量，但聚居人口密集程度不高；集镇中虽有相当数量人口从事工业、商业、服务业等经济活动，但同时还与农业经济活动有密切的联系。

城镇体系与小城镇

人们通常所说的小城镇，如前已述，包括县镇和农村集镇两大类型。这是按照行政建制、经济结构、农业和非农业人口规模划分的，分别属于城、乡两个不同的范畴。

1961年，我国有4，429个镇。到1979年，变为2，851个镇。这是由于当时要缩小城市、郊区的规模，设镇标准重新做了规定，所以减少了1，578个镇。另外，其中还有337个县城未设镇的建制。1980年，我国有建制的城镇以及一部分未设市、镇建制的县城和工矿区共3，200多个；目前，增加到5，693个。1980年，我国农村集镇达53，000多个；目前增加到60，000多个。

这两类小城镇都是客观存在的，县镇属于城，集镇属于乡，这种划分是否符合城镇发展的趋势，是可以研究和讨论的。

关于城镇体系的研究目前有以下几种看法。

一是两种城镇体系，即大、中、小城市相结合的城市体系和县城—集镇体系，县城是结合点。二是宝塔式的城镇体系，这实际上是以上两种城镇体系的综合，包括了县城和建制镇，即"特大城市—大城市—中等城市—小城市—县城—建制镇。尽管没有包括农村集镇（或乡镇），但把集镇看作城镇体系的细胞，是建制镇的后备对象。"① 我认为这种城镇体系比前述一种前进了一步，承认农村集镇是城镇体系的细胞。"细胞"这个词用来形容农村集镇非常好，它是城镇发生发展的生命源泉，也是城镇化的开始，还是城镇体系存在的基础。至于城镇体系包不包括集镇，应加以研究和讨论。三是"一条龙"城镇体系，即按城市和集镇不同层次、人口集聚程度和社会经济发展水平，来研究城镇的发生和发展、现状和未来。

关于集镇是否划入城镇体系中的问题，如果只有大、中、小城市相结合的城市体系，不包括集镇，这样的体系是否完全呢？这涉及建设具有我国特色的城镇化体系和小城镇占什么地位及其作用的问题。不论是将集镇作为区别于城市体系的另一个体系，还是将集镇纳入城镇体系，都有必要建立这样一个思想，即集镇是由乡十社会向城市过渡的中间地带。费孝通教授说：集镇是一种比农村社区高一层次的社会实体。从地域、人口、经济、环境等因素看，它们都有与农村社区相异的特点。集镇一方面区别于农村，另一方面，又由于它与周围农村保持着不能缺少的联系，保持着仍未完全脱离农业活动的热点而区别于城市。这样，我国就区别于世界上其他国家只有城、乡

---

① 李梦白：《苏南小城镇调查随感》，《城乡建设》1984年第12期，第26页。

两种社区及有着城乡间截然分明界限的状况。我国的情况是乡村、集镇、城市。这样地提出问题，符合实际情况，也有利于制定有关社会发展的各项政策。

另外，这也涉及城市化水平及城镇人口的统计口径问题。与其他发达国家相比，我国从城市人口的数字反映出来的城镇化水平很低。我国城镇人口统计，不包括非行政建制的城镇人口，乡镇人口也不算城镇人口，这就不能反映我国城镇化的实际水平，因为与国外城镇人口的标准对不上口径，很难相比。同时，城镇人口虽以"常住人口"为标准，但实际只包括户籍人口，"常住人口"只是户籍概念，不能反映城镇的实际人口规模。《小城镇　大问题》一文的作者严肃地指出了这个问题。他说，"据调查，这五、六年来，小城镇的实际居住人口与户口在册的人口相比，普遍增加了三分之一。因此，人口普查所得的小城镇人口数与实际情形差的很远。"① 这也是城镇的标准问题。因此，从实际情况看，也许要科学地给城镇下个定义，还需要科学地确定什么人算城镇人口。

现在，有些省从各自的实际情况出发，制定了本省设镇的规定。例如，甘肃、四川以人口聚居程度作为主要指标，辽宁、安徽以人口、产值或非农业人口所占比重作为指标，江苏按省内不同经济发展水平分别定出指标。只要实事求是地确定城镇标准，就能很好地划清城乡界线。在确定城镇标准、划清城乡界线的问题上，社会学工作者，应该也可以做出自己的贡献。

我国特色的城镇化道路和小城镇

江苏小城镇，特别是苏南小城镇的发展和建设是走在全国前列的。目前，许多小城镇已发展到以工业生产为主，农、副、工、商、运、建、服务业综合发展的新阶段。1983 年，江苏农村集镇的乡办工厂已发展到 27,141 个，平均每个镇 14.7 个。总产值为 111.08 亿元，其中工业产值 92.63 亿元，占 83.4%。乡办企业总产值分别占全省工业和乡村企业产值的 19.5% 和 65.8%。总产值在 1,000 万元以上的乡镇为 472 个，占乡镇总数的 25.5%。与此相适应的是农业人口结构的变化，1983 年全省乡镇企事业和亦工亦农人口已发展到 580.64 万人，占整个农村劳动力的 23.79%，其中

---

① 费孝通：《小城镇　大问题》，江苏人民出版社，1984，第 19 页。

在乡办企事业单位的为 433.46 万人，占整个农村劳动力的 17.76%。集镇上的亦工亦农人口，如按每人负担 0.8 人计算，共计可供养 780 万人。这种"离土不离乡"的新型劳动形式，已成为江苏广大乡镇的一大特点，随着乡镇的发展，大量的农业剩余劳动力有了广阔的出路。

在乡镇工业较发达的无锡、常熟、江阴、沙洲、武进等县的农村里，除了五保户等特殊农户，几乎都是兼业户。他们的兼业程度很不相同，据费孝通教授调查，主要有三种情况：（1）以农业为主兼营工业；（2）亦工亦农；（3）以工为主兼营农业。这些不同的兼业实际上反映了农民逐步脱离农业向非农业转化，也是逐步由农业人口转变为城镇人口的过程。这种现象实际上是农村工业化城市化的开始。例如，江阴县青阳镇总人口新中国成立初期为 5，500 人，1960 年为 5，885 人，这十年仅增长 7%。从七十年代起，乡镇工业开始吸收农村劳力到镇上从事工业生产。到 1982 年底，全镇聚居人口为 15，366 人，其中兼业劳动者为 5，114 人，占总人口的 33%。又如无锡县，从 1980 年开始，经过四年的规划和建设，集镇有了很大的发展，目前全县有 35 个集镇，占地面积在 14 平方公里左右，平均每个镇 0.42 平方公里。农民进镇从事工业、商业、服务业的日益增多。集镇聚居人口达 243，000 多人，占全县总人口的 23.7%，平均每个集镇 1 万多人。其中亦工亦农人口达 9 万多人，占聚居人口 40%。再如武进，63 个小城镇现有聚居人口 25 万人，其中，农业人口 7 万人，占 28%，兼业劳动人口 10 万人，占 40%。

苏州市的五个县有剩余劳动力 120 万人，占该市农村总劳动力的 50%。其它农村剩余劳动力一般都在三分之一以上。全国农村基本上也是如此。现在农村经济繁荣，工业兴起，小城镇迅速发展起来，农业早已过剩的劳动力有了广阔就业的天地。据无锡市统计，全市乡镇工业和其他乡镇企业已经安排的劳动力占农村总劳动力的 34%，常州、南通、苏州的情况，大致也是如此。这意味着在苏南地区，农村总劳动力的三分之一以上，已脱离了农业劳动。中国乡村工业化和乡村城镇化，是在农业经济繁荣的基础上发生、发展的，而且促进了农业的发展，是迈向现代化的步伐。

我国社会主义工业化绝不能走西方工业化的道路，那样会导致农民因破产而被迫流入城市的后果。我国现有的大城市已感人口过多，不能再膨胀了。工业化和城市化又是紧密相联的。我国城市化不能走西方城市化的老路，也不能走目前一些发展中国家大城市迅速膨胀的道路；我国社会主义城市化，只能走适应我国的国情有自己特色的道路。

乡镇工业的兴旺和小城镇的茁壮成长为我国乡村工业化和城镇化指明了不同于西方工业化和城镇化的道路。

我国人口多，农业人口也多，占总人口的80%左右。农业现代化不可避免会有几亿农民从农业转移出来，但转移到那里去，这不能不是一个紧迫需要解决的大问题。如果象西方资本主义国家或一些发展中国家那样往大城市跑，那么我们需要建立200个左右的百万人口以上的特大城市，或者400个左右50万~100万人口的大城市，才能容纳下来。这不是容易的事。据估计每新增加一个大城市，需要投资9，600多亿元，这是我国财力负担不起的。同时，我国大城市的人口，一般都已超负荷，带来了种种严重的社会问题，亟须控制大城市人口的发展。有的特大城市如北京、上海等，还要疏散过多的人口，往哪里疏散，也是需要解决的问题。我国城市建设和发展的方法是："控制大城市，合理发展中等城市，积极发展小城市"，这为我国城市化指明了方向。要控制大城市人口规模，就需要积极发展中小城市。小城市的发展可以减轻大城市的人口压力，江苏省小城镇的调查研究证明了这点。

小城镇在城镇体系中占有重要地位，并在创造有我国特色的城镇化道路中发挥了积极的作用，江苏小城镇作出了榜样。从乡镇、县属镇到县城，各层次的小城镇都在起着吸收农村剩余人口的"蓄水池"作用，从而减轻大城市人口膨胀的压力。同时，这些小城镇，特别是广大农村的集镇，已逐渐成为农村里的政治、经济、文化中心。正如一位中央领导同志所说：没有小城镇，农村里的政治中心、经济中心、文化中心没有腿。目前，江苏许多小城镇已成为农民学文化、学科学、开展文娱活动的中心和了解市场信息的窗口，成为逐步实现乡村城镇化、现代化和改变农村面貌的前哨基地。这种趋势符合马克思、恩格斯早就指出的"乡村城市化"、"城市和乡村的融合"的基本精神。

《中共中央关于加快农业发展若干问题的决定》指出：我国农村现在有八亿人口，有三亿劳动力，随着农业现代化的进展，必将有大量农业劳动力可以节省下来。这些劳动力不可能也不必要都进入大、中城市。怎样解决这个问题呢？需要大力加强小城镇的建设，使农民离土不离乡，就地转业，身在农村，同样能够享受城市化、现代化的生活。因此，小城镇的建设和发展不仅是解决农村剩余人口的大问题，也是解决有我国特色的农村城市化、现代化的大问题。

社会学和城市社会问题[*]

（一九八六年）

社会学是怎样的一门科学

社会学是一门社会科学。社会科学是研究社会现象的。对不同领域的社会现象进行专门的研究，遂分别产生各自专门的社会科学，如经济学、政治学、法律学、社会学等等。其实，社会学分化为各专门化学课的趋势仍在方兴未艾，如人口学原是社会学研究的主要内容之一，现在有了专门的人口学。但是，近几十年学科之间又出了综合研究的学科，如系统工程学、人类生态学、社会心理学等。

最早提出社会学的是法国的奥古斯德·孔德（A. Comte，1798~1857）。

为社会学奠定科学理论基础的是马克思，而马克思与孔德差不多同时。所以，他们所面临的历史背景和社会问题也基本相同。由于马克思站在无产阶级立场，建立了历史唯物主义，对当时的社会和社会问题进行了深刻的分析，提出了恰切的解决方法，所以，列宁说：象达尔文"第一次把生物学放在科学的基础上"一样，马克思"第一次把社会学置于科学的基础上。"正是历史唯物主义"第一次使人有可能用严格科学态度对待历史问题和社会问题。"马克思是科学的社会学创始人。

社会学虽然起源于西欧，却在美国迅速发展起来。从十九世纪末到二十

---

* 本文原载于《中国社会学函授大学教学参考资料（六）》，中国社会学函授大学编印，编印没有年代。"社会学与城市社会问题"（讲座）始于 1986 年。

世纪以来，美国社会学蓬勃兴起。十九世纪九十年代中期，美国所有高等教育机构都建立了社会学系和开设了社会学课程。

自第二次世界大战以来，美国社会学进一步发展，它在美国学术界、高等院校、政府机构中日益处于重要地位。美国大学中社会学系的师生人数大大增加，社会学课程甚至在中学也广泛开设，政府官员在制定某些政策时乐于采用社会学方法，许多行业对于管理人员和专业人员接受社会学方面的训练很有兴趣，人们相信抽样调查和民意测验，社会学者越来越多地被任命为政府官员或顾问，在环境保护和控制人口运动中，社会学家占有重要地位。人们在日常生活中越来越感到社会学的需要。现在苏联社会学也很发达，各地都有非常活跃的研究中心。苏联社会学者主要在以下几类部门中工作：1. 苏联科学院社会研究所、列宁格勒社会经济问题研究所等研究机构；2. 高等教育机构都设有社会学专业，其中不少机构设有社会学实验室与国家企、事业单位签订研究合同，获得一定报酬，开展科研活动；3. 基层工矿企业单位，那里有许多社会学家分别在劳动、科研、管理部门中工作。

社会学传入中国是在十九世纪末和二十世纪初。严复是最早介绍西方社会学的一位著名的思想家。他翻译的英国社会学家斯宾塞所著《群学肆言》（*The Study of Sociology*）于 1903 年出版。

旧中国高等学校讲授社会学最早的是上海圣约翰大学，1908 年有位美国人在该校讲这门课。从 1913 年起沪江、北京、上海、清华、燕京、南京、高师、厦门、复旦、金陵、中山等都相继开设社会学科，相继设有社会学系。上海大学于 1924 年设有社会学系，系主任瞿秋白，是中国共产党领导人。当时，只有这个系讲授马克思主义社会学。尽管这所大学时间很短，但为党培养了革命需要的大批优秀人才。其它大学的社会学系则主要讲授资产阶级社会学。

从 1952 年到 1979 年社会学在我国中断了近三十年。1979 年 3 月 16 日成立了中国社会学研究会，会上胡乔木同志为社会学恢复名誉，从此，中国社会学获得了新生。

几年来，我国社会学有了较快的发展。1. 中国社会科学院成立了社会学研究所，各地社会科学院有的成立了社会学研究所，有的成立了社会学研究室。2. 高等学院、北大、南开、中山、复旦分校已成立了社会学会，有的正在筹建社会学会。社会学理论工作者与实际工作者正密切配合进行有组织的社会调查，研究各种社会问题。

社会学研究的范围是非常广泛的，任何显著地社会现象都可以成为社会学研究的课题，这可以从国际社会学会讨论的课题得到说明。1982 年 8 月，国际社会学会在墨西哥城举行第十次大会。参加会议的有 150 个国家与地区的代表 4200 人，大会总的课题是："社会学理论与社会实际"，围绕这个主题，举行了四百多次学术讨论与交流。会议分为全体会议、专题讨论、特别小组讨论会以及研究委员会等不同形式进行，专题讨论会的内容十分广泛，例如"在政府计划与行政中社会学家所起的作用"，"在社会政策中社会学与社会心理学的关系"，"技术变更与技术转移"等等。特别小组讨论的主题有"住房问题与物理环境"、"时间预算与社会活动"、"当代的不良发展，发展过头与发展不足"等等。研究委员会主要围绕以下四个议题讨论：科学社会学的理论概念与实际应用；第三世界国家科学发展的社会问题；科学社会学对一些国家科学技术发展进行比较分析，评价这个领域中的进步与发展前景；关于科学技术带来的后果等等。

显然，社会学研究范围很广泛，任何显著的社会现象，都是社会学研究的课题，所以，社会学在当前世界各国如此兴旺发展，不是偶然的。1979 年以来，我国社会学得到恢复、重建和发展也不是偶然的。社会学有其现实意义。

社会学的现实意义

我国要实现四个现代化，这要从我们社会的实际情况出发，提高人民的物质生活和文化科学技术。那么在我国社会主义现代化建设中，社会学能够做些什么工作呢？

第一，要多方面地从事社会调查研究。既然现代化要从我国实际情况出发，就需要了解国情。如果实际情况不明，或者情况的真伪不分，那么，中国特点的现代化就不可能有保证。为此，要了解情况，就少不了社会调查。社会学能够提供各种形式的社会调查研究与方法，如全面的、选样的、专题的、个案的等等。社会学者一直重视社会调查，社会学是依靠社会调查发展兴旺起来的。社会调查是理论联系实际的途径。没有社会调查，社会学就失去生命力。我们党一直强调社会调查，有优良的社会调查传统和宝贵经验。社会学要继承和发扬这个传统。社会学理论工作者要经常与实际工作者相结合，深入实际调查研究，并提出有根据的建议，供有关部门参考，以适应现代化的需要。

第二，从事社会问题的研究，提供解决问题的办法。社会主义社会还存在两类不同性质的矛盾，有矛盾，就有问题。我们目前面临着许多社会问题，如人口、劳动、婚姻家庭、犯罪、城乡、环境污染、生态失调等等。这些问题，十年动乱前也存在，现在更加突出。现代化建设中还会产生新的问题，比方说，现代生产只需要较少的劳动力就够了，而我们人口这么多，怎样做到统筹兼顾？不统筹兼顾，我们会长期面对着一个严重就业不充分的社会问题，这个问题急切需要研究和解决，否则现代化不能顺利进行。尤其是现代化城市建设所面临的大量社会问题，不能等闲视之。

第三，要实现人的现代化也是社会学研究的课题之一。我国社会主义特点的现代化，不仅是工业、农业、国防、科学技术的现代化，物的现代化，物质文明的现代化，还包括个人的现代化、精神文明的现代化。个人的现代化，精神文明的现代化是社会学研究的重要内容。

国外社会学家采用种种指标衡量人的现代化，例如，"易于接受社会改革和变化"，"时间观念强"，"讲求效率"等等。这就是说，现代化的人要具有这些特点。我们也可以从现代化社会和传统社会进行对比，研究现代化社会的人有些什么特点，比如说现代化大城市里生活的人无论劳动方式、生活方式都不同于乡村生活的人，农民用牛耕田，工人用机器做工，这就是不同。农民进入城市，变成工人，劳动和生活都会有个变化过程，这种变化就是农民的城市化，城市化是现代化极为重要的内容。如果没有这个变化过程，那么农民就与工厂生活格格不入，不相适应。所以我们不能只看到城市十几层、几十层的高楼大厦，自动化的机器设备、电子计算机等等先进技术，更重要地还要看到住高楼大厦，使用机器设备、电子计算机的人，要具有现代化的科学知识，要能够使用和管理现代机器设备，管理现代化城市。可以说知识现代化是一切现代化的前提，人的思想科学化是现代化的根本特征。

不少社会学者看到一些发展中国家的城市现代化迅速进展，主要从国外引用大量先进技术，也照搬先进的管理制度和方法，而忽视人的现代化，因而取得的经济效益甚低。由于不懂和不会使用先进技术，引进的机器设备长期存放仓库，形同废物，即使使用，也常常发生种种事故，造成国家人力、财力的巨大浪费。这种情况，在我国社会主义现代化建设中是存在的，甚至也是严重的。有人以为把外国先进设备买了进来，就可以实现现代化了，就可以提高经济效益。他们没有考虑就是买来大批先进技术，要使机器正常运转，提高劳动生产率，还需要有懂得和运用先进技术的人才，否则先进技术在我国现代化建设中很难发挥作用。所以人的现代化非常重要。

我国社会主义现代化城市建设是把物质文明和精神文明结合起来的，这就可以避免发达国家和一些发展中国家那种片面的和畸形的城市现代化。因此，研究人的现代化应当是社会学为建设我国社会主义精神文明服务的重点。

社会学在世界不同国家已是一门很重要的社会科学，它所研究和提供的有关社会、社会发展和社会问题的知识，实际上是现代化公民的常识。作为一个社会主义现代化的中国公民，对自己社会的人口、劳动、家庭、城市和农村社会结构的发展趋势等等都应清楚的了解，才能自觉地适应我国社会主义现代化建设的社会环境，否则就会落后于现代化发展。

第四，有助于社会发展计划的制订和社会统计指标的设计。过去我们只有国民经济发展计划而没有社会发展计划。从 1982 年起，"六五"计划改为国民经济和社会发展计划。

经济发展和社会发展之间存在着互相促进、互相制约的辩证关系。经济发展才能使人民物质生活和文化生活充分得到满足，它是社会发展的物质基础，而社会发展又通过社会各组成部分的变化促进经济发展，例如提高职工的文化、科学技术水平就可以提高劳动生产率、增加经济效益。所以，我们不能只考虑经济发展而不考虑社会发展，只有经济发展计划而没有社会发展计划。城市建设就是一个突出的例子。三十多年来，城市建设只注意生产设施，只有城市经济计划，而没有城市社会计划。我们没有把城市做为一个整体来规划和建设，骨头与"肉"的比例严重失调，从而产生住房紧张、交通拥挤、缺水缺电、商业网点稀少、中小学校舍不足、环境污染、生态破坏等等长期难以解决的问题。

现代化城市，各行各业分工极细，生产社会化和生活社会化的程度很高，不但要求生产有计划，社会生活也要有计划，才能协调发展。资本主义社会，企业有计划，而社会是无政府状态，这是生产资料属于资本家私有的必然结果。尽管如此，六十年代以来，一些资本主义国家也在考虑社会计划。1960～1965 年，法国把原来的"经济现代化与投资计划"改为"经济与社会发展"计划，其它资本主义国家也不同程度的实行了"经济和社会发展计划"。

从现在起到本世纪末，北京城市建设总体规划，已经得到党中央和国务院批准，这个规划把北京市作为一个整体，既考虑经济发展，也考虑社会发展。这是我国城市建设的历史性的转变。社会发展是社会学研究的重要内容。制定城市社会发展计划需要社会学的知识，社会学可以为城市社会计划的制定作出有益的贡献。

社会发展趋势，社会发展计划的执行情况需要一系列社会指标来测量。过去我们只有经济发展的指标，而缺少甚至没有社会发展指标，这就难以科学地说明社会各领域的发展水平。经济计划指标只能反映经济效果，如人均产量的高低，而不能深入地了解职工对其劳动和生活状态的态度。因此，经济计划的实际效果难于理解。党中央和国务院对北京总体规划的"批复"明确指出，"要不断为首都人民创造良好的生活条件"，"要把北京建设成为清洁、优美、生态健全的文明城市"。这里"良好""清洁""优美""健全"等都需要社会指标来测量，才能科学地指明发展的水平。研究和制定社会指标，建立社会指标体系，需要社会学的知识。

第五，要重视社会管理。社会发展需要社会发展计划，也需要社会管理。过去人们一谈到管理只是企业管理，经济管理，而忽视社会管理。即使企业管理也需要社会学知识，其中有大量人的因素影响到职工的劳动态度和效率。

生产社会化，使社会生活日益社会化。在现代化的社会里，衣、食、住、行、生、老、病、死、伤、残，已经不象旧社会那样，只能依靠家庭和亲属关系去解决。现在社会提供的服务机构和社会保险越来越多。这些事业都需要社会统一规划和管理。这些事业在国外正大量吸收有社会学训练的人才参加工作，我国各种社会福利事业也将日益发展，也会大量需要有社会学训练的专门人才。

城市社会问题和城市社会学

我国社会主义现代化城市建设过程中，面临很多社会问题，需要研究和解决。什么叫社会问题，需要简单作一说明。"凡是有关人与人的相互关系的问题都是社会问题"。社会问题的核心是人与人之间的问题。城市社会问题指城市社会关系的严重失调而引起的问题。例如，离婚是家庭关系的失调；有劳动能力的人口需要就业，一时找不到工作，那就会失业或待业，这是劳动力供给与职业结构对劳动力要求之间的关系失调；人口中男多于女，或女多于男就是性别比例失调。当社会关系失调影响社会安定团结时，就成为需要解决的社会问题。

城市社会问题有其共同的特点。第一普遍性，就是它是普遍存在的；第二危害性，就是它影响社会安定团结，不利于城市社会生活的正常发展；第三复杂性，就是它的产生是多种因素造成的。

城市社会是一个以人口为主体的矛盾统一体。城市居民生活的任何一方面都有矛盾。当矛盾不是双方能够解决而需要社会力量解决时，就成为社会问题了，如果不去解决就会给社会造成有害的影响。下面谈谈几个主要的城市社会问题。

第一，城市人口问题。

这是城市化的一个基本社会问题，城市化也就是农业人口转化为城市人口的过程。1800 年至 1950 年，城市人口从 2.4% 上升到 20.9%，1979 年为 28%，1983 年达到 39%，到两千年，据联合国估计，城市人口将超过农村人口为 51.3%，城市人口迅速膨胀已成为全球性趋势。城市化还指城市数量不断增加，大城市不断出现。1900 年全世界 10 万人以上的城市 38 个，1980 年增加到 950 个；100 万人以上的城市由 1900 年 10 个增加到 1980 年的 234 个。

新中国成立以来，我国城市人口迅速增加了，城市数量也是如此，城市规模也不断扩大了。1949 年，我国城市人口 5 千 6 百多万人，1982 年增加到 2 亿零 6 百万人，在总人口中的比重由 10.65% 上升到 20.6%，大、中、小城市合计由 1953 年的 166 个增加到 1982 年的 245 个。

北京市 1949 年城乡常住人口 414 万人，1982 年增加到 923 万人，实际已达到 1 千万人。党中央和国务院要求北京市人口到 2000 年控制在 1 千万人左右。人口增加太多、太快，给北京市居民带来种种一时难以解决的社会问题，如住宅紧张、交通拥挤、就业难、就学难等等。大家都深感城市人口数量非控制不可，一个城市究竟多少人口合适？这是需要认真研究的。

城市人口，除数量问题外，还有质量问题。人口数量和质量是辩证统一的。由于人口增长快，人口压力大，我们考虑人口数量问题多，而忽视人口质量问题。所谓人口质量，一般讲包括人的身体素质，健康程度，文化教育，道德水平等。我国当前城市人口问题是数量多而质量低。

新中国成立以来我国城市人口质量有了很大的提高。由于医疗卫生事业的发展，人口死亡率大幅度下降了，五十年代约 16‰ ~ 18‰，1981 年降到 6.3‰。平均寿命，旧中国只有 30 ~ 40 岁，现在已达到 70 岁左右。北京 1981 年死亡率为 5.9‰，城区为 5.6‰，远郊区为 6.9‰。这一切说明城市 居民的体质和健康都有显著的提高。

但是与发达国家比，城市人民的体质还有很大差距，据 1979 年国家体 委等在 16 个省市对 20 多万 7 ~ 25 岁正常青少年进行 23 项指标的测试，我 国青少年男女发育水平低于欧洲人。1977 年日本 7 ~ 17 岁的男女体重比我 国青少年要重、胸围要宽、身体要高。我国现有人口中，智力迟钝和痴呆的 低能人估计有 4 百万 ~ 5 百万。上海唐永街低能人占 1.5‰，上海虹口区低 能人占 1.33‰，北京城区低能人占 0.4‰，郊区占 0.5‰。提高我国人民的 体质和健康水平，才能适应现代化建设的需要。

文化教育水平是人口质量的一项重要内容，我国社会主义现代化城市建 设，需要有成千上万懂得和掌握现代科学技术的工程人员和科学管理人员。 科学是生产力，教育是基础。我国人民的文化教育水平虽比新中国成立前有 极大的提高，但与发达国家相比，差距还是很大，甚至还落后于一些发展中 国家。1981 年我国高等学校在校学生占总人口的 0.13%，而 1975 年美国就 有 5.24%，日本 2.02%，印度 0.38%。

特别值得注意的是在我国人口中还有相当数量的文盲半文盲。据 1982 年人口普查资料，文盲占总人口的 23.5%，共 23500 万人，这是一个触目 惊心的数字。北京市文盲占全市人口 14%，天津 15.97%，上海 15.26%。 这些都是我国文化教育、科学、工商业发达的大城市，还有这么多文盲，其 他城市不必说了，农村文化水平更低、文盲更多。提高我国文化教育水平， 才能适应社会主义现代化城市建设的需要。

人口年龄构成也是城市人口的重要问题，它对掌握人口变动与城市社会 经济发展之间的关系极为重要。一个城市的人口年龄构成中如幼年人口 （15 岁以下）比重高，说明人口生育率高，人口增长快，对青少年的抚养和 教育费就要增加；如果成年人口（16 ~ 64 岁）少，就会造成社会劳动力不 足，并加重社会对老年和幼年的负担；如果老年人口（65 岁以上）的比重 大，人口就趋向老化，老年问题严重。

国际上关于幼年型人口构成的比重是，幼年人口占 40% 以上，而 65 岁 以上的老年人口微不足道，只占 2% ~ 3%，如印度、印尼、蒙古人民共和 国、巴基斯坦；成年型人口，幼年占 30% 以上，老年人口则增加到 5% ~

8%，如中国、智利、新加坡、阿根廷；老年型人口、幼年人口占20%以上，老年人口增加到10%或更多，如瑞典、法国、英国、美国、苏联、日本，世界上老年型人口莫过于这些工业发达的国家了。

按以上标准，北京市人口年龄构成，据北京市第三次人口普查10%抽样汇总资料与1964年年龄构成相比，有明显的变化。幼年人口由1964年的41.4%，降到1982年的22.1%，18年来下降了19.3%，这说明七十年代以来北京市计划生育控制人口增长取得了显著成果，也说明人口类型转化为成年型。老年人口，由1964年4.08%上升到1982年5.64%，上升了1.56%。这不但说明北京市少年儿童比例相对减少，也反映北京市人民生活水平不断提高和医疗保健事业不断发展，同时这些也是北京市近些年来出生率和死亡率降低的趋势。

北京市人口年龄由幼年型转化为成年型，对北京市社会经济发展带来有利和不利的影响。首先是成年人口或劳动力增加，由1964年48.69%上升到1982年66.01%，为北京社会主义城市建设提供丰富的劳动力，同时也增加就业的压力。幼年人口和老年人口都是消费人口，被抚养人口，幼年人口大幅度减少，老年人口适当增加，抚养系数显著下降。1982年北京市每100个劳动力人口负担人数由1964年93人减少到42人，下降54.8%，其中负担幼年人口由85人减少到34人，下降60%，负担老年人口由8人增加到9人。这有利于减轻政府对教育和家庭对年幼子女的负担，可以将一部分经费用到经济建设和改善生活；同时老年人口只增到6%，老年人问题还不突出。但是随着出生率下降，老年人死亡率也继续下降，平均寿命却延长了；老年人口比重继续上升，老年人问题就会突出来。

如果按目前我国退休年龄规定：男60岁，女55岁，则北京退休老人1982年就有95,473人，老年人占全市人口10.40%，比过去更多了。老年人问题成为党和政府今后一个重大的社会问题。

第二，劳动就业问题。

新中国成立以来，党和政府在就业问题上着重解决旧中国遗留下来的四百多万人的失业问题，到1958年基本上得到了解决。嗣后，劳动就业的重点转移到进入劳动年龄人口的就业与安排。三十年来我国劳动就业取得了很大的成绩，非农业就业人数1981年已达到10,940万人，比1952年1,603万人增加了5.8倍，显示了社会主义制度的优越性。但是七十年代以来，城镇普遍出现了大量待业现象，劳动就业成了一个突出的社会问题。1980年，党中央在北京召开了全国劳动就业会议，提出了统筹规划，"实行劳动部门介绍就业、自愿组织起来就业和自谋职业相结合"的新的就业方针。1981年10月，党中央、国务院进一步提出广开就业门路要结合调整产业结构和所有结构，努力办好城镇集体所有制，待业青年应组织起来，在集体经济单位就业；按照国民经济的需要适当发展城镇个体经济，增加自谋职业的渠道。近几年来，全国累计安置2，600万人就业，加上国家统一分配的就业人数共3，700万人，这是有利于社会安定团结的重大成绩。但是也要清醒地看到，从1981年到1990年的十年间全国城镇需要就业的人数估计有5，636万人，平均每年600万人左右，今后较长时间内，就业仍然是一个突出社会问题。

第三，婚姻家庭问题。

结婚是每个人的终身大事，它是组织家庭的前提，而家庭又是社会的细胞。人们的社会关系是从家庭开始的，启蒙教育也是从这里开始。家庭曾长时期担负着物质生产和人口生产的两大生产职能，维持社会的存在和发展。直到资本主义社会化大生产出现之后，家庭的物质生产职能才逐渐削弱，甚至消失；但人口的生产，维持种族的繁衍使人类得以永生不绝，仍然是家庭的职能。社会劳动队伍是由每个家庭提供有劳动能力的成员而组成的，家庭与社会生活的各方面息息相关。所以婚姻家庭问题不能看作是个人的私事。这个问题处理得好，有利于婚姻家庭关系的健康发展，也有助于城市社会的安定团结和社会主义现代化建设。

当前美国把婚姻家庭问题列为十大社会问题之一。美国《今日心理学》杂志1977年5月号刊登了美国前副总统蒙代尔的文章。他讲："美国家庭受到的压力越来越大，青少年的犯罪率增加；在过去30年私生子增加一倍以上。自杀成为年轻人死亡的主要原因。每年至少有20万儿童受到其父母或监护人的虐待。"美国前总统卡特也承认美国家庭陷入困境：2/5的婚姻以离婚告终，1/8的儿童是非婚生育，1/6的儿童生活在只有父亲或母亲的家庭（1960年单亲家庭为9.1%，1980年为19.7%，其中母亲在的为7.9%～18%，父亲在的1.1%～1.7%）。卡特政府曾花费300亿美元并在白宫开家庭会议，但并没有带来什么实际效果。目前美国独身生活的男女总数已超过11千万人，其中女性为男性的五倍，离婚现象很普遍，男女之间的性行为也很普遍，同性恋也十分流行。美国家庭的前途已成为人们极为关注的大问题。

西欧特别是北欧的瑞典和丹麦，非婚同居甚至生了孩子也不结婚的男女越来越多，这就是所谓同居伙伴，或协议夫妻。而西德的单亲家庭在 2390 万户家庭中就有 690 万户，约占 29%。

日本 1980 年统计未婚的女性中每四人中就有一人不准备结婚。

苏联目前大多数家庭由父母及其子女即由两代人组成的。1939 年家庭人口达 4.1 人，1979 年降为 3.5 人，在城市中这两年分别为 3.6 人和 3.3 人，在农村分别为 4.3 人和 3.8 人。同时离婚也极为普遍。据七十年代统计，每 1 千居民中离婚人数为 260 人。

国外家庭的变化趋势之一是离婚率上升、结婚率和再婚率下降，由夫妻和子女组成的家庭日益消失，独身者越来越多。社会的天然细胞逐渐变成个人而不是家庭。

美国"世界未来学会"主席爱德华不久前曾说："今天越来越多的人们关注家庭这个文明世界的基本单位正处在困难之中，先进技术的发现通过各种途径影响着社会的各方面。损害家庭结构，也意味着破坏我们的社会。"

在当前世界上，我国社会主义的婚姻家庭的道德风尚还是良好的。我国婚姻以爱情为基础，男女平等，两性关系正常，五好家庭日益增多。

但是十年内乱严重破坏了我国婚姻家庭的良好关系。"四人帮"的流毒至今还未完全肃清。包办买卖婚姻仍在一些地方存在。父母蛮横干预子女的婚姻自由，给青年男女的婚姻带来了种种危害。

买卖婚姻，实际上是包办婚姻的变种。有的地区，妇女被人买来卖去，甚至被人贩子既奸污又当做获利的商品。买卖婚姻严重伤害妇女的人格尊严，破坏正常家庭关系及社会主义精神文明。

近几年来，随着国际交往的增多，国外一些堕落的资产阶级的文化思想不断渗透进来，腐蚀我们的青年男女，因而在婚姻家庭关系中也出现了"性解放"、"杯水主义"等等现象，应引起我们的注意。

我国当前的婚姻家庭关系情况大致可分为三种：一是以爱情为基础的家庭，占多数。这些家庭一般建立在自主婚姻基础上。有的是在自由恋爱的基础上建立起来的家庭；有的虽经人介绍，征得父母同意，但主要还是自己做主；有的虽是旧社会由父母包办，但新中国成立后家庭成员间形成了平等关系，尤其是妻子参加了劳动，丈夫也受到党的教育，改变了大男子主义和男尊女卑、天字出头夫做主的家庭关系。二是有些家庭还残存一些旧式的家庭关系和家庭生活不民主，妻子听丈夫的，子女要服从父母的意志。由于长时期生活在一起，彼此互相了解。夫妻矛盾不至于引起家庭破裂。这样的家庭也占相当多数。三是夫妻之间没有爱情作为基础，或夫妻感情已经淡薄，但还没有达到破裂的程度。这种家庭是不稳定的，其未来的趋势则视夫妻双方是否能克己容忍而定。

从家庭结构讲，可以分为四类：第一类叫做不完整的家庭，即离婚或丧偶以后，没有再嫁或再娶，带着未成年的子女；第二类是小家庭或核心家庭，即一对夫妇及其未成年子女；第三类是扩大的家庭，即核心家庭再加一个老人；第四类是中国式的大家庭，即一家有两对夫妇，已婚的儿女还同父母住在一起，加上小孩，往往是三代同堂。按照 1981 年的调查资料，北京宣武区不完整的家庭占 10.5%，核心小家庭占 56%，中国式大家庭占8.1%。这是城市的情况，与农村相比，城里小家庭占优势。费孝通教授研究过江村小家庭（核心家庭）由 1936 年的 23.7% 增加到 1981 年的 38.7%。天津某新建区小家庭占 70%，可见城市家庭结构趋向于小家庭。

第四，青少年犯罪问题。

犯罪是一个严重的社会问题。北京，今年上半年，大案、要案、恶性案比去年同期增加 17.3%。流氓动手捅人的案件，今年上半年有 280 余起，比去年同期上升 55.7%，一些流氓歹徒团伙，少则三五人，多则十几人、几十人，十分猖獗，成为当前犯罪活动的一个突出特点。这些都是严重危害社会安定又触犯刑律的犯罪活动。至于行凶伤人、偷窃、聚众斗殴、寻衅滋事、侮辱妇女等等违法犯罪行为，那就更多。

青少年在犯罪案件中比重大，城市青少年犯罪行为又比农村多。湖北省青少年刑事案犯人数占到全部刑事案人数 80%（城市）和 60%（农村），在职青工犯罪人数近年来又比较多。武汉市的统计，在职青工犯罪人数占青少年犯罪总人数由 1980 年 40.8% 上升到 1981 年 44.1%。北京也有同样的趋势。从年龄来看，青少年中低年龄的犯罪人数有所增加。湖北省青少年犯罪人数未满 16 岁的比例 1981 年比 1980 年上升 71.3%，16 岁至未满 18 岁的上升 24.1%，18 岁至 25 岁的上升 48.6%。

"文革"以前全国青少年犯罪率为 1.99%，即 1 万名青少年中，犯罪只有 2 名，而十年动乱后，81 年增加到 0.12%。资本主义国家青少年犯罪率美国 4.58%，英国 3.63%，法国 2.54%，日本 1.5%，都高于我国，这说明我国社会主义制度比资本主义制度能控制与减少犯罪行为。

国外一些大城市物质上极其丰富，有人以为那里是个"天堂"，其实这些大城市"社会病"十分严重，犯罪率很高，很难解决。

青少年犯罪原因相当复杂，需要从多方面调查研究分析，不是简单扣上资产阶级思想或什么极端个人主义就可以搞清原因的。十年动乱后，我国青少年犯罪人数比过去增长，"四人帮"的流毒和资产阶级思想的腐蚀虽是主要的，但也要看到，不良社会风气的影响，坏人的教唆，我们工作上的某些偏差和失误以及青少年自身的某些主观因素，都可能促使一些青少年进行违法犯罪活动。犯罪的原因，究竟是外因为主，还是内因为主，比较多的看法是外因通过内因引起作用。犯罪心理的形成是一个很复杂的过程，必须用对立统一的辩证观点和社会学的综合分析方法来研究这个问题。只强调外因，就会减轻青少年的犯罪动机和其家长的责任，最后导致怨天尤人，"反正孩子是社会影响的"。仅强调内因，看不到环境对青少年犯罪的巨大影响，会导致惩办主义。这二者都不利于正确解决犯罪问题。

国外城市社会学简介

城市社会学或都市社会学是随着工业化、城市化的兴起和发展而逐步形成起来的。十九世纪末欧洲有许多社会学家，如托尼斯（F. Tonnies, 1855 – 1936）、齐美尔（G. Simmel, 1858 – 1918）、杜尔干（E. Durkheim, 1858 – 1917）。他们虽对城市社会问题有所研究，但并没有建立城市社会学理论。后来的学者才建立起城市社会学。美国芝加哥学派是城市社会学的先驱。

十九世纪下半时，特别是最后三十年，美国工业化和城市化迅速发展，大量人口从四面八方涌入城市，以致城市社会问题非常严重。芝加哥大学社会学系成立后（1893 年），就集中力量调查研究城市社会问题。派克（E. Park, 1864 – 1944）等人写了《城市》（1925 年）和《城市社区》（1926 年），用人文区位学的理论来研究城市社区，为城市社会学理论打下基础，被称为芝加哥学派。

区位学（Ecology）也有译为生态学的，是由希腊文演变而来的，意为"人和住所"。经济与经济学都同出自此来源。区位学一词是德国生物学赫克尔（E. Haeckel）于 1869 年所出版的《创造史》最先提出，系研究生物与环境的关系。社会学家用来表示人类与环境的关系，称为人文区位学或人类生态学。人文区位学一词是美国芝加哥学派的派克（E. Park, 1863 – 1944）等人合著的《社会学导论》（1921 年）一书最早提出，运用动植物区位学的概念，对人类社区作有系统的研究。人文区位学或人类生态学有三个要素：空间（Space）、时间（time）和价值（cost）。在研究城市人口分布和社会制度分布时，必须考虑此三要素，而且特别强调空间要素。

芝加哥学派的城市社会学的理论是一个空间理论。这个学派认为农村社区和城市社区因居住点不同而具有不同的特征。城市社区中，因居住价值观念和利益不一致，易于产生冲突，乡村社区中的价值观念和利益比较一致而易于融洽。城市社区中人与人的关系一般是非面对面的关系，人们具有的是个人主义的倾向。乡村社区正好相反，人与人的关系是面对面的，人们具有社区倾向。因此，他们把乡村社区叫做"礼俗社会"；将城市社区称为"法理社会"。

芝加哥学派提出的主要问题是城市社区是否引起人们生活的不正常状态，是否引起社会解体，是否引起犯罪和精神病等社会问题。他们认为城市空间关系决定社会关系，影响城市居民生活。因此城市空间布局不合理，导致城市社会问题的产生，而要解决社会问题，可以通过调整人与环境的关系，重新考虑空间布局来解决。至于解决社会问题的方法，需要研究空间布局，研究分布的原因以及空间布局与社会关系之间的关系。

显然这种理论是片面的，资本主义国家城市存在尖锐的矛盾和各种社会问题，不能仅仅归罪于城市空间关系，实质是资本主义制度所造成的。

近几十年来，城市社会学方面，结构功能理论占有重要地位。城市社会学应研究和指出各个城市的特点，要找出它们的不同点及其原因，也应指出城市具有的主要功能，如经济的、政治的，还有文化的等等。芝加哥学派城市社会学理论，常常把当代城市社会的种种病态归罪于城市化；而结构功能学派则认为，许许多多社会病态常被认为生态原因，生物原因或技术原因所造成，其实是由于这个社会本身的经济组织和社会结构不平等所造成。[①]

国外城市社会学家研究城市社会，结论并不相同，因而形成了种种学派；但有一个共同点，即研究空间问题，研究城市空间的构成因素和产生结果，如研究空间内社会结构，居民的生活状况，家庭关系等等是协调还是失调。

---

① 朱俊岭：《城市与社会理论》一书介绍，《城市问题》第 2 辑第 71 ~ 72 页。

国外城市社会学的理论和方法，可以借鉴，取其精华，洋为中用，但不能照搬。我国城市社会学一样，中断近三十年，迫切需要恢复和重建。所谓恢复是指它的名称；所谓重建是指它的内容和体系。内容体系当然要具有我国社会主义城市社会学的特点。

大力开展城市社会学的调查研究

为了恢复和重建我国城市社会学，首先要坚持理论联系实际的原则。这就是说要以辩证唯物主义和历史唯物主义为指导，从我国社会主义城市现代化建设和发展的实践中总结经验、发现问题，探索规律，为我国社会主义城市社会学的具体理论体系打下基础，这是一项艰巨的任务。这个任务不是社会学理论工作者能够单独完成的，而需要实际工作者积极参加。理论联系实际的原则也要求理论工作者与实际工作者相结合、互相支援、共同研究；城市社会学者需要城市发展的实际情况，不能空谈理论；城市实际工作者也需要城市社会学来指导和为城市现代化建设服务。

其次要大力开展城市社区的调查研究。城市社会学是以城市社区为研究的园地，不但研究城市社区的社会问题，还要研究城市社区的重大理论问题，如城市的起源、规模、社会结构、布局、城市化、生活方式、城乡关系、社会管理、物质文明和精神文明等等。既然城市社会学以城市社区作为一个整体来研究，那就需要搞清楚什么叫城市社区，一般讲城市社区，就是城市居民共同生活的具体地区。为了正确地认识城市社区及其发展变化的规律，需要对它进行全面的、深入的、系统的、专题的调查研究。这样我们才能逐步把我国社会主义城市学建立起来。

最后，要社会科学与自然科学相结合。城市社区是一个矛盾对立统一的整体。有的同志把城市看作是一个大系统，认为"现代化城市是一个以人为主体，以空间利用为特点，以聚集经济效益为目的的一个集约人口、集约经济、集约科学文化的空间地域系统。"① 我认为这样来看待城市，就可以避免孤立的从某一个侧面如从经济，或建筑等来研究城市。人是这个大系统的主体，涉及多方面的关系：人和自然环境的关系，人与人之间的关系。各种关系的失调，都可能导致社会问题。城市社区及其社会问题的研究，只有

---

① 李铁映：《城市与城市学》，《城市问题》第 2 辑第 2 页。

社会科学的知识，如经济学、政治学、历史学、法学等是不够的，还需要有关的自然科学的知识，如生物学、地理学、建筑学、信息科学、计算机技术、应用数学等。由于影响城市社区及其社会问题的因素是多方面的，因此需要多方面知识来进行综合研究分析，综合研究是当前科学研究的一种趋势，城市社会学就是从整体上研究城市社区及其社会问题的学科，在综合研究中占有重要地位。

北京劳动力人口行业职业分布状况的初步研究*

（一九八六年）

　　北京是中国的首都，全国的政治中心和文化中心。自 1949 年中华人民共和国成立以来，将近三十六年的时间里，北京的社会发生了巨大的变化。1949 年北京市常住人口 203.1 万人①，1984 年达到 945.2 万人②，扣除因行政区划扩大而增加的 481 万人，为 1949 年的 2.3 倍。目前北京全市占有土地面积 16807.8 平方公里，包括四个城区，六个郊区，九个县镇。北京已成为世界上特大城市之一。

　　这个特大城市的居民从事什么工作，是人们关心的问题。本文目的在于对北京市劳动人口的行业构成、职业构成、存在问题及其对社会主义现代化建设的关系作一初步分析，以便了解北京市居民的劳动和工作状况及其社会经济发展水平。

一　北京市劳动力人口状况

1. 北京市劳动力人口的数量和地区分布

　　根据 1982 年北京人口普查资料，劳动力人口（男 15 ~ 59 岁，女 15 ~

　　*　本文是袁方先生为美国社会学会 1985 年 8 月在华盛顿召开的第 80 届年会所作，原载于《北京大学学报》（哲学社会科学版）1986 年第 3 期。
　　①　常住人口户籍管理部门统计在本市有正式户口的人数。
　　②　《北京日报》1985 年 8 月 5 日。

54 岁）为 5，293，810 人，占总人口的 57.35%，比 1964 年有较大幅度的增长①。按国际通用的标准（15—64 岁）计算，北京市劳动力人口为 5，430，408 人，占总人口的 58.82%，如包括 65 岁以上劳动力人口，则为 552.2 万人，占总人口的 59.83%。不论按哪种标准计算，劳动力人口都超过总人口半数以上。北京市的劳动力资源是非常丰富的。

从地区分布看，城区劳动力占全市总劳动力的 28.59%，郊区占 35.27%，这两者合计为 63.86%，县镇占 36.14%。县镇劳动力人口基本属于农村人口，城区、郊区的劳动力人口属于非农业人口，一般是城市人口。

2. 北京市劳动力人口的重要特点

第一个特点：总人口中劳动力人口②（或总人口劳动力参与率）的比重大。

北京市总人口劳动力参与率为 59.83%，比全国 266 个城市平均劳动力人口（55.7%）高 7.3%。与上海市（63.69%）、武汉市（58.73%）、广州市（58.39%）、西安市（57.71%）、天津市（57.64%）等 100 万人口以上的大城市相比，除上海市高于北京市，其余都低。与国外相比，不但高于发达国家也高于发展中国家。例如，日本 48.5%（1981 年），美国 48.3%（1981 年），苏联 51.7%（1979 年），法国 43.3%（1981 年），加拿大 47.2%（1980 年），泰国 48.1%（1982 年），新加坡 46.3%（1980 年），都低于北京平均水平。这些国家和北京市区虽属不同类型，仍可作参考，也可说明北京市区劳动力人口在总人口中占有较高的比例。

北京市劳动力人口比重之所以这么高，主要是由于人口因素的影响。三十多年来，北京市人口迅速增长，这也包括了劳动力人口迅速增长。同时劳动力参与率水平较高的劳动力人口（男 15 至 59 岁，女 15 至 54 岁）在总人口中的比重比较高，1982 年达到 70.52%，而与北京类似的大城市如新加坡和中国香港同年龄段人口在总人口中的比重仅为 64.65% 和 62.96%，比北京低得多。

第二个特点：中青年妇女的劳动力参与率高。

---

① 《北京市第三次人口普查机器汇总资料汇编》第 5 页。

② 总人口劳参率 = 全部在业人口 + 全体谋职业者（待业人口和待国家分配人口）/总人口。参考周小庄《北京市区劳动力参与率研究》（硕士论文），北京经济学院劳动经济系，打印本，1985 年。

北京市中青年（20～44 岁）妇女劳动力占女性劳动力人口 90% 以上，其中城区近郊区比重更高，为 95% 左右。这种现象在其他国家或地区是少见的。1982 年北京这一年龄段的中青年女性劳动力人口平均为 94.45%，而新加坡 59.83%（1980 年），香港 69.57%（1981 年），日本 58.97%（1981 年），巴基斯坦 13.8%（1982 年）①，都比北京低得多。

北京市中青年女性劳动力人口比重这么高，表明新中国成立以来妇女社会地位发生了根本的变化，妇女在政治、经济、文化、教育、社会生活等各方面都享有与男子平等的权利。在劳动力人口中，妇女与男子一样占有同等重要的地位。妇女积极参与社会劳动，这是使总人口中劳动力人口比重迅速上升的一个极为重要的原因。

第三个特点：青少年人口的劳动力参与率相对高。

北京市区 15 至 19 岁青少年的劳动力参与率，男性 56.09%，女性 55.16%，男女合计为 55.64%；其中远郊县镇 15 至 19 岁青少年的劳参率更高一些，男性 74.37%，女性 73.81%，合计为 74.09%。而新加坡和中国香港 15 至 19 岁青少年的劳参率男性为 45.2% 和 45.8%，女性为 42.6% 和 48.1%，合计为 43.9% 和 46.9%。与经济发达国家或地区相比，北京青少年的劳参率是偏高的。这种偏高的原因，主要是中高等教育普及程度相对低，青少年特别是农村青少年就学率不高。

第四个特点：超过劳动年龄的人口中，劳动力还占有一定的比重。

北京市劳动年龄以上的劳动者（男 60 岁以上，女 55 岁以上）的劳参率，男性为 45.57%，女性为 9.6%，合计为 23.72%，其中县镇 60 岁以上男性的劳参率更高一些，为 54.53%。这主要是由于新中国成立三十年来北京市的医疗卫生保健事业的发展和人民生活有了很大的改善，人民的体质得到了增强。人口死亡率大幅度下降，由新中国成立初期的千分之十以上，降至 1984 年的千分之五点五，人口平均寿命显著延长，1950 年男性预期寿命为 53.9 岁，女性为 50.2 岁，1982 年前者上升为 70.5 岁，后者为 73.4 岁②，这就使不少超过劳动年龄的人口能够继续工作。县镇 60 岁以上男性劳参率高于城市近郊区，主要是因为农业劳动者没有退休年龄规定，这也是劳动力人口比重提高的一个重要因素。

---

① 国际劳工组织编《劳动统计年鉴》，1982 年。
② 《欣欣向荣的北京》，第 18 页。

3. 北京市劳动人口的就业水平

旧北京的失业问题非常严重，1946 年失业人口为 75 万人，约占全市人口的 50%①。1949 年新中国成立时北京在业人数为 43.3 万人，占城市人口的 26.3%②，而失业人员多达 27 万人，到 1957 年在业人数达到 121 万人，占城市人口的 37.8%，比 1949 年增长 1.8 倍，失业问题基本解决。1983 年失业人口上升到 387.4 万人，为城市人口的 67.1%，比 1949 年增长 7.9 倍③。

劳动力人口是由在业人口和待业人口两部分组成的。在业人口指从事社会劳动，并取得劳动报酬或经营收入的人。待业人口指劳动年龄内有劳动能力，有就业要求，并在劳动部门登记但还未得到工作的市镇人口。北京市就业水平和待业水平，可以由劳动力人口的在业人口和待业人口之间的关系来反映。前者用就业率来表达，即劳动力人口中的在业人口的比例；后者用待业率来表示，即劳动力人口中待业人口的比例。

北京市的就业率可用以下几种标准来测量。

一是在业人口占全市总人口的比例。1982 年人口普查资料表明：北京市包括农民在内的全市在业人口为 542.7 万人，占全市人口的 58.79%。这说明在业人口超过总人口半数以上。这个比例高于全国水平（51.9%），高于天津市（56.66%），低于上海市（62.87%）④，高于发达国家，如捷克斯洛伐克（48.3%）、日本（47.6%）、美国（42.9%）、苏联（42.7%）⑤，更高于发展中国家，如墨西哥（27.3%）、埃及（22.8%）⑥。

二是劳动力年龄人口中在业人口占劳动力年龄人口的比例。在业人口占总人口的比重不能如实反映劳动力人口的就业水平。因为其中包括了劳动年龄以下或以上的人口。1982 年北京市劳动年龄人口中劳动力人口为 5293810 人，其中在业人口为 5198440 人，占 98.20%。

三是 15～64 岁在业人口占劳动力年龄人口的比例。这是国际通用的标准。以此便于和国际对比，同时我国法定劳动年龄劳动人口，排除了劳动年

---

① 陈真等编《中国近代工业史资料》第一辑，第 185 页。

② 《欣欣向荣的北京》，第 21 页。

③ 《欣欣向荣的北京》，第 21 页。

④ 《中国统计年鉴》，1984 年，第 105 页。

⑤ 《中国统计年鉴》，1984 年，第 540 页。

⑥ 《中国统计年鉴》，1984 年，第 640 页。

龄以上和以下在业人口情况。1982 年第三次人口普查规定了在业人口最低年龄为 15 岁，据此计算北京市 15～64 岁的劳动人口为 543 万人，其中在业人口为 533.5 万人①，占劳动力人口的 98.25%。北京市在业人口，不论按哪一种口径计算就业率都是比较高的。这说明北京丰富的劳动力资源得到了充分的利用。

北京市劳动就业率这么高，同样可以用上述总人口劳动力参与率很高的原因来解释。但需补充两点：一是北京三十多年来社会主义建设事业，特别是工业迅速发展，提供了大量的就业岗位，这是促使就业率上升的决定因素；二是"低工资、多就业"、"统包统配"、"能进不能出"的"铁饭碗"的劳动制度，使就业率扶摇直上，这也是促使北京就业率上升的一个重要因素。

4. 北京市的待业人口和待业率

七十年代后期，大量回城知识青年要求工作，而国家一时不能全部解决他们的就业问题，因此产生待业现象。报刊上开始出现待业一词。根据第三次人口普查的资料，北京市 15 岁及 15 岁以上的市镇待业人口为 92,843 人。其中四个城区为 39,889 人，占 43%；六个近郊区为 45,612 人，占 49.1%；远郊县为 7,342 人，占 7.9%。市镇待业人口在城市人口中占有一定的比重，如四个城区待业人口占劳动年龄人口的 2.36%②。

北京市待业人口，如包括待国家统一分配工作的人口 2,527 人（指大专院校、中等专科学校、技术学校毕业生及市镇复员退伍军人）共计 95,370 人，其中待业人口占 97.35%，待国家分配人口为 2.65%。

根据待业人口占劳动力人口的比例，可以看到，目前北京市待业率很低，为 1.73%。

1957 年北京市基本上解决了旧社会遗留的失业问题，从此人们认为不再有失业问题了。可是七十年代后期，北京市和其它城市同样都面临严重的待业问题，引起了人们的重视。针对这种情况，国家采取了新的就业政策，即在国家统筹规划和指导下劳动部门介绍就业、自愿组织起来就业或自谋职业，这样待业人口不再全部由国家统包统配。

北京市人民政府，根据新的就业政策，积极解决本市的待业问题。从

---

① 《北京市第三次人口普查机器汇总资料汇编》，第 418 页。
② 《北京市第三次人口普查机器汇总资料汇编》，第 14～15 页。

1979 年到 1983 年共安置 102 万人就业，约占三十五年来新增的劳动力的 56%，相当于新中国成立以来每年新增在业人口两倍多。"文化大革命"遗留的大量待业青年就业问题基本解决了，目前待业人口已显著减少。随着北京市现代化的建设，可以预料这个问题会逐渐解决。

二 北京市在业人口行业职业分布状况

1. 北京市在业人口的行业分布

北京市在业人口共 542.7 万人，分布在 15 个行业，见下表。

表 1 北京市在业人口行业构成 *

行业别	在业人数（人）	行业构成（%）
一、农、牧、林、渔业	1545982	28.40
二、矿业及木材采运业	69033	1.27
三、电力、煤气、自来水的生产和供应业	32297	0.60
四、制造业	1752678	32.29
五、地质勘探和普查业	5597	0.10
六、建筑业	385683	7.11
七、交通运输、邮电通信业	219655	4.05
八、商业、饮食业、物资供销及仓储业	391695	7.22
九、住宅管理、公用事业管理和居民服务业	111813	2.06
十、卫生、体育和社会福利事业	96744	1.78
十一、教育，文化艺术事业	313861	5.78
十二、科学研究综合技术服务事业	216037	3.98
十三、金融、保险业	18107	0.33
十四、国家机关、政党和群众团体	255898	4.72
十五、其它行业	11941	0.22
总 计	5427021	100.00

　* 《北京市第三次人口普查机器汇总资料汇编》，北京市人口普查办公室，1984 年 1 月第 12 页。

我国现行统计制度把行业分为物质生产和非物质生产两大部门。上表 1 至 8 属于物质生产部门，9 至 14 属于非物质生产部门。在业人口中，前者 440.3 万人，占 81.13%，后者 101.2 万人，占 18.65%，两者是四与一之比。其它部门1.2万，占0.2%。可见，北京在业人口的绝大多数分布在物质生产部门，比发达国家高得多，美国为38.0%（1970年），英国47.1%（1971年），苏联54.48%（1984年），日本48.5%（1975年），法国48.6%（1975年）①。物质生产部门在业人口又绝大多数分布在工业，如制造业，矿业及木材采运业，电力、煤气、自来水的生产和供应业，共计185.4万人，占全市在业人口的34.20%，即平均每三个在业人口中就有一人从事工业生产。其中分布在制造业的人数最多，为175.3万人，占32.30%。

旧北京基本上没有现代化工业，除仅有几家大的工矿企业，主要是手工业。目前，北京已经拥有纺织、电子、机器、冶金、电力、煤炭、石油化工、建筑材料等门类齐全的工业部门，形成了比较完整的工业体系，大中小型工业企业共计4,000多个②。由于工业特别是重工业的迅速发展，使工业在业人口迅速增加，1983年达到150.2万人，比1949年增加8倍多，占全市在业人口40.9%③。工业已成为北京最大的产业部门，也是就业人数最多的部门。

工业内部，反映在工业人口方面，1983年重工业人口有80.6万人，占53.7%，轻工业人口有69.6万人，占46.3%④。重工业在业人口比重大于轻工业，原因是过去片面强调在北京发展重工业。目前，北京正在通过城市管理体制改革，大力调整工业结构。

物质生产部门中，农、林、牧、渔业在业人口为154.6万人，占28.5%，是仅次于工业的第二大部门。农业在业人口与工业在业人口比是1∶1.2。本市农业在业人口主要从事种植业，共149.3万人，占96.6%⑤，其中，从事粮食生产的128万人，占86%，种菜的14.3万人，占9.6%，从事畜牧饲养业的3.8万人，占2.5%。这种现象表明，不论农、林、牧、渔之间，还是农业内部各业之间都存在比例失调。这是由于长期以来，片面强调"以粮为纲"，忽视甚至批判和砍掉多种经营，其结果农民只能挤在有限的土地上

---

① 沈益民编著《近三十年来世界人口普查和人口概况》，1983年，第265页。
② 《欣欣向荣的北京》，第5页。
③ 《欣欣向荣的北京》，第17页。
④ 《欣欣向荣的北京》，第5页。
⑤ 杜午禄：《国民经济行业结构分析》，《中国人口问题》研究组编，1984年，北京大学社会学系资料室打印本。

种粮食，人均收入低，农业劳动生产率也低，阻碍了农业生产的发展，不能满足人民生活的需要。

目前，北京农村由于普遍推行联产承包责任制，促进了多种经营和商品生产的发展，带来了农业经济结构的变化。1983 年农业总产值中，种植业占 36.1%，比 1978 年下降 22.3%，失去了五业之首的地位。从事种植业的劳动力已开始下降，由 1978 年的 66%，下降到 1983 年的 54.7%。乡、队企业发展更快，1983 年已有企业 8，891 个，从业人口比 1978 年增加一倍以上。特别是多种经营的发展，为农村剩余劳动力的改换行业打开了广阔的就业门路。从事多种经营的劳动力，由 1978 年的 34% 上升到 1983 年的 45.3%[①]。

北京农业结构在迅速变化，商品经济在发展，农村开始繁荣，是个可喜的现象！但从现代化农业要求来看，还必须继续改革落后的农业生产结构，发展商品生产，更大幅度地减少农业劳动力，增加多种经营和工业的劳动力，才能提高农业劳动生产率，提高农民的生活水平，加速农业现代化。

再看非物质生产部门。这个部门占总在业人口的比重为 18.7%，实在太小了。其中教育、文化艺术事业只占 5.79%，其它如住宅管理事业、公用事业和居民服务事业等行业的比重就更低了，说明北京的生活服务事业还很落后，必须引起高度重视。产生这种现象的主要原因，是新中国成立以来北京市在一个比较长的时期内，以"变消费城市为生产城市"的思想为指导，对首都北京是全国政治中心和文化中心这个特点认识不足，因而重经济，轻文化，重生产，轻生活，重重工业，轻轻工业，重物质生产部门，轻非物质生产部门。这样就使得为居民生活服务的各种事业很难发展。商业、饮食业、服务业在业人口从 1952 年的 19.7%，下降到 1974 年的 10.7%，其中也有"文化大革命"的破坏因素。1976 年粉碎"四人帮"以来，特别是中国共产党的十一届三中全会以来，北京开始重视发展商业、饮食业、服务业等各项事业。1977 年到 1983 年，商业、饮食业、服务业等行业的从业人员由 1977 年的 30.4 万人，增加到 1983 年的 50.9 万人，比重由 11.5% 上升到 13.9%。尽管如此，还不能满足城市发展和人民的需要。

如果按国际上使用的三大产业划分的方法来分析北京市的行业，那么第一产业（农、林、牧、渔业）在业人口的比重为 28.49%；第二产业（矿业

---

① 《欣欣向荣的北京》，第 17 页。

及木材采运业，电力、煤气、自来水的生产和供应业，制造业，地质勘探和普查业，建筑业）在业人口的比重为41.38%；第三产业（交通运输、邮电通信业，商业、饮食业、物质供销及仓储业，住宅管理、公用事业的管理和居民服务业，卫生、体育和社会福利事业，教育、文化艺术事业，科学研究和综合技术服务事业，金融、保险业，国家机关、政党和群众团体）在业人口的比重为29.92%。

可见，北京第一产业在业人口的比重远远高于发达国家，如美国（3.6%）和日本（10.1%）；而第三产业在业人口的比重，又远远低于美国（64.8%）和日本（54%）①。国外发达国家的首都第三产业一般都占到60%以上。第一产业在业人口的减少，第三产业在业人口的增加，是行业结构发展的必然趋势，北京行业结构的改革应适应这种趋势。

2. 北京市在业人口的职业分布

北京各种职业的劳动者共计542.7万人，分八大类，见下表。

表2　北京市在业人口的职业构成*

职业别	在业人数（人）	职业构成（%）
一、各类专业、技术人员	739609	13.63
二、国家机关、党群组织、企事业单位负责人	219116	4.04
三、办事人员和有关人员	233540	4.30
四、商业工作人员	206875	3.81
五、服务性工作人员	397621	7.33
六、农林牧渔劳动者	1346666	24.81
七、生产工人、运输工人和有关人员	2265991	41.75
八、不便分类的其他劳动者	17703	0.33
总　计	5427121	100.00

*《北京市第三次人口普查机器汇总资料汇编》，北京市人口普查办公室，1984年1月。

从表2可以看出，北京在业人口的职业分布有以下几个特点。

甲）各种职业人口中，生产工人、运输工人和有关人员所占比重最大（41.75%），其次是农、林、牧、渔业劳动者（24.81%），这两类劳动者占职业人口的66.56%，说明北京在业人口半数以上在这两类职业中工作。由

---

① 国际劳工组织编《劳动统计年鉴》，1982年。

于我国目前缺少现代化技术装备，生产率还比较低，这两类职业，特别是农业，一般还是手工劳动方式或半机械化劳动方式，因此需要比较多的劳动力。发达国家的情况正好相反，农、林、牧、渔业劳动者的比重：美国（3.5%），日本（9.7%）；生产工人、运输工人和有关人员的比重：美国（22.9%），日本（25.3%）。两类职工合计：美国（26.4%）和日本（35%）[1]都低于在业人口的半数，而北京两者合计则超过在业人口半数。这种现象说明，北京的职业构成还是比较落后的。

乙）从地区来看，在业人口中的生产工人、运输工人和有关人员主要分布在城区、近郊区，占74%，表明这些地区的工业化城市化水平高于县镇；而农、林、牧、渔业劳动者中大多数分布在县镇，占81%，同样表明县镇的工业化、城市化、现代化水平远低于城区和近郊区。为了缩小这种地区上发展不平衡的现象，需要加速县、镇的工业化，促使农业劳动者转为非农业劳动者，从而改变职业构成。这是提高北京城市化、现代化水平的一个极其重要的方面。

丙）北京职业构成的技术力量是比较落后的。各类专业技术人员的比重仅为13.63%。专业技术人员一般都属于脑力劳动者，加上国家机关、党群组织、企事业负责人和办事人员，则从事脑力劳动工作的占在业人口21.97%，还不到四分之一，而体力劳动者则高达78.03%，这充分表明北京职业构成还主要是劳动密集型的，必须引起重视，大力提高农业职工的文化水平和专业技术人员的比重，才能从劳动密集型逐步转化为知识密集型，才能逐步缩小体力劳动者与脑力劳动者数量上的差距。这是北京现代化建设需要解决的一个重要问题。

丁）职业人口中，商业工作人员、服务性工作人员的比例小，只占在业人口的11%，同时这些人员普遍存在着服务面小、效率不高的问题。例如：北京市有10.5万[2]名厨师、炊事员，但是在商业、饮食业及物质供销业工作的不到四分之一，而分布在其它各单位内部食堂的占四分之三。前者面向社会服务，后者局限于为本单位服务，社会化程度不高。又如，北京市医疗卫生技术人员10多万人[3]，只有56.7%分布在面向社会服务的专业部

---

① 国际劳工组织编《劳动统计年鉴》，1983年。
② 《北京市第三次人口普查机器汇总资料汇编》，第14页。
③ 《北京市第三次人口普查机器汇总资料汇编》，第14页。

门，如卫生、教育和社会福利事业，其余分布在各个工作单位中，不面向社会服务，这也很难提高社会化程度和社会经济效益。

3. 在业人员性别构成

北京在业人口中，男性占 55.82%，女性占 44.18%，男稍多于女。从行业看，矿业及木材采运业中，男性比重最大（88.55%）；之后依次是：地质勘探和普查业（77.51%）；建筑业（77.33%）；交通运输、邮电通信业（71.86%）。由于这些行业中含井下、野外性工作，男性比重大是正常的。国家机关、政党和群众团体的在业人口男性高达 68.19%，女性只占31.81%，显得不够合理。其中女性文化程度低是一个原因，但也反映了在这些部门中仍然存在着重男轻女的传统思想。所以，不仅需要提高女性的文化程度，还要提高妇女的社会地位，才能使女性在这些行业里和男性享受平等的劳动权。

从职业看，总的说，女性在业人口的比重低一些，为 44.18%。分开说，女性比重高于男性的有：各类专业、技术人员（51.42%），主要是由于小学教师、科研辅助人员和文化工作者的比重高；商业工作人员（56.52%）、服务性工作人员（54.74%）女性高于男性是容易理解的。女性的比重低于男性的有：生产工人、运输工人和有关人员（38.92%），这些职业的劳动者主要从事繁重的体力劳动，男性比重大，也是可以理解的。还有办事人员女性（38.68%）也低于男性（61.32%），其中只有秘书、打字、邮政业务、电讯业务等女性高于男性，其它如政治保卫工作人员等女性低于男性，这也比较容易理解。但国家机关、党群组织、企事业单位负责人中，女性的比重只占 19.33%，而男性占 80.67%，比例相差悬殊，说明中国妇女担任领导职务的还为数很少，这是一种不合理的现象。因此，应大力培养和选拔妇女担任领导职务，发挥她们的才能，使她们在北京市现代化的建设中做出更多的贡献。

4. 在业人口的文化程度

总的来说，在业人口文化程度，二分之一以上是初中和小学水平，分别为 40.03%、21.77%。其余为：大学水平（包括大学毕业和肄业）6.9%；高中水平 24.42%；小学水平 21.71%；文盲、半文盲为 7.69%，这对首都来讲，是一个相当高的比例。

从行业看，文化程度最高的行业是科学研究和综合技术服务事业，教育、文化艺术事业。其中具有大学水平的，前者为 39.25%，后者为

30.42%。文化程度比较高的行业是国家机关、政党和群众团体，地质勘探，卫生、体育和社会福利事业。其中，具有大学水平的分别为：19.08%；16.69%；15.86%。文化程度最低的行业是矿业及木材采运业，农、林、牧、渔业。其中具有大学水平的极少，前者只有1.25%，后者为0.11%。这两个行业文盲率最高，分别为：7.19%，17.08%。这种现象不能忽视，应采取措施大力提高他们的文化水平。

再从职业看，在业人口中具有大学水平的也是少数，为6.09%，初中高中水平占多数，为64.43%，小学水平为21.77%，文盲率为7.7%。各类专业技术人员具有大学水平的比较多，占34.94%。国家机关、党群组织、企事业单位负责人具有大学水平的，只有16.34%。其余各类职业具有大学程度的职工，除办事员和有关人员（9.9%）外，都在5%以下，特别是农、林、牧、渔业劳动者只有0.04%，文盲率高达18.9%。

从以上的分析看出，不论按行业还是按职业来看，在业人口的文化程度都是比较低的，这与四个现代化建设是很不相适应的。目前，北京市正在大力推广各种类型、各种形式的教育，加快人才培养，提高现有在业人口的文化科学技术水平。

5. 在业人口的年龄构成

北京市在业人口平均年龄为34.4岁，其中30岁以下的占46.22%，30至49岁的占45.09%，50岁以上的占8.69%。可见在业人口年龄的构成还是年轻型。

北京市在业人口中，15~19岁的占11%，老龄人口占4.2%。而在农、林、牧、渔劳动者中，15~19岁的比例是18.9%以上，老龄人口占7.4%，这表明农、林、牧、渔劳动者大多数参加劳动行列都比较早，而退出劳动行列又较晚。这一现象反映了传统农业劳动者的习惯。分性别来看，总的说，15至49岁的农、林、牧、渔劳动者的女性比重大于男性，女性比例一直多于男性。这一现象说明了男性劳动者，特别是一些中青年离开了农业从事其它工作；而49岁以上农、林、牧、渔劳动者，则男性比重高于女性，这是由于不少妇女因体质的原因和家务劳动的需要而离开农业劳动。

在生产工人和运输工人中，15~19岁的比重是11.2%，仅次于农、林、牧、渔劳动者。这说明生产工人、运输工人也和农、林、牧、渔劳动者一样，大多数人很早参加工作。这是因为15至24岁这一年龄段，正是青少年升入高中、大学继续学习的大好时期；而高中、大学的招生数又有限，升学机会较少。同时，生产工人、运输工人和农、林、牧、渔劳动者均属体力劳动，在知识、个人素质上要求较低，所以，无上学机会的青少年较易从事这一职业。

在各类专业技术人员中，老龄人口占 3.2%，也就是说在专业技术队伍中百分之八十以上是中、青年。在国家机关单位负责人中，老龄人口占 7.4%，远高于商业、服务业及办事人员和生产工人的老龄人口比例，说明了领导人的老化现象比较严重。

三　结束语

1. 北京市劳动力人口的规模和全市总人口规模一样偏大，早已超过北京市地区资源、城市基础设施和行业职业结构所能承受的容量。因此，北京市总体规划要求把 2000 年的北京市人口规模控制在一千万左右。劳动力人口是总人口组成的主体，占 60%。这么庞大的劳动力队伍，必然要求大量的就业岗位。北京市的现代化建设虽然发展很快，广开了就业门路，但还满足不了就业的需要。目前，城市还存在一定数量的待业人口，还没有很好地解决充分就业问题，必须严格控制劳动力人口的发展规模，其中主要是控制迁入劳动力人口的规模。

2. 北京市的就业率偏高，劳动力资源得到了充分利用，促进了北京市的社会主义现代化建设。但是，邓小平同志讲得好："现代化的生产只需要较少的人就够了，而我们人口这样多，怎样两方面兼顾？不统筹兼顾，我们就会长期面对着一个就业不充分的社会问题。"[1] 北京市过去着重从就业的方面考虑，在于解决"文化大革命"以来所累积的大量待业人口，这是必要的，但对就业的社会经济效益考虑得不够。从 1978 年至 1983 年，北京市工业总产值按 1980 年不变价格计算的年平均增长速度是 6.4%，工业就业年平均增长率为 3.42%，工业全员劳动生产率年平均增长为 2.88%[2]。可见，近几年北京市工业总产值的增长，主要依靠增加劳动力，而不是依靠提高劳动生产率。北京市工业劳动力的增长并非主要由于生产发展的需要，而是为了解决待业问题。这样，结果是使社会上的待业转化为企业劳动力的过

---

① 《邓小平文选》，第 150 页。

② 根据《欣欣向荣的北京》第 56~60 页的统计数字计算而得。

剩，影响社会经济效益的提高。如何在提高劳动生产率的同时，又处理好劳动力人口的就业问题，还是需要认真研究的一个重要问题。

3. 北京市的产业结构与其城市性质不相适应。第一产业占 28.5%，第二产业占 41.4%，第三产业占 29.7%。与过去相比，虽然较明显地反映了产业结构的一般发展趋势，即第一产业在缩小，第二产业在增加。但是，发展很不平衡，第二产业中制造业所占比重过大，而与首都性质、特点相适应的工业，特别是第三产业所占比重太小。既与首都城市性质不相适应，又不利于人民生活水平的提高。因此，今后在北京的现代化建设中，要调整产业结构，正如《北京城市建设总体规划方案》所要求的，要着重发展高精尖的、技术密集型的工业，不要再发展重工业，特别是不能再发展那些耗能多、用水多、占地大、污染扰民的工业，要大力发展第三产业。

在北京市的行业职业结构中，农业还占有相当比重，在行业结构中占 28.49%，各职业劳动者中，农林牧渔劳动者占 24.81%。所以，北京市还面临一个农业人口如何转化为非农业人口，如何加快城市化的问题。

4. 北京市的职业结构中，脑力劳动者与体力劳动者之比为 1∶3.5①。体力劳动者居多，而且技术水平低，专业技术人员只占 13.63%。因此，还需要大力提高体力劳动者的知识和技术水平，努力缩短脑力劳动者与体力劳动者数量上的差距。目前，各类职业劳动者的文化水平还比较低，三分之二的人文化程度在初中以下，文盲率达 7.69%。因此，要大力提高劳动者的文化素质，逐步使劳动者的文化水平和技术水平适应现代化建设的需要。

目前，北京市的劳动人口的状况、行业和职业结构正面临全面的深入改革，这是经济体制改革的一个重要组成部分。北京是全国的政治、文化中心，行业和职业的改革必须充分体现这一城市的性质。要解决好大批劳动力的就业问题，要努力提高劳动生产率，要调整不合理的产业职业结构，要大力发展第三产业，努力提高劳动者的文化素质，任务是艰巨的。目前，为把首都建设成为高度文明的社会主义现代化城市，为把首都变成全国环境最清洁、最卫生、最优美的第一流的城市，为把首都建成全国科学、文化、技术最发达、教育程度最高的第一流城市，各行各业的劳动者正在勤勤恳恳地劳动着。

---

① 《欣欣向荣的北京》，第 18 页。

中国老年人在家庭社会中的地位和作用[*]

（一九八六年四月）

摘要： 本文利用近年来北京、上海、天津、哈尔滨、长沙等地的老人调查资料，以及国家人口普查资料，对中国老年人在家庭和社会中的地位和作用进行初步分析和探讨。通过研究，我们认为：（1）老年人的家庭关系趋向平等化，老年人在家中仍受尊重，家庭仍是他们目前主要的养老场所。（2）"老有所养"、"老有所医"、"老有所学"、"老有所乐"和"老有所为"，这是中国老年人的要求和意愿，它们互相制约，是衡量中国老年人社会地位的重要标志。（3）搞好"老有所养"、"老有所为"，更能切实保障老年人的社会地位，也有助于解决中国庞大的老年人口群的负担问题。（4）国家、社会、集体和家庭相结合是赡养中国老年人的主要方式。（5）继续发扬尊老敬老的优良传统，发扬社会主义的优越性，并适合现代化的要求，我们才能解决好中国老龄问题，并对世界老龄问题做出一点贡献。[①]

老龄问题是当前世界普遍关注的一个重大社会经济问题。它包括两个主要方面：一是个人老化问题。随着平均期望寿命的不断提高，老年期日益延

---

* 本文原载于《北京大学学报》1987 年第 3 期。

① 作者原注：本文的资料收集和写作过程中，得到本系副主任游惠培同志、副教授蔡文眉同志和研究生刘永川同志的帮助，特此致谢。

长，从而，满足老年人的各种特殊需要，让老人过着美满幸福的晚年，都更需要家庭和社会来关心和解决。一是人口老化问题，即整个人口中老年人口的比重迅速提高。这种人口年龄结构的变化，将对社会经济发展产生重大影响。

在中国，随着社会经济的发展，随着广大人民群众物质生活、精神生活和医疗保健事业的不断改善，人口平均寿命已从 1949 年以前的 35 岁延长到现在的 70 岁。由于人口出生率和死亡率迅速下降，我国老年人口的增长速度大大超过世界多数国家。从 1953 年第一次人口普查到 1982 年第三次人口普查，总人口增长了 71.14%，而 60 岁及以上老年人口则增长了 84.5%。1982 年，我国 60 岁及以上老年人口已占总人口的 7.64%，65 岁及以上老年人口已占总人口的 4.9%，预计在 1994 年至 1996 年，我国将加入"老年型"国家的行列，即以 60 岁为下限的老年人口将占总人口的 10%。而且，中国人口老龄化还有着自己的特点——老年人口的绝对数量大，1982 年的全国 60 岁及以上老年人口总数为 7600 多万，几乎等于美苏两国老年人口的总和、亚洲老年人口的一半和世界老年人口的 1/5 多。预计到 2000 年将迅速增长到 13458 万。面对如此庞大的老年人口群，研究他们在生理、心理、社会等方面的特殊需要和意愿，及其在中国社会和家庭中的地位与作用，有着重大的意义。这是本文的主要目的。

中国老年人与家庭

家庭生命周期包括婴儿、幼年、少年、青年、壮年和老年几个阶段。从青年就业开始，离开家庭进入广大的社会，到了老年离开工作岗位，告老还家。中国家庭仍然是老年人重要的活动基地，是生活照顾、精神安慰的主要场所。仅以老年人病后需要人照顾来说，据天津 1984 年的调查老人病后由老伴子女媳婿和孙子照顾的占 96.4%，由邻里、亲友、街道、单位或雇人照顾的仅占 3.6%[①]。北京 1984 年 10 月的调查资料基本上也是这样。老年人患病由直系亲属照顾的占 87.4%，亲属照顾的占 8.3%，邻居照顾的占 1.2%，保姆照顾的占 0.8%，单位派人照顾的占 0.3%，这说明中国老年人

---

① 天津市人民政府办公厅、天津社会科学院和天津市老龄问题委员会联合调查组 1984 年 4 月的天津市老人抽样调查。

的生活照顾主要靠家庭。从这方面来看，在中国的家庭里，老年人还是受到尊重关怀的。

我国绝大多数农村老人均与子女住在一起。城市老人有 43.4% 与子女合住，其它分开居住的老人也与子女离得很近，联系密切①。从这里可以看到中国家庭关系中的亲子关系是最基本的关系。

据 1982 年第三次全国人口普查 10% 抽样调查资料，全国 60 岁~79 岁的老人中，有配偶的占 56.67%，丧偶的占 41.03%，离婚的占 0.95%，未婚的占 1.35%，60 至 79 岁的女性老人中，44.18% 有配偶，55.14% 丧偶，0.39% 离婚，0.29% 未婚，80 岁以上有配偶的女性更少，仅占 7.14%。人口老化不可避免给老人带来家庭问题。正确处理这些问题，是老年人欢度晚年，提高在家庭中的地位与作用的必要保证。

多代同堂的家庭是传统中国社会的基本生产和生活单位，老年人起主要作用。中国传统的"父为子纲"的伦理道德更稳固了老年人这种地位，但是由于社会经济的发展，特别是工业化，城市化的发展，家庭规模日渐缩小，家庭关系发生了很大的变化。

中国家庭规模变小的趋势较为明显。1937 年中国家庭平均人口为 5.1 人，1975 年为 4.76 人，1982 年降为 4.49 人。城市家庭户平均人口更低。据 1982 年的统计，全国 239 个市户平均人口为 4.09 人，百万人口以上的 38 个市户平均人口为 4.01 人，大城市上海为 3.60 人，北京为 3.69 人，天津为 3.90 人。

家庭规模变小，导致家庭结构简单化

当前中国城乡都以核心家庭为主（父母与未婚子女同住），主干家庭为辅（核心家庭加上祖父母双方或一方组成的三代直系家庭），但城市核心家庭比重高于农村。据中国 5 大城市北京、天津、上海、南京、成都的调查，城市核心家庭占 66.4%，主干家庭占 24.58%②。

老年青年两代分居，已成为一种新动向，值得注意。天津市与子女分居

---

① 天津市人民政府办公厅、天津社会科学院和天津市老龄问题委员会联合调查组 1984 年 4 月的天津市老人抽样调查。

② 天津市人民政府办公厅、天津社会科学院和天津市老龄问题委员会联合调查组 1984 年 4 月的天津市老人抽样调查。

的家庭占 56.6%，与子女合居的家庭占 43.5%[①]，北京三个社区调查表明老两口独居的老人中 100% 希望保持独居，与子女同居的老人中尚有 23.3% 认为独立居住比较理想[②]。产生这种现象的原因，据《城市核心家庭化的趋势与老年赡养》一文作者张雅芳的分析有四：一是退休老人数量增多，使老人在经济上对子女的依赖性越来越小。二是家长的权威降低了，在家庭关系上父母与子女间日益趋向平等。三是家庭关系更为珍重夫妻关系，过去妇女在家庭中处于从居地位，靠丈夫生活，而现在很多老年夫妇同青年夫妇一样，双方都有收入，妇女地位的改变，使得夫妻关系更为重要。四是两代人精神生活缺乏共同性。当然分居的理由是多方面的，情况也是复杂的，天津千户调查资料表明，半数以上老年人主张同已婚子女分开生活，因为有点矛盾的占 1.76%，怕产生矛盾的占 11.04%，图清静的占 12.1%，怕自己受累的占 2.50%，怕累赘子女的占 2.2%，房子窄不得不分居的占 32.10%，上班不方便而分开的占 4.656%。

家庭结构核心化给我国一向靠家庭赡养老人为主的方式提出了新问题。子女另立门户是否意味着不再有赡养老人的责任了？以夫妻为中心的老年家庭是否意味着老年人不再关怀下一代而独守空巢过着孤寂的晚年生活？这是西方老年人和家庭的老路。我认为，这在我国是不可能的。中国城市家庭规模和结构的变化必然受着中国传统文化的影响，特别是受社会主义精神文明的制约而逐渐具有中国自己的特色，在赡养老人方面仍将继续发挥重要的作用。

从目前情况看，已另立门户的子女，经常回家看望父母，协助老人照料家务，或定期给老人经济支援，以表孝心，逢年过节与老人团聚。尽管两代过着分居生活，实际上是分而不离，父母子女之间仍然有着千丝万缕的联系，这对双方都是需要的，不可缺少的。父母可以继续从子女方面得到生活上的照顾和精神上的安慰，这比物质帮助还重要。老年人一般都有养老金，子女可以继续从父母那里得到管教和帮助，例如，照管孙辈，家务劳动，甚至经济补助。这种现象说明，尽管家庭规模日渐缩小，核心家庭日益增多，但是家庭网络，亲子关系仍继续保证老年人在不同家庭结构中的地位和

---

① 天津市人民政府办公厅、天津社会科学院和天津市老龄问题委员会联合调查组 1984 年 4 月的天津市老人抽样调查。

② 北京市社会科学研究所林乐农、耿昆 1982 年北京市东四街道七条与九条居委会，月坛街道国务院宿舍居委会和铁道部老一宿舍区居委会的问卷调查。

作用。

农村的情况稍有不同。北京大学社会学系1985年夏天在黑龙江、四川农村的调查表明，这些地区核心家庭占66.9%，主干家庭占29.9%，但是40.1%的人认为，主干家庭比较理想。这是因为实行农业生产责任制以来，家庭恢复了生产职能。老农有丰富的经验，发展农业生产仍缺少不了老农指导，主干家庭有利于充分发挥老农的作用。中国农村还没有退休制度，传统农民的劳动习惯是活到老干到老，主干家庭适应农村赡养老人的需要。

家庭规模日渐缩小，反映了中国传统家庭向现代化家庭的转变，老年人要适应这一转变。

平等化是现代化家庭关系的一个重要标志。中国传统家庭中老人是一家之长，具有家长式的绝对权威。这种家长式的权威统治，在家庭规模和结构的变迁过程中已逐渐消失。目前两代之间，男女之间趋向平等，据天津调查，在讨论家政大事时，老人起"决定"作用的占49.5%，老人"有发言权"但不起决定作用的占30.6%，即使老人起"决定作用"，也要求尊重儿女的意见。据1982年北京退休职工调查，退休职工家庭中本人决定家政大事者仅占43.6%，本人支配家庭经济者只占48.4%，全家协商决定家政大事占21.8%，全家协商决定家庭经济占7.5%，可见现代化家庭里老年人仍有地位，家庭关系平等化只是排除家长式的绝对统治，但不排除老年人的地位和作用。

老年人的家庭地位随年岁的增长而有所降低。根据1984年长沙市251名老人的调查，在60~89岁年龄组的老人中，处于家长地位的占61.79%，属一般家庭成员的占38.3%，而在90岁以上老人中，处于家长地位的仅占9%，属一般家庭成员的占29.1%，尚有61.9%的老人在家中处于依附地位，几乎没有什么发言权，这主要是因为年老病多的缘故。

老年人丧偶再婚，反映了一代新风，反映了老年人在家庭中独立自主地位，也是家庭现代化的综合表现。我国60~79岁老人中，丧偶的占41.03%，80岁以上老人丧偶的占80.94%。女性老人丧偶人数更多。80岁以上年龄组中女性丧偶人数为男性的3倍，占该年龄组丧偶人数的74.34%。这说明了，一是老年妇女对生活的适应能力较强，高龄的比例大，二是老年妇女受"从一而终"的旧婚姻观束缚，造成孤老人数多。近年来，社会关心老年人的家庭状况，鼓励丧偶老人找老伴，重建家庭，会遇到来自社会和家庭的阻力。鼓励老年人再婚的社会新风，将有助于老人欢度晚年，也有助于提高老年人在家庭中的地位和作用。

"五好家庭"逐渐增多,中国各地不断出现新型的家庭关系。在建设社会主义精神文明的活动中,各地将争创"五好家庭"作为一项重要内容。1983年,天津全市就评选出一万二千多户"五好家庭"。这些家庭中,少尊老、老爱幼,和睦相处,为老人创造了一个和谐美满的家庭生活环境。武汉市调查1000老人中,两代平等和谐的占82.5%,上海调查的681名老人中,子女对老人较好或很好的占94.4%。

中国老人能在家庭中保持应有的地位和作用,首先取决于中国的历史传统和社会主义制度。敬老孝亲是中国人的传统美德,不敬老人、不孝父母,都将受到舆论的谴责。我国的政策法令也一致提倡尊老,宪法规定子女有赡养父母的义务。1950年的《婚姻法》第十三条规定:"父母对于子女有抚养教育的义务;子女对父母有赡养扶助的义务;双方均不得虐待或遗弃。"1980年《婚姻法》继续补充为:"子女不履行赡养义务时,无劳动能力的或生活困难的父母,有要求子女付给赡养费的权利"。这些规定体现了保护老人的社会主义原则。

其次,我国的养老制度基本上保证了老年人的物质生活。在农村,老年人继续占有充足的生产资料,可以活到老、干到老,他们仅需部分地依靠儿女。在城市,退离休老人都有固定收入,他们不仅不是家庭的"拖累",还能给子女一定的补贴,离休干部的经济地位在家庭中占主导地位。据调查,绝大多数职工的退休金均高于家庭人均收入。据1984年的北京市离休干部调查,71.82%的离休干部工资在80元至150元,一般都高于儿女的工资。

目前,我国城市住房紧张,青年人工龄短,不容易分到房子,很多人住父母的房子,尤其是与子女合住的离休干部,几乎全是儿子住父母的房子。在住房上,也主要是子女依靠父母。北京大学心理学系的调查表明,凡与子女合住的老干部,均继续处于家长地位。

再次,中国老年人口还有一个特点是年青型老年人居多,如北京市60至69岁年龄组人口占老年人口的60.7%,他们不仅生活能够自理,还能够在家务劳动上给子女予以一定的帮助,如买菜、做饭、带孩子等。

我国也存在一些不够平等和睦的家庭,老人在家里得不到儿女的尊敬,往往被视为累赘,甚至受到虐待。

根据天津市的调查,家庭不和睦的还占8.2%。不和睦的原因很多,主要是经济开支、生活习惯、家务劳动、住房条件、道德观念等方面的矛盾所引起的。

　　总之，中国家庭仍是赡养老人的主要场所。因此，在顺应家庭结构核心化，老人的家庭地位由家长绝对权威转向平等化这一趋势的同时，应充分发扬中华民族的传统美德，发挥社会主义制度的优越性，使每个子女都尊敬老人和赡养父母，使老年人能享受天伦之乐，过着幸福愉快的晚年。

中国老年人与社会

　　中国现行退休制度规定：退休年龄男 60 岁，妇 55 岁。退休意味着离开原来工作岗位，进入老年行列。这是老年人的社会地位和作用的重大转折点，离休干部的感觉最为明显。据北京离休干部抽样调查的资料，一些离休干部深感"办事不如以前"，"人走茶凉"。哈尔滨市的离休干部调查表明，32% 的离休干部感到同志们待自己不如以前，社会地位在下降。离休后他们的手中无权了，参与决策的机会减少或没有了，晋升的机会没有了。至于退休工人，不再领工资而领退休金，退休金只是本人工资的 60%～80%。经济状况当然不如以前。存在决定意识。退休职工从有工作到没有工作，从有权到无权，从领取工资到领养老金，从生产者到消费者，这是一个巨大的变化。退休职工感到自己在社会上的地位下降了，这是很自然的。这与他们在家庭内的感觉不同，退休后依然是长者，地位一般不变。

　　但是研究中国老年人在社会上的地位和作用，不能只从他们有工作还是没有工作，有权还是没有权来衡量。当然这需要考虑，但主要的应从社会方面来考虑，这就是社会怎样对待老年人。中国社会有尊老爱幼的优良传统，对老年人曾经做出的贡献高度赞扬，对老年人的"余热"尽量予以发挥。天津 1984 年老年人调查表明，老年人感到社会对他们"很尊敬"和"比较尊敬"的达到 84%。

　　1982 年我国第三次人口普查的结果，60 岁以上的老人有八千多万人。这个老年社会群体由三部分组成。

　　1. 鳏寡无靠的老人。他们没有参加任何社会组织，没有经济来源，没有劳动能力，不能独立生活，无依无靠，完全靠社会救济。在农村约 261 万人，由集体经济组织实行"五保"（吃、穿、住、医、葬）或由乡村兴办的农村敬老院集中供养；在城市约 226 万人，由国家给以社会救济或由社会福利院收养。鳏寡无靠老人只是一小部分，占老年群体 4%。

2. 城市一部分居民和农村大部分老年农民。他们还没有享受社会保障，还能从事一些力所能及的劳动，主要靠子女赡养。其中老年农民有 7000 多万人，占老年群众 80%。

3. 城市离休、退休职工。他们按月领取（离）退休金。1982 年离退休职工有 1200 多万人，1984 年已增加到 1457 万人，1985 年底离退休人员总数达到 1637 万人，全国支付的离退休费达 145.64 亿元。

中国是几千年文明古国，有敬老、养老的美德。早在春秋战国时，孟子就已提出"老吾老以及人之老"，在《礼记》中也明确指出："鳏寡孤独废疾者，皆有所养。"社会主义精神文明，不仅继承这种优良传统，还增添了革命人道主义内容。国家和社会对老年人承担抚养的责任，根据老年人的意愿和需要，使老年人"老有所养"，"老有所医"，"老有所为"，"老有所学"，"老有所乐"。

鳏寡无靠的老人，在农村由集体经济组织实行"五保"（保吃、穿、住、医、葬）或由乡村兴办的农村敬老院集中供养；在城市由国家给以社会救济或由社会福利院收养。供养方式分两种：一种是在敬老院过集体生活，称为集中供养；另一种是继续生活在家庭或亲属家，称为分散供养。1982 年全国农村有敬老院 11000 所，供养老人 13.8 万人，1983 年有 14047 所，供养老人 16.9 万人，到 1984 年底增加到 20871 所，供养老人 21 万多人。城镇兴办的街道敬老院 1984 年已发展到 300 多个，集中收养老人 4500 多人，敬老院的老人受到社会的尊重。这些老年人的吃、穿、住、医、葬由国家或集体给以合理安排，生活不能自理的，有人照料，逢年过节，有关各级领导都要去探望。在农村实行生产责任制以来，乡、村政府仍然采取多种有效办法以保障五保户的生活。这一切都表明无依无靠的老人在社会主义社会中是受到各方面的关怀的。

至于城乡散居的孤寡老人，则有街道和乡村组织的敬老服务站和保护组等的自愿团体和人员为老人提供日常生活服务。北京市郊区农村有 170 多所敬老院，供养着 1000 多人，还有 3600 多孤寡老人分散居住，也得到应有的照料。如北京市怀柔县西庄乡大水峪村成立了五保小组，为老人打水做饭，打扫卫生，拆洗被褥。上海市 74 个街道组织了 1880 个群众保护小组共 3797 人，负责护理 1880 户孤老。在中国各地，无依无靠的孤寡老人，都可各得其所，过着愉快的晚年生活，受到社会的尊重和照顾。

我国社会主义制度充分保障老年人的生活和社会地位。1954 年颁布的

第一部《中华人民共和国宪法》，到现行的新宪法，都明确规定"公民在年老、疾病或者丧失劳动能力的情况下，有从国家和社会获得物质帮助的权利。"国家发展为公民享受这些权利所需要的社会保险，社会救济和医疗卫生事业。"国家依照法律规定实行企业事业组织的职工和国家机关工作人员的退休制度。退休人员的生活受到国家和社会的保障。"目前我国退休职工1984年达到1400多万人，比1978年增加近1000万人，预计1990年达到2300多万人，2000年将增加到4000多万人，退休职工领取退休金相当本人工资标准的60%～80%，为保证退休职工的生活，退休待遇不得低于30元。对有特殊贡献的职工退休待遇比一般人高5%～15%，退离休制度，基本上保障了绝大多数老人生活。天津市1984年的退休职工调查中，认为家庭收入在安排好基本生活之后仍有结余的占25.7%，基本够用的占68%，收入不够用的仅占6.3%。对于为中国革命做出贡献的离休干部，尚有"生活待遇从优"的特殊照顾。因此，退休老年人，对我国现行养老制度满意的达到97.5%[①]。

对于占老年群体80%的农村老人，尚未实行退休制度。他们虽然年逾花甲，但尚能从事一些力所能及的劳动。他们或者自食其力，或者由子女赡养，生活一般没有问题。经济条件好的农村逐渐在实行退休制。1978年实行承包责任制以后，有的地区正实行养老储备金，养老保险金及互助合作等制度的试点。截至1983年底，据不完全统计，全国已有9081个大队，由集体筹款建立了养老金制度，有60多万人享受了养老金待遇。

随着农村经济的发展和农村老人的增多，农村养老制度，迫切需要研究和逐步解决。目前，区、县以下和部分新办集体企业，城乡个体劳动者，中外合资企业及企业中的临时工、合同工的养老保险问题，有的采取了一些办法，有的还在研究之中，为保障退休职工的生活，改革和完善我国的社会保障制度，已成为当前体制改革中一个迫切需要解决的问题。

1984年3月，我国正式成立"中国老龄问题全国委员会"，作为全国老龄工作（常）任机构。这样离退休职工有了自己的专门组织。中国老龄问题委员会主办了《中国老年》杂志，各省市还办了《长寿》、《老人》、《退休生活》、《老同志之友》、《老年文摘》、《老年天地》等杂志，给退休职工

---

① 天津市人民政府办公厅、天津社会科学院和天津市老龄问题委员会联合调查组1984年4月的天津市老人抽样调查。

提供了精神食粮。在医药部门，设立了老年保健门诊，生产老年人专用药物。物资供应部门生产老年特需的生活用品，设立了专柜和专门供应部门。各地各级老龄工作机构还努力创造条件，保障"老有所学"、"老有所乐"。目前，全国已办起了老龄大学 61 所，加上分校共有 100 多所，共招收学员 3 万多人。各地也兴办了大量老人活动站，为老人的娱乐生活创造条件。1985 年一年，北京市就建立了 800 多个老人活动站。

随着平均寿命的延长，身体素质也有较大改善，北京市的老年人中 60 ~ 69 岁的"年轻型"老人占 60%，该市西城区的调查中，83.7% 的老人生活完全能够自理①。因此，"老有所为"成为这部分老年人的一种迫切意愿。社会发展所导致的产业结构和就业结构变化，以及第三产业的发展，科学技术的进步，也为老人广开就业的门路，使"老有所为"不但必要，也有可能。同时，随着人口老化，老年退休人员日益增多，对老年人的负担将越来越重，"老有所为"也是减轻社会负担的一项有效措施。在天津市 1984 年的调查中，离、退休后重新工作的老人已占到 27.4%。中国老年人已不仅仅是在社会上受到尊敬、生活受到保障的人口群；他们中的相当一部分人，还有能力继续在中国社会主义现代化建设中发挥作用②。

当前，中国老年人主要在下列领域为社会做出贡献：为原单位及其它企业从事具体调查研究，提供咨询服务；或利用一技之长提供技术服务；有的老人利用自己的技术，组织待业青年办企业，或与乡镇企业联合经营；也有许多老人主动为青年人传授知识，参加精神文明建设；还有文化技术高的，利用晚年著书译书或写回忆录，行医等③。

北京大学 1984 年离休干部调查，离休干部从事最多的工作是担任基层居民委员会的领导，占 22%。过去，绝大多数街道居委会的干部是家庭妇女，现在以退休职工为主。目前，北京街道居委会中，80% 是退休职工或离休干部，这就不但提高了基层社会组织的领导水平，还增强了群众自治能力。城市街道居民委员会是群众性自治组织，主要任务是办理居住地区的公共事业和公益事业，诸如绿化，维护交通秩序，教育青少年，民事调解，建立便民服务点等等。通过这些工作，中国老年人逐渐成为管理城市、安排居

---

① 北京市西城区老龄委 1984 年 10 月对 1773 名 60 岁以上老人的调查。
② 天津市人民政府办公厅、天津社会科学院和天津市老龄问题委员会联合调查组 1984 年 4 月的天津市老人抽样调查。
③ 北京大学社会学系 1984 年 8 月的北京市离休干部抽样调查。

民生活的一支不可忽视的辅助力量。

我国提倡"老有所为"，并为"老有所为"创造条件，因为这是老年人的要求，也是老年人受到应有尊重的必要保证。有些老技工在新发展起来的乡镇企业从事技术服务，经济地位和社会地位比退休前有所上升，不仅收入高，而且受尊敬。因此，老年人离、退休后，能否"老有所为"，是其社会地位升降的主要因素。但是，社会上还存在一种错误观点，认为老年人再工作会挤掉青年人的饭碗。其实不然，"工商联"组织老年原工商业者开展咨询服务和培训工作，不仅没挤掉青年人的饭碗，相反还给许多待业青年创造了就业的机会。同时这一代老人中不少人文化水平低，专长少，再就业前需要文化、科学、技术的再教育，而相应的技术业务培训体系尚未建立起来。因此，他们还缺乏条件，以便充分发挥他们应有的作用。中国老年人"老有所为"的问题，还需要进一步研究解决。

结束语

老年人在传统中国社会和家庭中一直占有重要的地位，发挥重要作用。由于工业化现代化的影响，他们的社会地位和作用的形式及内容都开始发生变化。在家庭中，老人与子女的关系趋向平等，青年人的自主程度日益增强，老年人也不完全再依靠"养儿防老"了，这些都是社会进步的表现。

在迈向现代化的中国社会中，由于中国传统的尊老敬老价值观的影响，由于社会主义制度的优越性，老年人在家庭和社会中仍能受到尊敬，基本生活也能得到保障，只要力所能及，还能继续发挥作用。

通过本文分析，我们可以得到以下几点体会。

1. 家庭仍是中国老年人生活的基本单位。我国经济发展水平低，人口多，底子薄，社会养老事业的基础还比较薄弱。在当前社会还没能全部解决老人问题的情况下，赡养老年人仍将以家庭为主要方式，既符合国情，也能使老人享受天伦之乐，欢度晚年。同时，也应大力发展社会福利事业，逐步建立社会保障制度，依靠社会力量解决这一问题，以减轻家庭的负担，适应我国老年人口日益增长的需要。

2. "老有所为"是发挥老年人的社会作用，解决中国庞大的老年人口群问题的途径之一。由于老龄人口多，老龄期逐渐延长，身体素质尚好，大多数老人都期望"老有所为"。"老有所为"既有益于老年生活，也有益于减轻社会的负担。促进社会发展，还能充分发挥老年人的作用，切实保障老年人的社会地位。

3. "老有所养"、"老有所医"、"老有所学"、"老有所乐"、"老有所为"五个方面是互相制约的。"老有所养"、"老有所医"是解决老龄问题的基础；根据我国老年人文化水平低的特点，"老有所为"需要"老有所学"，活到老、干到老、学到老；"老有所乐"、"老有所为"又能使"老有所养"的内容丰富起来。

4. 解决中国老龄问题要依靠国家、社会、集体和家庭相结合的方式。对老年人的赡养不仅指物质生活的供养，还包括生活的照料和精神的慰藉。目前，老人的物质生活赡养分家庭赡养、国家或集体赡养和社会赡养三种形式，为适应现代化的发展，社会赡养将日益加强，但在老年人生活的照料和精神的慰藉方面，家庭仍要担负重大责任。

5. 继续发扬中国尊老敬老的优良传统，发挥社会主义的优越性，研究和探讨具有中国特色的养老方式，既要继承中国的优良传统，又要适应现代化的要求。这不仅是解决中国老龄问题的需要，而且对世界老龄问题的研究也是有意义的。

参考文献

1. 黑龙江省哈尔滨市社会科学所社会学研究室 1983 年至 1984 年的哈尔滨市离休干部抽样调查。
2. 胡启辰："影响退休老年人生活满意感若干因素的初步分析"，《老年学杂志》1985 年第 4 期。
3. 北京大学社会学系 1985 年夏季对黑龙江四川农村家庭所做的调查。
4. 山东人民出版社《中国五大城市家庭调查》1985 年 10 月。
5. 天津市社联编辑资料部《老龄问题研究》1985 年 4 月。

1986 年 2 月初稿　　1986 年 4 月修改

美国当前社会学研究的现状与趋势[*]

（一九八七年）

　　1984 年 12 月 13 日，美国社会学会主席耶鲁大学教授艾立凯（Kai Erikson）函邀中国社会学主席费孝通教授组织二至三人的代表团到 1985 年 8 月在华盛顿特区会议中心举行的美国社会学第 80 届年会，同时还邀请到弗吉尼亚的爱丽亚会馆（Airlie House）参加由美国国家科学院中美学术交流委员会主办的"社会学趋势"研讨会。费孝通教授由于事务繁忙，在 1985 年 2 月中国社会学常务理事会上推荐北京大学社会学系主任袁方教授率领三人小组，代表中国社会学会前往参加。

　　一为北京师范大学讲师卢淑华，一为北京大学社会学系助教高小远，于 8 月 21 日乘民航抵达纽约市。

　　访美期间，我们先参加了在弗吉尼亚爱丽亚会馆举行的为期三天（8 月 23 日至 25 日）的"社会学趋势"研讨会；又在华盛顿特区会议中心举行的为期五天（8 月 26 日至 30 日）的美国社会学年会。之后，又访问了天主教大学社会学系家庭研究中心和青年运动研究中心，美利坚大学社会学系，纽约州立大学奥本尼分校，密执安大学社会学系，老年学研究中心及人口研究中心，芝加哥大学社会学系和全国舆论研究中心，依利诺大学社会学系及美国亚太地区精神健康研究中心，密苏里大学社会学系，德州大学社会学系及人口研究中心，此外，还参观了美国社会保险局及其研究所等。现仅就社会学趋势研讨会，社会学年会，美国社会保险局，芝加哥大学社会学系，密执

　　＊　本文原载于《社会研究》1986 年第 2 期。

安大学社会学系，奥本尼大学社会学系等几个单位的情况简述如下。

关于社会学趋势讨论会

一 讨论会的目的

一九八四年二月美国国家科学院曾组织以马萨诸塞大学社会学教授爱丽丝·罗西教授为团长的社会学和人类学代表团访问了中国。为加强美中社会学界相互了解和交流，北美华人社会协会主席林南教授，美国社会学协会主席艾立凯教授，爱丽丝·罗西教授等建议并发起社会学趋势讨论会。这次讨论会是得到美中学术交流委员会之资助，并以美中学术交流委员会名义筹备而举办的。它的目的是向在美学习进修的中国访问学者、留学生（不包括台湾省的）介绍美国当前社会学理论、应用研究的重要课题及今后发展趋势。

二 参加讨论会的人员

参加讨论会的美方社会学家共 27 人，包括美国社会学界各个领域中居主导地位的著名教授，其中有四人曾任美国社会学会主席；有些热心帮助中国重建社会学的美籍华裔社会学家，如林南教授等，他们大多数在社会学研究方面有一定的成就。美中学术交流委员会，美国新闻总署也派人出席了会议。

参加讨论会的中国留美学生中，有博士研究生 25 人，硕士研究生 4 人，访问学者 2 人，中国社会学代表团 3 人。中国驻美大使馆教育一等秘书袁义谷也参加了讨论会。

三 讨论会的议程

为期三天的讨论会，安排 5 次讨论，每次讨论一个专题。题目是：（1）社会学的评价研究；（2）社会分层，社会流动与就业；（3）生命周期和性别分层；（4）生育率；（5）现代化与工业化。

讨论会由一人主持，主讲者二至三人，讨论方式先由主讲人分别简要介绍他（她）们为此次讨论会提交的论文；然后回答与会者的问题，再分两组讨论，最后由主持人总结。

讨论会还在 23 日和 24 日晚分别举行了晚宴和野餐，为中美双方社会学者提供自由交谈的机会。马萨诸塞大学的爱丽丝·S. 罗西教授在二十三日晚的欢迎宴会上热情致词，对美国社会学人类学访华代表团在中国期间所受到的热情接待再一次表示感谢，对中国社会学恢复以来短短几年中的迅猛发展，予以高度评价。

会议特邀请中国社会学代表团团长袁方教授在二十五日中午向与会人员作了专题报告，介绍中国社会学的发展现状和主要研究课题，引起了与会者极大的兴趣和好评（见《留美通讯》）。

四 讨论内容简介

1. 关于社会学的评价研究

这次会议主持人为纽约州立大学奥本尼分校林南教授。主讲人一个是马萨诸塞大学的彼特·罗西教授，讲题是《评价研究理论和实践的总结》；另一个是芝加哥大学的詹姆斯·冠曼教授，讲题是《社会政策研究》。此两位教授讲演的内容包括社会学研究评价的途径和方法，基础研究和应用之间的联系；社会学理论和知识方法的应用；评价研究或政策相关研究的实例；评价研究的困难；研究人员与决策人员之间的关系等。

2. 关于社会分层、社会流动与就业

此次会议主持人为芝加哥大学白维廉教授，主讲人一个是加州大学洛杉矶分校道纳尔·杜曼教授（Donald Treiman），另一个是加州大学圣塔芭芭拉分校威廉姆·毕尔拜教授（William T. Bielby），讲题是《社会分层》，林南教授也参与了讨论。而讨论题的内容包括当前社会分层和社会流动的理论与观点；过去与现在对分层，流动研究的研究战略；当前在分层，流动研究中存在的各种问题；就业趋势和后果的分析；从比较的观点看分层与流动及其研究议程。

3. 关于生命过程（Life Course）和性别分层

此次会议主持人为林南教授。主讲人一个是俄亥俄州立大学杰因·霍尔伯教授（Joan Huber），讲题是《性分层和美国社会学》。一个是北卡罗来纳大学杰伦·爱尔德教授（Glen Elder），讲题是《生命过程，分析的观点和发展》。耶鲁大学 D. 戴维斯－菲德曼教授（Deborah Davis－Friedmann）参与讨论。这个议题的内容包括当前性别分层的理解，概念，理论和观点；生命过程的概念化和分析化；生命过程之上的社会角色和效果，历史的和比较

的观点。

4. 关于生育率

此次会议主持者为芝加哥大学白维廉教授，主讲人，有芝加哥大学道纳尔·波格教授（Donald Bogue），加州大学伯克利分校朱丽丝·布洛克教授（Judith Blake），还有俄亥俄州立大学田心源教授，并参与了讨论。这个议题包括生育行为及社会后果；生育政策评价；人口趋势的比较研究；生育行为的理论与分析方法。

5. 关于现代化与工业化的问题

此次会议主持人为林南教授，主讲人是斯坦福大学亚历克斯·英格尔斯（Alex Inkeles）教授。白维廉教授参加讨论。这个议题的内容包括全球变迁的理论与观点，研究的问题与趋势，宏观与微观的方法，经济变迁与社会变迁，个人现代化过程。

五 几点看法

1. 与会中美社会学者一致认为这次研讨会很有意义，对促进两国社会学的学术交流，对增进两国社会学者的互相了解、友谊和联系将会产生深远的影响。

2. 参加会议的美国社会学者都十分关心中国社会学的恢复、重建和发展。其中不少学者曾到中国访问、讲学，对中国友好。他们希望美国社会学者能到中国参加社会学专题讨论会和社会学年会。正如中国社会学者被邀请参加此次研讨会和年会一样。我们认为，如有可能在我国开展类似性的社会学学术交流活动，对促进我国社会学的发展是有好处的。

3. 此次讨论的专题如社会学评价研究，社会分层、流动和就业、生命周期和性别分层、生育率、现代化与工业化等，集中反映了美国社会学几个重要领域的研究现状和水平。会上分别由几位著名学者介绍他们研究的成果，然后展开讨论；与会的中国留学生和访问学者，结合中国社会学在这方面的研究，踊跃发言，并和美国学者进行热烈讨论，彼此受益。因此，这次研讨会是成功的。讨论内容丰富，专题密切结合实际。会场上气氛生动活泼，大家均可畅所欲言，因而值得我们学习和借鉴。

关于美国社会学会 1985 年第 80 届年会

　　本次年会于 1985 年 8 月 26～30 日上午在华盛顿市会议中心召开，现将年会情况简述如下。

　　一、参加人数。参加年会的美国社会学者有 3,500 多人。同时，年会邀请了中国和苏联两个社会学代表团以及英国、加拿大、日本、新西兰等国的一些社会学家。

　　二、年会讨论的主题。按照美国社会学协会的惯例，每次年会的主题由即将卸任的协会主席拟定。本届年会的主题是由 1985 年协会主席耶鲁大学社会学教授凯·艾立凯（Kai Erikson）拟定。主题是"工作和无工作"（Working and Not Working），并作了说明。他说："在二十世纪最后十五年，由于工作地点的新发展与对文化广泛的新希望，人们工作条件可能已发生深刻的变化，将会有大部分人到世纪末，不从事任何工作。这种后果对于没有工作的每一个人，可能是严峻的。主题的这种严峻措辞无非是为了引起两部分人的关注，对属于劳动力的那一部分人，工作意味着什么；对不属于劳动力的那一部分人，工作又意味着什么。"这是异常明显啊！

　　年会开幕时召开了背对背的全体会议（Plenary Sessions），对主题发表全面性意见。年会在一周内，还安排了一系列研讨有关主题的会议。这些会议及其它一些会议为深入探讨各方面的问题提供机会。

　　三、年会的主要议程。

　　1. 全体会议（Plenary Sessions）

　　年会有三次全体会议。第一次，讨论"工作与无工作"。第二次，主席发表演说并授予 1985 年公共财富奖。第三次，讨论"核战争威胁"。

　　2. 主题会议（Thematic Sessions）

　　由主席和年会程序委员会组织和审查。主题会议共 19 次。每次会议讨论题目不同，但都与主题有关。例如，"工作、闲暇与社会阶级"，"就业与失业的前景"，"无酬劳动"，"工作于福利国家"，"非自愿的工作"，"看不到的工作"，"高兴做的工作"，"妇女与工作"等。

　　3. 教导研讨会（Didactic Seminars）

　　教导研讨会的目的在于使社会学教学工作者掌握最新学术动态和发展，由年会程序委员会邀请专家进行，他们是某些特定领域有声望的专家。教导研讨会开了 17 次。研讨题目有"社会网分析","建立跨国数据资料装置","生命历程的分析","多变量的偶然分析","进行实地观察"等。

4. 小型课程（Mini - Course）会

年会程序委员继续安排小型课程的会议项目分四次进行，包括二次复习课，复习社会学理论和方法论，另外两次：一是重讲受人欢迎的 Liskel 小型课，二是新增一次软件和微电子计算机的课程。所有课程都安排两个半天。参加者都事先付费登记，名额不超过五十人。

5. 专业研讨会（Professional Workshops）

探讨有关社会学专业的重要问题。本届年会程序委员会在年会项目中安排十五次专业研讨会，讨论题目："求职辅导"、"调查研究的道德与法律问题"、"社会学到底属于谁？批判的评价"、"用人道主义观点教社会学"、"国际比较社会学，日本"、"社会学研究的联邦基金，开发专期研究的机会"等。

6. 教学研讨会（Teaching Workshops）

年会根据不同的题目安排八次教学研讨会。这些题目有"学院领导：新型领导者的取向"、"关于核战争与社会的教学"、"教育社会学的教学"、"应用社会学的教学"、"社会学理论的教学"、"社会问题的教学"等。

7. 特别会议（Special Sessions）

本届年会议程包括十二次特别会议，特别会议安排了中国和苏联代表团的发言和讨论。此外，特别会议讨论题，包括"生命过程与世代——美国和日本的比较"、"联邦三个健康与行为研究所"、"当代法国社会思想"、"核威胁：研究日程"等。

8. 午餐圆桌讨论会（Luncheon Roundtable Discussions）

午餐圆桌讨论会是最受会员们欢迎的项目。通过两小时午餐，把对一些特别感兴趣的专门题目的小组成员聚集在一起，讨论六十个专题，分四次会议。讨论会议由年会程序委员会邀请耶鲁大学 P. J. Dimaggio 和普林斯顿大学 R. J. Wuthnow 两教授组织。讨论题包括"工作、失业和闲暇"、"经济生活的新社会学"、"作为社会系统创造者的计算机"、"公众舆论与社会变迁"、"西欧社会学现状"、"阶级结构中就业与非就业妇女"、"化学与生物战争"、"新工业社会学"、"职业理论：工作统治与国家"、"社会学的系统理论"、"环境和职业危险的指标"、"工作生活的质量"、"社会学：准科学，准人文科学"、"组织的环境，组织行为：结构主义者的战略研究"、

"应用社会学中 M、A 方案设计与执行" 等。

9. 非正式圆桌讨论会 (Informal Discussion Roundtable)

非正式圆桌讨论会对于那些正在发展的一系列新思想并由具有共同兴趣的同事在一桌探索这些新思想委实是很有价值的。并为有相似学术，或对政策关心的人提供聚集条件，便于申请入会和发展网络，这也是信息讨论会。由 Roberf Wuthnow 和 Paul Dimaggio 两教授组织，分六次会议进行。讨论题包括"职业研究的新方向"、"成年父女间的友谊"、"脑力劳动者的阶级地位"、"妇女与社会变迁"、"性别的社会心理观点"、"从社会学角度看道德教育的争论"、"职业的概念"、"情感研究"、"非西方的社会变迁"、"心理现象的知识社会学分析"、"工人阶级妇女的工作"、"家庭与压力" 等，共84 个专题。

10. 分组活动 (Session Activities)

分组活动颇为创新。这次为期五天的年会时间表中安排有正式论文宣讲会，专题讨论会和小型讨论会，凡与会者均可参加。根据社会学年会委员会规定，分组会议的次数由参加人数多寡而定。二十三个主要分组，总共有101 个项目。现将分组及其讨论题目介绍如下。

（1）"老年社会学" 组 (Aging Sociology)

年龄项目中第 20，28，41 这三组会议，是讨论老年社会学方面的问题，讨论题分别为"中、老年人生活的健康与疾病"、"老年妇女与工作"、"工作与退休：跨国度的观点" 等。

（2）"亚洲人与美亚裔人" 组 (Asia and Asian America)

年会项目中第 107、142 这两组讨论亚洲与美亚裔人的问题。第 107 组讨论题为"亚洲人与美亚裔人的种族"、"性与工作"，包括四个小题，即"新近亚洲移民与早期移民的一些重要区别及其理论意义"、"劳动力参与和美亚裔妇女的社会经济成就"、"印第安人家庭的一些方面：定量评价"、"社会变迁对中国妇女女性角色的影响：社会交换论的解释"，142 组是圆桌会，讨论题包括"香港、新加坡台湾的人民"、"海外亚洲人"、"美国集中管理的侨民"、"亚洲发展与现代化，比较研究分析" 等。

（3）"集体行为与社会运动组" (Collective and Social Movements)

年会项目中 164，194 两组会议讨论集体行为和社会运动方面的问题。164 组的讨论题为"集体行为分析的进展"，194 组圆桌讨论会，讨论题包括"1961~1980 年煤矿工业中的自发罢工：三种理论之考察"、"反核运动的价值和活动"、"冲突的方式与社会运动的动力"、"社会主义的女权主义和妇女工会的消亡"等。

（4）"社区"组（Community）

年会项目中180，194，195三组讨论社区方面的问题。180组讨论题为"城市货币：作者与批评者的对话"，184组为圆桌讨论会，讨论题包括"社区活动"、"社区网络"、"郊区研究"、"社区理论"、"社区人口统计学"、"社区变迁"、"个案研究"、"研究生的调查研究"等。

（5）"比较历史社会学"组（Comparative Historical Sociology）

年会项目中213，229，239三组讨论比较历史社会学方面的问题。213组讨论题为"文化分析与历史比较社会学"，229组为"对社会运动的历史比较方法"，239组为"关于国家的历史研究"。

（6）犯罪社会学组（Criminology）

年会项目有两组（173、185）讨论犯罪社会学方面的问题。173组为圆桌会，讨论题包括"歧视与法律诉讼"、"老年犯罪，警察对家庭暴力行为的反应"、"国际无法状况：联合国和美国"、"移民与法律诉讼"、"强奸罪：法律、不平等与意识形态"、"传统与激进理论中现实问题"、"妇女与犯罪团伙"等；185组会议讨论"家庭内部的暴力：犯罪学家的回答"等。

（7）"教育社会学"组（Education Sociology）

年会项目中159，166，174三组讨论家庭社会学方面的问题。159组讨论题为"学校教育及其效果"，166组讨论题为"教育的内容"，174组讨论题为"教育的组织"等。

（8）"环境社会学"组（Environmental Sociology）

年会项目中205，214，230三组讨论环境社会学方面的问题。205、214两组讨论题分别为"人口、资源、环境：第三世界的国家政策"、"技术及其对民主的挑战"。230组进行圆桌讨论，讨论题为"进步中的工作"，包括"核能知识：人们的核知识对核态度有多大重要性？"、"有毒废物事故对社区影响的初步评价"等专题。

（9）"家庭社会学"组（Family Sociology）

年会项目111，118两组讨论家庭社会学方面的问题。111组，讨论题为"家庭、经济与公共政策"；118组是评定有关家庭论文的会议。

（10）"马克思主义社会学"组（Marxist Sociology）

年会项目中99，108，143三组讨论马克思主义社会学方面的问题。99

组的题目是"回忆，阿·祖曼斯基"，108 组举行圆桌讨论会，讨论题包括"马克思主义理论的中心问题"，"目前冲突的激进反应"，"第三世界中的关系"，"国家与阶级分析"，"冲突与社会理论"等，143 组讨论"社会主义者八九十年代备忘录"等。

（11）"医学社会学"组（Medical Sociology）

年会项目组中 196，206，215，222，231，240 六个小组讨论医学社会学方面的问题。196 组的会议为授奖仪式，206 组讨论题为"伤残与慢性病：对健康政策的意义"，215 组讨论题为"美国健康保护的重视"，222 组的圆桌讨论、其讨论题包括"非社会学家的社会学"，"向专业刊物外扩展社会学一词"，"对于新学者特别感兴趣的课题的医学社会学"，"性别——临床状况和态度的使用精神服务的影响"等，231 组讨论题为"多学科研究：影响健康与疾病的生理与社会因素的互相关系"，240 组讨论题为"健康社会学的基础研究与实地经验相结合"等。

（12）"方法论"组（Methodology）

207 和 223 两组讨论方法论问题。讨论题分别为"方法论"，"事件历史分析法"等。

（13）"组织与职业"组（Organizations and Occupations）

55，64，85 三组讨论组织与职业的问题。55，64 两组讨论题，分别为"组织结构域工作经历"，"组织与组织间的关系"；85 组为经审定的组织与职业的专题研讨会，这些专题有"组织对复杂环境的适应：在美国的日本公司的法律部门"，"职业定义的赏试"，"运用电影教授商业、工作与劳动社会学课程"，"边缘中心地的工资差异：围困中的蓝领中产阶级"，"青少年工人的辞退与解雇"等。

（14）"和平与战争社会学"组（Peace and War of Sociology）

56，86 两组讨论和平与战争的问题。56 组为圆桌会，讨论题为"当前和平的创议"，86 组讨论题为"科学家，社会运动与核威胁"等。

（15）"世界系统中的政治经济"组（Political Economy of the World System）

6，19，40 三组讨论世界系统的政治经济问题。6，19 两组讨论题分别为"从世界与历史角度看阶级形成与阶级关系"，"无工资的工作"等；40 组圆桌会，讨论题包括"世界体系的新方法，历史与结构地位相互作用的分析"，"教育，阶级与世界体系"，"边缘社会的文化系统"，"世界格局中的社会主义政府问题的分析"，"世界体系的阶级结构"。

（16）"政治社会学"组（Political Sociology）

153，165，186 三组讨论政治社会学方面的问题。153 组讨论题包括"组织与管理策略"，"保守政治"，"妇女与政治"，"残废人的福利政治"，"财政压缩与城市改革"，"福利国家的政治学与经济学"，"政治中的意识形态"等；165 组，186 组讨论题分别为"美国政治中的社会问题"，"转向和来自民主"等。

（17）"人口社会学"组（Population Sociology）

57，65 两组讨论人口社会学的问题。57 组讨论题为"社会变迁，家庭和生育率"；65 组圆桌讨论人口学的选题，包括"报刊新闻与人口学"，"美国未来的死亡率"，"移民的生育率关系"等。

（18）"种族与少数民族"组（Racial and Ethnic Minorities）

216、232 组讨论种族与少数民族问题。216 组为有评审的圆桌会，讨论题包括"关于黑人社区中领袖人物的一些看法"，"法国、德国、苏联的吉普赛人之比较的历史研究"，"少数民族妇女"等；232 组讨论题为《种族性与阶级：问题与公共政策的含义》等。

（19）"性别与性社会学"组（Sex and Gender of Sociology）

66，73，87 三组讨论性别，性的社会学问题。66 组和 87 组讨论题分别为"女权主义批评性理论"，"妇女与劳动力市场"等，73 组为有关性别与性的专题圆桌研讨会，讨论题包括"妇女与社会变迁"，"性分层，性的社会心理观点"，"性角色态度"，"性与社会援助"等。

（20）"社会心理学"组（Social Psychology）

100，109，130 三组讨论社会心理学的问题。100 组为圆桌讨论，讨论题包括"社会交换理论的发展"，"情绪社会学的主要问题"，"多重角色与多重身份"，"宗教、家庭和幸福"等；109 组为库利、米德奖会议；130 组讨论题为"情感与结构：情景的社会心理学分析"。

（21）"社会学实践"组（Sociological Practice）

110，131 两组讨论社会学实践方面的问题。110 组讨论题为"应用研究计划中社会学家的角色"；131 组为圆桌讨论，讨论题包括"诊断社会学的私人实践"，"城市中民族关系咨询的问题"，"发展应用社会学的学位项目"等。

（22）"理论社会学"组（Theoretical Sociology）

24，29，42 三组讨论理论社会学的问题。24 组为圆桌讨论题，讨论题包括"马克斯·韦伯论妇女、家庭与分层：维多利亚式假设的影响"，"论社会理论中实证主义方法与释经神学方法的统一"，"宏、微观联结：发展与影响"，"精神分析理论和文化理论"，"社会理论和文化分析理论"，"存在一种无政府主义理论吗？"；29 组，马克斯·韦伯小型讨论会之一，讨论题为"阶级与阶级冲突"；42 组，马克斯·韦伯小型讨论会之二，讨论题为"文化与意识形态"。

（23）"本科生教育"组（Undergraduate Education）

21，43 两组讨论本科生教育。21 组讨论社会学教学的问题和方法，43组讨论社会学教学关于课堂教学思想和教学技巧的传播会议。

上述各种不同形式的学术讨论会，共二百四十六次。讨论课题以及时间、地点、组织者和参加者，年会项目都有详细安排和说明。可见会前作了充分准备工作。因此，年会期间大大小小的会议接连不断，但都按计划进行，有条不紊，效率特别高。讨论会上专题主讲人，也遵守规定的发言时间，这样与会者才有较充分的时间提问和讨论。总括看来，讨论会开得生动活跃，效果是好的。但也有不足之处，就是专题与专题之间，讨论会与讨论会之间，缺乏横向交流互不通气。

从各种会议的专题来看，大至核战争问题，小至家务劳动，均可以表明美国社会学研究涉及社会生活的各个领域，没有禁区。本届年会将专题分为以下十七类：

1. 应用社会学（含两类专题，如诊断社会学、社会学实践或应用）

2. 人口学（含五类专题，如老年、青年、代际、人种、种族和少数民族关系；人口、人口学、农村社会学、发展中社会和发达社会）

3. 生态学和环境（含五类专题，如社区、灾害、人类生态学、环境、能源、都市）

4. 经济（含八类专题，如公司分跨国的和国际的。经济、经济学、贫穷、发展中社会、发达社会、工业经济、工作、不平等、分层、地位、流动、劳动市场、就业、工艺学）

5. 教育（教育社会学）

6. 家庭（含三类，如家庭、亲属，Human Sexuality，性别与性）

7. 闲暇和娱乐（含五类，如艺术、文化、娱乐、闲暇、体育社会学、大众文化和群众社会）

8. 医学社会学（含二类，如伤残、健康、医学社会学）

9. 方法论（含三类，如评价、调查研究、方法论、数理社会学、模式）

10. 政治（含二类，如国际关系和世界冲突政治社会学、权力与精英）

11. 宗教（含宗教和信仰体系）

12. 社会变迁及社会过程（含八类，如老年、青年、世代、发展中社会、发达社会、历史社会学、国际关系、世界冲突、生命周期、生命历程、社会变迁、社会控制、社会运动、集体行为）

13. 社会组织（含十三类，如科层制、社区、公司：跨国的或国际的、工业社会学和工作、劳动市场与就业、法律社会学、军队、职业和组织、职业和专业；制度、组织：正式的和复杂的；人种、种族、少数民族、性别与性、社会体系：比较的和跨民族的、工艺学、自愿的协会与行动）

14. 社会问题和越轨（含五类，如犯罪的犯人归正与治安、越轨青少年犯罪的社会问题、不平等、社会控制、暴行、Inteihersoual）

15. 社会心理学（含七类，如情操、大众传播与公共舆论、小群体与初级群众、社会网络、社会心理学、社会语言学）

16. 社会学教学（含社会学教学）

17. 理论（含四类，如大众传播与民意、激进社会学、科学社会学与知识社会学理论）

上述专题分类，有重复，如劳动市场与就业既在经济类，又在社会组织类；又如性别与性，既放在家庭类，又出现在社会组织类。再如，大众传播与民意既属于经济类，又属于理论类。事物是有联系的，很难划清界限。这种重复现象，可能是从不同角度考虑而造成的。

以上分类，我们认为可以进一步研究。尽管如此，仍可以反映出当前美国社会学研究的现状和倾向。专题讨论会共 630 次（含重复的会议）其中社会组织 162 次，经济 103 次，社会变迁和社会过程 64 次，人口学和社会心理学各 45 次，家庭 38 次，理论 36 次，政治 23 次，生态学和环境 23 次，方法论和社会问题、越轨行为，各 22 次，医学社会学 17 次，闲暇与娱乐 14 次，教育 13 次，应用社会学 12 次，社会学教学 10 次，宗教 3 次。由此可以看出，美国当前社会学的研究课题，集中在社会组织，经济，社会变迁和社会过程，尤其多倾向于社会组织。

前面说过社会组织包括十四个专题，在这些专题中，讨论会最多的是劳动市场与就业（28 次），其次是性别与性（22 次），再次是产业与工作（20 次）。不论是经济项目还是劳动组织项目，劳动力市场与就业的讨论会全都是最多的，可见劳动力市场与就业是当前美国社会学研究的重大的社会问题。从这里也可以明确美国社会学研究的一个突出的特点是密切结合现实社会问题来进行研究的。

四、中国社会学代表团的活动。

我国代表团的活动主要有以下几个大项。

1. 美国社会学年会开幕的第一天（8 月 26 日）上午，中国代表团在"中国工作研究"分组会上宣读了两篇论文。一篇是中国社会学代表团团长、北京大学社会学系系主任袁方教授的论文，题目为"北京劳动力人口行业、职业分布的初步研究"；另一篇是代表团成员，北京师范大学卢淑华讲师的论文，题目为"1982 年北京市婚姻、家庭调查的统计分析"。1985 年美国社会学会主席凯·艾立凯教授亲自主持了"中国工作研究"的分组会。

中国代表团的两篇论文受到了与会学者的注意和重视，很多人在会后向代表团索取论文的打印稿。

2. 中国代表团听取了部分美国学者的论文报告，又听取了苏联代表团的论文报告，并索取了大会的有关资料。由于美国社会学年会主要是分组讨论，而且因为分组分得太多，以致很多组的讨论活动未能参加。但是，从参加各分组会的一些与会中国留学生那里尽可能多地了解了大会的一些实质内容。

3. 代表团在与会期间，积极参加了会议组织的各种学术活动，抓紧一些机会尽可能地与美国社会学者及其它国家的社会学者加强交往和接触，利用这些机会宣传中国社会学的发展情况。

4. 代表团出席了年会组织的外国社会学者的见面会。会上，美国社会学协会主席向与会的外国社会学者介绍了中国代表团。我代表团积极主动与其他国家的社会学者交谈，特别是与苏联代表团接触，对方的反应非常友好，尤其是听说中国已经翻译了部分苏联社会学著作后，感到更为高兴，希望能够得到译本。

5. 代表团在会议期间抽时间与到会的部分中国留学生谈了话。袁方教授，几乎每天晚上都约留学生谈话，向他们了解美国社会学发展情况，介绍国内社会学的研究成果，并鼓励他们好好学习，致使中国留学生对国内社会学的发展情况感到十分高兴。

6. 很多美国社会学家对中国研究很感兴趣，并且对中国社会学寄予很大希望。也有很多人表示想到中国访问讲学。

7. 美国社会学协会向中国代表团表示，希望中国社会学会能够尽快加入世界社会学协会，并恳请我们中国社会学会考虑。

8. 希望中国有关部门能够尽早制订出一些办法，以实现国外社会学者到中国与国内社会学者进行合作研究，这对于发展和提高我们社会学是会起到促进作用的。

关于芝加哥大学社会学系概况简介

芝加哥大学社会学系成立于 1892 年，是美国最早建立的一个社会学系。它在形成社会学科的理论和确定社会学领域方面开拓了广阔的前景，并起了重要作用。该系包括许多像 A. W. 斯莫尔，W. I. 托马斯，G. H. 米德，R. E. 帕克等著名的社会学家，但它从未被一家学派所左右。学术上搞多派并存这是它的优势之一。该系在 1895 年开始编撰《美国社会学杂志》。这本杂志刊有社会学最早的文献记录。

该系能以严格的科学方法训练学生，进行学术或理论研究。由德达·斯科布尔领导的工业社会研究中心，是由社会学系和政治学系的成员共同组成的联合机构，宗旨是促进研究美国，欧洲，日本的教师和研究生之间所进行的学术讨论。由 E. O. 劳曼领导的奥格本 - 斯托菲尔人口和社会组织研究中心，汇合了社会学系的人口研究中心。社区与家庭研究中心和社会组织研究中心集中了二十四名教师和有关的高年级研究生，齐心协力，研究社会经济人口学，数理社会学和社会组织的定量方法。国家舆论研究中心在调查研究方面提供范围广泛的科研项目。健康管理研究中心进行多项目的医学社会学研究。新成立的城市调查与政策研究中心包括 W. J. 威尔森（执行委员会成员），G. D. 萨托斯和 T. N. 克拉克为成员，研究关于城市社会生活、经济和政治。由 F. L. 斯托德贝克为领导的社会心理学实验室，从事小群体研究和社会心理研究。

该系设有社会学的不同层次的研究班，包括社区决策比较研究班，城市实地研究方法班，社区与社会研究班，文化社会学班以及拉丁美洲和斯拉夫各国问题的专门研究项目。

该系还有由科尔曼教授领导的新建项目——社会学行为理论，要求学生掌握（1）微观经济理论；（2）有关社会学知识的领域已取得的显著成绩，这些领域包括犯罪、生育率、婚姻和离婚、人力资本投资、集体决策和立法行为、政党行为、劳动力市场；（3）理论范例通过经验社会学方法应用于社会学的实际领域。

此外还有以 E. D. 威尔领导的比较研究的跨学科委员会，该会协调比较社会学领域中各科项目，交流信息和对研究进行支持。设立该委员会是为了鼓励学生加强比较观点的培养并帮助学生寻找这一领域的研究机会，保证学生能及时得到关于国内外各种研究的信息和建议，保证教师对特定领域有充分了解。委员会还提供关于学校最近同西德最老而又最重要的舆论调研组织——民意测验研究所——建立联系和交换信息的情况。

关于密执安大学社会学系概况简介

密执安大学社会学系在社会组织和社会心理学、人口和人类生态学的研究和教学中有优良传统。社会组织和社会心理学的教学和研究最早从 Charles Horton Cooley 和 Robert Cooley Angel 开始；人口和人类生态学是从人类生态学领域的开拓者 Roderick 和 D. Mekenic 的时期开始的。密执安大学社会学系的研究生指导教师和研究生课程一直列于美国社会学系前五名之中。最近升到前三名。

该系课程包括社会学中的大多数重要分支。所有学生主攻三个广泛领域中的一个——人口和人类生态学、社会组织、社会心理学并且兼学另外两个领域中的一个。在这些重要领域中，学生可以主要研究许多社会学专业中的一个或一个以上的专业，比如，社会运动、政治、医药社会学、工业和组织社会学、种族和民族关系、城市研究、离轨行为、社会分层、家庭、性和性别。

密执安大学社会学的优势加强了其它社会科学和交叉学科研究的总优

势，并从中也得到益处，同社会学一起的心理学，政治学和人类学都位于美国前五名之中，历史和经济也相差不远。密执安大学还有职业学校，教授社会工作、法律、医学、公共卫生、经济管理和工程学。社会学系的成员在这些系和学校中任职并参加各种交叉学科的研究。

社会学研究和学生训练的机会通过社会学教师和研究生参加密大的许多跨学科研究中心和研究院均大大增加了。世界最大的学术性社会科学研究所，密大社会研究院，把社会学家、心理学家、政治学家、经济学家和其它系和学校的成员集中在一起，在四个中心里面进行广泛的基础和应用研究：（1）普查研究中心，世界最大的学术性普查组织；（2）政治研究中心，美国选举研究和各大学政治，社会研究联合会的基础；（3）群体动力研究中心；（4）科学知识应用研究中心。密大是人口研究中心的基地，也是世界上人口学研究和训练的主要中心基地之一。还有一系列地区研究中心，是社会科学和人类科学的许多训练的主要中心基地之一。还有一系列地区研究中心，由社会科学和人类科学的许多专业的教师任职。这些包括日本研究中心、中国研究中心、南亚和东南亚研究中心、苏联和东欧研究中心、近东和北非研究中心、美洲和非洲研究中心。另外，社会组织研究中心是社会学系的一个单位，有许多社会学系的教师和学生参加。

（1）专业训练

密执安大学的研究生教育大部分是在正式课程外进行的。大部分社会学研究生准备将来当教员或研究员。因此，社会学系要求所有的学生具有教师的教学或研究经验。为达到这一要求，学生必须担任助教或助理研究员的工作，通常与一个社会学教员进行密切合作。在密执安这样的机会很多。几年中，学生通常花40%的时间参加这些活动。这一工作也成为研究生的一个主要的经费来源。

（2）研究训练机会

对社会学系的大多数研究生来说，研究训练是通过在密执安大学众多的研究中心之一担任研究助理工作或见习工作进行的。以下三个中心对社会学研究生的训练尤其重要：人口研究中心、社会组织研究中心、社会调查研究中心。

人口研究中心有十名成员来自社会学系，三名成员来自经济系，另外有二十名辅助人员。大约二十五名社会学研究生和十名经济学研究生也在研究中心工作。他们可以使用中心的电脑装置、程序编制人员、资料档案库以及图书馆。任何时候，中心都有十几个研究项目在进行。重点是出生率、道德、移民、都市化、社会变迁、社会不平等以及研究方法等领域。上述项目不仅与美国有关，而且还与发展中国家有关。

人口研究中心设有几种助学金，以资助社会学系的人口专业研究生。得到资助的学生要担任中心工作人员的助手，平均每周与那位工作人员一起进行 12 个小时的项目研究工作。

（3）社会组织研究中心

该中心可为八名社会学教员和二十名学生提供设备，例如电脑设备和办公室，还提供有关社会组织的各方面训练和研究机会。目的是让学生在该领域理论和方法两个方面保持平衡。与中心有关的教员研究有社团权力结构骚乱和社会变动，官僚主义与经济发展，工业组织的工人职业模式，不同文化的家庭形式等许多项目。参加教员研究项目的学生能得到教员的密切指导，还能通过参加定期学术讨论会和专题讨论会获得益处。还有两名咨询员帮助在使用电脑或编制程序时遇到困难的学生。

（4）调查研究中心

社会调查研究中心进行大型人口、组织和社会的交叉学科研究。大多数项目用调查研究法收集有关人口资料。每年进行十二至十五次全国性调查和几次特别的人口普查。研究的主要领域包括经济和组织行为，健康的社会因素，种族和团体之间的态度和关系，性别地位，家庭和老龄，以及调查方法。社会学系教员有六位在调查研究中心兼职，其他教员在进行社会组织的研究项目时也在中心工作。

任何时候都有二十名左右的社会学研究生参加该中心的研究，可以得到调查研究方法的有价值的训练，还可以从研究项目获得经济资助。

调查研究中心还有一个心理卫生和疾病的心理学因素研究训练班，是由全国心理卫生研究院资助的。有社会学、心理学和流行病学的教员参加，受训人员是在本领域写论文的高班学生，可以得到奖学金和学费。

关于纽约州立大学奥本尼分校社会学系概况

纽约州立大学奥本尼分校是纽约州立大学的老校园，在 64 个成员组成的系统中，它是纽约州立大学的四个大学中心之一。该校作为纽约州的第一所教师培训学校于 1844 年建立，今天有 16000 名本科生和研究生，拥有九所学校和学院，设有从学士到博士的培养项目一百多个。

该校社会学系由一批不同专业的教员构成，他们积极从事教学和著书出版，并对来自全国各地及世界各国的研究生倾注了极大的热情。该系过去五年来的博士生培养计划被认为改进最大，在全国首屈一指。

该系设有三个专业的硕士和博士生培养计划：社会组织、社会心理和社会研究方法论。还同传播系合作培养博士研究生，开设多学科的社会规划和政策分析的课程。

在该系，研究生有许多机会同教员进行专题合作研究，亦能利用该系同地方机构联系密切的有利条件。这些机构，有社会和人口分析中心，政府中妇女问题研究中心，洛克菲勒政府研究所，刑事司法学院和社会福利学院，以及各种各样的州立政府机构。奥本尼分校的计算中心配置的 Sperry 1100/83 系统，为计算机技能的培养提供优越的设备，并为了方便学员，还在系内安装了终端和微机。

关于美国社会保障局情况简介

美国社会保障制度的建立，至今已有五十年的历史。目前几乎所有就业人口都享有社会保障待遇，占总人口 95%。

美国社会保障制度是与工作相联系，带有强制性的。要求工人与雇主或独立劳动者交纳保险税，政府不予资助。

美国社会保险金的收益人为年满 65 岁的退休人员、不满 65 岁的伤残工人、死亡工人的家属。社会保障金是失去劳动力者的主要经济来源，其它还有储蓄、投资或雇主的付款。

退休金的计算是与收入相联系的。它用比较复杂的计算公式得出。其基本出发点：对低工资限额以内的人，退休金的比例较高（90%），超过限额的收入部分，则退休金比例便逐渐减少。退休金随着物价的波动随时进行调整。

在美国社会保障系统工作的雇员共有 82000 人，分散在全国 1300 个地方办事处。其中 20% 的工作在总部。

社会保障局的主要任务是正确的记录每一个成员的收入、确认其身份，以便正确地发放退休金。目前这套系统已经全部采用数字编码，依靠庞大的计算机系统进行日常工作。

北京大学社会学系参加了科委组织的"社会保险码"科研项目。在华盛顿期间，两次访问了总部及其计算中心和社会保障局国际部。下面是访问内容的简介。

一、访问总部与总部系统需求助理局长柯艾里的座谈

柯先生应国家科委的邀请，1985 年 6 月曾来华介绍过美国社会保障制度及社会保障码，对中国当前的体制改革和中国保障码研制的进展比较了解。这次主要向他介绍了 1985 年 7 月科委组织各部门的讨论情况，听取他的看法。他认为：

1. 可以沿用公安部的编码，但主要问题是档案由谁管理，而不在名称。

2. 同意银行的看法，16 位码太长了，容易出错。现在美国正在考虑加两位校验码，目前中国正在着手建立。这些问题必须事先考虑好，否则再补救困难。

3. 校验码的目的是防止嵌入有错，不能解决保险卡的真伪问题。

4. 如果采用随机码，让国家级的机关统一计算，就能有效地解决计算校验码错误的问题。

5. 目前中国在没有计算机的情况下，着手社会保障，必须考虑周到。统一内容的表格，不能让地方各行其是，否则以后有了计算机也很难使用。

二、总部计算中心简介

由系统操作助理局长 Mr. Trock Wichein 介绍。

总部计算中心共有 10 台 IBM 370/168，两台 UNIVAC 1108MP，一台 UNIVAC 1106/110，与此相配套的是大量远程通讯和小型机，3500 个终端，500 个驱动器，630000 个磁带盒 100×10^9 字节的磁盘和图形显示。

目前主要朝着增大容量和减少驱动器的方向发展，以便减少资料的查找时间。

大楼建造费用 780 万美金。控温、控湿设备齐全。有 5 层大楼，主机放在三楼。五楼作为办公室。一楼存放电源、蓄电设备。其它两层根据技术要求，分别存放磁带、磁盘和打印设备。

计算中心有与全国相联系的远程通讯。每天 24 小时工作。

楼内一旦断电，由蓄电池提供 10 分钟的紧急供电。而内部发电厂在停

电三分钟后，就可发电，以确保资料信息不丢失。

楼内工作条件：华氏 70 ± 3 度

        湿度   50%

        电压   ±10%（110v）

        频率   60 赫

三、美国社会保险局国际部访问简介

由国际部主任 Mrs. Libby Singleton 和国际实施与研究主任 Mr. Dalmer Hoskins 接待。

国际部共有成员 50 多名。它是世界上很独特的保险局。全世界工作性质相近的共有三处。它是其中的一处。出版的 *Social Security Programs Throughout the World* 每年一期。除供国家决策机构进行参考外，国外政府部门，社会保障部门，商业部门以及大学也常来索取。

其主要工作有三个方面：

1. 研究美国和其它国家的社会保障问题。

2. 对国外进行援助和接待外国官员访问。

3. 与外国社会保障部签订有关条约。

美国从社会保障建立第一天起，就很注意它的研究工作，很多经济学家对它有兴趣。

目前国内正在进行的研究有：

1. 向 1 万 8 千个家庭发放问卷，调查收入情况，以便解决不工作妇女的保险金比例与低工资收入妇女的保险金之间的矛盾。

2. 受国会委托，研究老年人寿命、健康，以便立法修改退休年龄（67 岁）。

3. 对低能人能否通过培训，进入正常社会的研究。

4. 对吸毒人治疗效果的研究。

目前围绕着美国高离婚率、人口老化以及残疾标准的制订，正展开一系列复杂问题的研究。

中国城市化道路的探讨[*]

（一九八八年一月）

农村人口城市化是人类社会发展的普遍趋势。不同国家城市化的发展有共同点，也有各自的特点。中国社会主义城市化是指农村人口（主要劳动人口）向非农业或城镇转移。这一点不同国家的城市化基本相同。至于农业人口转移的条件，速度和规模必然涉及城市人口的增长速度，规模和容量。这方面，不同的国家是不一致的。或者说不同国家的城市化道路是不同的。中共中央关于制定"七五"计划的建议第 27 条指出："随着社会主义生产力的发展，特别是农村经济的繁荣，城市化的程度的提高和新城市的出现将是必然趋势。"本文旨在对中国城市化道路加以探讨，主要分析三十多年来中国大陆城市人口增长，城市发展缓慢，城市化水平偏低的原因和城市化发展趋势等问题，以寻求解决这些问题的途径。

一 中国社会主义城市化发展的过程和趋势

1949 年中国大陆共有设市城市 140 个，县城和建制市镇约 2000 个，人口 5765 万人，占总人口 10.6%，这种情况反映了旧中国城市化水平是很低的。

中华人民共和国成立以来，社会主义城市化经历了一个曲折的过程，可

---

* 本文是袁方先生为 1987 年 10 月 28～31 日在天津举行的"人口城市化和城市人口问题"国际学术会议提交的论文，原载于《北京大学学报》（哲学社会科学版）1988 年第 3 期。

分为以下几个阶段。

（1）1949～1957 年。这是国民经济恢复和第一个五年计划时期。随着国民经济的恢复和建设，工业化、城市化发展较快。1957 年全国城市增加到 183 个，城市人口增加到 9949 万人，占全国总人口比重 15.4%，比 1949 年提高 4.8%。这是中国城市化正常上升时期。

（2）1958～1960 年。国民经济发展受"左"的思想和政策影响，"大跃进"使农村人口迅速涌进城市。城镇人口由 1958 年的 10721 万人增加到 1960 年的 13073 万人，城市化水平由 16.3% 提高到 19.7%，这是中国城市人口发展的"大起"时期。

（3）1961～1965 年。国民经济调整时期。经过三年经济调整，大力精简城市人口 2000 多万，使其返回农村。同时提高设镇标准，常住人口由过去的 2000 人提高到 3000 人以上。1963 年底城镇人口比重急速下降到 16.8%，这是中国城市化"大落"时期。1965 年底回升到 18.0%，接近 1964 年底的水平。

（4）1966～1976 年。"文革"时期。国民经济遭到很大破坏，知识青年和干部大量下放农村。十年中城市化水平持续下降，由 1966 年的 17.9% 下降到 1976 年的 17.4%，下降 0.5%。城市化水平持续下降反映了社会政治生活的急剧变化。

（5）1977～1985 年。改革和开放时期。国家经济发展的重点转移到四个现代化建设的轨道上来，同时实行改革、开放政策。中国社会经济进入了一个正常的迅速发展的新时期，也是城市化正常迅速发展的新时期。随着农村经济体制改革和农村生产责任制的实行，农业生产迅速发展，促使广大县城和小城镇开始振兴和发展，不断出现一批新的小城镇。随着新建工业的发展，在交通便利的沿海、沿江地带涌现一批中小城市。在这种新形势下，城镇化水平迅速提高。1984 年底全国设市的城市达到 300 个。建制镇急剧增加到 7569 个，比上年增长 165%。城镇人口达到 33006 万人，占总人口 31.9%，1985 年上升到 38244 万人，占总人口 36.6%。

这个时期，城市化水平回升，迅速增长。城镇人口迅猛增加，主要是小城镇、中小城市人口增长快，百万以上的大城市人口增长慢。按非农业人口分组的 1981 年 229 个市和 1985 年 324 个市的不同规模的城市，其中 50 万以下的中、小城市人口比重由 36.6% 上升到 41.32%，50 万以上的大城市（包括特大城市）人口比重由 63.4% 下降到 58.68%。长期以来，大、中、小城市之间那种倒金字塔式的人口分布的现象正开始发生深刻的变化。

近几年来，中国城市化水平迅速提高，国内外学术界都非常关注。对城市化水平上升这么快，有不同看法。有人认为近几年来城镇人口都含有大量农业人口。例如，1984 年底城镇人口 33006 万人，占总人口 31.9%，其中含农业人口约 1.64 亿。如不计此数，则城镇人口只占总人口的 15.82%，比上述 31.9% 这个数字低 16.1%，所以城市化水平偏高。

也有人认为，城市化水平上升这么快，符合实际情况。上述 15.82% 这个数字不包括事实上已经进入城镇化的农业人口。这些农业人口虽与城市居民不同，不吃商品粮，没有城市户口，但在城镇长期从事非农业活动，却不计算为城镇人口，这是不合适的。当前小城镇向农村开放，允许农民自理口粮，到集镇中务工、经商、办服务事业，还准予落常住户口，统计为非农业户口。据江苏省无锡、吴江等县的调查，这类人口占 13% ~ 26%，在乡镇中比例更大，占 29% ~ 51%，城市人口如不包括这些人口，就不能正确反映城镇人口的实际规模和发展水平。

这两种不同的看法实际上是一个涉及到怎样科学地规定城市人口统计的口径、方法，或城市化水平衡量的标准的问题。这需要我们认真研究。

二 中国城市人口增长的主要特点

第一，城市人口快于总人口增长，城市化发展水平偏低。

1949 年总人口为 54167 万人，1982 年上升到 101541 万人，增长 87.46%，同一时期，城市人口由 5765 万人增加到 21154 万人，增长 266.94%，快于总人口增长，从而使城市人口比重由 10.6% 提高到 20.8%。这与世界城市化水平比还是偏低的。1987 年世界城市化平均水平为 43%，欠发达地区为 34%，发达地区为 72%。

中国城市化发展水平偏低，主要受人口、经济和政策等因素的影响。

中国人口主要分布在农村。1949 年农村人口为 48402 万人，占总人口 89.4%，1982 年为 80387 万人，占总人口 79.2%。这么庞大的农村人口向城市转移，作为城市化的历史任务是十分艰巨的，它将是一个相当长期的过程。美国城镇化水平由 1851 年的 12.5% 上升到 1981 年的 74%，历时 130 年；苏联 1881 年为 12.1%，1981 年上升为 63.4%，历时 100 年。这些国家城市化过程中的农业人口的数量远低于中国。

关于合理发展中等城市。我国中等城市 1952 年有 23 个，1978 年增至 59 个。二十六年增加 36 个。我国中等城市一般分布在工农业发展条件较好，人口密集，交通便利的地区。中等城市人口规模比较适中，经济效益也较高。近年来，我国一些中等城市每百元固定资产所提供的工业产值一般都比大城市高。我们过去偏重发展大城市，过多的强调大城市的经济效益，因而中等城市发展较慢。1952 至 1982 年，中等城市的人口只提高 3%，而大城市（包括特大城市）提高 16.1%。这种现象 1978 年后才发生变化，中等城市发展加快了。1978 至 1985 年中等城市由 59 个增加到 81 个，七年之内增加 22 个。中等城市是联系大城市和小城镇的重要桥梁，是我国城市体系的重要组成部分。加速发展中小城市可以吸收大城市剩余人口，可以促进小城镇的社会、经济、文化的发展，还可以吸收农村剩余劳动力。我国人口多，农村人口多，中等城市的数量，只要有条件，可以较多的发展，但应"合理发展"。所谓合理是指中等城市人口规模不应超过它本身的容量和数量界限。除少数有必要又有可能的中等城市外，一般不应膨胀成为大城市，因为这不利于大城市人口数量的控制。据预测，到本世纪末，我国中等城市还将发展到 140 个，条件好的小城市也会上升为中等城市。

关于发展小城市（镇）。前述小城市，没有包括小城镇。我们认为小城市应包括小城镇。这涉及到镇属于城还是乡的问题。因此怎样定义城镇，需要进行科学地研究。目前我国将大城市的卫星城，城市郊区的市属镇，县属镇（包括县城）、乡属镇（乡政府驻地），乡以下的集镇，未设市建制的工矿区统称小城镇。关于市、镇都有人口规模的标准。市的规模大，人口 10 万以上，镇的规模小，人口 2000 人以上。按国家规定，县城、市、建制镇都属于城，农村乡镇、村镇、居民点属于乡。

从城市发展史来看，大城市是从中、小城市发展起来的，而小城市的前身一般都是农村集镇。只要小城镇（包括集镇、乡镇、县镇等）发展到符合国家规定的建镇标准，就属城的范畴，小城市应包括小城镇。小城镇是小城市发展的广阔基础。

集镇。集镇是城乡关系最低一级的城镇，分布广，数量多。人口不超过千人，大多数还没有达到国家规定的建镇规模，集镇是从农村逐渐分化出来的，现有农村集镇 5.3 万多个。集镇可以说是农村城市化的起点，在城市化发展中具有重要意义。由乡→镇→城反映了由乡村社会向工业社会或城市化社会逐步演变的过程。

乡镇。乡镇是乡的中心镇，也是全国基层政治、经济、社会、文化中心。中国现有 84340 个乡。到本世纪末，其中将有 15% 可达到建镇标准。

县城。它是全县的中心城镇，也是县的社会政治、经济、文化中心。由于中国地域广阔，各地自然条件、社会经济差异大，县城人口规模一般是 3 万至 7 万左右。1982 年底有县城 2074 个，其中 1697 个已有镇建制。1983 年县城增至 2089 个。有些县城已上升为小城市。

小城市（镇）是联系大、中城市和广大农村经济、政治、文化的中心，也是农村人口转化为城镇人口的广阔场所，过去是被忽视的。长期来我国小城市（镇）处于衰落状态。60 年代，国家为了严格控制城市人口规模，1963 年提高了市、镇建制标准，撤销了不符合标准的市、镇，因而小城市（镇）的数量迅速减少。1952 年我国有小城市 115 个，1960 年增加到 128 个。1965 年迅速减少到 99 个，1978 年只有 92 个了。小城镇的发展也是这样。1953 年第一次人口普查时传统形式的镇 5402 个，1964 年 6 月第二次人口普查时剩下 3148 个，1982 年 6 月第三次人口普查时为 2664 个，1985 年减少到 2131 个，城市化水平下降和停滞不前。

1978 年以来，中国实行改革、开放政策，发展商品生产，搞活了农村经济、促进了小城市和小城镇建设和发展。1979 年至 1984 年小城市由 105 个增加到 169 个。据有关部门预测，2000 年将增加到 398 个。1984 年底建制镇增至 7469 个，现在全国建制镇已超过 10000 个，比改革、开放前的 1978 年增加 8000 个。这还没有包括约 57000 个未建制的县镇、乡镇、村镇。集镇是乡镇工业主要的落脚点，集中了全国 80% 以上的乡镇企业，这些集镇分布在广阔的农村，为农村工业化发挥了积极的作用。

中国三十多年来的城市化过程，农业人口相对量虽有所下降，从 1949 年 89.4% 下降到 1982 年 79.2%，仅下降 10.2%，但绝对量是增加的，由 1949 年 48402 万人增加到 1982 年 80387 万人，增长 66.08%，快于相对量下降速度。这是城市化历史上少见的（一些发展中国家也出现过这种现象），可以说只要农村人口继续快速增长，就会使城市人口比重上升缓慢。所以中国城市化发展水平偏低，这是必然的。

中国是一个发展中的社会主义国家，农业和工业发展水平都低。这就限制了城市化发展的速度。这方面，我们有深刻的教训。1958 年至 1960 年，由于"左"的思想的影响，实行"大跃进"，农村 2000 多万人口涌进城市，使全国城镇人口由 1958 年的 10721 万人猛增到 1960 年的 13073 万人，城市化水平由 1958 年的 16.8% 上升到 1960 年的 19.7%。由于农村劳动力过量减少，使农业生产衰落，而城市人口迅速膨胀，又超过了城市经济承受能力，因而陷于瘫痪。工农业总产值迅速下落，由 1960 年的 1650 亿元下降到 1962 年的 1019 亿元。政府不得不采取紧急措施，压缩城市人口。经过三年调整，使原来涌进城市的 2000 多万人重返农村。城市人口由 1960 年的 13073 万人减少到 1963 年的 11646 万人。同一时期城市化水平由 19.7% 迅速下降到 16.8%。工农业生产才得到恢复和发展。工农业总产值由 1961 年 1019 亿元逐步上升到 1965 年 1394 亿元。所以，农业劳动生产率和城市经济承受能力不能不是制约城市人口增长和城市化水平变动的重要因素。中国目前城市化发展速度缓慢，水平偏低正是工农业生产总值还低的必然结果。

50 年代后期，国家采取了严格限制农民流入城市的户籍管理政策。1958 年 1 月，国家颁布了《户口登记条例》，规定农民由农村迁往城市，必须持有城市劳动部门的录用证明、学校录取证明或城市户口登记机关的准予迁入证明。实践证明，这一政策有力地抑制了农村庞大的人口迅速流入城市的历史趋势，防止了城市人口恶性膨胀，避免了中国城市化重蹈一些发达国家超城市化的道路，有利于城乡经济的发展。这是应该肯定的。但是这种政策带来阻碍城乡协调发展的反作用，也日益明显。农村除了为城市提供廉价的粮食、原料和极少数的劳动力外，基本上被排除在现代化、城市化之外。在"左"的思想和政策的指导下，"以粮为纲"，农民主要从事农业生产，农业人口又不断增加，人多地少的矛盾日益突出，不但阻碍农业现代化，也抑制城市化发展。控制农村人口流入城市的户籍管理，既"封闭"了农村，也"封闭"了城市。城市化发展主要靠城市人口的自然增长，所以城市化水平很难迅速提高。

城市化水平是衡量一个国家的社会、经济发展程度的重要指标之一。世界各国城市化历史表明，在经济迅速发展时期，城市化水平也迅速提高。人均国民生产总值高的国家，城市化水平也高；反之，人均国民生产总值低的国家，城市化水平也低。据 1977 年 158 个国家的材料可以看出，各国城市化水平的高低与其人均国民生产总值的高低有密切关系。人均国民生产总值 310 美元的国家，城市化水平在 19% 以下；700 美元的国家，城市化水平为 20%～30%；2155 美元的国家上升为 40%～59%；3858 美元的国家更上升到 60% 以上。1982 年，我国城市化水平达到 20.8%，人均国民生产总值为

310 美元，这在世界上属于较低的水平。1978 年后，这种落后状况开始急剧变化。1978 至 1985 年，城镇人口由 17245 万人增加到 38244 万人，城镇化水平由 17.9% 上升到 36.6%，提高 18.7%；而 1978 年前 30 年，城市化水平只提高 7.3%。这个时期，我国城市化水平之所以迅速提高，主要是由于改革、开放加速了社会经济发展，从而也加速了城市化的步伐。中国城市化进入了正常、迅速发展的新时期，出现了新的特点，主要是中小城镇的人口快于大城市人口的增长，镇的人口又快于市的人口增长，这在本文前面有所论述。

第二，大城市人口增加快，中等城市人口增长慢，小城市人口减少。

城市规模，主要由人口数量决定。按国家规定：城市人口在 100 万以上的为特大城市；50 万 ~ 100 万为大城市；20 万 ~ 50 万为中等城市；20 万以下为小城市。1949 至 1982 年，中国大、中、小城市人口发展情况如下。

（1）特大城市 1949 年 5 个：上海、天津、北京、武汉、重庆。这反映了旧中国特大城市的状况。三十多年来特大城市有了较快的增加。1952 年有 9 个，占城市人口 43.3%，1982 年增加到 38 个，占城市人口 52.1%。

（2）大城市 1952 年 10 个，占城市人口 15.2%，1982 年 47 个，占城市人口 23.0%。

（3）中等城市 1952 年 23 个，占城市人口 16.1%，1982 年 86 个，占城市人口 19.1%。

（4）小城市 1952 年 115 个，占城市人口 24.9%，1982 年 65 个，占城市人口 5.8%。

由上可见，从 1949 至 1982 年，中国城市人口规模，特大城市和大城市增长快，中等城市发展比较慢，小城市人口减少。与欧美、日本等国对比，中国城市规模百万人以上的大城市（包括特大城市）人口比重偏大，20 万人口以下的小城市人口的比重又过小。大、中、小城市之间人口分布存在头重脚轻的"倒金字塔"形式。一般说，城市规模的发展由小到大。大城市人口总数（包括特大城市）少于中、小城市的人口的总数，这是正常的现象。而"倒金字塔"形的城市人口分布，不但促使城市之间极不平衡的人口分布，也扩大城乡之间差别。由于大城市物质生活和文化生活、医疗设施、工资劳保福利等条件远远优越于中小城市，更高于农村，因而具有强大的吸引力。一方面城市人口主要集中于百万以上的大城市，另一方面小城市衰落，20 万人以下的小城市人口日益减少，尽管多年来国家采取控制大城市人口增长的城市政策，可是大城市人口还是增长。因为在小城市式微的情况下，农村过剩劳动人口只有通过合法的或非法的渠道挤入大中城市，中小城市人口也想方设法通过各种方式挤入大城市。只要城市之间，城乡之间的差别悬殊，大城市人口日益膨胀是难以控制的。

三 中国城市发展的基本方针

在总结三十多年来城市建设和发展的基础上并参考世界各国城市发展的经验，1980 年 10 月全国城市规划工作会议提出了城市发展的基本方针，为各种规模不同的大、中、小城市规定了不同的发展原则。这个基本方针是："控制大城市规模，合理发展中等城市，积极发展小城市。""六五"计划和"七五"计划都重申此方针，还特别指明："切实防止大城市人口规模的过度膨胀，有重点地发展一批中等城市和小城镇。"

关于控制大城市规模，其要点是：①通过城市总体规划，确定城市人口规模，据以实施控制；②控制人口迁入，人口自然增长则通过计划生育予以控制；③防止城市人口无限膨胀，但不是限制人口数量一成不变，更不是限制社会经济的正常发展。大城市人口应有进有出，并鼓励出大于进。

为什么要控制大城市规模，因为中国目前还处于社会主义初级阶段，工农业经济发展水平还很低，城市，特别是大城市很难承受过多的人口。同时，城市规模过大，城市人口和工业高度集中带来很多难以解决的问题，例如人口拥挤，住房不足，用地紧张，环境污染等。因此对大城市规模必须加以控制，这是符合中国目前实际情况的。

但是对控制大城市规模，国内外学术界有不同看法。有人认为控制大城市规模就会限制大城市社会经济的发展，这是误解。控制大城市规模实际上只是控制大城市人口规模过分膨胀，不是大城市不可以发展了。1952 年我国有大城市（包括特大城市）19 个，1985 年上升到 52 个，比 1952 年增加 33 个。据有关部门预测，到 2000 年，大城市将增加到 90 个，其中特大城市 40 个，大城市 50 个。

关于合理发展中等城市。我国中等城市 1952 年有 23 个，1978 年增至 59 个。二十六年增加 36 个。我国中等城市一般分布在工农业发展条件较好，人口密集，交通便利的地区。中等城市人口规模比较适中，经济效益也较高。近年来，我国一些中等城市每百元固定资产所提供的工业产值一般都比大城市高。我们过去偏重发展大城市，过多的强调大城市的经济效益，因而中等城市发展较慢。1952 至 1982 年，中等城市的人口只提高 3%，而大城市（包括特大城市）提高 16.1%。这种现象 1978 年后才发生变化，中等城市发展加快了。1978 至 1985 年中等城市由 59 个增加到 81 个，七年之内增加 22 个。中等城市是联系大城市和小城镇的重要桥梁，是我国城市体系的重要组成部分。加速发展中小城市可以吸收大城市剩余人口，可以促进小城镇的社会、经济、文化的发展，还可以吸收农村剩余劳动力。我国人口多，农村人口多，中等城市的数量，只要有条件，可以较多的发展，但应"合理发展"。所谓合理是指中等城市人口规模不应超过它本身的容量和数量界限。除少数有必要又有可能的中等城市外，一般不应膨胀成为大城市，因为这不利于大城市人口数量的控制。据预测，到本世纪末，我国中等城市还将发展到 140 个，条件好的小城市也会上升为中等城市。

关于发展小城市（镇）。前述小城市，没有包括小城镇。我们认为小城市应包括小城镇。这涉及到镇属于城还是乡的问题。因此怎样定义城镇，需要进行科学地研究。目前我国将大城市的卫星城，城市郊区的市属镇，县属镇（包括县城）、乡属镇（乡政府驻地），乡以下的集镇，未设市建制的工矿区统称小城镇。关于市、镇都有人口规模的标准。市的规模大，人口 10 万以上，镇的规模小，人口 2000 人以上。按国家规定，县城、市、建制镇都属于城，农村乡镇、村镇、居民点属于乡。

从城市发展史来看，大城市是从中、小城市发展起来的，而小城市的前身一般都是农村集镇。只要小城镇（包括集镇、乡镇、县镇等）发展到符合国家规定的建镇标准，就属城的范畴，小城市应包括小城镇。小城镇是小城市发展的广阔基础。

集镇。集镇是城乡关系最低一级的城镇，分布广，数量多。人口不超过千人，大多数还没有达到国家规定的建镇规模，集镇是从农村逐渐分化出来的，现有农村集镇 5.3 万多个。集镇可以说是农村城市化的起点，在城市化发展中具有重要意义。由乡→镇→城反映了由乡村社会向工业社会或城市化社会逐步演变的过程。

乡镇。乡镇是乡的中心镇，也是全国基层政治、经济、社会、文化中心。中国现有 84340 个乡。到本世纪末，其中将有 15% 可达到建镇标准。

县城。它是全县的中心城镇，也是县的社会政治、经济、文化中心。由于中国地域广阔，各地自然条件、社会经济差异大，县城人口规模一般是 3

万至 7 万左右。1982 年底有县城 2074 个，其中 1697 个已有镇建制。1983 年县城增至 2089 个。有些县城已上升为小城市。

小城市（镇）是联系大、中城市和广大农村经济、政治、文化的中心，也是农村人口转化为城镇人口的广阔场所，过去是被忽视的。长期来我国小城市（镇）处于衰落状态。60 年代，国家为了严格控制城市人口规模，1963 年提高了市、镇建制标准，撤销了不符合标准的市、镇，因而小城市（镇）的数量迅速减少。1952 年我国有小城市 115 个，1960 年增加到 128 个。1965 年迅速减少到 99 个，1978 年只有 92 个了。小城镇的发展也是这样。1953 年第一次人口普查时传统形式的镇 5402 个，1964 年 6 月第二次人口普查时剩下 3148 个；1982 年 6 月第三次人口普查时为 2664 个，1985 年减少到 2131 个，城市化水平下降和停滞不前。

1978 年以来，中国实行改革、开放政策，发展商品生产，搞活了农村经济、促进了小城市和小城镇建设和发展。1979 年至 1984 年小城市由 105 个增加到 169 个。据有关部门预测，2000 年将增加到 398 个。1984 年底建制镇增至 7469 个，现在全国建制镇已超过 10000 个，比改革、开放前的 1978 年增加 8000 个。这还没有包括约 57000 个未建制的县镇、乡镇、村镇。集镇是乡镇工业主要的落脚点，集中了全国 80% 以上的乡镇企业，这些集镇分布在广阔的农村，为农村工业化发挥了积极的作用。

四　小城镇与中国城市化道路

上述"控制大城市规模、合理发展中等城市、积极发展小城市（镇）"的基本方针，为具有中国特色的城市化道路指明了方向。这是适应国情和社会主义现代化需要的。

中国是一个人多地少，农业劳动力占有很高比重的发展中社会主义国家。中国农村人口和劳动力早已过剩。50 年代农业劳动力 1.7 亿多，耕地 16 亿亩，平均每个劳动力 8 亩。1985 年农业劳动力增至 3.7 亿，耕地减少到 14 亿亩多，每个农业劳动力平均耕地 5 亩左右。随着农业现代化的发展，还将有更多的劳动力从农业中节省出来。按目前生产力水平，有人估计只需 2 亿劳动力就够了，剩余 1.7 亿人需要转移。到本世纪末，据有关部门预测，农村将有 2 亿多剩余劳动力需要转移。这么庞大的农业剩余劳动人口转移到那里去，是大城市（包括特大城市），中等城市，还是小城市（镇）？

这就涉及到中国城市化道路的选择问题。

工业化和城市化是密切相联的。中国城市化不可能也不应走一些发展中国家的道路，这是社会主义制度决定的。中国三十多年来城市发展的主要经验是：没有农村社会经济的发展和繁荣，城市发展和繁荣是没有可靠的基础的。因为城市人口增长规模和速度受农业能提供多少商品粮所制约，同时也受城市工业等事业建设能够吸收多少人就业所制约。所以，中国城市化水平不能超越工农业生产的承受能力。

发展中国家城市化道路，实际上是一些发达国家早期工业化、城市化的道路。这就是城市剥夺农村，城市繁荣，农民贫困破产，被迫流入城市的道路。目前一些发达国家深感大城市一系列城市病，如环境污染、交通拥堵，住房紧张，犯罪率增加等难以解决。本世纪60年代以来，发达国家城市化出现了新动向，即大城市的产业和人口向郊区和中、小城镇分散，从而促进了郊区化和中小城镇的发展。郊区化就是人口从大城市中心区迁移到市郊的一种趋势。它是解脱城市化进程带来的消极作用的一种办法。国外有人把产业革命造成的人口向城市集中称为"第一次城市转变"，而把郊区化称为"第二次城市转变"。第二次城市转变，使19世纪的高密度资本主义城市，变为20世纪低密度的郊区化城市。大城市人口向郊区、中、小城镇分散，这种趋势仍在继续。郊区化、中小城镇的发展，使城乡之间的差距正在缩小。在探索有中国特点的城镇化道路时，国外城市化发展的新趋势值得我们深思。

目前，中国大城市早已深感人口过多，人浮于事的现象普遍存在。1985年，中国城市在业劳动人口超过1.2亿，劳动生产率低。大城市各行各业都存在隐蔽的剩余人员。随着城市体制改革深入进行，剩余劳动问题将日益突出。中国有些特大城市，如北京、上海等还需要疏散过多的人口。仅从这一点说，大城市人口不能再继续膨胀，必须控制它的规模。这是可以理解的，中国庞大的农村剩余劳动人口不可能都靠原有的大城市吸收。当然，也可以新建大城市，大城市比中、小城市能容纳多几倍、十几倍的人口。但是新增一个百万人口的大城市就需要投资9600多亿元，这是国家财政难以负担的。

70年代后期，中国开始在农村推行以家庭联产承包责任制为中心的一系列改革，促进了农村经济欣欣向荣，乡镇企业蓬勃发展和小城镇兴起。这就为农村工业化、城市化、现代化建立了初步基础，也为农村庞大的剩余人口广开了就业门路。今后农业劳动人口流向，主要依靠乡镇企业和小城市，特别是小城镇来解决。中国三十多年来，大城市膨胀，小城镇衰落的城市化历史，为我们认真考虑和选择适合国情的城市化道路提供了有益的经验和教训。总结起来就是控制大城市规模，合理发展中等城市，积极发展小城市（镇），其中发展中等城市、小城市特别是小城镇是主要的。"七五"计划着重说明了这点。"七五"计划指出："切实防止大城市人口规模过度膨胀，有重点地发展一批中等城市和小城镇"，并规划在"1990 年设市城市发展到400 多个，建制镇发展到1000 多个"。

众所周知，江苏小城镇，特别是苏南小城镇的发展和建设走在全国的前列。目前，许多小城镇已发展到以工业生产为主，农、副、工、商、运、建、服务业综合发展的新阶段。1983 年，江苏农村集镇的乡办工厂已发展到27141 个，平均每个镇14.7 个。总产值为 111.08 亿元，其中工业产值占83.4%，总产值在 1000 万元以上的乡镇 472 个，占乡镇总数的25.2%。1983 年，全省乡镇企业和亦工亦农人口发展到580.064 万人，占整个农村劳动力的23.79%。1984 年底有1901 个镇，集镇人口为1418 万人，占全省人口23%。这种"离土不离乡"的新型劳动形式已成为江苏广大乡镇的一大特点。这就是人们常说的"苏南模式"。这是当前中国农村剩余劳动力转移的一种形式。另外，还有其它模式，如温州模式等。浙江温州市一向人多地少，人均土地只有 0.45 亩。农村250 万劳动力中约有60%以上是剩余的，近年来由于家庭手工业、私营企业和专业市场的发展，吸收了农村大量剩余劳动力，总数有 100 多万，占农村劳动力的40%。

农村劳动人口还可以"离土又离乡"，流入小城镇、小城市、中等城市甚至大城市。1984 年后，国家放宽了农民进入城镇的限制，允许农民自理口粮到集镇务工、务商、办服务业。有经营能力，在集镇有固定住所，或在乡镇企事业单位长期务工的农民，准予落常住户口，成为非农业人口。正是小城镇的兴起，使大批农民进镇，加速了农业劳动人口的转移。据农村293 个村庄和28478 个抽样户的调查，1984 年至1986 年，离土经营的劳动力已占总劳动力 12.3%，其中转入县以上城市的占71%，进入小集镇的占38%。1985 年，全国乡镇企业从业人员近7000 万，占农村总劳动力19%。随着乡镇企业和小城镇的发展，大量农村剩余劳动人口有了广阔的出路。据有关部门的预测，到本世纪末，农村将有 1.7 亿农业剩余劳动力流入乡镇企业。因此建设和发展中小城市，特别是小城镇，不仅是解决农村剩余劳动力的广阔场所，也是实现中国社会主义农村工业化、城市化、现代化的主要基地。在此基础上，可以逐步改变过去那种头重脚轻、倒金字塔形式的大、中、小城市（镇）之间的人口分布现象，逐步缩小城乡差别，促进城乡协调发展，开拓出一条具有中国特色的城市化道路。

结束语

1. 中国社会主义城镇化发展三十多年来经历了曲折的过程。1978 年以后，国民经济发展的重点转移到社会主义现代化建设，同时实行改革、开放的政策。城市建设实行符合国情的城市发展的方针。城镇化得到了正常的、比较快的发展，总的说目前中国城（镇）化水平还是偏低的。

2. 中国农村人口数量庞大，占总人口百分之八十，农村劳动者占社会劳动力三分之二以上。城镇化将是一个相对长期的过程。在社会主义初级阶段，中国城镇化发展水平不可能过快提高。

3. 中国城镇化发展的基本方针是："控制大城市规模，合理发展中等城市，积极发展小城市"，它总结了新中国成立以来城市建设的经验和问题，并为各种规模的大、中、小城市规定了不同的发展原则，是符合国情和城市现代化建设需要的。这一方针也基本指明了中国城市化发展的道路。

4. 发达国家和发展中国家城市化既有共同点，也有各自的特点。它们的经验可以借鉴，不能照搬。中国农村剩余人口和劳动力的数量庞大，这是城市化发展需要解决的重要问题。随着农村现代化建设，乡镇企业蓬勃发展，小城镇兴起，为农村剩余劳动力广开了转移的途径。符合建制标准的小城镇就应属于小城市范畴。因此积极发展小城市特别是小城镇，可以大量吸收农村剩余劳动人口，也有助于改善城市人口倒金字塔形式的分布，还可以促进农村工业化，农村城镇化，农村现代化的建设。农村庞大剩余人口和劳动力主要靠小城市（镇）来解决。有中国特色的城镇化道路，主要是大力发展小城市（镇）。

一九八七年十月初稿　一九八八年一月修改

中国农村非农部门的就业和问题[*]

（一九八八年九月）

农村劳动人口从农业生产中转移到非农业部门，是各国社会经济发展的必然趋势。自 1978 年以来，中国非农部门[①]的发展已经引起国内外普遍的关注。本文试就非农部门的发展和目前农业劳动人口的转移和就业问题作一探讨。

一　1949～1987 年中国就业增长及其原因的历史回顾

1. 1949～1979 年中国农村劳动力转移发展缓慢

（1）农村劳动力转移速度异常缓慢。1949～1979 年，长达 30 年的时间里，中国农村人口在总人口的比重从 89.4% 降到 81.0%[②]，年均下降 1.65%；农村劳动力占社会总劳动力的比重从 91.46% 降为 75.36%，年均下降仅为 2.07%。农村劳动人口向第二、第三产业转移的数量很小。在 1952 年至 1978 年的 26 年中，全国农业劳动人口向非农业转移了 3000 多万人，年平均转移 100 多万人，为每年农村新增劳动力的 10% 左右。农业劳

*　本文是袁方先生为 1988 年 9 月 21 日至 25 日在中国贵阳举行的"亚洲人力资源开发网中国人力资源研究中心首届学术研讨会"所作，原载于《北京大学学报》（哲学社会科学版）1989 年第 4 期。

①　本文中所用"非农部门"一词与"非农产业"一词的意义相同，指农、林、牧、渔业以外的部门包括家庭副业、乡办村办工业、建筑业、商业、饮食业、服务业及其它行业，亦即农村的第二、第三产业。

②　《中国统计年鉴》1986 年，第 91、124 页。

动人口的转移极其缓慢，基本上处于停滞状态。但同时农业劳动力的绝对数量又大幅度增长，由 1949 年 16549 万人增加到 30582 万人[1]，占农村人口的比重由 1949 年的 30.55% 上升到 31.55%。可见农村人口的增长速度低于劳动力的增长速度。在中国人均耕地日益缩小，而农业劳动力日益增加的情况下，农村劳动力过剩和就业问题日益突出。

（2）农村非农部门就业人数和产值在整个农村部门的结构的比重变动异常缓慢。近 30 年来，中国农业和农村非农部门的就业人数比例几乎没有什么变动。副业在农业总产值的比重，1949 年为 4.3%，1965 年上升到 6.5%，70 年代一直徘徊在 10% 左右，到 1978 年也只有 14.6%，年均增长不足 0.34%。这些数字说明，长达 30 年的时间，中国农村非农部门基本上没有什么发展。

阻碍中国农村非农部门发展的原因是多方面的。本文只就几个最主要的因素来讨论。

（1）由"互助组"、"合作社"发展起来的人民公社制度，对非农产业的限制最为严重也最为长久。它使所有权的关系变得模糊，权、责、利的界限不明，也使农民丧失了从事农业生产和非农产业的积极性。同时家庭副业和手工业受到严格限制，被视为"资本主义尾巴"加以割掉，农民从事非农产业的路子基本被堵绝了。

（2）长期推行统购统销的政策，采用指令性计划，规定农民生产的品种和产品购销的比例，并通过"剪刀差"把农业创造的很大一部分净产值转化为发展工业的积累。1957 年农产品价格低于其价值的 31.3%，工业品价格高于其价值的 29.7%；1978 年农产品的价格低于其价值的 35.9%，工业品价格高于其价值的 19.9%。农民为工业化作出了自己的贡献却很少享受到工业化的利益。城市工业方面，长期推行优先发展重工业的战略，与人民生活休戚相关的轻工业和第三产业都发展缓慢。重工业不仅占用资金多，吸纳就业人员少，而且对农村辐射能力微弱。这一方面使农村缺乏足够的资金积累，另一方面城市工业无法扩散到农村，也无力大规模吸收农业劳动力。这种长期以来在城乡结构上，城市搞现代工业，农村搞传统农业，相互封闭的二元经济结构严重阻碍了农业劳动人口流入城市。

---

[1] 《中国统计年鉴》1986 年，第 91、124 页。

（3）户籍管理制度严格限制了农民迁移和选择职业的自由，也影响了农村非农部门的发展。户籍制度虽在限制大量农村人口涌向城市，防止"超城市化"发挥了一定作用，但是它与城乡不平等的就业制度、福利制度和商品粮配给制度相结合，拉大了城乡差别。农民除了通过升学、参军、顶替和少量招工等途径可以进入城市外，很少有其它出路。

（4）中国经济水平低，总产值的数字虽有较大增长，但人均产值增长不高。1982年，农民家庭平均每人生活费支出中60.5%用于事物，恩格尔系数很高。自给自足的生产使农民对非农产品和劳务的需求不高；恩格尔系数高又使社会集资的可能性小，非农就业增长有限。农业非农部门得不到发展，又阻碍了农民收入的增加和社会经济的发展，形成了一个恶性循环。

同时，实践经验表明，农村非农部门的发展在一定程度上还受劳动力素质的影响，由于中国经济发展水平低，阻碍了农村教育水平的提高，使农村劳动力的素质低下，相当一部分农村劳动力继续被束缚在土地上。文化科学落后使许多农村地区的商品观念、竞争观念淡薄。农民知足常乐，安土重迁的心理得到强化，农业劳动力转移更为艰难。非农产业发展缓慢，农民收入的水平得不到提高，社会经济发展受到阻碍，形成了又一个恶性循环。

2. 1979～1987年中国农村经济体制改革与非农部门的发展

农村经济体制改革使中国农村普遍实行了家庭联产承包责任制；同时纠正了以粮为纲的片面单一的农业生产方式，鼓励农民多种经营，发展家庭副业、手工业。为了促进农村非农产业的发展，自1979年起逐步调整农、轻、重的产业结构，提高农副产品的价格，缩小工农产品的"剪刀差"，制订了"星火计划"等措施，以扶持农村社队企业的发展，从而推动着农村商品生产的发展和农村产业结构的改革以及非农产业的兴起。1980年乡镇企业，由1976年的110万个增加到143万个，职工人数由1790万人增加到了3050万人，总收入由272亿元增加到614亿元[1]。1987年，中国农村全部非农产业总产值为4755.90亿元，占农村社会总产值50.40%；就业人数达到5897.9万人[2]，占农村劳动力总数20.8%。与

---

[1] 《中国统计年鉴》1988年，第473页。

[2] 《中国统计年鉴》1988年，第215页。

1978 年相比，结构百分比分别提高了 41.1% 和 13.63%（见表 1）。这种增长速度，远远超过以往任何一个时期。这是中国农村非农产业就业发展历史上一个关键性的转折。

表 1　农村非农部门就业和产值增长（1978 ~ 1987）

非农部门			工业	建筑业	交通运输业	商业、饮食业	合计
就业	（万人）	1978	1734.0	236.0	104.0	144.0	2218.0
		1986	3139.0	1308.6	506.1	531.8	5485.5
		1987	3297.0	1431.3	562.5	606.9	5897.7
	%	1978	78.2	10.6	4.7	6.5	100.0
		1986	57.2	23.9	9.2	9.7	100.0
		1987	55.9	24.3	9.5	10.3	100.0
产值	（亿元）	1978	386.50	134.74	34.50	74.80	630.54
		1986	2390.79	591.93	245.40	323.10	3551.22
		1987	3284.86	723.31	334.37	413.27	4755.81
	%	1978	61.9	21.0	5.4	11.7	100.0
		1986	67.3	16.7	6.9	9.1	100.0
		1987	69.1	15.2	7.0	8.7	100.0

资料来源：《中国统计年鉴》（1988），第 211 页，第 213 页。

二　农村非农产业的发展是整个经济体制改革的重要部分

1. 农村非农部门的发展对提高国民经济总效益具有重大意义

从 1987 年农村不同产业部门的人均产值结构来看（见表 2），每个农业就业人员提供的总产值分别只及农村工业的 15.21%，农村建筑业的 29.57%，农村交通运输业的 25.48%，农村商业、饮食业的 22.25%。平均来说，农村向非农产业转移一名农业劳动力，可以增加 5299 元的产值。按此推算，1979 ~ 1987 年中国农村仅工业，建筑，交通，商业、饮食业就累计增加了 3679.9 万非农就业人员，也就相当于增加了 1950.0 亿元的总产值，约占同期新增社会总产值的 12.63%。[①]

---

① 据《中国统计年鉴》1988 年，第 212 页和 215 页统计资料计算而得。

表 2　农业与非农总产值与就业人数

	总产值（亿元）	就业人数（万人）	人均总产值（元）
农业	467570	308700	1515
非农业	475591	58979	8064
其中：			
工业	328486	32972	9962
建筑业	72331	14313	5123
交通运输业	33447	5625	5946
商业饮食业	41327	6069	6809

资料来源：《中国统计年鉴》（1988），第 175 页。

农村非农部门就业人数增加，还节约了资金。仅以乡镇企业来说，1979～1987 年每新增固定资产 10000 元，则可增加 5.2 个就业岗位和 31000 元产值[1]；同期国营企业新增固定资产 10000 元，只能新增 0.4 个就业岗位和 12080 元产值[2]。以上资料足以说明农村非农部门就业增长对于劳动力资源丰富而资金短缺的中国现代化经济建设具有重大意义。

2. 农村非农部门就业的增长改变着中国的产业结构

1978～1987 年中国非农部门就业人数增长了 265.93%，年均增长 10.27%，非农部门年产值增长了 742.48%，年均增长 -0.28%[3]。非农部门新增就业人数和产值都高于农业部门，这对改变长期来中国农民依靠土地和农业生存的历史有着深远的意义。

从农村非农部门的结构来看，1978～1987 年第三产业就业人数增长速度高于第二产业。在此期间第二产业就业人数增长 240.035%，年均增长 9.15%；第三产业就业人数增长 471.29%，年均增长 16.76%。农村非农产业就业的增长不仅改变了中国农村的产业结构，而且也必然促进中国产业结构的变化，这对于中国现代化建设具有现实意义。

3. 农村非农业的发展对增加就业和提高农民收入发挥着巨大作用

中国人口多、耕地少的矛盾非常突出。人均耕地 1.4 亩，仅相当于世界平均水平的 33%。近年来，无论发达国家还是发展中国家耕地面积都有所

① 《中国统计年鉴》1988 年，第 215 页。
② 农牧渔业编《中国农牧渔业统计》，第 170～171 页，《中国统计年鉴》1987 年，第 225、226、334 页。
③ 《中国劳动力和报酬统计资料》1945～1985 年，第 26 页。

增加，而中国耕地面积却连年的锐减。1957～1985 年耕地面积由 16.77 亿亩减少到 14.52 亿亩，同期农业劳动人口却由 20566 万增加到 37065 万，每个农业劳动力平均占有耕地由 8.7 亩减少到 3.9 亩，减少了一半以上。

即使按最简单的手工劳动方式，一人一畜一犁，每个农业劳动力全年可负担 8～10 亩耕地，照此计算只需 1.76 亿个农业劳动力就够了，一半以上的农业劳动力就要过剩。如果剩余劳动力不能从种植业分离出来，那就会阻碍农业劳动生产率的提高和人均收入的增加，就会继续成为中国农村贫困的最主要的原因。

由于城市目前还存在一定数量的待业者，城市企业中也存在多余的人员，约占职工总数 20% 左右。1978～1987 年，城市吸收的农村劳动力只占同期城镇安排就业的总数人口 15.2%（见表 3），因此农村剩余劳动力向城市大规模转移是很困难的。近年来，农村非农产业的发展为农业剩余劳动力广开了就业的门路。1987 年农村非农产业就业人数达到 8130.4 万人[1]，比 1978 年增加 5303 万人。这种转移的速度和规模是过去三十年未曾出现的。

表 3　中国城市就业状况（1978～1987）

	1978	1979	1980	1981	1982	1983	1984	1985	1986	1987	总计
新就业人数	5444	9021	9000	8200	6650	6823	7215	8136	7931	7991	76871
从农村来的劳动力	1484	708	1271	920	668	632	1230	1502	665	1668	11748
从农村来的劳动力所占比重	27.3	7.8	14.4	11.2	10.0	10.8	17.1	18.5	21.0	20.9	15.3
未就业者	5300		5415	4395	4395	3794	2714	2357	2644	2766	

资料来源：《中国人口资料手册》（1987），第 30 页，《中国统计年鉴》（1988），第 175 页。

同时，非农产业的发展也发挥了增加农民收入的积极作用。1978 年农民人均纯收入为 133.57 元，1987 年达到 463 元，年均增长 13.2%，农村非农产业的发展为解决农民的温饱问题作出巨大贡献。1978 年农民生产性纯收入为 122.86 元，其中来自非农产业的收入为 9.93 元，占生产型纯收入的 8.0%；1987 年农民人均收入中生产性纯收入 418.35 元，其中来自非农产业的收入 117.56 元，占 28.10%。10 年间农民人均收入增加 329.43 元，增加的收入中有 141.13 元来自非农产业，占 42.8%。

另据对 6.6 万户农民抽样的统计，1985 年农民出售农林产品得到的现

---

[1]　《中国统计年鉴》1988 年，第 212 页，《中国农业统计年鉴》1980 年，第 172 页。

金比上年增加2.8%，而非农产业收入则增加43.1%。这一年全部人均新增的现金收入61.44元中有58.6%来自非农产业。农民货币收入的增加，提高了农民的购买力，也提高了农民的消费水平。1978年至1987年农民消费水平提高了1.94倍，年平均提高11.39%，快于1952年至1978年平均增长速度（2.9%），也快于同期非农业居民消费水平增长速度（10.7%）。农民与非农居民消费水平的比例由1978年的1：2.9降至1987年的1：2.5。这表明城乡居民消费水平的差距有所缩小，这就有助于繁荣国内市场，调和市场的结构性矛盾，并为经济持续稳定的增长创造了条件。

4. 农村非农产业的发展，推进了中国农村城镇化的进程

乡镇企业的繁荣促进了小城镇的发展。1985年全国的建制镇为7511个，比1980年增加了4627个。乡镇也比1980年增加约3万个。同时城镇人口数1986年达到2亿，比1982年增加约1.4亿，增长2倍多①。城镇数量和城镇人口的增长在非农产业发展较快的江浙一带尤为明显。仅就浙江温州来说，建制镇1987年就比1980年增加了89个，1987年建制镇的人口达到农村人口的30%左右。可见农村非农产业的发展，促进了城镇数量和城镇人口的迅速增长。

5. 农村非农产业的发展为转变农村旧观念和旧意识发挥了重大的作用

非农部门的发展对于靠土地谋生的农民来说开辟了一个新的领域，特别是当非农产业突破了原来农村副业的从属地位之后，要求转入非农产业的农民逐渐树立起商品经济观念、时间观念、竞争观念、信息观念等，这就促进了农村社区具有新思想、新价值观的新一代农民成长起来。

6. 农村非农产业的发展对城市经济体制改革提出了可供参考的经验

中国改革是前人所没有经历过的，没有现成的模式可循。农村经济体制改革先于城市，非农部门的发展为城市经济体制改革提供了一个实践场所，乡镇企业和各种新的经济联合体实行了经理承包、股份制、合作经营、分成制、租赁以及转卖的各种尝试，许多成功的经验和失败的教训可为城市经济改革所借鉴，以加速城市经济体制改革的进行。

三　非农部门增加就业机会和收入的途径

根据有关部门预测，到本世纪末，农村将有1.7亿农业剩余劳动力流入

---

① 《中国统计年鉴》1988年，第211页。

乡镇企业。农业劳动力以如此规模和速度向非农产业转移，是一项非常浩大的社会工程。因此，采取什么样的方式来促使农村非农产业增加就业机会和提高农民收入，已成为研究农村劳动力转移的重要课题。我认为可以采取下列方式来促进农村非农部门的进一步发展。

1. 要积极抓好多种经营，调整农业结构，使农业全面发展，为进一步开辟非农部门打下坚实的基础。

在发展农业问题上，人们往往把农业仅限于种植业这个狭义的农业概念上。国家曾经制定了"以粮为纲，全面发展"的政策，但在执行时，却常常忽视了林、牧、副、渔等多种经营，使农业内部生产结构片面化。仅靠种植业收入，让农民富裕起来是很困难的。首先要发展多种经营，充分利用农业剩余劳动力和有限的土地，增加农民收入，积累财富，为进一步向农村非农产业转移打好物质和思想基础。

2. 在农业有了一定基础后，一个地区选择什么样的产业结构、发展什么类型的非农产业，则必须遵循因地制宜的原则。根据不同的情况，引导、鼓励采取不同的就业方式，一般说来，有以下几种。

（1）积极发展乡镇企业。乡镇企业投资少，见效快，生产范围广，吸收劳动力较多，创收也较高，是农村非农部门的一种主要形式。几年来，中国乡镇企业蓬勃发展，总产值以每年 30% 左右的速度增长，1987 年达到 4500 亿元，已超过全国农业总产值，成为决定国家经济实力的一大支柱。1987 年底，乡镇企业从业人员共计 8776.4 万人，占农村总劳动力的 22.5% 。乡镇企业已成为农业剩余劳动力转移的主要载体。

（2）发展各种家庭自营和联户合营的工商业。目前农村各地出现了许多家庭经营的工商、运输、服务等行业。随着生产和经营规模的增大，出现了联户经营和合股经营的趋势，它有利于提高生产效率，加快资金周转，同时也提供了向非农产业转移的机会。

家庭工商业极大地调动了农民的生产热情，也增加了他们的经济收入。例如温州地区 1986 年家庭经营的各种产业收入达 20 亿元，增加就业人员 40 多万，相当于 1979～1986 年七年间转移到工业和服务业的农村劳动力的 40% 。家庭经营和联户经营的发展对目前中国农村增加就业机会和提高收入是非常明显的。

（3）发展农村建筑业。近年来农村建筑业的发展，在非农产业中对增加就业和收入，发挥了重要的作用。1987 年农村建筑业的从业人员达到了

1431.3万人，占农村非农部门就业人员的24.3%，产值达723.31亿元，占非农产业产值的15.2%。[①]

（4）发展第三产业。中国农村的第三产业还不发达，1985年第三产业产值仅占乡镇企业总产值的19.5%。虽然1987年农村第三产业的从业人员达到1899.8万人，但产值还不及建筑业。因此，发展农村第三产业还大有潜力。一旦农村第三产业发达起来，就业人数和农民的收入将会出现了一个很大的飞跃。

同时，要注意发展的阶段性。根据中国社会经济发展的不平衡特性，在广大农村的中等、落后地区，目前应大力支持农村剩余劳动力就地转移方式，特别是亦工亦农，"离土不离乡"的方式来实现农业向非农业转变的最初过渡。而在比较发达的沿海地区，可以在原有亦工亦农的基础上，因地制宜，发展"离土又离乡"或其它模式的农村工业化道路。

3. "离土不离乡"的模式是农业劳动力就地转入非农部门的一种途径，也是农业劳动力转入非农产业的初级阶段。

因为中国人口多，农村剩余劳动力数量大，而大城市基础设施不足，城市人口早已过剩，因此，"离土不离乡"对控制农村剩余劳动人口涌入大城市，是十分必要的；同时发展农村非农部门和小城镇，为农民就地转移广开了就业门路。这种"离土不离乡"的新型劳动形式，比较典型地反映在"苏南模式"上。1983年江苏全省乡镇企业和亦工亦农人口已发展到580.64万人，占整个农村劳动力的23.79%，1984年底，有1901个镇，集镇人口为1418万。人口还可以"离土又离乡"，流入小城镇、中等城市甚至大城市，转入非农产业部门，如"温州模式"等。浙江温州一向人多地少，人均土地只有0.45亩，农村250万劳动力中约有60%以上是剩余的。近几年来，家庭手工业、私营企业和专业市场蓬勃发展，吸收了大量农村剩余劳动力，总数约100多万，占农村劳动力的40%。温州农业劳动力在向非农部门转移时，还流向全国30个省、市、自治区。

此外，在中国农村不同地区还有其他一些模式，如安徽的"阜阳模式"等。它们根据本地区的社会经济条件、人口、技术、劳动力素质和社区文化的特点，借鉴苏南与温州模式中适合自己的部分，创造出具有地区特色的新模式，为农业劳动力转入非农部门，广开了就业和提高收

[①] 《中国统计年鉴》1988年，第823页。

入的新领域。

四 非农部门发展中的问题

1. 农业发展问题

一定水平的农业生产发展，特别是农业劳动生产率提高是一切非农部门赖以独立化和进一步发展的条件。非农部门进一步发展需要一个与之相适应的持续增长的农业，同时，它也需要支持农业的发展。两者互相依存，互相促进。

近年来，随着农村劳动力的迅速转移和非农产业的发展，一些地区农业生产出现了停滞不前的现象。这是与下面一些因素分不开的。

（1）家庭承包的平均主义。从1979年开始，农业实行家庭联产承包责任制，解除了束缚在农民身上的各种绳索，农民在生产中恢复了独立的主体地位。但是，这种责任制从一开始就带有平均主义的倾向。承包时基本上是实行"人分口粮田，劳分劳力田，猪分饲料田"的平均承包土地的方式。在具体划分承包耕地上，又采取"优地和劣地、远地和近地、水地和旱地"户口评分搭配的原则，从而产生了两个不好的后果。第一是造成了当前"家家粮棉油、户户农工副"的小而全的经营格局，根本谈不上规模效益；第二造成农业生产力有所下降。一些地区家家户户普遍出现兼业现象，农业反而只作为副业看待，"放掉舍不得，留着是包袱"就是这种矛盾心态的反映。农民们因此不愿对土地投资，粗放经营的现象较为严重，造成农业生产力有所下降。

（2）国家对农业投资有减无增，在制定政策时，常常没有很好地尊重农民的自主权。工农产品交换既不讲平等原则，又不谈等价交换。难怪有些农民声称："不卖评价粮，不买议价肥。"

农业出现的这种停滞不前的现象直接或间接地影响着非农产业的进一步发展。这种局面要改变，必须采取以下一些相应措施。

①实行土地租赁经营制，深化农村改革。在自愿的前提下，逐步稳定从事非农产业的农户的责任田；通过投标和租赁的办法将联片的耕地转移给种田能手经营，并加强农业生产服务设施，成立为农业生产产前、产后服务的专业队或承包队，以提高土地的利用率和生产率。同时鼓励已经从事非农产业的农民发展非农的生产。

②调整国家对农业的政策，增加农业投资；调整农副产品与工业品的比价，缩小工农产品的"剪刀差"，尊重农户的自主权。

③改革户籍管理办法，使之与用工制度相配套，允许农民向非农产业转移，向小城镇转移。

④大力提高农民的科学文化知识水平，提高劳动力素质。在农村真正落实九年义务教育制，并增办一些职工学校，为劳动力就业提供科技教育知识及经营管理知识。这样既有利于农业生产率的提高，又有利于农民向非农产业的转移。

2. 私营企业的地位问题

到目前为止，以家庭工业为代表的一些私营企业在法律上仍没有明确的地位，不被认为是法人，因而不得不挂在集体企业的名下。这样，侵犯私人财产所有权的现象屡有发生，大多数私营企业不得不考虑企业的规模，如雇佣人数、生产产值和经营范围等。利润更多地用于消费，而不是扩大再生产。例如 1986 年，温州仅农村住宅投资就占私人投资的84.29%。与 1983 年、1984 年相比，这还是最低的一年。在经济上，私营企业被征收十级累进的高税率；在原材料供给和资金去向方面都比国营企业多许多关卡，使之处于不利的竞争地位，严重影响了生产经营规模的扩大。因此，在理论和思想上必须纠正这种偏差，在经济和政治上给私营经济以公平的待遇，并在法律上予以保护，使之与国营、集体企业处于相同的竞争地位。

3. 资源配置问题

所谓资源配置问题首先指某些非农产业部门出现了资源过剩，而另一些产业部门资源不足。目前，在非农产业内部，对资源的低效高耗利用方式比较普遍，资源破坏和外部非经济倾向有所抬头。如果不变革国民经济的整体系统，不在农民进入非农产业部门方面不断进行制度和组织更新，则将阻碍非农产业的进一步发展。为此，需要调整农村非农产业结构，开辟向非农产业转移的多种渠道，同时，综合治理非农产业发展的社会经济环境。其中，资源配置问题亦指部门、企业内部资源调配不适应的问题。如目前出现的原材料来源渠道狭窄、资金短缺、劳动力素质低下、环境污染、管理落后、财会制度不健全、流通领域市场不景气、信息不畅通等问题。为此，必须解决：（1）技术选择问题。乡镇企业选择的技术应为"中间技术"，或者说"适度技术"，这种技术具有以下特点：使用的资金比高、精、尖技术少，但又不失为落后，技术比较简单，利用工人边学边干，能够吸收较多的劳动力就业。（2）鼓励大、中专学生去乡镇企业，同时与大专院校、科研单位联系，聘请科技人员作技术指导以及定向培训乡镇企业的科技力量。这样可以解决乡镇企业信息不足，技术力量欠缺，管理人才不足的问题。

4. 生态环境问题

有些地区农村非农产业发展后，由于经营者只重局部利益，未考虑到整体利益；只重眼前利益未考虑到长远利益，造成资源供给不便，开发、利用也不合理，而且占用了很多的农业耕地，建筑零散杂乱，工业、商业、服务业等废弃物及污染物无法集中处理，导致环境污染，生态不平衡。仅从环境污染来讲，根据国家环保局的资料，我国大工业"三废"污染的耕地多达6000万亩，受乡镇工业污染的耕地达到2800万亩。为此，应逐步调整农村工业布局，把农村工业相对集中起来，形成连片的工业区，便于集中供热、供电、供气、供水，也便于工商等行业废弃物与污染物的集中处理和配置技术上的指导。同时，还应采取经济制裁、必要的行政手段以及通过立法来杜绝环境污染、滥用耕地的现象，最后加强宣传教育，解决生态环境中存在的问题。

五　结语

1. 从1949年到1987年，中国非农产业的发展经历了一个曲折过程，八十年代以前，它的发展很慢，其后迅速发展。这是具有深远意义的变化。这个变化不仅影响8亿农村人口的生活和就业，也关系到中国农村现代化。

2. 中国耕地面积比较小，农业劳动力数量又庞大。长期存在的农业剩余劳动力，估计有1亿多，约占农业劳动力总数30%以上。城市工业化虽可吸收一部分，但30年来的经验证明，大、中、小城市只能提供有限的就业机会，还必须照顾本城市的待业的劳动人口。因此，农村剩余劳动人口应依靠本地区非农产业大力发展，提供广阔的就业门路。据估计，到本世纪末，农村剩余劳动力将超过5亿4千万，而农业生产只需要1亿6千万人就够了，这表明将有3亿8千万人或每年2千多万人需要另谋出路。所以解决农村剩余劳动力的就业问题，还是一个长期而艰巨的任务。

3. 长期以来,"左"的理论否认农村存在隐蔽性失业,目前我们应认真对待这一严重问题,大力发展农村非农产业,为农业剩余劳动力广开就业门路。这对改变中国农村落后的生产和生活条件并为实现有中国特色的农村现代化具有深远的重要意义。

社会工作教育与中国社会主义现代化建设[*]

（一九八九年）

社会工作教育是一门新兴的学科。它在我国经历了一段曲折的过程，到目前呈现了生机。近 10 年来，在党的十一届三中全会的正确思想路线和政治路线指导下，社会工作的学术研究和实践开始适应现代化建设的需要而探索开展。这是与我国社会学界和教育、民政等政府部门的努力分不开的。本文目的在于对社会工作教育与中国现代化的关系及社会工作专业发展等问题，作一探讨。

（一）社会工作是一门科学，一门专业

渊源于古代社会慈善事业的社会工作，包括政府、民间、私人以及宗教团体在内的各种社会救济事业和社会服务工作，带有浓厚的"恩赐"色彩，在以后的社会发展的历史长河中，它并没有形成一套专门化的科学理论和方法，称不上是科学或专业。

社会工作成为一门科学或专业是 19 世纪末，20 世纪以来逐渐形成起来的。它标志着慈善事业向近代社会福利事业发展。慈善事业是政府或少数个人对各种有困难的人给予的救济，还没有认识到这种救济不是恩赐而是义务；也没有认识到接受救济是一种人的权利而不是命运的机遇，在作

---

* 本文原载于《社会学与社会调查》1989 年第 1 期。

用上、规模上、方法上、理论上都不能称为近代的"社会工作"或"社会服务事业"。

20 世纪以来，西方国家由于工业化、都市化迅速发展，带来一系列严重的社会问题，引起社会的动荡不安，必须解决才能促进社会协调发展。过去那种慈善事业已不适用这种新情况和新问题。一些思想家开始思索，寻求解决问题的途径，并以"社会工作"的名称替代"慈善事业"。到 20 世纪 30 年代，一些国家，私人兴办的社会工作和互助事业有了广阔的发展，同时社会工作研究也进入学术领域而逐渐成为一门学科。

任何科学都有研究对象和研究方法，任何科学都可以划分为理论与应用两个领域。社会工作作为一门科学也不例外，有研究对象和研究方法，也可分为理论和应用两个部分。

社会工作是一门科学或专业，在社会工作发达的一些国家，可以说这不是什么问题。但在我国目前社会工作专业教育开始起步的时候，提出这个问题，则是有理论价值和现实意义的。社会工作是一门科学或者说是一门专业不少人是不明确，甚至否定的。有人说社会工作没有理论，怎么能说是一门科学呢？也有人说社会工作人人能做，怎么能说是一种专业呢？因此，提出来研究，有助于克服目前我国社会工作教育正在开始发展中的种种压力和阻力。

人们自然要问什么是社会工作？这是社会工作的定义问题，也是理论问题。至今社会工作者还无一致的看法。社会工作有的学者说是"一种助人的活动"。有人认为是"一种服务过程"，有人说是"一种专业活动"或是"一种社会制度"等等。联合国 1947 年举行各国社会工作教育概况调查时，33 个国家提出了 33 种定义。真是各有国情，各有主张，众说纷纭，莫衷一是。

我们认为存在这许多不同的看法是由于国际社会的发展参差不齐，立国思想的根基各异，也是人们从不同角度来定义社会工作的结果，但不同中也有共同点，即社会工作是一种助人自助的工作，在于寻求预防和解决那些阻碍社会协调发展的各种社会问题，调整社会关系，恢复和增强人们的社会生活的功能，满足人民的物质生活和精神生活的发展需要。

社会工作有其一套研究方法，包括方法论和具体方法。前者指对社会工作方法的描述与分析的范围、理论框架、假设、求证和结果评估，还提供逻辑思维和理论基础；后者指怎样去了解、预防和解决具体社会问题的过程和步骤，如个案工作、团体工作、社区工作、社会行政、社会工作研究和评估等。这些工作方法，开始是分离的，现在趋向于整合。

社会工作是一门应用性很强的社会科学。这样说，不等于它没有理论。社会工作有社会学、社会哲学和社会价值作为其理论基础。那种看不起社会工作，也不愿从事这门专业的人，是由于不了解它的科学性和理论。

任何科学和专业都有其理论基础，否则就不能上升为科学或合格专业。社会工作开始是一门应用社会学，社会学、行为科学为其提供理论和知识体系。1903 年英国训练社会工作者是在社会学院进行的。1917 年芮瑞孟（M. Richimond）虽然采用医学的"诊断"概念写出《社会诊断》（*Social Diagnosis*）一书，但是该书中仍然以社会学观点强调社会因素对了解个人行为的重要，同时也说明医学知识参与了社会工作专业，使社会工作趋向多学科知识发展，1920 年前社会工作的训练，还是属于社会学领域，与社会学不可分离。以后，社会工作主要采用佛洛伊德（Sigmund Freud）的学说，作为治疗派的理论基础。到 40 年代，由于人类学、社会心理学的参与，社会工作专业的理论和知识多元化，而逐渐成为独立的一门多学科交叉的综合学科。但与社会学虽分而不离。60 年代以来，法律学、政治学、经济学、系统科学等知识又逐渐为社会工作所采用。社会工作专业的理论、知识与方法进一步发展，多学科的特点日益突出。可以说社会工作是横跨自然科学和社会科学的交叉性的一门综合性的社会科学，其中社会学起着骨干作用。这就要求从事社会工作的理论和实际工作者必须具备有关自然科学和社会科学的知识修养。

正是因为社会工作是一门科学、一种专业，从事这种专业的人，需要经过严格的专业训练。那种认为社会工作，只要发善心，有诚意就无须经过专业训练、什么人都可以作的观点，是不对的，是极其片面的。目前我国实际部门从事社会工作的人员基本上没有或者很少受过专业训练，知识水平低，管理水平也比较低，不会用现代社会工作的理论与方法同自己的工作对象打交道。有的人缺乏职业道德，不尊重自己的工作对象，甚至虐待服务对象，就是以上错误的观点的证据。为了提高社会工作的质量和效益，社会工作者需要经过专业训练，这是社会工作现代化具体要求，也是专业的一个重要标志。

（二）社会工作的历史回顾

我国社会工作的历史渊源：早在周代，我国社会的慈善事业和救济工作就逐渐形成和完善。那时注重生息、养民，实行慈幼、养老、赈穷、恤贫、宽疾、安富的"六政"。这相当于今天的儿童福利、就业服务、社会救济、医疗保健、社会安全等社会工作在历史上的萌芽。

几千年来，农业一直是我国国计民生、长治久安的社会发展基础。周代以后，各朝代的行政管理工作，都围绕着以农耕为重心兼及"六政"的吏治作为考核行政清廉国泰民安的一项重要标准。至于老年人、残疾人、鳏、寡、孤、独，则主要由家庭邻里和家族予以照顾或救济，这实质是个人、家庭与邻里、家族相结合的一种社会保障制度，同时也形成了文明礼俗与法律规章相结合的文化传统。社会工作哲学也逐步形成。这方面的杰出代表人有孔丘和墨翟，其中以孔子提出的"大同社会"的理想为完善。他说"使老有所终，壮有所用，幼有所长，鳏、寡、孤、独、废疾者皆有所养"。这在当时虽是一种空想，但对我国后来封建社会各朝代的福利事业和社会工作产生了深远的影响，可以说是近代福利思想和政策的先驱。

周代以后，上述慈善事业救济工作，历代承传。到了民国，在国内外潮流和势力的冲击下，社会工作和慈善事业、救济事业向科学的社会工作过渡。1922年，北京燕京大学社会学系创建时，分理论社会学与应用社会学两个学科，注重培训社会服务专业人材。1925年该系改称"社会学与社会服务系"，仍侧重于实际应用方面，为各社会服务机关、团体培养社会福利工作者。其它教会私立大专院校，或成立社会福利行政系、社会事业行政系，如南京金陵大学、金陵女子文理学院、苏州教育行政学院，或开设社会工作方面的课程，如上海沪江大学、广州岭南大学、上海复旦大学、山东齐鲁大学、北京清华大学、北京辅仁大学等。这一类院校社会学系和社会事业行政系，还附设有社会调查和社会工作基地，这一切都为社会工作教育的科学化、职业化和现代化奠定了基础。

当时，晏阳初、陶行知、梁漱溟、李景汉等一批教育学家，以社会教育工作为中心，改造乡村社区，开展平民教育，推动乡村建设的实验，是我国近代社区工作发展的先声。其中晏阳初在河北定县所推行的平民教育方案，为改造当时农村贫、愚、弱、私四种病态，进行了大量的社会工作，做出了一定的贡献，并对联合国推进发展中国家的社区工作计划产生了积极的影响。

与此同时，在中国共产党所创建的革命根据地及其后的解放区，人民政府以全心全意为人民服务的宗旨，依靠人民群众，开展拥军优属、拥政爱民、支援前线、社会教育、社会改造、社会救济、社会服务，解决盐、米、房子、穿衣、生小孩等群众的生产和生活问题。通过群众路线的社会工作方法，为人民谋福利，促进了革命根据地和解放区的安定团结，推动了革命事业的胜利发展，也为新中国的社会福利工作创造了有益的历史经验。

新中国成立初期，1952年的"院系调整"取消了社会学系和社会福利行政系。从此社会学和社会工作的课程在大学里消失了。这是一个难以弥补的重大损失。到1979年为止，社会学和社会工作专业在中国大陆中断了近30年。这个时期，正是西方国家伴随着50年代后半期出现的经济繁荣，大力发展福利事业，先后涌现一批福利国家。各国社会学、社会工作教育都有很大发展，特别是系统科学、计算机等方法引进社会科学领域，使许多社会现象易于量化，从而提高社会工作者研究、预防和解决社会问题的能力；而其时我国社会学和社会工作教育长期成为"禁区"，这就使得这两门学科远远落后于国际社会了。

社会工作专业在我国之所以成为"禁区"，究其原因，主要是由于"左"的指导思想，它片面理解社会主义社会没有社会问题，用不着社会学和社会工作教育，还认为社会学、社会工作是所谓资产阶级伪科学。这些看法是极其糊涂错误的，经不起实践的检验。

实践证明，社会主义社会仍有社会问题，如失业、犯罪、贫困、自然或人为的灾祸等。正是有各种各样的社会问题，社会工作是不可缺少的。同时，我国一些实际部门的社会工作，随着社会层出不穷的问题，穷于应付。比如民政部门对军烈属的优抚工作，对鳏、寡、孤、独和贫困户的救济、福利和服务工作；劳动部门对职工的社会保险和福利工作；卫生部门承担的疾病保险和公共医疗服务工作；工会部门配合企业行政提供的托儿所、幼儿园、食堂、文化娱乐等福利设施服务等等。这些社会工作者，没有受过社会工作专业训练，不懂得用"现代社会行政管理的理论与方法从事自己承担的工作，和自己的工作对象打交道"，因而工作质量低。这是多年来，我们否定社会工作专业教育的必然结果。

1979年，社会学得到了恢复和重建。北京大学、中山大学、南开大学、人民大学、上海大学、山东大学等先后建立起社会学系。由于社会工作是重要的一门应用社会学，为培养学生从事社会工作，研究和解决社会问题的能力，在教学计划中，开设了有关社会工作的课程，如个案研究法，民政概论、劳动问题、人口问题、社会保障等，以适应一部分本科生和研究生

（包括硕士和博士学位）的需要。尽管如此，但还没有把社会工作作为一门独立的专业。可以说，社会工作专业教育，在我国仍是一个空白，也是一个断层。为填补这个空白，1985年，北京大学社会学系曾向教委提请设置社会发展计划与管理专业，1986年，教委同意社会学系增设社会工作与管理专业。这就为恢复中断近30年的社会工作专业教育创造了前提条件，即国家的重视和肯定，填补了空白，弥合了断层。

中国社会工作教育从抹杀砍掉到重建开展，走了一段坎坷的道路。回头展望我国社会工作教育发展的历史过程，前车之鉴，对于当前正大力发展社会工作教育与改革、开放、社会主义现代化建设之间的关系，是很有必要，也是相当重要的。

（三）社会主义现代化建设对社会工作教育的要求

1978年以来，我国社会经济工作的重点转移到社会主义四个现代化建设上来，同时实行对外开放、对内搞活的新经济政策，为的是把我国建设成为具有高度物质文明和精神文明的现代化社会主义国家。现代化建设需要社会工作教育，而社会工作教育反过来又促进社会主义建设的发展。

1. 保护和发展生产力的需要

目前中国社会正处于社会主义初级阶段，人口多，生产力低，国家不可能拿出更多的钱来发展福利事业，而人民对方兴未艾的福利事业需要大，这是一个矛盾。传统的单纯福利和片面救济的观点很难解决这个矛盾了。因此需要发展社会工作教育、培养社会工作者，去建立社会福利的新价值观念。这就是说，不能再象过去那样把被救助者都看成是消费者，是无所作为的人，而应反过来全面看待他们。为了尊重人的价值和发挥人的主动创造性，就应对那些被救助者重新评价。除丧失劳动能力者外，他们仍可从事力所能及的工作，或多或少地能为社会继续做出自己的一份贡献。我国近年来兴办的福利工厂帮助残疾人就业就能生动地说明这个问题。

福利与生产相结合，保护和发展生产力，使消极的社会工作成为积极的社会工作，从而可以提高社会工作者的能力和水平。社会工作是一种帮助人的工作，也是一种助人自助的工作。

2. 预防和解决社会问题的需要

当前我国开放和体制改革正在深入进行。这是一场广泛深刻的巨大变革，必然冲击传统的价值观念和原有的社会经济关系。各种社会问题的出现是不可避免的。诸如工人失业，通货膨胀，贫富分化，精神病患者增多，妇女、儿童、老年、残疾人的合法权益受到侵犯等等层出不穷；同时由于工业化、城市化进程加速，住房拥挤、交通事故频繁、犯罪率上升、离婚率增长、环境污染严重、保健措施缺乏等问题日益突出。这些问题经常困扰着个人、家庭和社区，如不能得到及时妥善解决，必然使人心浮动、人际关系紧张而导致家庭不安、社会动荡，使现代化建设难以顺利进行。

社会工作者可以通过个案工作、团体工作、社区工作、社会行政工作等方法了解上述各种问题产生的原因并找出解决措施，以促进个人、家庭和社区之间协调发展。

社会工作的存在和发展是社会主义现代化建设的客观需要和必然趋势。要大力发展社会工作专业教育，培养具有发现、预防和解决社会问题能力的人才。一个国家现代化程度愈高，愈需要社会工作人才，社会工作教育也因此日益发达。这是文明和进步的重要标志。

3. 创造安定的社会环境的需要

我国"七五"计划建议中，第一次提出建立和完善我国新的社会福利、社会保障制度，认为"这是保证经济体制改革顺利进行和国家长治久安的根本大计"。这种认识突破了长期来那种轻视福利的"左"的思想框框，高度评价了社会福利和社会保障在改革和现代化建设中的地位和作用，明确了社会福利为现代化建设顺利进行创造出良好的、安定的社会环境，是不可缺少的一项配套社会工程，是国家长治久安的根本大计。怎样去实现和完成这项工程，就为社会工作者和社会工作教育家提出了严肃的任务。

发展社会福利事业的目的主要在于使全国各族人民，从出生到死亡的整个生命过程中有一个良好和安定的社会环境。我国现代化建设的目标，不仅是物质财富的增加，更重要的是物质和文化生活水平的提高。而建立和完善福利体系，正是实现这一目标的必要保证。需要社会工作者通过多方面的社会服务，改善人民的生活，特别是做好社会上一些弱者如老年、儿童、残疾、贫困者、寡、孤、独、精神病患者等的工作，使其增强适应社会变革的能力，使其受到经济增长、富国裕民的公平待遇，从而促进个人、家庭和社区之间的协调和社会进步。

4. 协调经济发展与社会发展的需要

国际经验表明，经济发展和社会发展是互为因果条件相辅相成的。忽视了某一面，就可能导致另一面的阻滞，带来种种社会问题。

我国现代化建设，从第六个五年计划开始的拨乱反正，既重视经济发展，也重视社会发展。过去我们长时期片面强调经济发展，忽视了社会发展。从第一个到第五个发展国民经济的五年计划，就没有提社会发展，以致社会问题成堆，其结果反阻碍经济发展。现在已经改正过来了。"七五"计划，共 56 章，除了讲经济发展目标、产业结构、地区布局、科学技术等以外，还讲了人口、劳动、教育、居民收入、卫生保健、社会保障、环境保护、社会秩序等等。这些都是社会发展的内容。

社会发展与经济发展一并列入国家的宏观计划，不但说明我国开始重视社会发展，对社会学、社会工作及其专业也重视起来了。社会发展计划的制订、社会发展水平的计量、社会发展效益的评估，以及影响社会发展与经济发展协调的诸种社会问题分析研究和对策等等方面，都需要有专业社会工作者的微观和宏观相结合的研究，以促进社会发展与经济发展协调进行。

5. 精神文明建设的需要

重视精神文明建设，同发达和发展中的国家现代化建设相比，是我国现代化建设的一个鲜明的特点，也是顺应时代潮流的客观要求。我们强调在建设物质文明的同时，加强社会主义精神文明建设，目的在于引导全国人民增强平等的、互助的、善良的人际关系，在社会上鼓励尊重人、关心人、舍己为人，全心全意为人民服务的道德风尚。这都需要社会工作及其专业教育在建设精神文明中发挥积极的作用。这也是社会工作者义不容辞的职责。社会工作服务的对象是人，尊重人的价值、全心全意做好服务工作，这实际上就是从事精神文明建设。因此发展社会工作教育，可以帮助社会工作者继续和发扬我国优良的传统精神文明和文化遗产。

总之，发展社会工作和社会工作教育是我国现代化建设迫切需要的。这种迫切感还在于我国社会工作教育中断了 30 年。正是这 30 年的历史断层，使我们失去了良机，与国际交往脱节。现在许多发达国家建立了大量的社会工作学院。据统计信息，苏联现有社会工作学院约 200 所，美国约 100 多所，民主德国 30 多所，瑞典、挪威各 20 多所。它们都形成了一个完整的社会工作教育体系，我国约 10 亿人口大国至今没有一所训练社会工作人员的专门院校。虽然在北大、南开、中山、上海等几所大学的社会学系开了有关社会工作方面的课程，但不能代替社会工作专业教育，必须填补这一空白，否则将使国家难以振兴步入发达国家的行列。

（四）大力发展社会工作的专业教育需要解决的几个问题

社会工作教育与社会主义现代化建设的关系的另一个方面也是最重要的，就是训练各种不同层次的专业人才，为现代化建设服务。目前我国社会工作教育正处于起步阶段，为此以下几个问题是应该考虑的。

1. 师资队伍的建设问题

社会工作是一门应用社会科学，有它自己的专业理论体系和方法技术。从事这项工作的专业人员，不仅应具备专业知识和管理才能，而且还应具备高尚的职业道德情操。与发达国家比，我们在这方面的差距太大，远远落后于客观形势的需要。为了现代化建设，我们应培养数以千计的这类专业工作者，要做到这一点，首先有赖于加强师资队伍的建设。开展社会工作教育，没有高水平的师资，要训练出高素质的社会工作者是很难的。中国有句老话："名师出高徒"，就是这个道理。师资队伍的建设，我们要立足于本国，从实际出发。一方面继承我国传统的社会工作教育的一些良好经验。目前我国老一辈社会工作者虽然年岁已高人数不多了，有的又改行多年。但他们教书育人的丰富经验是青年老师不可缺少的珍宝，还要理论与实践结合，培养年青一代。政府各部门一些社会工作者的丰富经验，也是青年老师不可缺少的宝藏。请这些有实际经验的专家讲授有关的现实社会情况和问题，以增强青年老师认识社会和解决我国社会主义现代化建设的具体问题的能力，这是主要的一面。另一方面要引进国外社会工作专业的可行经验，这不仅是开放政策的需要，也是填补我国社会工作教育的历史断层，避免走弯路的一个重要途径。西方国家或其它国家的大专院校都设有社会工作学院或社会工作专业，有好几十年的历史，积累了丰富的教育经验，值得我们学习和借鉴。

2. 社会工作专业教育的层次问题

什么叫专业的问题，有不同的看法。一般说来，专业（Profession）是指具有某一学科的专业理论、专业知识、专业方法和技能的一种职业。合格的社会工作专业人才一般都需要经过高等院校的社会工作专业的培养训练，并经过考试取得合格证书，才表明具有某项专业资格。

社会工作专业可细分为社会工作、社会福利、社会保障、社会行政管理、社会服务等门类。由于我国人口多，对社会工作者的需要量也大。同时社会工作教育又刚起步，所以专业门类目前不宜过细，否则，适应社会需要就有局限性。

我国"六五"计划已提出：采取多种形式，积极兴办多项社会福利事业；"七五"计划提出："要有步骤地建立具有中国特色的社会主义的社会保障制度的雏形"。而社会福利和社会保障都是通过社会工作来实现的，是社会工作的重要内容之一。因此考虑到我国实际工作对专业人才需要的情况，社会工作教育应从社会福利、社会保障等方面有重点、多层次进行。

第一个层次，培养目标在于能参与和从事社会发展战略、社会计划研究和决策；能参与社会政策、社会立法的制定和评估；能从事社会工作专业教育、研究和咨询工作等。具有较高的专业水平，两年至三年硕士研究生或同等程度的水平。

第二个层次，培养目标在于能适应有关社会工作主管部门以及团体所需要的社会福利、社会保障、社会行政等管理人才。当前我们应重点为民政部门培养具有大学四年学士水平的社会工作者。因为民政部门负担社会福利、社会救济、优抚安置、农村社会保障等大量社会工作。它在我国历史阶段中，一直发挥着为人民谋福利为社会排忧解难的功能，迫切需要补充高层次的专业人员。当然同时也应适当照顾其它部门，如劳动部、公安部、卫生部、计委、科委、老龄委、统计部门、计划生育部门以及工会、青年团、妇联等组织，对社会工作专业人才的需要，才能众志成城，解决实际部门社会工作专业化问题。

第三个层次，培养目标在于能从事基层社会工作和管理的专业人才，一般具有大专水平。社区基层的社会工作，实质是社会服务。根据我国当前政治改革的要求，基层社会管理要努力扩大基层民主、扩大社会服务范围，在民主和法制的范围内，发现和解决可能出现的社会问题，使其消失在基层。这需要社会工作教育培养大量具有一定专业理论、知识和方法的社会工作者，提高其民主意识和服务观念，能承担社会自治性的民主管理工作，能通过组织群众开展社区服务，发现和处理种种社会问题，调整人际关系，促进基层社区协调发展。

3. 课程设置问题

课程设置，可分理论、方法技术和应用三个层次。原则是理论与实际并重，根据不同的培养目标，基本相同，有所侧重。从事社会行政和管理的社会工作者，可多学一些理论和方法方面的课程，提高其行政管理能力；从事基层社区工作和管理的社会工作者，可多学一些方法技术和应用方面的课程，提高其服务的能力。总之，学生都必须具备本专业理论、方法技术和应用的知识。社会工作是一门横跨自然科学和社会科学的交叉性的学科，因此还应使学生或多或少学习点有关自然科学和社会科学的基本知识。社会工作是一种为人民服务的工作，也是一种精神文明建设的工作，职业道德知识方面的课程应占有重要的地位。

4. 社会工作教育现代化问题

我国社会长期来的封闭，社会工作者也受到传统福利观念和工作方法的束缚，在专业理论上和实践上都大大落后于发达国家甚至某些发展中国家。在起步中的我国大陆社会工作教育面临的形势是十分严峻的。为了缩小我国工作的国际差距，我们认为社会工作现代化是一个关键问题。而社会工作现代化，主要是社会工作者的现代化，简单说就是人的现代化。长期来，人们把社会主义社会的优越性和"铁饭碗"、"大锅饭"、"干与不干一个样"等同起来，这是当时极"左"思想流毒的表现，不除净，当然对社会工作者的现代化，显然还会是一种阻力。

目前我国正在进行社会保障制度的改革，要求受保人承担一定保险费，目的在于把保障制度建立在权利与义务对等的基础上，使受保人都能在法律面前平等的享受社会保障赋予的权利与义务。这一历史性转变，就彻底清除了历史上尤其是两个世纪前西方《济贫法》时代由慈善机关进行施舍，而使被救助者的人格尊严丧失殆尽的弊端。因为贫民的身份被排除在人民的价值之外，人们没有认识到贫民领取救济金是一种权利，政府职司救济是一种义务。现代福利观尊重人的价值，尊重人的权利和义务。我国社会保障制度的改革也应贯彻权利和义务结合的原则，但阻力重重。一些职工认为"过去几十年都不交保险费，现在交什么保险费？"这也可以说是一种"大锅饭"的陈旧观念的表现。长期形成的这种观念，使人们习惯于只享权利，不尽义务，从而降低了匹夫有责的社会主义人道尊严感。

从旧的福利观转化为现代福利思想，在于加强社会工作者的现代教育，实现人的现代化。设置社会工作专业，正是为了培养高素质的社会工作现代化专业人材，是我国现代化的基本建设之一。从某种意义上说，没有现代化的社会工作者，要想完成我国现代化建设的巨大工程，是难以想象的。

北京大学受民政部门的委托，经教委批准，设置社会工作与管理专业，以培养高层次的社会工作者为主要任务。其它一些高等院校也正在筹建这一专业。民政、人事、卫生等部门以及工会、妇联、青年团等组织都办有包括社会工作人员的培训任务的院校。一个具有中国特色的社会工作教育体系，正在现代化建设中兴起和发展。

无疑，这次亚太地区社会工作教育研讨会的召开，对我国这个领域的理论研究和实际工作是一个很大的鞭策和鼓舞，不只是一个学习的好机会。中国有句俗话："万事开头难"，尽管我国社会工作教育起步晚些，但我们深信，通过各种形式的交流，我们将从中吸取丰富的营养和有益的经验，使我们避免或少走弯路，加快我们追赶世界社会工作先进水平的步伐！

中国当前的劳动就业问题[*]

（一九九〇年三月）

劳动就业问题是重大的社会经济问题，中国是一个劳动力资源异常丰富而经济又不够发达的社会主义国家，新中国成立以来的40年中，不仅解决了人民的吃饭问题，也逐渐解决了劳动年龄人口（男16~59岁，女16~54岁）的就业问题。在中国改革开放，实现四个现代化的过程中，劳动就业又出现新情况、新问题，研究这个问题的历史与现状，探讨它的发展趋势，并提出相应的对策，对促进社会经济发展和妥善解决就业问题，是十分必要的。

（一）劳动就业问题简要的历史回顾

中华人民共和国成立后，经历了三次就业高峰的压力。第一次是五十年代初期出现的。1949年新中国成立时，面临严重的劳动就业问题，这一方面表现为城镇存在约400万的失业大军，另一方面表现为农民的贫困破产。为解决这一问题，城镇采取了对国民党政府工作人员实行"包下来"的政策，组织失业工人以工代赈，生产自留，组织失业工人进行培训后，输送到国民经济有关部门就业生产，同时安排来自农村的失业人员回乡，参加土地改革，从事农业生产劳动。随着第一个国民经济五年计划的实施，到五十年代中期城镇就业人数由1949年1533万人增加到1957年的3101万人，占城市人口的31.16%，城镇失业率由1952年13.2%降到1957年的5.9%。旧

* 本文原载于《北京大学学报》1990年3月第4期。

中国遗留下的400万失业人员基本上得到安置，此后城镇劳动就业问题主要是新长成的劳动力就业问题了。

在农村，由于实行了土地改革，实现了耕者有其田，并且废除了地主对农民的封建剥削，从而农业劳动者得以安居乐业。当然，由于中国农村人口过多，耕地有限，农村劳动力的就业从一开始就具有不充分的特点，并且随着农村人口的增长和农业机械化的发展而逐渐加剧。

第二次是六十年代初出现的。"二五"时期（1958～1962）由于当时"左"的思想和政策的影响，在经济建设上不切实际地追求高速度，造成各地区各部门出现劳动力不足的假象。在劳动就业工作中提出"人人有事做，处处无闲人"，"家务劳动社会化"等口号，1958～1960年全国职工增加2500万人，增长一倍多，其中75%以上来自农村，因此促使城镇人口迅速膨胀，超过城镇社会经济的承受能力，给市民生活带来种种困难。在这种情况下，政府不得不对国民经济实行"调整、巩固、充实、提高"的方针，在全国范围内精简职工，于1961～1963年三年中陆续精减人员，其中80%以上是青壮年，政府实行"统筹安排，城乡并举"的就业方针，采取动员一部分城市青年到农村去从事农业生产，以及鼓励个人开业或自谋职业等措施，从而失业问题基本得到解决。

第三次是七十年代末出现的。"文化大革命"即十年内乱时期（1966～1976），正常的就业工作几乎陷于停滞状态，政府采取上山下乡的措施，动员城镇知识青年到农村去劳动锻炼，但同时从农村招收1300万农民进城转化为工人。十年内乱结束后，1977年下乡知识青年陆续回城，找不到工作，从而城镇出现严重的待业问题，1979年达到高峰，要求就业的人数达到1538万人（包括国家统一分配的人员），占城镇人口8.1%，待业率5.9%，待业即失业，成为当时一个严重的社会问题，引起党、政和社会各阶层的重视和关注。

1958年中国曾宣布消灭了失业，但六十年代初和七十年代末又一再出现严重的待业问题，原因何在？作者曾在《我国社会主义的就业和待业》一文中做过探讨。概括地讲，这种现象的发生主要是由于劳动力供大于求，中国人口多，劳动力多，需要就业的人自然多，而经济发展水平却低，能源、财力供应不足。因此劳动力相对过剩的状况，在城镇一直存在，在农村尤为突出，在这种情况下待业或失业是不可避免的。此外，长期以来中国实行的"统包统配"的劳动就业政策也是导致待业出现的一个重要原因。根据这一政策，国家把全部劳动力都包下来由劳动部门统一安置，既不允许企事业单位自行招工，也不允许劳动者自找工作或自谋出路。在这种政策下，一方面待业人员只能等待国家分配，而另一方面国家又不可能为每个人及时安排工作，这就加重了劳动力供大于求的矛盾，使待业问题日益突出。

为解决待业问题国务院于 1980 年 8 月召开了全国劳动就业会议，总结了过去三十多年劳动就业的历史经验和教训，并重新考虑劳动就业的方针政策，提出了在国家统筹规划和指导下，实行劳动部门介绍就业，自愿组织起来就业和自谋职业相结合的新的就业方针，即"三结合"就业方针，由于这一方针的贯彻执行，经过党、政和社会各阶层的共同努力，七十年代末城镇普遍出现的严重待业问题基本上得到了解决。从 1979～1985 年七年时间，城镇新就业人数达到 5451 万人，占城镇社会劳动力 42.55%，待业人员由 636 万人减少到 238.5 万人，待业率由 6.4% 下降到 1.8%，当时中国劳动就业问题趋向缓和。

（二）劳动就业发展的里程碑和新局面

上述"三结合"就业方针标志着中国劳动就业发展的里程碑，它开创了劳动就业的新局面，十年来，中国劳动就业在理论和实践方面都发生了巨大变化，这主要表现在以下四个方面。

第一，"三结合"就业方针承认社会主义初级阶段仍有就业、待业或失业问题，这是就业理论的重大突破。过去在"左"的思想影响下，理论界不承认社会主义国家有人口、就业和失业等社会问题，使人口、就业和失业等问题成为理论上的禁区。然而实践证明失业问题在我国一直存在，从失业率看，1952 年 13.2%，1957 年 5.9%，1978 年 5.3%，1980 年 4.9%，1985 年 1.8%，不过有时突出，有时被一些现象掩盖以致产生社会主义国家根本不存在失业的错觉。1980 年前后，理论界曾认真探讨了社会主义的就业问题，并对什么是"就业"和"待业"给予了科学的定义。所谓"就业"是指"从事社会劳动并取得劳动报酬或经营收入的人员"，所谓"待业"一般指"无业而要求就业，在城镇基层政权组织进行登记的有劳动能力的人员"。这就为执行"三结合"就业方针，解决就业和失业等问题，提供了科学依据。

第二，广开了劳动就业的门路。新中国成立后，中国城镇劳动就业的主要去向是全民所有制的国营企事业单位，造成只有分配在全民所有制单位才算就业的意识。现在根据"就业"一词的科学定义，人们认识到不论是在全民和集体所有制单位从事劳动取得报酬或经营收入的职工，也不论是固定工还是临时工都算就业，同时鼓励人们去集体所有制单位就业和从事个体经营，从而促进了集体经济和个体经济的发展。据统计，1978～1988年十年间，在城镇集体经济和个体经济就业的人数分别从2048万人和15万人增加到3527万人和659万人，前者增加72.2%，后者增加42.93倍，除此之外，在中外合资经营企业和外资独资经营企业中就业的人数从1985年37万人增加到1988年97万人，增加1.62倍。在此期间，全民所有制企业就业人数尽管由1978年的7451万人增加到1988年9884万人，但所占就业人数比重却由70%下降到58.29%，而同一时期，集体所有制单位和个体户单位就业人数比重分别从27.24%、2.68%提高到31.17%、10.52%。这种情况表明全民所有制企业已经不再是唯一的就业门路，在"三结合"就业方针指引下，集体经济和个体经济已成为有效的就业途径。

第三，"三结合"就业方针突破了过去"统包统配"的就业模式，为劳动力合理流动创造了新的条件，过去实行"统包统配"就业政策，劳动者一旦分配了工作，就基本上被固定在一个单位、一个地区，形成了劳动力的终身制。就业以后，即使不符合个人专长、意愿，也很难改换工种，就业者处于封闭状态，能进不能出，没有择业自由，很难实现流动，同时，企业也没有选择就业者的自主权。结果是企事业单位和职工本人的积极性都受到挫伤，还养成了劳动者依赖国家的消极就业意识，缺乏个人创业的进取精神，这种状况远远不能适应社会主义现代化的要求。而实行"三结合"的就业方针，使这种制度由封闭转向开放，由静态转向动态，由被动转向主动，在这种变革中，劳动服务公司发挥了主要作用。

劳动服务公司是1979年以来为安置城镇待业青年就业而创办和发展起来的。它是一种适合于中国劳动力众多的国情而兴办的新型社会劳动组织，担负着组织、培训、输送、调节和吞吐劳动力的职能。到1988年，全国各级各类劳动服务公司共38674个，其中企业、事业、机关、团体、学校等单位办的占73.1%，县、镇、街道办的占18.6%，各级劳动部门办的占8.3%。1988年底，劳动服务公司增加到65924个，组织和培训的待业人员达240万人，还管理临时用工175万人。十年来，劳动服务公司走出了一条由劳动者自己创造工作岗位自谋就业的道路，同时，还为调节社会劳动力的供求关系，搞活劳动就业制度，创造了条件。实践表明，劳动服务公司在协调就业同其他经济活动的关系，改善劳动就业的经济效益，促进劳动力流动以及对劳动就业体系从封闭转向开放，从被动转向主动等方面都发挥着重大作用。

第四，认识到必须把劳动就业问题的范围扩大到农村，城乡应统筹兼顾。中国劳动就业问题不能只限于城镇，还应包括农村，因为劳动人口主要分布在农村，1949 年农村劳动者占社会劳动者 88%，1988 年减到 73.44%，减少 14.56%，其比重相对有所下降，但绝对数量是增加的，由 16549 万人增加到 40067 万人，增加 1.22 倍。农村劳动力的数量一直是庞大的，过去只把吃商品粮的，非农业人口的社会劳动者，算作就业人员，从而把劳动就业问题局限于城镇范围，这就否认了农村劳动人口的就业问题。事实上农村同样存在着劳动力供大于求的矛盾，只不过农村的就业与待业的区别不像城镇那么明显，而是大量表现为就业不充分，"三个人的活五个人干"，实际是潜在的待业。近年来，随着农村经济体制的改革和产业结构的调整，家庭联产承包责任制的实行，农民的积极性得到了充分的调动，同时也促使了农业剩余劳动力向非农产业转移，或进入城镇，他们的就业问题都需要解决。1979—1987 年 9 年间，农村非农产业就业增长 27.5%，年均增长 2.74%，高于 1949—1979 年 30 年年均增长 2.07% 的转移速度，1978～1987 年农村劳动力进入城镇共 10748 万人，占城镇新就业人数 13.98%，农村劳动力转向非农领域，这是现代化的必然趋势。在农村剩余劳动力的就业问题没有基本解决以前，城镇就业问题始终会面临强大的压力，因此必须突破过去那种狭隘眼界把劳动就业的概念拓展到农村去，并对城乡就业问题给予同等重视。

（三）当前劳动就业的新情况和新问题

1988 年，中国城镇就业人数增加到 14267 万人，比 1985 年增加 11.4%，占城镇社会劳动力的 97.7%，但同时城镇待业人数也有所增加，从 1985 年 238.5 万人增加到 1988 年 296.2 万人，增加 24.2%，待业率由 1.8% 上升到 2%。在此期间，一些经济不发达地区的县市城镇的待业人数迅速增加，据统计，全国县镇失业人数占全国失业总人数的比重从 1980 年的 38% 上升到 1987 年的 50%，失业人数比"六五"时期增加一倍。这些现象表明劳动就业出现了新情况和新问题，也预示中国将面临第四次就业高峰的挑战，劳动就业问题是十分严峻的，主要表现如下。

1. 劳动力数量庞大，要求就业的人数日益增加

由于 60 年代末和 70 年代初中国第三次人口生育高峰的影响，"七五"时期（1986~1990）劳动力仍处于猛增高峰时期。1968~1972 年共出生 1.3 亿人，按年龄组一般死亡率 0.82‰ 计算，约计死亡 11 万人，即劳动人口从 1989~1994 年平均每年有 2195 万人，新成长的劳动者要求就业，据有关方面预测到 2000 年全国劳动年龄人口将达到 78000 万人，比 1985 年增加 15900 万人，年平均增加 1060 万人。这些新增长的劳动人口主要集中在"七五"时期，约计 7700 万人，年平均 1540 万人，进入 90 年代，劳动力增长速度将有所减慢，但数量庞大，年平均约 820 万人，按劳动参与率 87% 考虑，到 2000 年，要求提供就业岗位的人数将达到 67860 万人。

2. 农村剩余劳动力数量继续膨胀，就业问题日益突出

1985 年，农村劳动者 37065 万人，占社会劳动者 74.31%，1988 年增加到 40067 万人，增加 8.1%，占社会劳动者 73.74%。在此期间，正如前述，虽然相对数有所下降，但绝对数却是增加的，这种绝对增加的主要原因虽是由于人口高速增长，但也必须指出"二元就业结构"加剧了这种增长。

所谓"二元就业结构"是指城镇和农村实行截然不同的就业制度。农村是靠农业资源（主要是土地）自我安置劳动力，城镇则靠国家的固定资产投资，由劳动部门统一安排所有城镇劳动力。正是"二元就业结构"在城乡之间筑起了"堤坝"，通过户籍制度严格限制农村人口向非农业和城镇转移，使日益增长的农业劳动力只能挤在有限的耕地上从事农业生产，一直处于就业不充分和潜在失业状态。

近几年来，由于农村进行经济体制改革和初步调整产业结构，从事种植业的剩余劳动力向农村非农产业转移或进入城镇的速度和规模比过去加快了，也增多了。因此农村就业问题将日益严重起来，各种测算资料表明，当前农业劳动力至少过剩三分之一，全国有 1.25 亿左右。随着农业劳动生产率的提高，农村劳动力过剩还会迅速增加。据一些专家预测，农业剩余劳动力，1985 年为 1.5 亿多人，1990 年为 1.9 亿多人，1995 年为 2.1 亿多人，本世纪末将达到 2.3 亿多人。这些惊人的数字，在实现社会主义工业化、城镇化和现代化过程中，中国将面临着数以亿计的农村剩余劳动力的就业问题，这是其他发达国家在现代化道路上未曾遇到过的，为

农村多余劳动力提供就业岗位，一直是中国当前和今后劳动就业问题的症结所在。

3. 城镇全民所有制单位的人员超编现象日益严重，就业门路阻塞不畅

"统包统配"的就业制度是以消灭失业，充分就业为理论基础的，它忽视社会经济效益。长期以来这种就业模式，在保证高就业方面发挥过一定的作用，但同时也带来了严重弊端。主要是促使劳动力供给日益超过需求的承受能力，劳动实效低下。目前全国80%的企业每天有效工时最高不到六小时，最低不到三小时，甚至有人没事干，过剩人员占职工总数15%～20%，实际超过2000万人。在这种情况下，企业还得接收国家安排就业人员，从而形成"增人—低效—再增人"的恶性循环。

只有深化改革"统包统配"的就业制度，打破"铁饭碗"，实行劳动合同制，企业可以辞退多余的职工，职工可以辞职另谋职业，人员能进能出，才能消除人浮于事，突破"恶性循环"，提高经济效益，这样做，不可避免将会增加待业人员，待业率也会上升。据预测，全国现有固定职工9000多万人，如果辞退3%的人员，社会上将增加待业人员300多万人，城镇现有待业人员300多万人，实行企业破产法后还会有300多万职工待业，如果把上述三类人员加在一起，再加上因其它原因产生的待业人员，城镇待业人员会达到1100多万人。但是考虑到企业一线需要补充200万人，劳动服务公司可安置250万人，以及第三产业每年新增岗位100万个，城镇待业人员可控制在600万人左右，城镇待业率将从现在的2%上升到4%。这表明城镇劳动就业正处于高峰期，同时由于近年来经济增长过快，必须"治理经济环境，整顿经济秩序"，减少投资，降低经济增长率，劳动力需求必然相对减少，劳动就业面临着一些新情况和新问题，劳动力供大于求的矛盾尤为突出。

（四）劳动就业问题发展的前景

从目前到本世纪末，特别是"七五"时期，中国城乡劳动力都将处于增长的高峰时期。就业问题不但在社会经济发展的总体战略中应予以重视，还需要研究并制定一套适应社会主义商品经济竞争机制的就业发展战略和政策，这样就可以有计划，积极主动地解决中国劳动力多而现代化生产需要人少的矛盾，逐步实现充分就业的长远目标，下面简单谈谈迫切需要研究的几个问题。

1. 要正确处理好经济发展和就业发展的关系，兼顾就业的经济效益同社会效益

就业是为了发展生产力，保证人民生活的先决条件。只有生产力发展了，才能为扩大就业提高人民生活创造物质基础。就业问题既是经济问题，也是社会问题，就业政策既要考虑经济发展的效益，也要考虑社会发展的效益并使两者协调起来。但是长期以来"统包统配"的就业政策，只考虑劳动力供给的需要，而忽视经济发展的承受能力，即只考虑社会效益而忽视经济效益，其结果是就业率高，但经济效益低。企事业机构臃肿、冗员日增、人浮于事，实际是潜在失业。从这里应清醒地认识到劳动就业要考虑经济发展的需要和可能，这是保障经济效益的关键问题，为此劳动就业政策必须改变长期忽视经济效益的片面观点，而应使经济效益与社会效益互相协调，共同促进。

2. 改革"统包统配"的就业制度，实行劳动合同制

改革"统包统配"的就业制度的核心问题是打破"铁饭碗"以及由此产生的就业观。

国务院颁布的改革劳动制度四项"暂行规定"，为企业和劳动者"双向选择"和"双辞"提供了政策依据。"双向选择"即企业可以根据自己的需要择优用人，劳动者可以根据自己的志愿和兴趣选择职业，"双辞"即企业有辞退职工的权利，职工也有辞职另谋职业的权利，通过企业与职工签订劳动合同，实行合同化管理，从而优化劳动组合，引入竞争机制，搞活固定工制度，人员能进能出。全国有国营企业2.6万个，目前960万固定工进行了优化劳动组合，多余的人员重新安置，对新招工人，实行合同制。到1989年10月底，国营企业合同制工人已有805万人，占全民企业职工人数的8.3%。实行劳动合同化管理，有助于减少冗员，克服人浮于事的现象。

3. 建立和完善劳务市场，调节社会劳动力需求

为实现上述改革目的，必须相应地建立社会调节劳动力的机制，也就是劳务市场。劳务市场可以为劳动者提供公平竞争的环境以及流动的空间与机制，也能为企业行使用人的自主权提供场所，它是劳动制度新旧体制转变的重要环节。目前我国劳务市场正在起步阶段，它有三种形式：一是厂内劳务市场，解决厂内富余人员再安排的问题；二是行业劳务市场，解决行业之间劳动力的调剂交流；三是社会劳务市场，通过竞争，调节劳动力的供求，引导劳动力合理流动。目前企业富余人员主要通过社会劳务市场另谋职业。

劳动服务公司近十年来在贯彻"三结合"就业方针，组织劳动就业，开展就业培训，吞吐调节劳动力等方面已取得显著成效，实际上起着劳务市场调节机制作用，在深化劳动就业制度改革中，应进一步发挥其调节机制的作用。

4. 扩大失业保险的范围，完善失业保险制度

在深化劳动制度改革，打破"铁饭碗""大锅饭"的固定工制度，实行劳动合同制的新形势下，一定的失业率是难以避免的。因此，建立相应的失业保险，社会救济制度，保障失业者的生活，使"就业保障"转化为"失业保障"则是必要的了，但是失业率需要有个限度，应控制在社会可以承受的水平。根据中国近十年情况看，失业率超过5%，社会、家庭、个人都是难以承受的，而低于5%（保持在2%～3%）一般不会产生什么问题，同时也应认识到一定数量的失业者作为劳动后备机动力量，可以调节劳务市场的供求关系，搞活劳动就业制度。

1986年中国建立了国营企业职工待业保险制度，对待业职工提供社会保障。待业保险的实行范围，目前仅限于宣告破产企业的职工，终止解除合同的工人，还有国营企业辞退的保险职工。待业期间根据工龄长短，分别领取工资50%～70%的待业救济金，两年来，待业保险制度的实行，保证了待业职工的基本生活，对促进企业劳动制度改革，人员能进能出，劳动力合理流动都起着积极作用，随着劳动制度深化改革，有必要扩大失业保险范围，将待业保险的实施范围逐步扩大到城镇的全部职工。

5. 加强就业前的训练，搞好专业训练

近几年来中国解决了几千万人的就业问题，这是很大的成绩，但是大多数就业人员未经就业前的培训，缺乏一技之长，这是影响劳动就业的一个重要原因。长期以来我国对教育重视不够，劳动者的文化科学水平不高，据第三次人口普查，1982年中国各种职业人口中，大学水平只占0.87%，高中水平10.54%，初中水平26.01%，小学水平34.38%，文盲半文盲还占26.1%，目前职工中受过比较系统的初级技术教育的只有30%，1985年，全国科技干部仅占人口0.75%，在深化劳动就业制度改革中应把提高劳动者的素质放到首要地位加以考虑。因为经济的振兴，社会进步，都取决于劳动者素质的提高和大量合格人才的培养，过去我们在就业问题上只重数量，忽视素质，这种情况必须改变，今后要大力开展就业前的训练，坚持先培训后就业，才能增强劳动者就业的竞争能力。中国

宪法明确规定国家对就业前的公民进行必要的劳动就业培训，这是完全必要的，应坚决推行。

在解决城镇待业青年就业中，各地劳动就业训练中心发挥了主要作用，1987 年全国劳动就业培训中心已发展到 1606 所，这一年培训人数 222.7 万人，为城镇待业青年总数的 40%，技工学校已达到 3952 所，在校学生 103.2 万人，分别比 1978 年增长 2.2 倍和 4.2 倍，企事业单位办的职工学校，培训中心 2 万多所，培训能力达 2000 万人次。随着劳务市场的兴起，转业训练工作已开始，1987 年培训转业职工 3.1 万人，帮助他们提高业务素质。今后应加强就业前培训，逐步实行"先培训，后就业"制度，同时要加强在职培训和转业训练，适应国民经济发展和劳动制度改革的需要。

6. 继续实行优生优育的人口政策，减轻劳动力增长的压力

中国人口现在 11 亿，占世界人口五分之一，新中国成立后所出现的三次生育高峰，这是劳动就业问题日益严重的根源所在，因此继续降低生育率，控制人口数量增长，才有可能减少劳动人口的增长，从而减轻劳动就业的压力。七十年代以来，中国在控制人口方面取得了举世瞩目的成效，出生率迅速下降，从 1970 年 33.59‰下降到 1988 年 20.8‰，由于出生率下降，约少生 2 亿人。目前正处在第三次生育高峰时期，必须大力坚持计划生育人口政策，降低生育率，控制人口数量增长，减少劳动力供给，从而减轻就业压力，仍然是十分艰巨的工作。

7. 继续调整就业的所有制结构和产业结构，拓宽就业渠道

实行多种经济长期并存是中国经济发展的一项重要的政策，在全民所有制经济占主导地位的条件下，大力发展集体经济，适当发展个体经济以拓宽就业门路。过去由于在"左"的思想和政策的影响下，歧视集体经济，扼杀个体经济，致使人们不愿去集体单位就业，更不愿意从事个体经营，劳动就业只有全民所有制一条门路。"三结合"就业方针鼓励人们去集体单位或从事独立经营，调整所有制结果的同时，着重发展集体经济和个体经济，城镇青年去集体单位或从事独立经营的日益增多。1988 年城镇新就业人数 844.3 万人，其中去全民所有制就业的占 58.29%，而去集体所有制就业的和从事个体经营的占 41.6%。这表明全民所有制不再是唯一的就业渠道，在当前待业人员增加，国营企业的人员又普遍过剩的情况下，应继续调整就业的所有制结构，发展集体经济和个体经济，拓宽就业领域并制订相应的政策，鼓励和支持劳动者主要靠组织起来就业和自谋职业。

调整就业的产业结构，尤其要重视第三产业和劳动密集型行业的发展，这可以大量吸纳劳动力。

我国第三产业的劳动者人数 1988 年只有 9730 万人，占社会劳动者的 17.9%，远低于一些发达国家的比重，目前我国集体企业和个体经济主要属于第三产业，因此可以把发展集体经济和个体经济同发展第三产业结合起来，这是解决中国城镇也是农村劳动就业的极为宽广的道路。

8. 有计划地引导农村劳动力向非农领域转移和就业

中国农村剩余劳动力数以亿计，解决这个问题，一定要从国情出发，找出一条中国式的路子来，这就是要靠农村工业化和城镇化，对于农村剩余劳动力除一部分可以由城市吸收外，主要是"离土不离乡"，就地转移或"离土又离乡"进入小城镇，为此应采取以下措施。

（1）大力发展多种经营。长期以来农村是单一的农业生产结构，新成长的劳动力大部分聚集在有限的耕地上，使农业劳动力日益过剩。必须调整农业生产结构，改变这种状况，在保证种植业发展的同时，大力发展林、牧、副、渔等多种经营，为农业剩余劳动力就地转移广开门路。

（2）大力发展非农产业。农村家庭手工业、商业、饮食业、服务业、建筑业、交通运输业等非农产业长期得不到发展，使农业剩余劳动力在农村找不到出路，近年来农村经济体制改革，产业结构调整，促进了非农产业发展和非农就业增加。据统计，1978 ~ 1987 年中国农村非农产值增长 742.48%，非农就业人数增长 265.93%，非农产业的发展为农村剩余劳动力打开了广阔的就业领域。乡镇企业是农村非农部门发展的一种主要方向，1987 年乡镇企业从业人员共计 8776.4 万人，占农村总劳动力 22.5%，它已成为农村剩余劳动力转移的主要载体。

（3）大力发展小城镇。小城镇是在乡镇企业基础上兴起的，小城镇是城镇体系（大、中、小城市）宽广的基础，它不但是农村政治、经济、文化中心，也是城乡交流的纽带。它的发展表明，中国农村迈向城市化。农村剩余劳动力就地转移或"离土又离乡"，都可以去小城镇寻找工作，这是目前和今后农村劳动人口城镇化的主要途径。中国大城市人口早已过剩，大力发展小城镇对截流农村剩余劳动力涌向大城市，减轻大城市就业的压力，也是十分必要的。

中国城市化道路，需要有自己的特点，应有计划地引导农民，发展非农产业，乡镇企业，实现农村工业化，同时发展小城镇，实现农村城镇化，使落后的传统农村转化为现代化的农村，与此相适应，有计划、有步骤地逐步解决农村剩余劳动力的转移和就业问题。

上述八个方面的问题，如能得到适当解决，那么从目前到本世纪末所面临的劳动力供大于求的突出矛盾以及城镇将面临的第四次就业高峰的压力都是可以缓解的。

结束语

（1）中国是一个劳动力资源异常丰富的社会主义发展中国家。劳动力就业一直是社会经济生活中主要的社会问题，四十年来经历了三次就业高峰的沉重压力，历次失业或待业人员都在几百万以上，由于采取了正确对策，政府和社会各阶层共同努力，失业人员基本上都得到安置，维持了社会安定，促进了经济发展，人民生活得到了改善，成绩是显著的。

（2）中国在迈向现代化改革开放的新的历史时期，劳动力供大于求的矛盾使就业问题有时仍突出，有时稍缓和。从目前到本世纪末，城镇又将面临第四次就业高峰，有了过去几次解决失业问题的经验，我们相信只要坚决贯彻执行"三结合"就业方针政策并采取多种有效的措施，即将来临的严峻的就业问题是可以得到缓解的。

（3）农村数以亿计的剩余劳动力就业和转移，一直是中国就业问题的症结所在，农村剩余劳动力的转移和就业没有适当解决以前，城镇就业问题也是难以解决的，必须高度重视这个问题，采取相应对策，及早把它提到议事日程上来，农村工业化、城镇化将为解决这个问题开创宽广的领域。

（4）实现充分就业的长远战略目标，需要实事求是地解决劳动力供大于求的矛盾，使供求关系基本上平衡，当然这是一项长期的艰巨的任务。只要高度重视，认真对待，依靠科学决策和社会各阶层的共同努力，就业问题是可以得到解决的，前景仍然是令人高兴的。

参考文献

《中国社会统计资料》，中国统计出版社，1985，第 39 页。

《我国劳动工资问题讲稿》，劳动出版社，1982，第 117 页。

《我国新时期的就业问题》，山东人民出版社，1984，第 1 页。

《中国劳动学会年会论文集》，1983。

《中国统计摘要》，中国统计出版社，1989，第 20、15 页。

《中国人力资源研究》，北京经济学院出版社，1989，第 4、43、237、14、26 页。

《北京大学学报》，1989，第 4 期第 33、28、29 页。

《中国劳动科学》，1987，第 4 期第 9 页。

《劳动社会学参考资料》，北京大学社会学系，1987，第 556 页。

《中国劳动科学》，1988，第 11 期第 21、23、3 页。

《中国劳动科学》，1989，第 4 期第 3 页。

《社会学与社会调查》，1989，第 2 期第 9 页。

论人口老化的对策*

（一九九〇年四月）

到本世纪末，我国人口年龄结构将转变成老年型，老年社会问题将日益突出。对此，我们需要从战略的高度予以重视，要认真加以研究，并且采取对策予以解决。对策属于战略问题，需要从整体的、长远的观点来考虑，解决人口老化问题要靠人口政策，解决老年问题则要靠社会保障政策。

人口老化问题和老年问题是两个既有区别又有联系的问题。人口老化所反映的是人口年龄结构的整体变化，这个变化的趋势就是老年人口在整个人口结构中所占的比例逐渐增大，从而使人口结构趋于老化。老年问题则是老年人个体的问题，人总是要老的，这是一个自然法则，是人从出生到去世所经历的一个自然过程，老年是每个人在正常情况下都会经历的人生最后一个阶段。那么，人口老化问题与老年问题的联系和不同究竟在哪里呢？

就人口老化问题而言，人口老化可以通过调整出生率来扭转，使老年型人口转变成成年型，或者年轻型，当然，这需要时间，也不是容易的事。现在法国一再鼓励多生孩子，但生育率还是提不高，而我国限制多胎生育，许多人却非生不可，这方面存在不同的生育意愿问题，需要深入进行研究。

从老年问题来看，老年问题是人生最后阶段的问题。人都是要老的，尽管大家都希望长命百岁，返老还童，活得长一点，这是人之常情，然而，人不可能返老还童，只可能延长寿命，随着医学的进步，经济水平的提高，人的寿命也逐渐延长，人的平均寿命已从过去的 30 多岁提高到现在的 70 多

* 本文原载于《北京老年人口论文集》，北京燕山出版社，1990。

岁。俗话说，人生七十古来稀，现在八十不稀奇，但不论人的寿命延长多少，最终都将寿终正寝，这是由生物规律所决定的。

人口老化问题和老年问题的联系和区别在于，人口老化使老年人口增多，而老年人口越来越多，则促进人口老化，这是它们之间的联系，它们之间的不同之处是，人口老化现象是一定历史时期的产物，大约在 19 世纪末才开始出现，而老年问题则在整个社会历史过程中始终存在，不论是原始社会、奴隶社会、封建社会、资本主义社会和社会主义社会，还是将来的共产主义社会，都有老年问题，要把这两个问题搞清楚，以便我们区别对待，采取不同的对策。

一　关于人口老化问题的对策

我认为，对于这一问题应当制订人口发展的长远规划，我国人口数量庞大，必须加紧控制，为争取在本世纪末把我国人口总数控制在 12 亿左右，我们提倡一对夫妇只生一个孩子，促使生育率迅速下降，从而实现控制人口数量这一战略目标。

不过，推行"一胎化"政策将会加速我国人口老化的进程，为了缓解这个矛盾，应当制订我国人口发展长远规划，这一规划既要贯彻控制人口数量和提高人口质量的政策，又要减缓人口老化过程，防止人口过分老化。为此，需要认真研究独生子女政策和人口老化的关系，事实证明，我国推行的"一胎化"政策已经加快了我国人口老化的步伐，因此，在适当时期通过计划生育政策来调整生育率，以降低人口老化速度，是完全必要的。

以北京市情况为例，1986 年，北京市 60 岁以上的老年人口有 92 万，占全市总人口的 9.57%，1987 年，全市老年人口有 103 万，占全市总人口的 10.4%，据预测，到 2000 年，全市老年人口将达到 161 万多人，占全市总人口的 14.8%，这表明在临近本世纪末时，北京市人口结构将转变成老年型，从而进入老龄化社会。根据测算，到 2010 年，北京市老年人口将达到 183 万，占全市总人口的 16.6%，到 2032 年，全市老年人口将增加到 314 万，占全市总人口的 23.9%，由此可见，在下个世纪相当长的时期内，北京市人口老化状态将进一步加剧。

从全国范围来讲，目前我国人口结构还没有进入老年型，为继续控制人口数量的增长，还可以提倡一对夫妇只生一个孩子，以降低人口出生率。但在已经或即将进入老龄化的地区（如上海、北京等地），应适当调整生育率，在本世纪末或下世纪初，每对夫妇平均可以生 1.7 ~ 2 个孩子，以减缓人口过度老化的进程，这是值得认真研究的问题。

在提交这次会议的论文中，徐绍雨和杨秉厚两位同志也提出了类似的观点，即到下世纪初，在北京市适当提高生育率水平，到 2030 年，在北京市允许每对夫妻生 2 个孩子，杨秉厚同志还提出在 90 年代后期适当放宽生育政策的想法。

目前，人们已经认识到低出生率、低死亡率、高寿命、适度人口和稳定人口是人口发展的必然趋势。社会稳定人口就是指生育率、死亡率和年龄结构相对稳定。因此，我们应根据我国人口发展的客观情况，综合考虑人口规模、劳动力人口所占比例、老年比、老少比、年龄中位数、平均年龄等几项主要的人口指标，通过调整出生率来力争早日实现适度人口和稳定人口的发展，这是制定人口发展长远规划的主要目的。

二 老年问题

任何社会都有老年问题，老年人有其特殊的需要，只有这些特殊需要得到满足，才能安度晚年，我们把老年问题概况为老有所养、老有所医、老有所为、老有所学、老有所乐等几个方面。解决这些问题需要依靠社会保障政策，社会保障也可称为社会安全，即促使社会健康、稳定地向前发展。社会保障主要包括社会保险、社会福利、社会救济、医疗保健等方面的内容，在社会保障项目中，老年保险是一个非常重要的组成部分。

我国宪法规定，公民在年老、疾病或丧失劳动能力的情况下，有从国家、社会获得物质帮助的权利，国家发展为公民享受这种权利提供必要的社会保险、社会救济和医疗卫生服务。我国的劳动保险或社会保险是逐步发展起来的，劳动保险是在新中国成立初期首先建立的，迄今已有 30 多年了，曾经发挥过积极作用，但现在看来，劳动保险还存在不少问题，如保险对象的范围狭窄，只限于全民所有制职工和大集体所有制职工，其余大多数劳动者却被排除在保险圈之外。随着时间的推移，退休职工也日益增多，如北京市 1984 年离退休职工有 46.2 万人，是在职职工的 12.3%，1986 年离退休职工达 60 万人，是在职职工的 15.1%，换句话说，老年人口的数量正在迅速增加，不仅如此，近年来城镇小集体经济、个体经济、乡镇企业以及外资企业发展较快，从业人员数量不断增长，然而对这些劳动者的社会保险制度尚未相应地建立起来，在广大农村，占人口绝大多数的农民缺乏社会保险，如在北京市 172.2 万农民中只有 9.21% 的人享受养老金，而 60.36% 的老年人主要依靠子女提供赡养费（即由家庭养老）。显然，我国现行的社会保险体制已经难以适应形势发展的客观要求，因此，应当对社会保险制度进行必要的改革，扩大社会保险对象的范围，以适应经济发展和人口老化的客观要求，满足众多老年人的实际需要。

为此，在对现行的社会保险制度进行改革的过程中，应当着重解决以下几个问题。

1. 养老金的来源问题

这一问题是国际上带有普遍性的一个大问题，在我国，每年向城镇离退休职工支付的养老金数额庞大，1984 年，离退休费支出为 111 亿元，1985 年，离退休费支出增加到 142 亿元，预计到 2000 年，离退休费支出将达到 400 亿元。就北京市来说，1984 年离退休费支出为 3.05 亿元，1986 年，这项支出达到 6.75 亿元，据测算，在今后相当长的时期内，这笔开支将逐年迅速增加。目前，这笔费用是由国家和企业承担的，如继续沿用这种方式，最终将使国家和企业难以承受。

我国现行的养老金制度是"大锅饭"式的，由国家包下来，这种方式能否继续维持下去呢？这是一个值得研究的问题，从一些发达国家的情况来看，这些国家的养老金来源于国家、企业和个人三个方面。我国应当借鉴发达国家的成功经验，改变由国家办的落后方式，由国家、企业和职工个人合理分担养老金，即在主要依靠国家和企业承担一大部分的同时，由职工按其工资标准的适当比例交纳一部分养老保险金。当然，改革现行的养老金制度是十分复杂而又艰巨的，既会受到客观条件的限制，又会遇到来自人们的保守观念的阻力，如目前职工工资水平低，许多人习惯于认为应由国家负责提供养老保障等等，因此，如何改革养老金制度，还有待于进一步研究。

2. 养老金待遇的标准问题

养老金待遇的标准直接关系到离退休职工的生活水平，并对国民经济和社会发展产生一定的影响，待遇标准过高，势必导致国家和企业难以承受，并在一定程度上抑制经济、社会发展，待遇标准过低，则会使离退休职工生活困难。因此，必须制定合理的养老金待遇标准，同时，养老金支付标准应随物价上涨而相应地适当提高，以确保离退休职工的生活水平不致下降。

以北京市为例，目前离退休职工领取养老金的标准一般是原工资的80%~90%，据调查，北京市离退休职工的养老金收入的中位数大约为85.3元（按月计），低于上海市的同类指标（上海市的这一指标的数值为89元），其中，养老金收入在20元以下的退休职工占12.3%，养老金收入在70元以下的离退休职工占70%，养老金收入在150元以上的离退休职工只占22%，而在农村，那些极少数能够领到养老金的农民的月平均收入大约在70元以下。离退休待遇层次不同，离休待遇高于退休待遇，这已经引起人们的议论，我们对此应引起注意。

近年来，物价上涨过快，使一些离退休职工生活水平下降，这是需要解决的问题，我们曾一再建议将职工工资与物价挂钩，并保证离退休金与物价同步增长，使离退休职工的生活水平不受物价上涨的影响。

3. 离退休年龄问题

离退休年龄的标准应当有弹性，我国现行的离退休年龄标准是：男职工为60岁，女职工为55岁，也有某些工种例外，一般来说，职工到退休年龄时就必须退休，这缺乏弹性。退休年龄一般作为人进入老年时期的年龄标准，即按这种年龄标准来定义老年人，在国际上，这种年龄标准有两个，一是60岁，其二是65岁，人到了60岁或65岁，就进入老年人的行列，可以退休领取养老金。但也有些人到了退休年龄而退下来时，身体依然健康，仍然有继续工作的愿望，还可以为社会做出贡献，应考虑延长退休年龄或再就业，还有些人虽不到退休年龄，但身体欠佳，愿意提前退休，也是可以的。总之，退休年龄应有弹性，不能一刀切，应因人因职业而有所不同。

4. 老年保障管理问题

现在我国的老年保障管理机构有很多，民政部、劳动部、卫生部、工会、妇联及老龄委员会等各方面都在管，以致出现条块分割、各自为政的局面。针对这一现状，是否有必要建立统一的老年保障管理结构呢？这个问题也应予以研究解决。

5. 家庭养老问题

家庭是中国养老的主要场所，中国的家庭养老方式具有悠久的历史和深刻的社会文化根源，新中国成立以来，我们继承了传统的家庭养老的反馈模式，这与西方的接力模式不同。反馈就是反哺，即由父母将子女抚养成人，等父母进入老年时期后，由子女承担赡养父母的责任，而西方的接力模式则是由父母承担抚养子女的责任，在将子女养大成人后便不管了，子女也没有赡养年迈父母的义务。

我国的家庭养老反馈模式已经成为国家政策的一个组成部分，并以法律形式确定下来。早在 1950 年，我国婚姻法明确规定，父母对子女有抚养的义务，子女有赡养、扶助父母的义务，该法律还对父母与子女双方的义务作了详细规定，其中包括规定双方均不得虐待和遗弃对方。我国宪法也明确规定，父母有抚养教育未成年子女的义务，成年子女有赡养扶助父母的义务，父母与子女双方所承担的这种义务并非只是义务，而且是法律责任，违背者将受到社会舆论的谴责和法律的制裁。1980 年，我国刑法规定，对拒绝承担扶养义务、情节恶劣的人，要判处五年以下有期徒刑，因此，我国的家庭养老方式受到法律的保护。

目前，城镇离退休职工领取养老金，经济上有保障，但精神寄托还是在于家庭，而农村老年人退休后，物质生活和精神生活基本上靠家庭解决，以家庭为主。国家、地区相结合的养老系统是适合于我国现阶段的实际情况和广大老年人的愿望的，不论城市还是农村，都应建立这样的具有中国特色的家庭养老模式。所谓中国特色体现在哪里呢？这表现在中国的养老模式并不需要西方那种高福利政策，而是采取以家庭养老为主的方式，这种方式是有优良传统和光明前途的，应该继承下去，发扬光大。

我国现在还处于社会主义初级阶段，我们要大力支持、鼓励家庭养老，而不可忽视这种行之有效的办法，也不应由社会取代家庭养老，即使今后我国的社会保障事业相当发达，也还是不能放弃家庭养老方式。因为老年人的需要不仅仅是物质上的，还有精神上的寄托，而家庭是老年人生活的中心，我们要重视三代家庭的存在和发展，因为三代家庭是我国家庭养老模式存在的必要条件。目前，我国的三代家庭数量正随着核心家庭的不断增加而逐渐减少，这是值得我们重视的一个问题。一些香港学者也曾提出，请人们不要把老年人推进养老院去，应该让老年人尽可能留在家里或他们熟悉的环境里，这对老年人是十分有益的，一些日本、新加坡人士也持同样的观点。

三 应当大力开展老年学的研究

人口老化问题和老年问题的对策需要建立在老年学的科学研究基础上，这是制订科学对策的前提。老年学是研究人口的老化过程，老年人问题及其与社会经济发展相互影响的一门综合性学科，是随着人口老化问题的出现和老年问题日益突出而逐渐发展起来的。老年学横跨自然科学、社会科学和人文科学等各个研究领域，涉及医学、生物学、心理学、人类学、社会学、人口学、经济学、政治学、法学以及教育学等多种学科，这些学科都在不同程度上促进了老年学的研究和发展，老年学已经成为多学科交叉的新兴的边缘学科。

人的老化是生理上的一种自然现象，同时，社会结构也对人口老化产生重要的影响，如在有的社会里人的寿命长，在有的社会里人的寿命短。因此，认识这一问题需要运用自然科学、社会科学和人文科学等多方面的知识进行综合研究，其中社会学占有重要地位，社会学是从整体上研究社会现象的，运用社会学研究老年学问题，能够综合多种学科，从各个不同角度认识和分析研究的对象，因而社会学在老年学研究中能够起到骨干作用。

老年学研究在我国刚刚开始，目前还不能适应我国人口老化问题和老年问题日益严重的客观需要，应当大力提倡，开展老年学的研究，促进这门学科的建设和发展，为解决我国人口老化问题和老年问题做出贡献。

1990 年在中国社会学会第三届理事会上的讲话[*]

（一九九〇年八月六日）

同志们：

感谢大家的信任，推选我为中国社会学会第三届理事会会长，使我深感任务艰巨。今年是学会进入九十年代的第一年，回忆 1979 年 3 月学会（当时是"研究会"）成立到目前已十一年多了。这是学会从无到有，也是社会学这门学科从恢复、重建到苗壮成长起来的艰苦创业的十一年。这是不平凡的十一年。

在党的关怀下，在老一辈社会学者费孝通和雷洁琼教授亲自带领和指导下，为学科发展、学会工作提出了正确的方向，这就是要把社会学建设成为一门以马列主义毛泽东思想为指导、密切结合中国实际、为社会主义建设服务的社会学。在此方针的指引下，学会一届二届全体同志，齐心协力，做了大量的工作，取得了举世瞩目的成绩，为学会工作和学科发展奠定了可靠的基础，并指明了继续前进的方向。特别是 1986 年 4 月学会常务理事扩大会议，明确了学会的性质和任务，提出了学会应如何改革的问题，费老说得好："学会是一个由学者组成的学术团体"。这是学会的性质。它的任务是举办学术交流，促进学科发展。学会成立理事会、常务理事会，设会长、副会长、秘书长等职务，不是为了封官，而是为推动学术交流，活跃学术空气和促进学科建设服务。因此我们必须从这样的高度认识学会性质和任务，不

* 本文原载于《中国社会学会通讯》1990 年第 1 期。

要再把学会看成是一个行政性的组织，而是为大家服务的学术性组织。我会会长、副会长、秘书长，不是封了什么官，高高在上，而应全心全意为大家服务，从而促进学术交流，加速学科发展。这是崇高的任务，我们要以此自勉。

同志们，我认为做好学会工作，需要团结，团结就是力量。我们有一个共同认识的基础，有一个共同的目标，这就是在马克思主义指导下建立有中国特色的为社会主义现代化建设服务的社会学。这是团结的可靠保证，正是同志们的信任，增强了我们的信心；大家的团结，增强了我们的力量。因此，我相信，什么困难都是可以克服的，什么工作都能够做好。欢迎同志们关心学会、爱护学会、监督学会。要知无不言，要防止那种利用学会争名，谋利，闹不团结，编写出版无价值的东西的坏风气，帮助我们改进会风和学风，不断提高学会工作水平，为繁荣社会学做出新的成就来，这是我的一点心愿，与大家共勉。

1990年中国社会学会第三届
理事会闭幕词[*]

（一九九〇年八月八日）

同志们：

中国社会学会第三届理事会经过三天认真、热烈的讨论，现在就要闭幕了。

几天来，我们听取了费老、雷老语重心长的讲话，听取了社会科学院副院长郑必坚同志的重要讲话，同志们讨论了第二届理事会的工作报告，回顾了中国社会学重建十一年来所经历的艰难曲折的历程，再次肯定了我们学会所遵循的方针。会议经过充分酝酿，民主选举，产生了新的学会领导机构，并原则上通过了修改后的学会章程。大家分别就学会工作和"八五"学科规划交换了意见，提出了许多有益的建议。整个会议体现了团结、民主的精神。

在党的关怀和老一辈社会学家费孝通教授、雷洁琼教授的直接领导和各地同志的大力支持下，前两届理事会为社会学界的团结和学科建设做了大量工作，为我们今后学科发展和学会工作，奠定了基础，指出了方向。今年是中国社会学会进入九十年代的第一年，社会学的发展又进入了一个新起点，继往开来，本届理事会要为社会学的重建做出新的贡献。同志们，目前我国正面临治理整顿、深化改革的关键时刻，学会应发挥自己的作用，适应九十年代初期我国社会主义现代化建设的新形势。在今后的工作中，我们要根据

＊　本文原载于《中国社会学会通讯》1990 年第 1 期。

学会章程规定的方针任务，继续坚持四项基本原则和改革、开放两个基本点，反对资产阶级自由化，坚持为改革开放服务，坚持学会自身的改革和建设，坚持马克思主义毛泽东思想指导，建立有中国特色的为社会主义现代化建设服务的社会学，为此要进一步端正学风，搞好学风，实事求是，更好地发挥学会的作用，推动学科的发展。今后学会的活动仍以各地方学会活动为主，中国社会学会应着重做好国内外信息交流和学术交流以及重点课题和调查研究的协调工作，继续积极支持和帮助尚未建立学会的地区筹建学会。为了做好这些工作，我们要广泛团结社会学界全体同志，要提倡团结协作，提倡专业队伍内部的团结协作，提倡跨学科、跨部门、跨地区、跨"代际"的团结协作。只有团结一致努力工作，学会工作才能卓有实效，学科建设才能健康发展。

由于同志们认真对待这次会议，积极参与讨论，知无不言，会议开得很好。这是团结的会议，鼓劲的会议。它也是标志学会进入九十年代新时期的里程碑。任重道远，方向明确，对未来我们充满信心。祝愿大家在今后的工作中，同心协力，少说空话，多做实事，为中国社会学的发展做出更大的贡献，为社会学在社会主义事业中发挥更积极的作用！

谢谢大家！现在宣布大会胜利闭幕！

发展中的现代中国社会学的
回顾与展望[*]

（一九九一年六月三十日）

一　中国社会学产生及其历史背景

社会学是 19 世纪末 20 世纪初引进中国的。那时正是中华民国国事日非，灾难深重的时候。爱国之士，变法维新，向西方寻求救亡图存的真理，严复是代表人物。1895 年他在天津《直报》开始介绍英国斯宾塞的社会学，译名为《群学》。1983 年他出版斯宾塞的《社会学研究》，译名为《群学肄言》。他是我国介绍西方社会学最早的学者之一。同一时期，维新派学者康有为、谭嗣同、梁启超都非常重视社会学。1891 年康有为在广州长兴里万木草堂讲授"群学"等课程。1896 年谭嗣同等著《仁学》时最早提出"社会学"。社会学名称大概采自日译。这是我国社会学初期的情况。如以严复1895 年介绍斯宾塞社会学开始，我国社会学从传入到现在已经 96 年了。

二　中国社会学的成长

社会学传入中国后，高等学校逐渐开设社会学课，建立社会学系。1906年上海圣约翰大学最早开设社会学课。到 1925 年所有教会大学都开设了社

　＊　本文原载于《社会学与社会改革论文集》，1991。

会学课。中国人自办的大学如北京大学 1916 年开设社会学，清华学校（清华大学前身）1919 年开设社会学。教会学校如上海沪江大学最早设立社会学系的是厦门大学（1921 年），中国共产党创办的上海大学 1923 年设立社会学系，之后复旦大学（1925 年）、中山大学（1927 年）、大夏大学（1927年）、清华大学（1928 年）均陆续成立社会学系。到 1930 年有十六校设立了社会学系。这标志着中国社会学的成长。

20 世纪初，中国流亡日本的维新派不但最早引进孔德一系的社会学，也是马克思主义最早介绍者。俄国十月革命胜利后，马克思主义社会学被大量介绍到中国来。在中国便出现了孔德一系社会学和马克思主义社会学并存的局面。李大钊是我国马克思主义社会学的创始人，早在 1919 年他就提出以唯物史观指导社会学研究，那时他在北京大学及其他大学讲授社会学。1923 年瞿秋白任上海大学社会学系主任，讲授马克思主义社会学，编写《现代社会学》讲义。这是我国第一部马克思主义社会学教材。1932 年李达的《社会学大纲》出版，内容基本上以唯物辩证法及历史唯物主义为主。这本著作在宣传马克思主义的社会历史理论方面起了重要作用。当时马克思主义社会学者，无论是社会学理论研究还是社会调查研究都作出了重要的贡献。

1930 年 2 月成立中国社会学社。孙本文教授被选为正理事。这时全国性社会学团体成员有 66 人，1947 年增加到 160 人。从学社成立到 1947 年共举行八次年会，这一时期中国社会学者继续深入实地进行调查研究，使理论联系实际，大力提倡并力求社会学中国化，出版了一系列有价值的著作，如陈达的《人口问题》（1934 年）、孙本文的《社会学原理》（1935 年）、李景汉的《定县概况调查》（1935 年）、吴景超《第四种国家的出路》（1937年）、潘光旦《人文史观》（1937 年）、费孝通《乡土中国》（1948 年）等，为社会学的繁荣和中国化做出了重要贡献。1948 年中国 29 所大学中已有 21所设置了社会学系，本科生约 600 人，社会学教师 140 人。这是中国社会学从引进、成长到成熟起来的基本状况。

三 中国社会学的改造和中断

新中国成立后，中国大陆社会学者都努力重新学习，并对社会学系办学方向和课程主动进行改革，以适应新中国的需要。1950 年高教会议，确定社会学系开设以下八种课程：马克思主义社会学、社会学研究方法、社会统计学、现代世界史、中国社会状况、人类学、政策法令、马列主义选读；分以下四个组：理论、民族学、民政、劳工。

1952 年院系调整时，由于片面学习苏联经验，社会学被当作资产阶级伪科学取消了。1957 年反右斗争中，又对社会学者提出建立马克思主义社会学的主张进行了不公正的批判，还作了错误的处理。此后社会学成为禁区，中断 27 年。

四　中国社会学的恢复和重建

1978 年 12 月，党的十一届三中全会拨乱反正，恢复了实事求是的思想路线，为社会学的恢复创造了前提条件。1979 年 3 月 15 日至 18 日，全国哲学社会科学规划会议筹备处在北京召开了"社会学座谈会"。中国社会科学院院长胡乔木在会上作了重要讲话，为社会学平反恢复名誉。在这次会上成立了"中国社会学研究会"，后来改称中国社会学会，推选费孝通为会长。研究会的成立，标志着中国大陆社会学恢复和重建开始。同年 3 月 20 日邓小平在"坚持四项基本原则"的讲话中指出："政治学、法学、社会学以及世界政治的研究，我们过去多年忽视了，现在也需要赶快补课。"这个讲话大力地促进了社会学的恢复和重建。

所谓恢复当然不是恢复旧中国的社会学或照搬国外的社会学，而是恢复社会学在中国社会科学中的地位和作用，重新在大学里设立社会学系，开设社会学课程，建立以马克思主义、毛泽东思想为指导，密切结合中国实际，为社会主义现代化服务的社会学。为此首先需要从理论上对社会学有一个正确的认识。1979 年《哲学研究》第五期发表了评论员文章《历史唯物主义与社会学》。该文指出，"历史唯物主义不能代替社会学"，"研究历史唯物主义同研究社会学，这中间不能画等号"。这标明了我国理论界对社会学的看法的重大转变，从而有力的促进了社会学的恢复和重建。

社会学在中国中断了 27 年，在恢复之际，老一辈社会学者剩下的不过十余人，而且都七十岁以上了；中年一代也只有三十多人，他们大都业务荒疏，知识老化，而且多已改行业。所以重建社会学时，首先面临着专业人才短缺的困难，我们除了设法充分发挥原有社会学者的作用外，还必须把培养新的一代社会学工作者作为重建社会学的首要任务。

在当时的条件下，培养新的一代社会学工作者不得不采取应急措施。这就是吸收其他有关学科的中年教师和有社会工作经验的实际工作者进行短期培训，并组织他们进行社会调查和在老一辈社会学者指导下试编社会学教材，边干边学，在实践中成长。

中国社会科学院社会学研究所是 1980 年 1 月成立的，它成立后即与中国社会学研究会合作，于 1980 年和 1981 年举办两期社会学短期讲习班，聘请中外社会学者讲课，共约 100 多人参加学习。1981 年南开大学办了为期一年的社会学专业学习班，从全国十八所高等院校选拔 43 名三年级学生参加学习。1982 年夏季湖北省社会学学会和华中工学院联合举办武汉社会学研究班，约有 120 人参加学习。这些受过短期训练的人员在我国社会学重建中起了骨干作用。

紧接着，又在有条件的高等学校设立社会学系或社会学专业，招收青年学生，按正规办法培养社会学人才。从 1980 年到 1985 年先后在上海复旦大学分校（改为上海大学文学院）、南开大学、中山大学、北京大学建立了社会学系，设置了社会学专业，培养本科生和硕士研究生，北京大学还培养博士研究生。

从 1979 年 3 月到目前，我们重建社会学经历了发展与提高两个阶段。从 1979 年到 1985 年是第一阶段。这一阶段以建立社会学学会、社会学研究所和社会学系等机构以及培养社会学专业人才等为首要任务。

重建开始，我们零零星星搞了一些调查。从 1983 年起，又逐步开展有计划的调查。这年 4 月在成都召开全国社会学"六五"（1981～1985）规划会议，确定了三个重点科研课题，即："江苏小城镇研究"、"我国城市家庭研究"、"中国人口问题研究"。这可以说是我国社会学重建以来，社会学科研课题被纳入国家规划的首次会议。三个重点课题都是我国社会主义现代化建设中迫切需要研究的重大实际问题。后来这些课题的调查研究都取得了可喜的成绩。

这些研究对我国社会学理论联系实际、教学联系科研以及建设具有中国特色的社会学，都起了促进作用。

1985 年 12 月教委在广州召开"社会学专业改革讨论会"，总结社会学专业建立以来的经验和问题。会议认为我国社会学得到了迅速发展，作为一门学科已基本建立起来了。但是这门学科专业队伍规模还小，水平也低，远不能适应社会主义建设的需要。会议又提到，必须防止两种倾向：一是把社会学庸俗化，即不是严肃地把社会学作为一门科学来对待；二是所谓"中心外倾"，即认为要学社会学一定要出国留学，而对在本国的泥土里也可生长出中国的社会学的看法表示怀疑。为了防止这些倾向，我们必须提高社会学工作者的业务水平，特别是社会学师资的素质。在这种情况下，教委明确提出，当前社会学应采取积极稳进的方针。这次会议标志着社会学重建第一阶段结束和第二阶段开始。正如费孝通教授所说："自从1979年重建社会学以来，已经有六个年头了。至此，初建的第一阶段可以告一结束，开始进入第二阶段。形象化地说，戏台已经搭好，班子已初步形成，现在是要演员们把戏唱好了。"

下面则要谈谈1986年至1990年社会学重建的第二阶段工作情况。

在学会工作上：1986年4月，中国社会学会在北京召开了常务理事会。这次会议讨论了"七五"时期工作设想，提出改革学会组织机构，端正学风，搞好会风。目的是提高学会工作的质量，更好地发挥作用，推动社会学学科水平的提高。

在专业建设上：高等学校暂不增加社会学专业点，主要是改善现有办学条件，加强政治思想教育和品德教育，提高教师的政治业务素质，以便培养德智体全面发展的专业人才。

目前我国社会学类有四个专业：（1）社会学；（2）社会心理学；（3）人口学；（4）社会工作与社会管理。为适应社会主义现代化建设的需要，专业不宜分的过细，而应拓宽口径，以便培养知识面宽、适应性强的社会学人才。这是当前我国教育改革正在研究的问题。

在研究上：1986年10月在北京召开了全国哲学社会科学规划会议。社会学规划小组讨论并确定了"七五"期间社会学重点课题13个，即：（1）小城镇与城乡关系研究；（2）农村家庭功能的变化及其对社会发展的影响；（3）中国社会发展战略研究；（4）社会学基本理论研究；（5）我国现阶段的阶层研究；（6）社会经济、科技协调发展模式研究；（7）中国现代社会结构模式研究；（10）"七五"时期社会保障研究；（11）我国老龄问题研究；（12）社会发展指标研究；（13）香港社区研究。这些课题说明社会学研究已全面铺开，主要研究现实重大问题，同时也开展了社会学理论研究。

为了总结交流社会学重建九年来的成就和展望前景，1988年8月中国社会学会等组织在黑龙江省伊春市联合召开了"社会主义初级阶段理论与社会学学术研讨会"，参加会议的代表 196 人，提交论文 77 篇。这些论文都是有关社会主义初级阶段和社会学的理论问题和实际问题。这表明我国社会学是为改革开放和社会主义现代化建设服务的。

总体来讲，社会学从 1979 年恢复重建以来，在马克思主义指导下，在老一辈社会学者的带领下，在新老社会学者共同努力下，学科建设到目前已初具规模，取得了显著的成绩，主要表现如下：

（1）学会组织：除中国社会学会外，各省、自治区、直辖市已先后建立起学会 26 个，团结会员共 6366 人。（2）研究机构：除中国社会科学院社会学研究所外，目前省、自治区、直辖市的 29 个社会科学院中已有 27 个建立了社会学研究所或研究室，有的高等院校也建立了社会学研究所。社会学研究人员共 480 人，其中研究员、副研究员共 114 人，占 23.75%。（3）教学机构：目前全国有 15 所高等院校（包括中央党校）成立了社会学系，设置了社会学专业。北京大学、中国人民大学、吉林大学三所高等学校还增设了社会工作与管理专业。有的学校除培养大学本科生外，还培养硕士、博士研究生。现有教师 272 人，其中教授、副教授共 70 人，讲师 117 人，助教 85 人，在校学生 1188 人（其中本科生 958 人，专科生 76 人，硕士研究生 147 人，博士研究生 7 人），已毕业人数约 1424 人（其中本科生 953 人，专科生 147 人，硕士生 316 人，博士生 8 人）。1986 年成立中国社会学函授大学，两期成员约 2 万余人，普及了社会学知识。（4）研究领域：按照当前国际上对社会学研究领域的一般分类，共 35 类左右，其中约有一半我国目前已进行研究，如社会学理论、社会研究法、社会调查、人口问题、劳动问题、家庭社会学、文化人类学、农村社会学等。这是我国较有基础的门类，已经做出相当成绩。有些领域如社会思想史、社会学史、社会心理学、教育社会学、医学社会学、经济社会学、工业社会学、体育社会学、科学社会学、社会工作、组织社会学等的研究也都有了良好开始。（5）出版：包括刊物、丛书、教材和论文，专业性的社会学学术期刊有 6 种，公开出版的社会学书籍其中理论方面的约 120 本，各分支社会学的约 230 本，中国社会问题调查与研究约 50 本，社会学词典 10 部，从 1979 年到 1987 年发表的社会学论文共 1623 篇。

社会已明显地在我国社会科学领域取得了应有的地位。学科研究成果受到政府决策部门的重视或被采纳。社会学过去被视为可以"被替代的学科"、"资产阶级伪科学"，而现在受到了社会各界的重视。人们认为社会学是一门可以帮助人们科学的认识社会，能动的改造社会，自觉地遵守社会规范，规范安定团结的不可缺少的学科。过去国家只重视经济发展，忽视社会发展；但现在却把社会发展和经济发展并提。政府一些部门也逐渐建立了社会机构，如国家统计局设立了社会司，国家计委设立了社会发展局，国家科协成立了"社会发展与科技对策研究会"，民政部先后设立了"社会福利和社会进步研究所"及"社会工作和社区服务研究中心"等。

五　中国社会学发展的前景

中国社会学第三届理事会 1990 年 8 月 6 日至 8 日在北京举行，选举出学会的领导机构——常务理事会以及会长和副会长。这次会议标志着我国重建社会学的第一个十年已结束，同时开始进入重建的第二个十年，也就是本世纪最后十年。我国社会学还年轻，像一个人一样还处于青少年时期。今后，任重道远，还需要我们加倍努力。为了到本世纪末使具有中国特色的社会学能够健康地成熟起来，我们要继续做好以下的工作。

首先，坚持理论联系实际的原则。创建具有中国特色的社会学，必须从调查研究中国社会入手，理论结合实际。这是我国社会学重建以来坚持的原则。今后十年社会学工作者一般都应结合"十年规划"和"八五"计划的要求，加强对 90 年代重大的理论问题和实际问题的研究，为改革、开放和社会主义现代化建设服务，为提高中国社会学的水平作出新的成绩。

其次，大力提高社会学工作者的素质。为适应我国社会主义现代化建设的需要，我国社会学将会有一个大的发展。这取决于我们如何重视提高社会学工作者的专业水平，特别是社会学师资的素质，这一关键问题。从现在起我们就应把提高社会学工作者的专业水平作为首要任务。同时，还应采取各种办法如短期培训班、函授大学等普及社会学知识。

第三，充实、完善和提高学科建设。社会学重建初期，费孝通教授提出学科建设必须具备"五脏六腑"。五脏指学科必须有五个部门：学会、研究机构、学系、图书资料中心、出版物。六腑指社会学系必须有的六门基本课程：概论、社会调查、社会心理学、城乡社会学、比较社会学和西方社会学理论。经过十年重建，我国社会学学科已基本建立起来，但这五脏六腑还需要进一步完善和充实。

第四，坚持百家争鸣，发扬学术民主。十年来中国社会学界初步形成了一种争鸣的气氛、磋商的气氛。无论老一辈社会学者或中青年社会学者，共同感到在今后十年重建和发展有中国特色的社会学过程中，还需要继续发扬这种精神。

第五，加强学术交流，密切国内外联系。我国社会学恢复和重建以来取得的成绩，引起国外社会学者的关注。先后来访的有日本、美国、法国、联邦德国、英国、缅甸、南斯拉夫、加拿大、澳大利亚、瑞典、苏联等国社会学组织或个人。我国社会学组织和个人也相继出访参加国际学术交流或讲学。通过相互访问和交流，增进了彼此的了解和友谊。今后我们仍应继续加强与世界各国社会学者的友谊和学术交流。

1991 年庆祝北京市社会学学会成立十周年[*]

（一九九二年）

北京市社会学学会是 1981 年 8 月 18 日成立的，到目前已十多年了，今天在这里召开第三届年会，这是令人十分高兴的事。

回顾过去十年，学会在北京市委和北京市社科联领导下，坚持四项基本原则，贯彻"百花齐放，百家争鸣"的方针和理论联系实际的原则，团结首都社会学理论工作者和实际工作者，为改革、开放和社会主义现代化建设，为社会学的恢复和重建，为学会本身的发展，作了很多工作，主要如下。

一 积极组织专题学术讨论和专题学术报告会

这是过去十年学会的中心工作，据不完全统计，召开专题学术讨论会共 71 次，举行专题学术报告会共 50 次。

目前学会有 16 个专业组：（1）社会学理论组，（2）社会现代化组，（3）社会经济调查中心组，（4）中日社会学组，（5）人口与劳动社会学组，（6）教育社会学组，（7）农村社会学组，（8）婚姻与家庭社会学组，（9）国外社会学组，（10）人口素质与健康人格组，（11）城市社会学组，（12）民族与宗教社会学组，（13）社会医学组，（14）社会福利组，（15）老龄问题组，（16）体育社会学组。

---

* 本文原载于《社会学与社会调查》1992 年第 1 期。

专题学术讨论会主要由上述各专业组组织的。讨论的专题一般都与首都改革、开放和社会主义现代化建设中的理论问题和社会问题密切联系的。例如，1981 年 11 月 9 日"人口与劳动社会学组"召开的"在业人口划分标准"讨论会，1982 年 10 月 25 日"老年问题组"召开的"老年社会学与老年社会问题"座谈会，1984 年 7 月 4 日"家庭与婚姻社会学组"举行的《大龄女青年的婚姻问题》座谈会，1984 年 3 月 25 日"理论社会学组"为纪念国庆 35 周年组织的《社会学对我国现代化能够做出什么贡献》的学术讨论会，1986 年 4 月 16 日学会举行的《首都发展战略》讨论会，1989 年 3 月 10 日学会召开的《十年社会学理论的回顾与展望》学术讨论会等等。

专题学术报告会一般由学会组织，结合社会学学科建设或改革开放中的理论与实际问题，由学会邀请有关学者、专家来作报告，或由学者专家来讲演。如 1981 年 12 月 24 日学会在北京市中山公园举行了一次大型学术报告会，邀请中国社会学学会会长费孝通教授作《三访江村》的报告，约 500 人听讲。1983 年学会邀请江苏省社会学会会长吴桢教授作《社会调查的个案分析和研究》的报告。为配合中共中央十三大文件学习，探讨社会主义初级阶段的理论问题，1988 年 1 月 6 日学会请雷洁琼会长作《社会主义初级阶段与社会改革》的报告，同年 3 月 21 日学会邀请人民大学副校长郑杭生教授作《社会效益的社会学研究》的报告，5 月 6 日学会邀请社会科学院社会学所陆学艺所长作《当前农村改革和发展面临的几个问题》的报告。这些报告都受到听众的好评。

二 积极开展社会调查研究

学会成立以来，一直重视实际调查，经常组织学会理论工作者与实际工作者密切协作，就首都改革、开放中的社会问题进行调查研究，写出调查报告，提出对策供有关决策部门参考。这些调查研究有：北京市的保姆问题调查、青少年犯罪调查、北京市人口增长及其问题的调查、老龄问题调查、家庭婚姻调查、农村社会保障调查、弱智儿童调查等等。这些调查的报告都有一定水平，受到有关决策部门的重视和好评。

三 积极普及社会学知识

1985 年 1 月 17 日由北京市社会学学会、北京市社会学所、中国社会学会、中国社会科学院社会学所、北京大学社会学系联合创办中国社会学函授大学，面对全国招生，开设 14 门课程，先后招收学生两期累计约 4 万人，学会还举办了《老龄工作与管理》，《劳动工资、人事制度改革》和《社会学知识》短期训练班共 6 期，约 2000 余人参加学习。

另外学会还与老龄问题组联合举办《社会老年学基础知识与老龄工作》讲习班，约 70 人参加学习。通过函授大学和各种专业短期学习班，普及了社会学知识，其意义是深远的。

四　积极开展社会工作和社会服务事业

1985 年以来，社会福利组配合民政、教育部门曾对东城、西城、宣武、崇文、海淀五所培智中心学校低年级儿童以及团结湖弱智幼儿园儿童共计 104 名进行了初步调查。福利组以宣武区培智中心学校为基地进行弱智儿童教育试点工作，就弱智儿童教育问题，开展交流活动，如介绍国内外对弱智儿童教育的经验和信息，邀请国内外专家讲学，举办弱智儿童教育的专业知识讲座，培养弱智教育的师资等。弱智教育师资培训已举办三期，每次听讲者 100 人左右，还为开展弱智儿童教育的研究进行了个案工作，对弱智儿童形成的原因进行了探讨。

五　出版《社会学与社会调查》杂志

为加强本会会员的联系，探讨首都改革、开放和社会主义现代化建设中的理论与实际问题并交流科研成果，学会创办了《社会学与社会调查》会刊，该刊开始不定期，内部发行。1986 年成立《社会学与社会调查》杂志社，该刊由季刊改为双月刊，1989 年经有关部门审批，成为全国性公开发行的刊物，日益受到社会的重视。

六　积极组织对外交流活动

学会成立以来组织对外学术交流共 53 次，我们先后与美国、英国、法国、加拿大、日本、德国、澳大利亚、瑞典、比利时、南斯拉夫、泰国、中国香港等不同国家和地区的社会学者，就社会学理论、社会调查研究方法及各种社会问题进行了座谈讨论。通过交流，我们与国外社会学者建立了联系，增进了友谊和相互了解。建设有中国特色的社会学，借鉴国外社会学的科学成果，批判吸收，取其精华，洋为中用，仍然是需要的。

七 健全学会组织

根据《北京市社会团体管理办法》和《北京市社会团体登记办法》两个文件，对会员进行了复查。同时发展了一批新会员，并对专业研究组进行了调整，现有专业研究组 15 个，会员 300 人。

以上是过去十年学会工作的简要情况，学会是一个学术组织，因此学术活动是学会存在和发展的首要条件，也是评价学会工作水平的主要依据。过去十年，北京市社会学学会工作突出了学术活动，因此提高了会员参与学会活动的主动性和积极性，加强了会员与学会之间的联系，促进了北京社会学的重建和发展。

北京市社会学学会能有今天这么活跃、繁荣和兴旺的局面是和党的十一届三中全会提出的正确路线，使我国社会主义建设进入一个新的历史时期分不开的，是和邓小平同志关于"社会学，我们过去多年忽视了，现在要赶快补课"的指示分不开的，也是与 1979 年 3 月成立中国社会学研究会（后改为中国社会学会）会上胡乔木同志为社会学恢复名誉，从而使社会学突破禁区，获得恢复分不开的，特别是和老一辈社会学者费孝通教授，雷洁琼教授为恢复和重建社会学提出的在马克思主义指导下，建设有中国特色的，理论联系实际的，为社会主义社会服务的社会学的正确方针分不开的。具体到北京市社会学学会的成立和发展来说，是与北京市委、市社科联的重视、支持和领导以及雷洁琼会长无微不至的关怀、指导和全体会员同心协力、艰苦奋斗分不开的，没有这一切主客观条件也就不可能有北京市社会学学会今天的盛况。

当然过去十年的学会工作也是存在这样那样的不足和缺点的，主要是学术活动的计划性不强，社会调查开展得很不够，各专业组的学术活动很不平衡，会刊学术质量还不高，欢迎与会同志多提批评和建议，使学会工作不断得到改进。

展望前途，今后十年是我国社会主义现代化建设的关键十年，到本世纪末我国将实现第二步战略目标，总产值再翻一番，人民生活由温饱达到小康水平。这是十分令人兴奋的战略目标。今后十年是北京社会学学会工作进入新时期的关键十年，过去十年是我国社会学恢复和重建的十年，今后十年应是我国社会学进一步发展和提高的十年。我们学会工作应围绕党的十年规划和"八五"计划中的有关社会学的重大理论问题和实际问题开展各种学术活动，为首都改革、开放和社会主义现代化建设服务，为中国特色的社会学的成长和发展服务，为此我们将努力做好以下几方面的工作。

一、继续坚持马克思主义毛泽东思想指导，加强社会学理论与方法的学习，逐步提高会员社会学专业水平，促进社会学学科的发展。

二、积极组织会员结合实际，参与九十年代北京市重大社会问题的调查研究，提出对策，供有关党政部门决策参考。

三、积极支持各专业组有计划地开展学术讨论会或组织学术报告会。

四、努力办好会刊，提高会刊学术水平和实用价值。

五、加强国内外学术交流。

在今后关键的十年，希望新老会员为社会学学科建设，为学会工作水平的提高贡献自己的力量。

中国就业问题和劳动制度改革[*]

（一九九二年四月三十日）

一

新中国成立以来，在劳动就业方面取得了举世瞩目的成就。

1. 基本上解决了旧中国遗留下来的失业和贫困问题。

1949 年新中国成立时，面对旧中国遗留下来的 400 万城镇失业人员以及在农村中因破产而陷于极端贫困的广大农民，政府积极采取措施解决就业问题。在城镇，对失业人员实行由国家负责安置就业的政策。随着国民经济发展状况的逐步好转，到 1956 年就已基本上解决了城镇原有失业人员和新增劳动力的就业问题。在农村，通过推行土地改革，实现了耕者有其田，使农民生活显著改善。

2. 城镇失业人数和失业率已经控制在较低水平。

在 1952 年，中国城镇失业人数达到 376.6 万人，失业率为 13.2% 。到 1957 年，这两项指示分别降到 200.4 万人和 5.9% 。1978 年，中国城镇失业人数为 530.0 万人，到 1990 年降至 383.2 万人[①]，失业率也由 5.3% 降到 2.5% 。在此期间，有个别年份的指标偏高，如 1979 年失业人数达到 636.0 万人，失业率为 5.4% ；其余大多数年份的指标处于较低水平，如 1984 年失业人数和失业率分别为 235.7 万人和 1.9% ，1986 年失业人数和失业率分

* 本文原载于《社会学研究》1992 年第 6 期。

① 《中国统计年鉴》，中国统计出版社，1991，第 116 页。

别为 264.4 万人和 2.0%①。这一时期失业人数和失业率的总趋势是下降的。

虽然中国在劳动就业方面取得了上述显著成就，但由于中国人口众多，国民经济与社会发展水平较低，因而劳动力供大于求的矛盾长期存在，并成为严重困扰中国国民经济与社会发展的一个突出问题。

二

早在 1958 年，中国就已宣布消灭了失业现象。但从 60 年代初到 70 年代末，中国一再出现严重的失业问题。直到目前，失业现象依然存在，有时还十分突出。新中国成立以来，中国曾经出现几次失业高峰。

第一次是 50 年代初出现的。当时，从旧中国遗留下来的城镇失业人员达到 400 多万人，约占在业人数的一半；乡村破产农民有数千万人。但到 1956 年，中国基本上解决了这一时期的失业问题。

第二次失业高峰是在 60 年代初期出现的。在 50 年代后期"大跃进"运动中，城镇职工人数急剧膨胀，仅在 1957 年到 1958 年全国城镇职工就猛增 2093 万人。② 新增职工远远超过了城镇负荷限度，严重影响城镇生产和生活的正常运转，迫使政府又不得不大量加以精减，从 1960 年到 1962 年，城镇职工从 5969 万人下降到 4321 万人，共减少 1648 万人③。随着国民经济的恢复和发展，到 60 年代中期，这一阶段的失业问题的沉重压力才逐渐得以减轻。

第三次失业高峰是在 70 年代末出现的。在 1966 年至 1976 年"文化大革命"期间，全国约有 1500 万城镇青年到农村务农。在十年动乱结束后，这些人返回城镇要求就业，成为城镇失业人员的主体。1979 年城镇失业人数达到 567.6 万人，失业率为 5.4%④。空前规模的失业大军一时成为"爆炸性"的社会问题。为解决严重的失业问题，政府开始改革劳动就业制度，推行"三结合"的就业方针，广开就业门路。到 1985 年，城镇失业率下降到 1.8%，城镇就业人数比 1979 年净增 2809 万人。⑤

---

① 《中国劳动统计年鉴》，中国劳动出版社，1991，第 24 页。
② 《中国劳动统计年鉴》，中国劳动出版社，1991，第 7 页。
③ 《中国劳动统计年鉴》，中国劳动出版社，1991，第 7 页。
④ 《中国劳动统计年鉴》，中国劳动出版社，1991，第 24 页。
⑤ 《中国劳动统计年鉴》，中国劳动出版社，1991，第 24 页。

第三次失业高峰的出现使中国劳动经济理论工作者和实际工作者不得不重新思考失业与社会主义的关系问题。过去，中国理论界一直认为：失业是资本主义的产物，资本主义不可能消灭失业；社会主义以实现充分就业为目标，并为所有劳动者提供就业保障，能够消灭失业现象。然而，从 60 年代以来，中国却几度出现了失业问题。这种失业现象是偶然的还是必然的？原因何在？概括地讲，这时期内中国失业现象的出现，主要由于劳动力供大于求。中国人口基数太大，人口增长速度过快，同时国民经济发展水平比较低，结果就业的需求量赶不上劳动力的增长幅度。目前中国还处于社会主义初级阶段，存在失业现象是不足为奇的。

三

解决就业问题或消灭失业现象就是要使劳动力供求关系达到平衡。目前，中国仍然面临着沉重的就业压力。从 1986 年以来，中国城镇失业现象又进入第四次高峰。这是中国在 60 年代末至 70 年代初形成的第三次人口生育高峰所造成的后果。从 1986 年到 1990 年，平均每年约有 1087.9 万城镇劳动力要求就业。[①] 但与此同时，国民经济发展对新增劳动力的需求量却呈下降趋势。譬如，1986 年全民所有制单位新接纳 343 万人就业，而 1990 年却降至 238 万人。[②] 同时，城镇失业人数和失业率则从 1986 年的 238.5 万人和 1.8% 分别上升到 1990 年的 383.2 万人和 2.5%。[③] 1991 年城镇需要就业的劳动力为 1100 万人，实际能安置 700 万人就业，待业人员约为 400 万人。[④] 据预测，90 年代中期城镇劳动力资源供给量将达到 5300 万人，而需求量约为 4800 万人。[⑤] 这表明，从 80 年代中期持续到 90 年代初的就业高峰，至少将延续至 90 年代中期。

不仅如此，农村剩余劳动力数量的迅速膨胀也使就业问题日益突出。1990 年，中国乡村劳动者共计 42010 万人，占社会劳动者的 74.03%，比

① 《中国统计年鉴》，中国统计出版社，1991，第 116 页。
② 《中国统计摘要》，中国统计出版社，1991，第 15 页。
③ 《中国统计摘要》，中国统计出版社，1991，第 18 页。
④ 《中国劳动科学》1992 年第 3 期，第 3 页。
⑤ 《中国劳动科学》1992 年第 1 期，第 8 页。

1952 年（18243 万人）增加 23769 万人，增长 1.77 倍。[①] 据有关部门估计，1990 年中国农村剩余劳动力有 2.6 亿人，到本世纪末将达到 3.17 亿人。[②] 在进行农村工业化、城镇化和现代化建设过程中，中国需要解决数以亿计的农村剩余劳动力的转移和就业问题。这是中国现在和未来就业问题的关键所在。

为解决中国严峻的就业问题，必须促使劳动力供求关系趋于平衡。从劳动力供给方面来看，就业压力主要由于人口增长失控而导致劳动力供给量迅速增加。为降低劳动力的增长速度，就必须实行计划生育，控制人口增长，并把计划生育的重点放到农村去。不仅如此，还应当尽快改变城乡二元就业结构，因为它是城乡之间的一道"堤坝"，将大量农村劳动力限制在日益缩小的耕地上，使农村长期存在着巨大的潜在失业现象，这是阻碍中国农村现代化的一个关键性因素。

四

中国传统劳动制度起源于 50 年代中期，形成于 60 年代后期。它是国家实行以公有制为基础的高度集中的计划经济管理体制的产物。其主要特点是：（1）劳动者就业由国家统包；（2）劳动力配置靠行政统配，价值规律不起作用；（3）企业无用工自主权，只能执行政府下达的招工计划；（4）工资、福利和社会保障由国家负担，国营企业职工属于国家职工；（5）劳动者没有择业权，"一次分配就业定终身"，企业无权辞退职工，职工能进不能出，并且不能自主流动。

这一传统劳动体制曾经对实现充分就业，促进国民经济发展和社会稳定起过积极作用。但它的弊端随后便日益暴露出来了。不仅企业不能根据生产经营的客观需要招收或辞退职工，企业劳动力富余与结构性短缺同时并存，而且职工也不能自主选择职业和工作单位，并因依赖国家提供就业保障而缺乏提高职业竞争素质的动力。

这种体制自然挫伤了企业和职工双方的积极性。在追求充分就业的政策指导下，企业不得不超越对劳动力的客观需求承担政府指定的就业安置

---

① 《中国劳动统计年鉴》，中国劳动出版社，1991，第 7 页。
② 中国科学院国情分析研究小组：《生存与发展》，科学出版社，1989。

任务，致使人浮于事。据估计，国营企业中潜在的剩余人员大约有 2000 万。① 这实际上是将社会失业转化为企业内部的"隐性失业"。表面上的高就业率却导致实际上企业劳动生产率和经济效益的低下，这对国民经济与社会发展产生极为不利的影响，也不能从根本上解决就业问题。正因如此，当中国开始逐步推行经济体制改革时，劳动制度改革也就势在必行了。

五

中国劳动制度改革是从就业制度改革入手的。1980 年 8 月，中央提出了"在国家统筹规划和指导下，实行劳动部门介绍就业，自愿组织起来就业和自谋职业相结合"的"三结合"就业方针。这便突破了国家统包统配和单渠道就业的传统格局，而建立了广开就业门路、逐步形成多元化就业途径的新格局，从而揭开了劳动制度改革的序幕。同时，国家开始调整就业结构，从过去依靠重工业部门吸收就业，转变为同时依靠第三产业和轻工业吸收就业。这是劳动制度改革迈出的第一步。

从 1983 年起，劳动制度改革又开始迈出第二步，即在一部分企业中进行劳动合同制的试点工作。固定工制度因之开始受到冲击。在经过 3 年试点工作之后，国务院于 1986 年 7 月发布了关于劳动制度改革的四项暂行规定：《国营企业实行劳动合同制暂行规定》、《国营企业招用工人暂行规定》、《国营企业辞退违纪职工暂行规定》和《国营企业待业保险暂行规定》。这一系列改革的核心是：推行劳动合同制，初步确立企业与劳动者的双向选择关系，将竞争机制引入劳动就业体制之中。

然而，这一改革措施只限于国营企业中新招收的工人，并没有根本动摇原有的固定工制度。到 1991 年底，全民所有制单位合同制工人只有 1449 万人，占全民所有制单位职工总数的 14%。② 而且，即使在新招收的职工中，也有半数以上的人员是按固定工制度录用的。这是劳动合同制与固定工制度并存的"双轨制"，并且固定工制度仍占主导地位。对这种情况如果不进一步进行改革，劳动用工制度就不可能发生根本变化。

因此，从 1987 年开始，在一部分企业中进行了改革固定工制度的试点。

---

① 《中国劳动科学》1988 年第 11 期，第 21 页。
② 《中国劳动科学》1992 年第 3 期，第 4 页。

这是劳动制度改革迈出的第三步。这次改革是在全国 5 万多个企业 1500 万名职工中推行的。改革的主要内容就是实行优化劳动组合，进而实行劳动合同化管理方式，使企业与职工通过签订劳动合同的形式确定劳动关系，以代替长期以来采用行政手段确定劳动关系的做法。劳动合同制明确了企业与职工双方的责、权、利，并促进劳动关系法制化，有利于保障企业和职工双方的合法权益。这在一定程度上赋予企业用工自主权和职工自主择业权，促进了职工合理流动。这有助于劳动计划管理与市场机制相结合，从而增强企业的活力。

经过 10 年来的改革实践，中国劳动制度改革已经取得以下显著成效：第一，拓宽了就业渠道，并使企业与职工在双向选择中拥有一定的自主权；第二，通过实行劳动合同制使企业与职工之间的劳动关系法制化，双方的正当权益受到法律保障；第三，通过推行优化劳动组合与合同化管理，在企业用工方面引入竞争与激励机制，促进了企业劳动力合理配置和承包责任制的贯彻落实，有利于企业内部经营机制和调动广大职工的积极性；第四，通过与劳动制度相联系的配套改革，逐步建立了对劳动力的社会管理体系与社会保障制度，为企业自主用工和劳动者自主择业以及劳动力资源宏观调控创造了有利条件。

劳动制度改革虽然已取得初步成效，但仍存在不少亟待解决的问题。其中比较突出的问题有：（1）企业中大量剩余人员的出路问题；（2）劳动合同制与固定工制度并存中的摩擦问题；（3）就业制度市场机制的协调问题；（4）职工社会保障问题等等。这些问题都需要通过深化劳动制度改革及其配套改革来逐步加以解决。

六

中国经济体制改革的总目标是建立社会主义有计划的商品经济，将计划经济与市场调节有机地结合起来。劳动制度改革的目标模式必须与经济体制改革的发展方向相适应。在用工制度方面应当确立企业的主体地位，而将过去国家劳动计划管理体制由宏观到微观均由国家一包到底的旧格局，转变为主要依靠运用经济手段进行宏观管理，使劳动计划管理体制与社会主义有计划的商品经济运行机制相协调的新格局。

在深化劳动制度改革过程中，就当加紧改革劳动计划体制。这一改革的方向是建立劳动计划管理与市场调节有机结合的运行机制，逐步减少指令性计划，扩大指导性计划与市场调节范围。在新型劳动计划体制中，国家将根据国民经济与社会发展的客观要求，通过宏观来统筹劳动力资源的开发利用及其合理配置，并运用经济手段来引导企业的用工行为，改变过去主要通过指令性计划和行政手段越过企业直接调配劳动力的方式，赋予企业应有的用工自主权，将用工主体由国家转换成企业。企业在符合国家宏观计划、政策和法律的前提下，可以自主决定招工计划和用工方式。同时，通过实行劳动合同制，将国家职工转变成企业职工，取消企业干部与工人之间、固定制职工与合同制职工之间以及不同所有制职工之间的身份界限。企业与职工之间的劳动关系合同化，双方的合法权益受到法律保障。

在劳动计划管理与市场调节相结合的过程中，必须正确处理计划与市场的分工与协作关系。劳动计划应当根据国民经济宏观计划的要求来确定就业总量，并制定适宜的新增就业容量以及失业总量的最低限度，以确保国民经济与社会协调发展。同时，通过引入市场机制和职业竞争机制来促进劳动力资源配置趋于合理化。国家宏观劳动计划即通过市场机制的作用来实现，这种宏观计划以指导性计划为主，其适用范围限于长远规划和宏观布局等。企业招工和劳动者择业将在很大程度上由市场机制来调节，就业竞争机制将成为平衡微观层次劳动力供求关系的主要杠杆。

随着劳动制度改革的不断深化，劳动部门过去只承担城镇劳动力管理的职能已不能适应形势发展的客观需要。大量农村剩余劳动力的转移和就业问题已成为中国劳动就业所面临的一个关键问题。对城乡劳动力实行全社会统筹管理已势在必行。

不仅如此，深化劳动制度改革还迫切需要与工资制度改革和社会保障制度改革配套进行。建立失业保险和退休养老保险体系是推行劳动合同制的必要条件。

总结几句，中国劳动制度改革是在传统就业制度无法承受巨大的就业压力下，从改革就业制度开始的，然后逐步改革劳动用工制度，推行劳动合同制，优化劳动组合，建立劳务市场调节机制，加速改革劳动计划体制。目前劳动制度改革正与工资制度和社会保险制度等的改革结合配套进行。总的改革目标是建立一种由国家宏观调控、企业自主用工、全员劳动合同、城乡劳动力统筹的适用于有计划的商品经济体制的新型劳动制度。这是中国劳动制度改革发展的必然趋势。

《北京大学社会学系十年》序

——继承北京大学优良的社会学传统

（一九九二年）

北大社会学专业，1980年筹建，附设在国际政治系。次年即从培养师资入手，开始招收研究生。1982年单独成立社会学系，招收本科生。1987年增设社会工作与管理专业。从建立专业至今已十一个年头，从建系至今也已十个年头，这是一个艰苦创业的历程。十多年来，无论是师资队伍建设、课程设置、教学与科研，还是专业人材培养，在费孝通教授、雷洁琼教授等老一辈社会学家的指导下，在校党政领导的支持下，全系师生齐心协力，取得了显著的成就。仅以专业人材培养来说，建系以来历年毕业生人数总计：本科生174人，硕士研究生95人，博士研究生10人。目前在校人数：本科生128人，硕士研究生36人，博士研究生7人。值此建系十周年之际，我们应热烈庆贺。

与北大社会学系密切配合、互相支持的北大社会学研究所（现改名为北京大学社会学人类学研究所）1985年成立，七午来，该所在科研方面取得了显著成绩，也值得热烈祝贺！

北京大学有优良的社会学传统。社会学在中国的起源，如以1881年康有为在广州万木草堂长兴学舍讲学列入群学即社会学起，到目前已101年了。如以严复1895年在天津《直报》开始介绍英国斯宾塞的社会学，译名为群学到现在已经有97年。严复是北大第一任校长，他是清末变法维新时期向西方寻求救亡图存真理的代表人物。1903年他翻译斯宾塞的《社会学研究》（出版书名为《群学肄言》），他是我国介绍西方社会科学包括社会学最早的学者之一。当时变法维新派学者康有为、严复、梁启超、谭嗣同、章太炎都重视和引进社会学。他们认为社会学的经世之学，可以帮助人们认识社会、改造社会。他们认为，变法维新、救亡图存正需要这种真理。所以严复说："故学问之事，以群学为要归。唯群学明而后知治乱盛衰之故，而能有修齐治平之功。呜呼，此真大人之学矣"。他在引进社会学，并与中国社会文化相融合方面，作出了光辉榜样。

蔡元培是我国近代著名思想家、教育家，也是我国近代民族学研究的先驱。他1917～1927年担任北大校长期间，曾开设人类学讲座，并对社会学、民族学研究大力支持。我国民族学一词就是蔡元培先生开始使用的。他在介绍西方民族学以及创建我国近代民族学方面是奠基者。言心哲教授在《蔡元培先生与中国社会学》一文中说："蔡元培先生终生致力于教育事业外，属于社会思想与社会学方面的论述与著作很多"。在1925年商务出版的许德珩译法国涂尔干之要著《社会学方法论》一书上载，蔡先生曾在巴黎为该书作了一篇序言。在其"序言"中叙述了《社会学方法论》一书中的要旨及其观点。对涂尔干所用"共变方法"给了高度评价。1930年2月中国社会学社在上海举行成立大会时，蔡先生被邀请参加并作了深刻的论述。蔡先生说："社会学和民族学是有密切关系的两门学科，这两门学科在其发展过程中不少方面是互相联系的"。1928年蔡先生任中央研究院院长后，在所属社会科学研究所内设立法制学、经济学、社会学、民族学四个组。蔡先生一直重视社会学。

北大是我国开设社会学课程最早的高等学校之一。1910年，京师大学堂设置的课程中即有社会学。京师大学堂改名北京大学后，1916年开设第一班社会学，由康宝忠教授主讲社会学，前后共三年。康宝忠教授是中国人在大学自己讲社会学的先驱者。当时在他班听讲的孙本文，后来成为我国早期著名的社会学家。孙本文回忆道："先生所授课程，讲解详明透彻，深得学生信仰。先生所编社会学讲义，文笔典雅，含义甚深"。

陶孟和1909年在日本高等师范学院毕业后，赴英国伦敦大学专攻社会学。他回国后，1914年至1926年长期任北大教授，并一度兼任教务长，协助蔡元培校长革新北大。陶孟和在北大主要讲授社会学等课程，特别重视社会调查和劳工生活研究。1926年中华文化教育基金董事会调查部成立，由陶孟和、李景汉主持。1927年该部改为北平社会调查所，陶孟和任所长。

该所在调查研究社会问题，介绍国外调查研究社会问题的新技术等方面颇有成就，并取得诸多研究成果，如陶孟和的《北平生活费之分析》，杨西孟的《生活费指数编制法》，李景汉的《北平郊外之农村家庭》，樊弘的《社会调查方法》等。可见中国社会学从创建开始就十分重视社会调查，研究社会问题。

俄国十月革命胜利后，马克思主义大量传入中国。李大钊1914年去日本留学，1916年回国，任北大教授和图书馆主任，并先后在北大、女高师、朝阳大学、中国大学等校讲授"唯物史观研究"。1919年他提出以唯物史观指导社会学研究，认为"唯物史观是社会学上的一种法则"。他说："纵观人间的过去便是历史，横观人间的现在便是社会，所以可把历史与历史学与社会与社会学相对比而言。"李大钊是我国用马克思主义研究社会学的创始人。

许德珩在北大毕业后，留学法国巴黎大学专攻社会学。回国后任北大教授，以马克思主义为指导讲授社会学，并编写教材《社会学讲话》（上册），于1936年出版。这是以辩证唯物论和历史唯物论为指导研究社会学的专著。许德珩认为：社会学既是理论的科学又是应用的科学；理论与应用是分不开的；没有不具理论而科学的应用之存在，也没有毫不实用而还能成为科学的理论之存在。

由上所述，可见北大从严复、蔡元培起就对社会学极为重视，从而逐渐形成了具有北大特点的社会学优良传统。这些传统包括重视引进西方社会学、人类学和民族学等社会科学，并使之与中国社会文化相融合，洋为中用；社会学、人类学、民族学这三门学科密切相关，要综合研究，互相补充，互相促进；社会学是经世之学，要坚持通过社会调查，研究社会问题；社会学要以马克思主义的辩证唯物论与历史唯物论为指导，理论与实际紧密结合，认识社会，改造社会。这些优良传统，我们应继承和发扬。前事不忘，后事之师。在庆祝北大社会学系建立十周年之际，回顾和重温北大社会学的上述传统是完全必要的。

北大社会学系恢复和重建以来，在学科和专业建设过程中，我们特别注意处理理论、方法和应用三者的关系，理论建设与调查研究的关系。我们始终坚持以马克思主义毛泽东思想为指导的社会学理论建设，同时重视社会调查研究。立足于中国实际的社会学，必须从调查研究中国社会入手。在理论结合实际的过程中，科学的社会学调查研究是不可缺少的中间环节。社会学中国化，也就是建立中国特色的社会学，这一直是我们重视和探索的问题。为使社会学与中国社会思想文化结合起来，我们重视中国社会思想史，中国社会史等课程的建设。总之，我们要建设的社会学，既要继承我国几千年来优秀的社会思想文化的传统，包括旧中国社会学的科学成果，古为今用，但又不是简单重复；也要借鉴吸收国外社会学发展的经验和科学成果，洋为中用，但又不是照搬。也就是说，我们要建立的是具有中华民族特点、以马克思主义毛泽东思想为指导、理论联系实际、为社会主义现代化建设服务的社会学。这是一个艰巨而长期的任务，任重道远。当前，我们应根据邓小平同志的指示：要继续"补课"，还要进一步解放思想。要大力提高师资队伍的专业素质，为发展有中国特色的，有北大特点的社会学，赶超世界水平，做出我们应有的贡献。

第四部分

1993~2000年

在纪念陈达教授百周年学术讨论会上的发言[*]

(一九九二年十二月六日)

陈达先生是中国社会学的创始人之一。今天，我们聚集在清华大学，隆重纪念他一百周年诞辰。我谨代表中国社会学感谢他为中国社会学的创建、发展和社会学专业人才的培养所做出的重大贡献。同时，作为他的学生，我感谢他多年的精心培育和教导。30 年代末 40 年代初，我在昆明西南联大社会学系读书时，陈先生是系主任。我听过他讲授的人口问题、劳工问题和华侨问题等课程，深受教益。毕业后留系，得以长期追随他在联大、清华社会学系从事教学与科研工作，继续得到他多方面的帮助和指导。下面就我所知有关陈先生的生平、著作、学术思想、治学态度和生活作风等方面，作简要回顾，聊表我们对陈先生的怀念和感激之情。

1892 年 4 月 4 日，陈先生生于浙江省余杭县里河村一个普通农民家庭。今年是他诞生一百周年的纪念日，也是他逝世十七周年的祭辰。

1899 年，陈先生 7 岁时开始在里河村私塾读书。1909 年，以优异成绩从高小毕业，由学校保送入浙江省杭州府中学。1911 年，在杭州考上清华留美预备班，1916 年由清华保送美国留学。他先在俄勒冈州波仑市立德学院得学士学位，后在哥伦比亚大学获硕士和博士学位。1923 年秋回国，执教于清华学校。1929 年清华学校改为大学后，任社会系教授兼系主任。

＊ 本文原载陈达著《我国抗日战争时期市镇工人生活》（序），中国劳动出版社，1993。

1938～1946 年，除在西南联大社会系任教授和系主任外，还兼任清华大学国情普查研究所所长。1946 年清华大学迁回北京，继续任社会学教授。1952 年院系调整、取消社会学后，先后任中央财经学院教授、中国人民大学教授、中央劳动干部学校教授兼副校长。1957 年后，他被错划为右派，在京西城区家中从事研究工作。1975 年 1 月 16 日逝世，享年八十四岁。1979 年党为他平反、恢复名誉。

陈先生在新中国成立前，还曾任中央研究院院士、国际人口学会会员兼副会长、国际统计学会会员、太平洋学会会员兼东南亚部主任等职；新中国成立后主要兼职有：劳动部保护司副司长、全国政协文史资料委员会委员、中国科学院学部委员、北京市人民代表、全国政协委员等。

陈先生一生从事教学工作。一方面培养了许多人才，桃李满天下；另一方面还撰写了大量论著，主要有 Chinese Migrations with Special Reference to Labor Conditions（1923 年）、《中国劳工问题》（1929 年）、《人口问题》（1934 年）、《南洋华侨与闽粤社会》（1938 年）、Population in Modern China（1946 年）等著作十多部，另有学术论文四十余篇，散见于国内外刊物。这些论著内容丰富、资料翔实、论断深刻，其中有不少资料是他自己实地调查得来的，学术价值很高，极为珍贵。新中国成立前后经常被各方面引证，受到国内外学术界高度重视。我们现在要了解新中国成立前的中国人口、劳工和华侨等方面的情况，还有必要研读他的有关著作。

陈先生主要的学术思想：生存竞争与成绩竞争，贯穿在他的许多著作里面，尤其是在他的专著《人口问题》中，有专章论述。他认为，要改变中国的贫穷落后，求得国家富强，应在人口、劳工问题上关注生存竞争和成绩竞争这两个方面。一般来说，为求得生存竞争的胜利，必须注意人口的数量；为求得成绩竞争的胜利，必须注意研究人口的素质或品质。这两种竞争是互相影响的辩证关系。只有取得生存竞争的胜利，才能争取成绩竞争的胜利；反之，如能取得成绩竞争的胜利，也更容易求得生存竞争的胜利。根据这一理论，在中国人口数量问题上，陈先生一贯主张要控制人口数量，以求得生存竞争的胜利，提高人民的生活水平。至于控制人口数量的办法，他主张实行生育节制，每对夫妇最好只生一对子女，即实行"对等更替"。这对于妇女健康、子女教育都有好处。早在三十年代初，他就开始宣传生育节制的理论与方法。1932 年与林巧稚、杨崇瑞、雷洁琼等专家在北京组织妇婴保健会，成立节育指导所，还在《北平晨报》上创办《人口副刊》，普及节育知识。此后他一直坚持生育节制这一主张，直到 1957 年，还在《新建设》杂志上发表题为《节育、晚婚与新中国人口问题》的重要论文。

在中国人口素质或品质的问题上，陈先生一贯主张优生优育、提高整个社会的经济文化水平，以求得成绩竞争的胜利。人口品质不外决定于先天的遗传与后天的环境。在环境方面要注意改善生活的条件，加强营养、普及和提高教育等等，使每个人在德、智、体各方面尽量得到全面发展。至于提高人口素质方面，则应加强遗传学、优生学的研究，在推行生育节制过程中，适当实行区别生育率，例如禁止在遗传上有严重疾病的男女生育子女等。因此，早在抗战之前，他就把他的好友、中国唯一的社会学兼优生学家潘光旦教授，聘请到清华社会系任教，主讲优生学、人才学、家庭问题等课程。在计划生育上要坚持优生优育，不断提高人口品质，求得成绩竞争的胜利，这就需要大力研究和普及优生学的科学知识。

特别值得一提的是，陈先生还非常重视环境与人口发展的关系。在《人口问题》一书中，就曾专章论述灾荒与环境问题。而这正是当前世界关注的重大问题之一。

陈先生生前在人口、劳动这些领域所取得的重大成就的背后，是他一生追求真理、严谨踏实的治学精神，坚持实事求是的科学研究态度。他的这些品德，至今仍值得我们认真学习。

陈先生自 1923 年回清华任教起，到 1975 年辞世，五十多年间，几乎把全部的精力，都用在人口问题与劳工问题的教学与研究上。对他来讲，教学与研究是统一的。他把大部分时间用在研究上，授课时则是将研究成果在课堂上讲给学生。在昆明的九年中，他一般每周有三天在呈贡研究所工作，三天在联大教课。这样教学和科研能互相促进，课程内容也能因此而不断充实和提高。

陈先生教学严肃认真，给我们留下深刻印象。1924 年《清华周刊》332 期登载了一条"黑暗演讲"的消息："本星期二晚现代文化课上课时，电灯忽火，而陈达博士仍然照常演讲，精神倍加，同学亦寂不作声，静心听讲。迨下课时，灯尚未明，幸有本刊总经理王君士倬等携烛而来，一线光明，同学咸感戴不置云。"

抗战时期的昆明，常遭日本飞机轰炸。联大师生常常不得不临时停课，疏散到市郊农村或山丘树林中隐蔽起来，这叫做"躲警报"。陈先生在《浪迹十年》一书中，就有这样一段生动的记载："曳明北门外联大新校舍一八甲教室内，学生陆续来到，准备上人口问题课，时为晨十时三十分。忽闻空袭警报，有人提议到郊外躲警报兼上课，余欣然从之。向北行，偏西，过苏家索及黄土坡，见小山充满树林，前面海源寺在望。此地离北门约6里。学生十一人即在树林中坐下，各人拿出笔记本。余找得一泥坎坐下，讲季尼·剖尔及卡桑德尔司的人口理论，历一小时半有余。阳光颇大，无风。其他疏散人等，路过此地，亦站片刻听讲……小贩吆喝声，叫卖糖果与点心，稍稍扰乱思路。"一贯重视言传身教而又学而不厌、诲人不倦的陈先生，在教学工作中这种认真负责的精神，永远值得我们学习。

陈先生在人口、劳动问题研究中，一贯坚持实事求是的态度。他特别重视调查研究，坚持没有调查就没有发言权的主张："你有一分材料，便说一分话；有两分材料，便说两分话；有十分材料，可以只说九分话，但不可说十一分话。"抗战前，他为要了解天灾对人口的影响，就曾对我国水灾和旱灾进行过系统的研究。搜集的材料包括《通志》、《通典》、《国书集成》、《文献通考》、《海关十年报告》、华洋义赈会刊物、各地赈务机关报告及新闻纸等。从这大量的资料中，求得的结论却很简单：自公元前203年至公元后1933年的2136年间，每百年中有旱灾或水灾的共66年。按朝代来说，这个比例越往后越高，辛亥革命后年年有水灾和旱灾。不过陈先生在《人口问题》一书（240~242页）中，对这些研究并不感到满足，他说这种研究是"第一次尝试"，不见得全面精确。这种态度是实事求是的。

陈先生认为社会学是经世之学，要深入实际，调查研究，从而认识社会、研究问题，提出改造社会的对策。他回国后的当年，就结合教学，带来助手和学生，开始调查研究清华工人的生活费。接着又在附近成府市镇，调查该镇地理位置、气候条件、历史、治安、人口与婚姻、职业、教育、社会情形等状况，并写成《社会调查尝试》一文，于1924年发表在《清华学报》第一卷第二期上。这篇论文，除了它的学术价值之外，还具有深远的历史意义。它标志着，我国社会学在初创时期，就十分重视社会调查，通过社会学理论与实际的结合来认识和研究社会。这种学风，逐渐演变成我国社会学的优良传统。陈先生以他在这方面的深刻造诣和卓越成就，成为我国社会调查传统的开拓者和奠基者之一。据估计，他在1929~1952年这二十三年中，共主持和参加过二十四种调查。其中有小型的，也有大规模的；有国内的，也有国外的。调查时间有的短到三四个星期，有的长达六七年。规模最大的一次，是抗战时期在昆明湖区的人口普查。参加调查工作和联络工作的人员达一千三百余人，调查对象包括三县一市的六十万人口。这是我国最早一次用现代普查方法调查我国地区性人口的示范工作，受到国内外人口学者的高度重视。1946 年对上海工人生活状况的调查，规模也很大。调查范围包括工厂最集中的黄浦、沪南、闸北、法华、洋泾五区。先是普查 1682家工厂，148926 名工人，然后从中进行选样调查。被挑出作比较深入调查的对象，包括纺织、面粉、榨油、火柴、造船、五金、卷烟等四十种工业的 240 家工厂。对每个工厂的调查内容包括工人种类、工作时间、工人实际收入、工人计时工资、工人效率、工人管理、工人福利、安全卫生、艺徒训练、工人生活史、工会等十二个项目。所有调查材料，一般都要经过审核、复查、改正，然后进行分类和统计分析。这次工厂调查的报告，早在新中国成立前就已经出版，它以其翔实的材料、大量的数据、准确的效度和严密的分析，成为我们了解四十年代中国工业和工人阶级状况的一份不可多得的历史文献，受到国内外学者的重视。从这里我们也可以看出，陈先生之所以能够成为我国权威性的人口学者、劳工问题的专家，绝不是偶然的。

陈先生生活朴素，这是他从小养成的美德。他在回忆自己在清华的学生生活时说："我家里很穷，用钱很少，书买不起，借图书馆的看。学校必须交的学费，我家里也供不起，就靠我自己抄抄写写，搞点翻译弄些收入来解决。"抗战时期，他与长子旭仁每次由呈贡去昆明时，因汽车票价较高，为了节省车费，竟不去就近坐汽车，而宁愿步行七八里去赶火车。他生活也很有规律，按时吃饭就寝，香睡雷打不动。他注意锻炼身体，到晚年仍坚持不辍。而且他业余兴趣颇广，像集邮、钓鱼、打猎等，都很喜欢。晚年住在北京西城时，也常到北海公园钓鱼，还常读有关钓鱼、打猎的书籍。

在政治上，陈先生可以说是旧中国知识分子的典型代表之一。他有强烈的爱国主义思想，希望中国摆脱贫困落后的状态，早日富强起来，但这种思想带有浓厚的改良主义色彩。他对党派的政治斗争不感兴趣，长期采取超然态度，新中国成立前就自称是一个无党派人士。但这种超然的态度，随着国民党的独裁和腐败而逐渐发生变化。1946 年，他目睹他的好友与同事闻一多先生被刺身亡。那时他悲愤交加，对国民党政府极为不满。次年，他与张奚若、朱自清、陈寅恪、许德珩等 13 位教授发表宣言，抗议国民党政府侵犯人权。1948 年底，北平解放前夕，他坚决拒乘国民党政府飞机南下，留在清华园，迎接解放。这也不是偶然的。

　　陈先生一生孜孜不倦、勤勤恳恳地从事社会学、人口和劳工问题的教学研究，热爱自己的专业。1952 年社会学被取消之际，他表示坚决反对；1957 年，他又提请恢复，反而遭到无情的批判。从此社会学成为禁区。在党的十一届三中全会正确路线的指引下，中断 27 年的社会学于 1979 年平反、恢复名誉，随后建立了中国社会学研究会（1982 年改为中国社会学会）。接着上海大学、北京大学、南开大学、中山大学等校也先后建立社会学系，社会科学院则成立了社会学所。社会学得到了迅速的发展。在当前党、政和社会各界重视国情的形势下，清华大学恢复了国情普查研究。因此，九泉之下的陈老师也会感到欣慰吧！

　　今天我们在这里纪念陈先生一百周年诞辰，重要的是要学习他高尚的品德，要学习他学而不厌、诲人不倦的严谨治学精神，要学习他一生追求真理、坚持调查研究、实事求是的科学态度，以此来为社会主义现代事业和有中国特色的社会学学科的建设和发展多做贡献，才不辜负陈先生的期望。

1993 年中国社会学年会开幕词

——《改革开放与社会发展》研讨会致辞 *

（一九九三年十二月）

同志们：

我们这次在深圳市沙头角举行的中国社会学年会，正值北京召开的八届全国人大和政协两会胜利结束之际，我们应在两会精神的鼓舞下开好这次研讨会。

在邓小平同志南方谈话和党的十四大文件精神指引下，今年的年会以"改革开放与社会发展"为主题，在改革开放较早、社会发展较快的广东深圳召开，具有重大而深远的现实意义。借此机会，我谨代表中国社会学会向筹办这次年会的广东省社会学学会、深圳市社会学学会、深圳市沙头角镇委和镇政府、深圳市沙头角城建开发公司等 16 个主办与协办单位，致以真诚、深切的问候！

同志们，以经济建设为中心，坚持四项基本原则，坚持改革开放，这是党的十一届三中全会以来所贯彻执行的基本路线。它引导我国人民开创建设有中国特色的社会主义道路，并使我国进入了逢勃发展的新时期。这个时期，我国经济繁荣，社会稳定，人民生活不断改善，国际地位不断提高。14 年来的伟大实践证明，这一基本路线是完全正确的。我们只有继续坚持这一基本路线，依靠广大人民的力量，才能将我国建设成一个富强、民主和文明

---

* 本文原载广东省社会学学会主编《改革开放与社会发展》，海天出版社，1993 年 12 月，第 5～8 页。

的国家。

党的十四大文件反复强调，社会主义的根本任务是，解放和发展生产力，坚持把经济搞上去，各项工作都要服从和服务于这个中心。这就必须深化改革和扩大开放，加快建设社会主义市场经济的步伐，这已经成为我们国家改革、开放的主旋律。同时，我们还要大胆地学习、借鉴其他国家或地区对我们有用的经验，以加速我国社会、经济和文化的不断发展，最终实现社会主义现代化的战略目标。在这样的新形势下，这次年会所要研究和探讨的主题，既具有时代特征，又具有中国特色。研究和探讨改革开放与社会发展的内在联系，揭示其规律，并自觉地把握和运用这样规律，这是建设有中国特色社会主义的需要。正因为这样，全国各地社会学理论工作者和实际工作者的代表，在这个主题之下，聚会深圳，共同研讨，十分必要。因此，这次年会，不仅是中国社会学进一步繁荣的盛会，也是社会学理论和实际工作者交流切磋的盛会。

同志们，党的十四大文件明确地指出，精神文明重在建设，首先要高度重视理论建设。这一重要观点，既说明了理论建设在精神文明建设中的重要地位，也说明了我们理论和实际工作者在精神文明建设中的重大责任。

在建设物质文明的同时，一定要搞好精神文明建设，市场经济越兴旺发达，精神文明越重要，这已成为人们的共识。在建设精神文明的过程中高度重视理论建设，对于提高中华民族的整体素质，加速实现社会主义现代化建设，是非常重要的问题。也就是说，我们不仅要高度重视自然科学理论的建设，还要高度重视社会科学理论的建设。只有这两个方面的建设都得到高度的重视，才能保证社会协调、稳定、发展和进步。在社会科学的理论建设方面，我们面临 90 年代改革开放和社会发展的新任务、新情况和新问题，我们既要坚持马克思主义的基本原理，又要从实际出发，建设有中国特色的、为改革开放服务的、为社会主义现代化建设服务的社会学。这是我们社会学工作者重大而艰巨的任务。大家知道，我国社会学 1957 年高校院系调整时被取消，1957 年反右时它又受到毁灭性的批判而成为"禁区"，因而中断 27 年之久。只是在党的十一届三中全会以后的 1979 年，社会学才得到恢复和重建。摆在我们面前的任务之一，就是要加强和完善社会学学科建设，并不断提高这门学科的水平和社会学工作者的素质，使它在改革开放和社会主义现代化建设中发挥更重要的作用。在这个问题上，闭关自守行不通，全盘西化也不可取，只有进一步解放思想，实事求是，大胆探索，全面地、系统地、深入地对中国社会进行调查，研究新情况，解决新问题，同时，坚持古为今用，洋为中用，勇于创新，才有可能建设好具有中国特色的社会学并赶超世界水平。这次"改革开放与社会发展"的研讨会，在紧密结合中国社会实际问题方面，又前进了一步。这是可喜的一步，尽管这一步还有这样那样的不足，但这是方向。

中国社会学恢复、重建、发展和繁荣，是我们老一辈社会学工作者长期的心愿。我们殷切地寄希于中青年社会学工作者，希望大家团结一致，共同努力，为开创中国社会学发展的新局面，做出更多更大的贡献！

费老、雷老两位名誉会长十分关心这次年会。费老写了并印发了《社会学重建回顾》和《中国城乡发展道路》两文，雷老写了贺信。他们希望在本世纪末 90 年代这一关键时刻，在我国国民经济再上一个新台阶、人民生活由温饱进入小康之时，我国的社会学也能再上一个新台阶，出现繁荣的新局面。让我们团结一致，齐心协力，为实现这一目标而努力！

最后，让我预祝这次年会开成一个团结的大会，求实的大会，奋进的大会，圆满成功的大会！

谢谢大家！

1994 年中国社会学年会开幕词[*]

（一九九四年五月六日）

各位领导、各位代表、各位来宾：

在党的第十四次代表大会和十四届三中全会精神的指引下，经过一年的筹备，中国社会学会1994年年会今天在上海市浦东新区召开。我代表中国社会学会，向支持关心这次年会的上海市和浦东新区的各级领导，向民政部的领导，向精心筹备年会的上海市社会学学会和浦东新区社会发展局表示衷心的感谢！向与会代表并通过各位代表向全国社会学界的同仁致以亲切的问候！

这次年会在上海浦东新区召开具有十分重要的现实意义。中共中央和国务院1990年做出开放开发浦东的战略决策，要求以浦东的开放开发促进整个上海的改革开放，在90年代将上海建设成为国际经济、金融、贸易中心；还要求上海在经济建设方面发挥龙头作用，带动长江流域乃至全国经济的发展。三年多来，上海，特别是浦东新区发生了巨大变化。当我们踏上浦东这片热土，便亲身感受到这里一派勃勃生机。我们开会的现场，就在象征着浦东高速开发和建设的东方明珠电视塔下，陆家嘴金融区、金桥出口加工区、外高桥保税区等为全国所熟悉的开发区，近在咫尺，享誉全国和世界的南浦大桥、杨浦大桥巍然坐落在黄浦江之上。这一切都说明，上海人民正在把党中央、邓小平同志对上海的希望逐步变为现实。今年，恰逢上海三年大变样的一年。这次重要的年会，全国社会学界汇聚浦东，既是向上海学习的一次

* 本文原载于《社会学研究》1994年第5期。

难得的机会，又能和上海人民共享丰收的欢乐。浦东是我国改革开放的前沿，我们社会学界同仁，要充分利用这次年会的机会，深入浦东新区，认真参观访问，进一步加强理论与实际的联系，把社会学学科推上一个新的阶段，更好地为党的"一个中心、两个基本点"的基本路线服务，为伟大的社会主义现代化事业服务。

各位代表，今年年会的主题是"社会保障与社会发展"。十四大和十四届三中全会都十分强调，在建立和健全社会主义市场经济体制过程中，必须建立相应的社会保障制度。这就说明，社会保障制度和社会经济的发展有着十分密切的相辅相成的关系。如果说，改革是社会发展的动力的话，那么，社会保障制度便是社会发展的稳定机制。只有动力机制和稳定机制相互协调、相互促进，才能保证社会更加稳定协调地发展。这样看来，我们将"健全社会保障，促进社会发展"作为本次年会的主旨，体现了我们认真地贯彻党对社会科学的要求，体现了社会学要为我国社会主义市场经济体制服务的宗旨，同时也说明了中国社会学的学科发展是循着这样一条明确的方向和健康的道路前进的。

同志们，上海浦东新区和全国其他社会保障制度建设走在前列的地区一样，在这方面已经取得了一定的经验，我们需要在这次年会上，认真地加以总结和交流。可喜的是，全国社会学界理论工作者和实际工作者为这次年会提供了大量研究报告和论文，筹备组先后共收到 170 篇，围绕"社会保障与社会发展"这个主题，分别从不同的方面进行了深入的探讨。这些研究报告和论文有一个突出的特点，就是从我国国情出发，理论和实际紧密结合，既有理论意义，也有实际意义。论文的作者既有社会学界老一辈的专家、学者，更有大批中、青年学者，还有经济学、哲学、医学等方面的学者。特别可喜的是，许多研究报告和论文是理论工作者和实际工作者主动相互结合，共同完成的，这就有力地推动了研究工作的深化，提高了研究的水平和实效，同时也为社会学学科建设开创了新的局面。我们要从实际出发，一方面认真总结中国社会学重建 15 年来的经验，并探索和继承中国历史文化有益的传统；另一方面还要借鉴国外的有益的经验，把有中国特色的社会学学科建设推进到一个新阶段。

各位代表，中国社会学会两位名誉会长费孝通教授和雷洁琼教授十分关心我们这次年会，亲自听取了筹备组关于年会工作的汇报，殷切期望我们这次年会开出新的水平。费孝通教授虽然不能亲临大会，但特为大会写来祝词。雷洁琼教授向全国人大常委会请假专程来参加年会，这对我们开好年会、建设好社会学学科是巨大的鼓舞。王康教授因病不能到会，也托陈道顾问带来祝贺。我们一定不辜负费老、雷老以及其他老一辈社会学家的期望，把这次年会开好。

本世纪末的 90 年代是我国社会经济发展的关键时期，我国国民生产总值将再翻一番，人民生活达到小康水平，这是举世瞩目的大事，也是我国社会学发展的关键时期，我国社会学学科建设要进一步完善起来，为改革开放、为社会主义市场经济体制的建立和现代化建设做出新贡献。让我们趁着改革开放的大好形势，社会学界老中青团结一致，把这次年会开得圆满成功！

谢谢大家！

我国社会保障存在的
问题和改革的重点[*]

（一九九五年六月）

1883年德国颁布《疾病保险法》，这是全世界第一个社会保险法。1935年美国通过《社会保障法》。社会保障是在社会保险的基础上发展起来的，目前在全世界145个国家得到普及，成为各国政府社会政策的主要内容。社会保障是社会稳定的重要机制，也是现代化社会重要标志之一。

我国1951年颁布了《劳动保险条例》，劳动保险即社会保险。这是我国第一个社会保险立法。最初在国营企业事业单位实行，以后经过若干次修改补充，实施范围逐步扩大，保险待遇标准有所提高，为我国社会保障奠定了初步基础。

我国社会保障包括社会救助、社会保险、社会福利和优抚安置等项目。社会保险是社会保障的重要组成部分。我国50年代建立起来的社会保障事业，对保障城乡居民基本生活，促进社会稳定都起了重要作用。

但是，应该看到现行社会保障是在计划经济体制基础上建立起来的，其主要特点是大包大揽。由于建立时缺乏经验，照搬国外模式，结合国情不够，还存在种种问题，主要表现在：

社会保障覆盖面小，发展极不平衡。据1993年的统计，6.02亿社会劳动者中，只有1.8亿人享受社会保障，覆盖面为30%。世界各国社会保障

＊　本文原载于《群言》1995年6月。

的覆盖面平均超过 60%。发达国家达 80% 以上，中等发达国家在 70% 以上，相比之下，我国太低了。主要是城乡差别大，发展极不平衡，城镇劳动者享受社会保险的覆盖面占 92.1%，而农村则只占 2.7%。这种状况阻碍劳动力正常流动，也使缺少社会保险的劳动者，一旦遇到风险，生活陷入困境，影响社会安定。

社会保障社会化程度低。我国社会保障与就业联系，劳动者就业后有了工作单位，也就有了终身保障，社会保障实际上成了"单位保障"。职工生、老、病、死、住、行以及子女教育等需要都没有社会化，主要依靠单位来解决。保险费由单位支付，保险待遇的多少取决于单位的效益，社会福利事业由单位主办。这种社会化水平极低的保障体制，实际上把社会的责任和任务转由企业来承担。企业办社会保障的现象，加重了企业的负担，使企业机构臃肿，人浮于事，效益低下，不利于企业参加公平竞争。

社会保险经费筹集渠道单一。我国社会保险经费主要由国家提供，劳动者不缴纳保险费。这种国家统包模式，与我国人口多、底子薄、生产力水平低的国情不相适应，使国家财政负担日益沉重，难以为继。今以退休费来说，1952 年全国退休人员只有 2 万人，退休费 1000 多万元；1989 年退休人员增至 220 万人，退休费 375 亿元；到本世纪末退休人员将超过 4000 万人，退休费将超过 1500 亿元，由国家统包显然是不可能的。

管理体制分散，立法滞后。我国社会保障一直由不同部门管理，如劳动、人事、民政、卫生等部门都有社会保障机构。由于没有统一的社会保障行政管理机构进行规划、协调，客观上形成多头管理，各自为政，互相掣肘，经常发生决策和管理上的矛盾，影响社会保障改革和发展。现行保障立法是在计划经济体制下颁布的，已不适应建设社会主义市场经济的需要。

改革开放以来，我国社会发生了重大的变化，从高度集中的计划经济体制向市场经济体制转变。现行社会保障存在的上述主要问题日益暴露出来，不利于市场经济的发展和社会稳定，迫切需要改革。"七五"计划中指出，要逐步建立和改进各种类型的社会保险制度，改进和完善社会福利、社会救济和优抚工作，有步骤地建立起具有中国特色的社会保障制度雏形。党的十四届三中全会的《决定》指出：要把建立和完善多层次的社会保障制度作为建立和完善社会主义市场经济体制的重要环节。

从 1984 年开始，我国对社会保障制度进行了改革，十年来这一改革逐步深入，并取得了初步成效，主要是：

1. 养老保险改革进一步发展。1993 年我国国有企业养老保险费用已全部实行社会统筹，全国 2000 多个市县集体企业养老保险费用实行社会统筹。养老保险覆盖面正在扩大到私营企业、个体劳动者及外商投资企业。职工个人缴纳部分养老保险费用制度正在全国普及。

2. 初步建立起失业保险制度。近年来，我国加快了失业保险的改革，参加失业保险的人数由 1992 年 7400 多万人，增加到 1994 年 9500 万人；通过开展转业训练和生产自救，帮助 106 万失业职工实现了再就业；保险机构向 360 万特困企业职工发放了一次性补助。

3. 医疗、工商和生育保险改革取得了一定的进展。1993 年全国 19 个省、市、自治区的 110 个市、县有 150 万职工参加了大病医疗费用社会统筹；19 个省、市、自治区在 400 多个县的 900 多万职工中进行了工商保险改革试点；1988 年以来全国已有 18 个省 300 多个市、县实行了生育保险基金社会统筹。

4. 农村社会保障改革进一步发展。目前，县级农村养老保险制度试点工作已在 29 个省、市、自治区 1100 多个县市开展，参加养老保障试点的农民有 4500 多万人。

从全局看，社会保障的现状还明显滞后于经济发展，不利于市场经济的建设。因此，社会保障制度改革和完善应加速进行。国家十年规划和"八五"计划纲要提出："努力推进社会保障制度的改革，要以改革和建立养老保险和待业保险为重点，带动其它社会保险事业和社会福利、社会救济与优抚事业的发展。"这为进一步改革社会保障制度明确了重点。

我国人口老化快、来势猛，本世纪末将要进入老年社会，需继续建立养老保险，迎接人口老化挑战。我国劳动力资源十分丰富，城市和农村都存在大量富余劳动力，失业仍是一个严重问题，亟须建立和完善失业保险制度，以维护社会稳定。因此改革社会保险必须以养老、失业为重点。要扩大覆盖面，将养老、失业保险的实施范围扩大到城镇各类劳动者；同时也要改变国家统包经费的模式，建立起费用由国家、用人单位和职工个人三方面共同负担的、结构多层次的、资金由社会统一调剂使用的社会保险制度；再逐步扩大医疗、工伤和生育保险的实施范围。在农村要逐步建立以乡村为单位的互助合作型养老、医疗保险体系。

为了加强改革和完善社会保障制度，应抓紧社会保障的立法工作，使社会保障事业沿着法制轨道健康发展；还迫切需要建立全国统一的社会保障行政管理机构，理顺社会保障管理体制，具体业务还可由原来一些部门去做，但要按统一规划，统一步骤去进行，这是搞好社会保障改革的前提条件。

在建立有中国特色的社会保障的同时，还要继续发扬我国家庭养老、邻里互助互济的传统，这是社会保障不可缺少的部分，两者要很好结合，互相补充，共同促进社会稳定和进步。

加速发展中国人类学[*]

（一九九五年十月）

一

作为一门"研究人的学问"，人类学在西方已有一个半世纪的历史；而它传入中国，若从严复翻译赫胥黎《天演论》（1895）算起，也差不多有一百年的历史了。在人类学学科发展史上，北京大学是中国现代人类学的发源地。早在1903年，作为北大前身的京师大学堂就最先在国内开设了"人类学"课程。在蔡元培先生任校长期间（1917～1927），开设了人类学讲座；北大教授陈映璜先生的《人类学》一书，于1918年由商务印书馆出版，这是我国第一本正式称作人类学的专著。蔡元培先生一直致力于介绍、引进现代西方的社会学、人类学与民族学，"民族学"一词就是由他翻译介绍进来的。蔡先生在介绍人类学、民族学以及创建我国现代人类学、民族学学科方面是主要的奠基者。1920年，北京大学成立由周作人、刘半农等人发起的"歌谣研究会"，1922年创办中国第一个民俗学刊物《歌谣周刊》，在民俗学研究上取得了很大的成绩。^① 1928年，蔡先生在中央研究院设立民族研究组，后又设人类学组，大力培养青年人类学者，像斐文中、李济、凌纯声等就是其中成绩卓著的佼佼者。

---

* 本文是袁方先生在北京大学社会学人类学新成立十周年庆祝会暨中国社会学、人类学、民族学学科建设研讨会上的发言，原载于《北京大学学报》（哲学社会科学版）1996年第2期。

① 周星："当代我国人类学界的一件盛事"，北京大学社会学人类学研究所，1993年。

正是由于蔡元培先生在北京大学和中央研究院播下了人类学的种子，并带动了不少青年学子出国深造，使人类学在高校和研究机构很早就得到了进一步的发展。到三四十年代，人类学在中国已有相当的发展，像博厄斯（Franz Boas）、路威（Robert H. Lowie）、摩尔根（Lewis H. Morgan）等人的著作被陆续译介进来，清华大学、浙江大学、中山大学、厦门大学等设立了人类学系或专业，其它如燕京大学、辅仁大学、中央大学等校都开设了人类学或民族学等课程，并涌现了像刘宅、费孝通、林耀华、杨庆堃、许光等一大批著名学者。三十年代，北京大学《歌谣周刊》在胡适主持下，刘半农、顾颉刚、罗常培等学者参与其事，取得了许多重要的研究成果。[①] 清华大学在 1928 年就将社会学系改为社会学与人类学系，1933 年还在研究生院设立社会学与人类学部，聘俄籍著名学者史禄国为教授，费孝通先生是该系第一个研究生。燕京大学也在那一时期从英国引进社会人类学，将社会人类学当作"比较社会学"来传授。费孝通先生就是在这两所著名学府里受到人类学的熏陶，并在后来的博士论文《江村经济》中，创造性地将传统人类学只研究异文化的简单部落社会的方法，用来研究本文化的现代中国农村社会，成为人类学研究现代复杂社会的一个里程碑，开创了中国社会学与人类学相结合的学术传统。

八年抗战期间，清华、北大、南开三校在昆明成立西南联合大学，吴泽霖、陶云逵等先生一直在社会学系讲授人类学、民族学等课程。吴文藻先生、费孝通先生先后主持云南大学社会学系，并在西南联大兼课，继续传授社会人类学，同时还指导学生进行实地研究，与张之毅先生合著的《云南三村》就是其中的代表作。燕京大学在 1941 年太平洋战争爆发后有一部分迁至成都，林耀华先生等学者就在那里继续人类学的教学与研究工作。其他像中央大学、西北大学则先后创办边政学系，以人类学、民族学为主要必修课程。抗战胜利后，清华大学于 1947 年成立人类学系，吴泽霖先生任系主任，吴先生还在该系设立了国内第一个民族文物陈列室。台湾大学也于 1949 年成立了考古人类学系。可以说，在新中国成立前，人类学学科已有相当的发展，取得了一定的成就，在国际学术界也有一定的地位。

然而遗憾的是，新中国成立后中国人类学却经历了曲折的发展道路。在 1952 年的全国院系调整中，人类学和社会学、民族学、政治学、法律学等

---

① 周星："当代我国人类学界的一件盛事"，北京大学社会学人类学研究所，1993 年。

学科一样，被当作是资产阶级学科取消了，只有复旦大学保留了体质人类学教研室。在中国台湾，人类学还在继续发展。中国香港自七十年代起也开始重视发展人类学。大陆尽管在院系调整后的二十多年里不能再公开提倡人类学、民族学研究，但自从五十年代先后成立中央民族学院、中国科学院民族研究所，国家民委组织大规模全国少数民族社会历史调查，若干省区还先后建立民族研究所与民族学院，我国少数民族的研究取得了很多重要的成果。此外，人类学的分支学科考古学也一直作为一门独立的学科在发展着，北京大学考古系在这期间培养了许多研究人才，取得了大量可喜的研究成果。

"文革"结束后，人类学才重新在大陆学术界出现。1979 年 4 月，在昆明召开的全国民族研究工作规划会议上，民族学小组中北京、上海、武汉、厦门、广州等地代表一再倡议恢复人类学。次年，在北京成立了中国人类学学会筹委会。1981 年 5 月，中国人类学学会正式成立[1]。从此以后，人类学逐渐引起学术界和社会各界的关注。到九十年代，人类学学科已逐渐发展起来。在一些著名高校和研究机构如北京大学、中央民族大学、中国社会科学院、厦门大学、中山大学、兰州大学、云南大学等，先后建立了人类学系、专业或研究机构。

大家知道，作为当代人文社会科学中一门十分重要的综合性学科，人类学有着注重现实生活、强调实地调查、通过比较研究来深化对于人类文化及其变迁的理解的学术传统，因而对于进一步繁荣我国的社会与人文科学事业，对于加强从人文与社会科学相结合的角度研究我国现代化建设、促进社会发展与各种文化间的沟通，都具有十分重要的理论与实践意义。

目前，在发达国家和许多发展中国家，人类学都成为备受重视的"显学"，它在各国的高等教育体系中，在培养国民素质和促进国际文化交流中，日益发挥着重要的作用。现在世界上几乎所有的著名学府里，都有人类学系或人类学专家群体。据初步统计，在国外从事中国研究的学者中，大约有 80% 是人类学家或主要应用人类学的方法从事研究工作。[2]

相形之下，目前我国的人类学研究还处于重新起步的阶段，与国际上人类学的发展状况相比，差距还很大。无论在师资队伍、学会组织、课程建设，还是在研究方法与学术水平等方面，都面临着许多亟待解决的问题。相

---

① 陈国强："中国人类学发展史略"，《广西民族学院报》，1995 年第 1 期。

② 北京大学社会学人类学研究所："社会·文化人类学高级研讨简介"，1995 年。

对于人类学所应发挥的积极作用，相对于我国现代化建设所提出来的许多重大的社会文化问题，我国的人类学迫切需要加速发展和提高。

二

加速发展人类学，对我国的改革开放事业和社会文化建设，具有重要的意义。

从国际上看，随着冷战的结束，世界的政治军事对立已逐渐转化为民族和文化意义上的摩擦，社会－文化研究的重要性越来越显得突出而重要，擅长于探讨这类问题的人类学自然备受重视。中国随着改革开放的发展，也必将努力跻身于世界先进民族之林，在世界扮演越来越重要的角色。在这一走向世界的过程中，也会面临若干民族与文化上的问题，人类学也将因此具有越来越广阔的天地。而这些问题的顺利解决，也无疑有助于我国的改革开放事业。

从国内看，目前中国社会正处于迅速的转型时期。对此，尽管人们已给予了充分的关注，但人们往往过于重视经济层面的变化，却有意无意忽视了这种社会的迅速转型，实际上也还是一个文化变迁的过程。众所周知，生产方式的改变必然导致生活方式的改变，而生活方式的改变又必然会使人们的观念世界发生深刻的变化。那么，这样的一系列变化是否有利于社会、文化秩序的稳定与重建？是否可以成为一种能动的力量来促进经济的进一步繁荣？对这样一些我国社会转型时期的重要问题，人类学可以帮助我们认识和解决这些问题。

同样重要的是，中国还是一个有着五千年历史的多民族国家，像费孝通教授所说，是"多元一体"。但全民族这个"体"的发展，对各个民族这些不同的"元"，不一定有相同的意义。各民族的共同繁荣也不能只是单纯经济上的发展，还应该包括社会－文化层面的进步。具体一点讲，经济的发展必然影响五十几个少数民族社会与文化的各个方面，这就产生一个少数民族的文化适应问题。如何在中华民族全方位的经济－文化变迁中保持"多元一体"的动态平衡，是人类学者必须深入探索的又一个重要课题。

作为一门研究人类文化的综合性学科，人类学为我们提供了人们最基本的认识模式，总结了人们日常生活中运用、创造的智慧。如果我们能将这些人类学的知识传播开来，普及开来，转换为广大公民的社会素养，比如使人们理解文化的相对性，便会有助于国家之间、民族之间的和平共处，因为在这个世界里，人们越来越需要学会尊重彼此的文化，越来越需要知道每一种生活方式都有它独特的存在价值。儒家从孔子起就讲"仁"、"礼"，讲人与人如何相处，"仁者爱人"，人们现在过于关注物质的增长，却忽视了人与人之间关系的协调，如能从现在起就扎实地做好这样一些人类学知识的转换与普及工作，是一件具有深远意义的大事。

三

加速发展人类学，对于我国人文 – 社会科学的发展，也有着重大的意义。

首先是方法论的意义。尽管说方法从来都只是学术研究的工具，并不能说哪种方法为哪门学科所独有，有如祖传秘方一般，事实上并不是如此。不过，一门学科不仅意味着研究问题的独特领域，同时还意味着研究问题的一整套独特方法。在这个意义上，人类学最基本的田野工作传统，对其它学科尤其是社会学产生了深刻的影响。因为人类生活的意义世界，至少在目前还未能得到满意的、"科学化"的测量，在研究中还无法将其操作化，而人类学的参与观察、体验等方面却能对此加以有效的理解与分析，使得定性研究与定量研究得以相互补充、相互结合，促进研究水平的提高。人类学方法在学科间的扩散，还与中国人类学发展史有密切的关系。新中国成立前，清华大学、浙江大学等校人类学与社会学同设在一个系里，使得后来不少学生可以身兼二门学科之长。所以现在讲社会学人类学的相互结合，不是要不要结合的问题，也不是如何结合的问题，而是早就有相互结合的传统，今天如何继承发扬光大的问题。

第二点，是人类学对于其它学科在理论上的启发意义。在理论上，人类学的若干理论，就对当代社会理论产生了重大的影响。如八十年代以来兴起的"经济生活的新社会学"，就受到经济人类学家卡尔·波拉尼（K. Polany）的直接影响；如马克·格拉诺维特提出的关于"经济关系'嵌入'于社会网络结构之中"的命题，其中有关"嵌入性"的思想，就直接导源于波拉尼；此外，像维克托·尼（Victor Nee）等人所代表的研究社会主义社会发展的"新制度分析"学派，也直接运用了波拉尼的"再分配经济"（Redistribution）概念。而黄宗智对于中国明清以来经济社会史的研究，受到克利福德·吉尔茨（Clifford Geertz）的重大影响，更是人所熟知的事实。[①] 当然，人类学的影响并不仅仅体现在社会学一个学科上，不过应当承认，在当代社会学的若干理论上，人类学的影响和作用特别明显。

第三点涉及到对人的理解。过去社会学主要研究文化、研究制度、研究社会结构，这是必要的。但创造社会、运作制度的都是人，大家往往不去注意研究人，这就有点见物不见人了。社会学研究既要见物，更要见人。现在社会发展要以人为中心，社会学研究也以人为中心，这个观点日益明确起来了，这就需要发展人类学，接受人类学对人的深入的理解。人类学，就是Study of Man，就是研究人的科学。这十多年来，社会学有了较快的发展，但对人研究还不够。社会是由人组成的，研究社会，离开了对人的理解，是不可想象的。单从这个意义上讲，人类学的智慧不仅对社会学，而且对经济、法律等其它学科也同样有相当重要的意义。

第四，是学科之间的相互借鉴、吸收与融合问题。人们谈到这一问题，往往强调的是这样三个方面：（1）方法上的互相渗透；（2）理论上的相互启示；（3）研究领域的互相交叉。这些都固然是必要的，也是应当的，我也认为都很重要，不过这里我想强调的还有另外一个方面，它的重要性尚未引起大家足够的重视，那就是跨学科的综合性研究（Trans – disciplinary Holistic Study）问题。在现有的教育制度下，学科的分门已不仅是知识的分类，同时还造成学者在研究领域上的分工。于是，一个常见的事实是：不同职业的研究者在他们各自的领地里用各自的一套知识体系从事各自认为重要问题的研究。这里，是否会出现盲人摸象的情形暂且不论，单从学科的本来意义来讲，所要解决的，是人类面临的问题。学科可分门，但人类面临的问题，象环境、贫困、健康、人口等一系列重大问题，决不是哪门学科就能包办的，这样，学科分门之后如何协作，就成为今日学术界的一个重大问题。我这里所说的跨学科的综合性研究包括两层意思：（1）是指相关学科之间的相互合作；（2）是指一个研究者要尽量具备多学科的知识。在这一层面上，发展、建设中国的人类学学科，其重要意义就不言自明了。

第五，发展人类学，会大大促进中国人文 – 社会科学的本土化。学术本土化是在大量吸收国外经验、深入本国研究基础上学术水平的全面提升。本

---

① 庄孔韶等，"面向未来的中国人类学和民族学"，《广西民族学院学报》，1995 年第 4 期。

土化的提出，固然不免有学术上的民族主义情绪，但本土化的结果，却远远超越了学术民族主义本身，它意味着，在世界学术的宝库里，也有了中国自己的一分子。是"你中有我，我中有你"，"庄生晓梦迷蝴蝶"。这正如事物的个性与共性之间的辩证关系一样，学术的本土化与世界化应该是一种辩证的统一。强调"本土"不是要否定学术的世界性，而是更要通过学术的本土化，全面提升我们的学术水准，成为国际学术界里有机组成部分。正是在这个意义上，"越是中国的，也就越是世界的"，这意味着中国人生活智慧的世界化。这是一个事情的两面，辩证统一的两面。人类的共同问题需要全人类的智慧，学术的本土化一方面固然意味着本国本民族学术的进一步成长，更意味着我们民族的智慧可以借此汇入人类智慧的大海，一面用这"智慧大海"的知识来解决自己的特殊问题，同时也来齐心协力解决人类共同的问题。而在这个意义上，发展中国的人类学，就有了更加完整深入地探究中国人的生活智慧、努力全面提高我国的人文 – 社会科学水准、更好地帮助解决中国及世界所面临的问题与困境的含义。

四

中国是一个有十二亿人口的社会主义国家，目前正处于跨世纪的关键时刻，还有五年，就要进入二十一世纪。最近，中央提出了关于国民经济和社会发展"九五"计划和 2010 年远景发展目标的建议，未来十五年是我国改革开放和社会主义现代化建设事业继往开来的重要时期。有识之士都认为，二十一世纪是亚洲世纪，中国文化必将在 21 世纪发挥重要的作用。这里就有一系列非常重要的社会 – 文化问题，需要我们进行深入的研究。在这当中，人类学具有不可替代的重要作用，不管从什么角度讲，它都应该具有与社会学、民族学同等的学术地位。从学科性质来看，人类学是与社会学、民族学密切相关但又独具特色的学科，新中国成立后同社会学、民族学一样被取消，但一九七八年以后，社会学恢复了，民族学兴起了，然而人类学尽管从八十年代以来，不论是在学科建设，还是在研究水平上，都有一定的发展，但它在目前还不是一级学科，仍从属于民族学，这个问题应该提上议事日程，应该去努力解决。同时，鉴于上述情况，我们建议在高等院校里，应当多开设一些人类学课程，条件成熟时应当鼓励成立人类学专业或系。在这方面，作为中国现代人类学主要发源地的北京大学，其社会学人类学研究所十年来已作了大量工作，具备了社会－文化人类学领域较强的科研与教学力量，这是一个很好的开端。总之，"红花白藕，天下学问是一家"，解决人类的问题，解决中国的问题，都少不了人类学这样一门基本而重要的学科。希望我们能理论联系实际，在不断深入的探索中，加速发展具有中国特色的人类学，为社会主义现代化建设事业服务。

团结起来，进一步发展和繁荣 我国社会学事业[*]

（一九九六年）

各位理事：

中国社会学会 96 年年会及第三届换届工作在沈阳市兰亭宾馆举行。沈阳市社会科学院、社会学研究所、社会学会作了充分的准备工作以及辽宁省委大力支持，使得年会能如期顺利进行。在此我代表第三届理事会向上述单位深表谢意！

几天来，大家就我国经济社会的协调发展及 21 世纪中国社会学的发展问题进行了认真的学术研讨，取得了丰硕的成果。同时学会换届工作也已完成。在此，我对本届年会取得圆满成功，对新一届理事会开始工作，表示衷心祝贺！

我国社会学是在改革开放的大背景下恢复和重建的。十七年来，广大社会学工作者遵循"以马列主义，毛泽东思想为指导，密切结合中国实际，为社会主义服务"的方针，在建设和发展学科、服务社会方面取得了可喜的成绩：社会学的队伍不断扩大、社会学的研究水平不断提高、社会学的社会影响进一步扩展、社会学在社会可持续发展和人民生活中的作用越来越重要。这些成绩的取得，是广大社会学工作者付出辛勤劳动共同努力的结果。我们应为已取得的成绩而高兴，同时我们也要清醒地看到社会学学科进一步

---

[*]　本文是袁方先生在中国社会学会 1996 年年会上的讲话。

发展的迫切性和艰巨性。

当前我国社会正处于激烈的变迁过程，遇到其它国家从未遇到的问题：如贫困问题、人口的数量和质量问题、失业问题、老年问题、妇女问题、"民工潮"问题、犯罪问题、贪污腐败问题等。这都需要包括社会学在内的社会科学作出研究、解释和回答，而目前开展社会学研究的经费等条件并不充分，社会学的地位和作用又有赖于它对上述问题的研究，解释和回答的程度，在这种情况下，发挥我们的能动性就十分重要。另外在社会学理论、方法和应用社会学等方面，我国同国际社会学的发展水平还有相当差距。我们需要借鉴国际先进经验，并结合我国的实际，实事求是作出高水平的研究成果，才能在国际上取得应有的地位。在这方面，我们的任务是艰巨的也是紧迫的。

对建设有中国特色的社会学来说，要从我国的国情出发，密切结合悠久的传统社会思想文化的实际，结合社会主义现代化建设的实际，来研究社会学理论和社会问题。这种研究成果，才能为社会主义建设服务，才能为社会学学科发展服务。我们还有四年时间就要进入 21 世纪。一些国际有识之士认为 21 世纪将是亚洲世纪。以中国文化为代表的亚洲文化在 21 世纪将要发挥重要的作用，这是肯定的。因此大力发展我国悠久的传统文化，并积极倡导人文精神，发展更适用于人类需要的社会学就显得十分重要了。在这方面，我国社会学工作者负有不可推卸的责任，也是我国社会学本土化的重要途径之一。我们应作出新的贡献。

发展和完善我国社会学学科体系，当然不是一代人所能完成的，也不是少数人所能实现的。它需要广大社会学工作者继续努力，同心同德，团结奋斗。为实现我们的共同目标，我希望新一届理事会加强团结，"团结就是力量"，并团结全国社会学工作者齐心协力，在学会活动上加强沟通、协商和协调，取得共识，创造条件开展学术交流和协作，并鼓励学术争鸣，进一步发展和繁荣我国的社会学。另外，我还希望学会进一步遵循改革的方针，在组织年会、发挥地方社会学作用、发展分支社会学专业委员会等方面，做出新的成绩。同时也要在为社会主义现代化建设服务，为社会学学科发展服务，为全体会员服务等方面也做出新的成绩。

各位理事，21 世纪即将来临，我们应以自己的不懈努力和新的成绩去迎接新世纪的到来，在这方面，我愿与大家共勉。

祝我国社会学事业繁荣兴旺！祝社会学同仁身体健康，并取得新的成绩！

学习《江村经济》的一些体会[*]

（一九九六年）

一

费先生"江村"调查采取微型社区研究方法。这种社会调查方法须以一定的社区为范围，观察社区人们的思想、感情生活和行为。社区研究法在当时社会学学科里偏重于应用人类学方法的一派，在社会人类学学科里可说是偏重于以现代微型社区为研究的一派，即马林诺斯基称之为社会学的中国学派。

"江村"调查虽采用社区研究方法，但还受实证派社会调查方法的影响，即调查时"调查者不要带任何理论下乡"，但这样做的弊端，他写《江村经济》时就已感到了。他说，"在实地调查时没有理论作指导，所得到的材料是零星的，没有意义的。我虽则在这一堆材料中，片断地缀成一片，但全书并没有一贯的理论，不能把所有的事实组织在一个主题之下，这是个无可讳言的缺点。"后来他在云南内地三村社区研究中克服了这些缺点。因此《江村经济》只是他"从社会调查到社会学调查或社区研究的过渡作品"。[①]

不论是在英国还是在美国，文化人类学在 30 年以前一直是以"野蛮人"社会为研究对象，《江村经济》打破了这种局面，使这个学科从过去一直研究"野蛮人"社会迈向"文明人"社会。它是用社会人类学方法研究

[*] 这是袁方先生 1996 在"祝贺费孝通先生学术活动 60 周年"学术研讨会上的发言。

[①] 费孝通：《云南三村》第 12 页。

文明国家的一本具有开创性的著作，也是第一本用微型社区研究方法研究中国人自己农村社区的著作。所以马林诺斯基说，这本著作在国际人类学界开创了新风气，提出了新方向。它将被认为是人类学实地调查和理论工作发展中的里程碑。这本书出版后，引起国际人类学界、社会学界高度重视。它不仅把人类学的研究推进了一步，也为社会学、人类学中国化指明了方向。

二

"江村"研究是费先生研究中国农村的一个起点。这本书的一些观点和结论，如人多地少、工农相辅的农村经济结构、发展农村副业和工业是提高农民生活的必由之路的观点，不一定能反映整个中国农村的全貌。因为"江村"只是中国农村的一种类型，这点费老也是清楚的。因此他认为"将一个农村看作是全国农村的典型，用它来代表所有农村，那是错误的。但是将一个农村看成一切都与众不同，自成一格的独秀，也是不对的。"① 对他来讲，并不满足于"江村"一个村子的研究，他是以"江村"为起点来认识和研究整个中国农村社会、整个中国社会的。

人们认识事物总是从具体、个别、局部开始的，有了不同微型社区研究作基础，就可以进行不同类型的比较，逐步形成全面的整体的认识，从个别出发是可以接近整体的。为此他提出类型（type）概念（在云南三村的调查中叫"型类"），所谓类型是以"一切事物都在一定条件下存在为前提"的。因此"相同条件形成的相同事物就是一个类型"。② 农村社区在相同条件下会出现相同的结构，在不同的条件下结构是不同的。条件是可以比较的，结构也是可以比较的。通过比较就可以发现相同的和不同的类型。费先生称这种研究方法为类型比较法。这为我们研究社区开创了一种科学的研究方法。

40年代初，费先生在云南呈贡建立了云南大学社会学研究中心（燕京大学－云南大学实地研究工作站），先后挑选了三个村子（禄村、易村、玉村）采取类型比较法进行调查研究，这是江村社区研究在云南内地的延续。

江村地处沿海，经济比较发达，农民并不完全依靠农田来维持生活。而禄村不同，它远离现代工商业，受都市工商业的影响较小。云南农村中的条

---

① 费孝通：《东亚社会研究》第11页。
② 同上第15页。

件也不同，和禄村相比，易村土地贫瘠，单靠农田难以维持生活。因此易村有比较发达的编篾器的手工业和造土纸的手工作坊。而玉村与禄村相比又有所不同，农田少，亩产低，粮食不能自给，与易村一样不能单靠种地维持生活。但玉村地处商业较发达的玉溪县城，交通方便，家庭以种蔬菜来补农田收入的不足。总之，江村、禄村、易村和玉村所处的条件不同，形成了不同的类型。

通过江村和云南三村的比较研究，支持了江村调查的一些观点和推论，如"人多地少，农业不能维持生活而得求助于工业"，"工业帮着农业来养活庞大的乡村人口"等。"乡村中工业的发达并不是偶然的，在农村经济中工业是必要部分。原因是在中国农业并不能单独养活乡村中的人口。"[①] 这种情况，江村如此，易村也如此。类型比较法，论证了他的一些观点和推论是实事求是的，正确的。40 年代费先生的类型比较法主要是通过江村、云南三村的条件和结构比较进行的。"类型"概念的提出和应用，可以逐步地扩大实地观察的范围，按照已有类型去寻找条件不同的具体社区，进行比较分析逐步识别出中国农村各种类型，也就由一点到多点，由多点到更大的面，由局部接近全体。[②] 类型比较法能把千千万万个中国农村社区，分别归纳为几种类型进行比较，从而可以了解中国农村社会的真实面貌。费先生对微型社区研究的理论和方法都做出了新的贡献。

三

新中国成立后，1957 年费先生再去"江村"访问，了解"江村"的变化，住了一个月。他很高兴地看到贫苦农民由于土改分到了土地，生产积极性很高，农业取得了很大的发展，他多年来探讨解决中国土地问题的理想被实现了。但农民收入增加得并不多，手边仍缺钱花，这主要由于农村家庭副业和工业受到限制，没有发展起来，一些人家收入甚至下降。对此他深感忧虑。他认为"以粮为纲"单一发展农业，不搞副业、工业，农民的生活是很难富裕的。他根据访问的材料和农民的要求写了《重访江村》，在《新观察》杂志上连载。可是没等到第三篇印出来，就被错划为"右派"。由于他

---

① 费孝通：《云南三村》第 13 页。
② 潘乃谷：《但开风气不为师》，《费孝通学科建设思想访谈》第 10 页。

主张的发展农村家庭副业和工业的观点与单一发展农业相矛盾,因此受到批判,从而使他的学术活动也被迫停顿了。但是实践一再证明,当时他的观点是正确的,他的忧虑也是有客观依据的。

<h1 style="text-align:center">四</h1>

70 年代后期,党的十一届三中全会恢复了实事求是的思想路线,拨乱反正,为费先生恢复了名誉。他多年没去"江村"了,但内心却时时想念着那里。国外一些社会学者、人类学者来中国访问时总希望去"江村"看看,了解他研究过的"江村"的状况及变化。1956 年 5 月,澳大利亚悉尼大学人类学系主任威廉·格迪斯(W. R. Geddes)教授来中国时访问过这个村子,1963 年他出版了《共产党领导下的中国农民生活》(*Peasant and Life in Communist China*)一书。1981 年 9 月美国马里兰州立大学人类学教授南希冈萨斯来中国也访问了这个村子。本来费先生打算和他一起去,后因病延到十月才去成。这次他去"江村"主要是收集一些资料,写《三访江村》,以作为参加英国皇家人类学会颁发"赫胥黎纪念奖章"时的演讲稿。这是中国人第一次出现在以赫胥黎这位人类学的先驱者命名的纪念奖获奖名单上,这不仅是费先生个人的荣誉,也是中国人类学界的荣誉。

费先生已三次访问"江村"。他说,每次访问都有不同的感受和收获。第一次访问是 1936 年,那时他的家乡正遭受帝国主义的蹂躏,经济衰退,农民靠自身的力量进行挽救,知识分子也把科学技术送下乡与农村养蚕等副业生产相结合,帮助农民提高经济收入。根据这些情况他写了《江村经济》这本书。第二次访问是 1957 年,他的家乡正处于农业上去了,副业却受到种种人为的限制,没能发展起来,农民收入下降了。费先生根据农民发展副业的迫切要求和副业是经济一个重要组成部分的观点,写了《重访江村》。第三次访问是 1981 年 10 月,他的家乡农业、副业生产都有了较大的发展,粮食亩产已超过 1000 斤。"江村"已进入了一个新的发展阶段。但也存在着新的问题,"那就是如何才能进一步富裕起来,如何工业化,如何缩小城乡差别等问题"①。根据三访"江村"的这些感受,他于 1981 年 10 月 6 日应江苏省社会科学院、江苏省社联邀请在南京作了"建立面向中国实际的

---

① 费孝通:《从事社会学五十年》第 13 页。

人民社会学——从三访'江村'谈起"的讲演。他说："中国是十亿人口的国家，要实现工业化，不能走资本主义的旧路，把大批工人集中到北京、上海、苏州等大中城市去。除了发展大工业之外，我们在宏观经济指导下，还需要根据农村的优势，就地发展小型工业。这就既可以为农村劳动力开拓就业机会，又可以逐步消灭城乡差别。"① 他认为，发展乡村工业是我国工业化的方向，也是农民的迫切要求。他认为，这些重要问题都是我国社会学需要研究的重要课题。

新中国成立后的 27 年里，中国大陆社会学曾走了一条坎坷曲折的道路，1979 年 3 月才得以恢复和重建。当时成立了中国社会学研究会，后改为中国社会学会，费先生当选为会长。他提出了重建社会学应"以马列主义、毛泽东思想为指导，结合中国实际，为社会主义建设服务"的方针。我国社会学恢复重建以来已 17 年了，在社会科学领域里取得了应有的地位，为社会主义现代化建设做出了贡献，特别是费先生带头深入实际，调查研究小城镇、乡镇企业等问题，取得了杰出的成绩，受到党和政府及社会各行的高度重视和好评。这都证明重建社会学的方针是正确的。

在这次讲演中，他还提出了社会学的重要性。他说："人类要走向自觉，走向自由王国，就必须大大加强社会科学和自然科学的研究。而社会学在社会科学里占有重要位置。"② 他认为，不能把外国的东西生搬硬套，要结合我国的国情，"走自己的路，搞中国式的人民社会学"，"好好地认识我们的国家、民族、社会"。③ 他的《江村经济》早就为我们树立了榜样。

五

费先生第二次学术生命是 80 年代初开始的。他所走的道路其实还是他早年走过而被中断的老路。这条道路就是社区研究，学以致用，志在富民。他重新开始农村调查，首先是想实地看看十分熟悉的"江村"经过 20 多年风雨后有什么变化。于是他三访"江村"。由于乡镇企业的大力发展，"在

① 费孝通：《从事社会学五十年》第 138 页。
② 同上第 138 页。
③ 同上第 136 页。

比较发达的地区，不论过去属于哪一类型的乡镇企业都先后开始走上了工业化道路。发生了以企业为基础的小城镇；生机勃勃，引人注目。"① 这使他非常感动，引起他研究的兴趣。1982 年 1 月他"四访江村"时，提出了研究集镇的设想。

江苏小城镇在 70 年代以前曾处于衰落和萧条时期，70 年代后期有了转机。党的十一届三中全会后，才呈现发展繁荣景象。小城镇建设是在我国城乡经济体制改革的实践中被提出来的。1980 年胡耀邦同志在一次会议上讲道，"要发展商品经济，小城镇不恢复是不行的。要使农村里的知识分子不到大城市里来，不解决小城镇就难以做到。如果我们的国家只有大城市，中等城市，没有小城镇，农村里的政治中心、经济中心、文化中心就没有腿。"② 费先生十分赞成这种看法，并把小城镇问题作为一个长期研究的课题。这个课题不仅成为社会科学国家"六五"规划中重点的课题之一，也是国家"七五"规划中一个继续研究的重点课题。1982 年 10 月和 1983 年 1 ~ 2 月，他指导的课题组就这一课题在吴江县开始进行了探索性调查研究，并提出"类别、层次、兴衰、布局、发展"的 10 字提纲。

从 1982 年后他的社区研究领域比三四十年代扩大了，从农村社区扩大到城镇社区，提高了一个层次。城镇社区研究实际上是他过去农村社区研究的继续。农村社区研究不能只限于农村本身，还需要考虑经常与农村社区发生联系和起制约作用的城镇。费先生把小城镇看作是城乡结合部。为了探索这个新课题，课题组采取了"解剖麻雀"的方法，把吴江县作为研究的起点，研究领域从家乡一个村扩大到吴江七大镇再扩大到苏南四个市（苏州、无锡、常州、南通）。1984 他走出苏南进入苏北，访问了苏北四个市（徐州、连云港、盐城、淮阴），再顺南而下，访问了三市（南京、镇江、扬州）。这样对江苏省的小城镇有了一个全面的概括。

根据江苏省小城镇的比较研究，费先生写了一系列的著作，如《小城镇 大问题》、《小城镇再探索》、《小城镇的发展在中国的社会意义》、《继续开展江苏小城镇研究》、《及早重视小城镇的环境问题》、《小城镇·苏北篇》、《小城镇 新开拓》等，这些具有重要理论意义和实践价值的研究成果，高度评价小城镇的建设与发展，如小城镇将成为农村发挥重要作用的政

---

① 费孝通：《小城镇的兴起》，《北京大学学报》1995 年第 2 期。

② 费孝通：《小城镇及其他》第 18 页。

治、经济和文化中心①。城镇的发展将为农村人口非农化开辟广阔的就业途径，小城镇的发展为适合我国国情的农村城镇化道路奠定了基础，小城镇发展将在我国城乡一体化的城乡关系中发挥重要作用。

小城镇发展起来是和乡镇企业、工业的迅速发展分不开的，乡镇工业的发展引起了他的研究兴趣。三十年代他调查"江村"的兴趣就是被该村举办蚕丝产销合作社引起的。"江村"研究得出的发展乡村工业是农村繁荣、农民脱贫致富的必由之路的观点，四十年代初期云南内地农村的调查研究支持了这一观点。80年代乡镇企业兴旺发展，使他确认这是农村经济由贫致富的有效途径，②并再次证明了他早年的观点没有错。因此，他有兴趣研究乡镇工业也是很自然的。

1982年"江村"落实生产责任制后，农民生产积极性提高。生产责任制的实施，使得农村剩余劳动力问题暴露出来，需要另谋出路，这给乡镇工业发展以极大的推动力。乡镇工业大量吸收村里的劳动力，减轻农田上的人口压力，使农民收入提高，农业和农村工业并肩发展使得农村经济出现了空前繁荣景象。在这个过程中农村经济结构发生了空前的变化。"江村"工业尽管起步较晚，但变化也特别显著。费先生指出，1979年工业产值只占农、副、工三业总产值的31%，1985年三业总产值比1979年增长7.7%，其中工业产值占60.4%，农业占13.5%，副业占26.1%。工业的异军突起并不是由于农业萎缩，农业产值也是上升的，只是远比工业产值低，比例为4∶6。乡镇工业迅速发展起来，改变了"江村"的落后面目。这对他的思路有深刻的影响。1986年他在《江村五十年》中写道："自1981年以来的这几年里，我多次去江村访问，同时指导我的学生蹲在村里作观察与研究。我亲自看到这个村子在这半个世纪里的巨大变化。江村的变化总的说来反映了全国农村所走过的道路，而且在一定程度上还可以说它代表了中国农村现代化的先进模式。"③

乡镇工业是从农村副业、手工业发展起来的，它的发展是适合中国国情的，农村工业化这条工业化道路确实具有中国社会主义的特点。因为它既不是如大跃进时期那样走"以钢为纲"大炼钢铁、劳民伤财的工业化路子，

---

① 费孝通：《四年思想回顾》，《调查资料》第25期1989年5月9日。

② 同上。

③ 沈关宝：《一场悄悄的革命：苏南的工业与革命》，云南人民出版社，1993，第4页。

也不是早期西方工业化那样形成城乡对立，牺牲农民和农业的路子，而是始终走以繁荣农村经济、使农民脱贫致富、农工相辅、城乡协调一体为目标的路子。他说："中国的工业化只能走适合自己特点的路子，农民在农村繁荣的基础上，利用来自土地的积累兴办乡镇工业"。这条道路已经切切实实地开始出现在我们面前。[①] 这是中国农民在实践中的新创造，也是中国农村社区经济发展的必然趋势。

近年来费先生又开始区域发展的研究，体现了他严谨的实事求是的科学精神和学以致用，志在富民的崇高责任感。《江村经济》作为他一生学术研究的起点，为我国社会学和人类学开辟了新风气和新动向。他认为科学的价值就在于真正为人类服务。《江村经济》深刻地体现了这种崇高精神，《江村经济》无论是研究目的、研究方法，还是研究的结论，都为我国社会学、人类学中国化、本土化提供了学习的典范。

在"祝贺费孝通先生学术活动 60 周年"学术研讨会上，我谨就上述《江村经济》的一些不成熟的体会提出来请各位专家学者指正。祝费先生学以致用、志在富民的学术思想永放光辉。

---

① 费孝通：《农村小城镇区域发展》，《北京大学学报》1995 年第 2 期。

在第六届亚洲社会学大会上的讲话[*]

（一九九六年）

各位代表，各位来宾，先生们，女士们：

今天，来自亚洲各国及中国港、澳、台地区的社会学家聚集在这里，出席亚洲社会学界的盛会，准备就共同关心的问题进行交流和讨论，我代表中国社会学会，向参加大会的亚洲各国及中国港、澳、台代表，向各位来宾，表示热烈的欢迎，并预祝大会取得圆满成功。

亚洲社会学大会自从 1973 年以来，已经举行过五届。这次是第六届。在历届的会议上，亚洲各国的社会学家和学者都进行了很好的交流和讨论，推动了亚洲地区社会学的繁荣和发展。本届大会是在与以往完全不同的国际背景下召开的。近年来亚洲地区的高速度的经济发展，使它成为世所瞩目的焦点，由此可以推想，在即将到来的二十一世纪中，亚洲在国际经济与政治舞台上将会扮演越来越重要的角色。

亚洲国家从本国的实际出发，制订了不同于西方国家的政策、制度与发展模式，从而使本国社会与经济发展走着自己所独有的道路。在新的国际背景下，探索和讨论亚洲国家由于自身的传统文化、社会结构和发展模式所带来的新问题，就这些问题进行广泛的交流，在此基础上再进一步加强彼此之间的合作，无疑是一件非常有意义的事情。我相信，这样的讨论、交流和随之而来的进一步的合作，必将推进亚洲社会学的发展。

中国社会学会成立于 1979 年 3 月。原名是"中国社会学研究会"，1982

＊ 本文原载于《社会学研究》1996 年第 1 期。

年五月在武汉召开年会时改为现名。第一任会长为著名社会学与人类学费孝通教授。中国社会学从重建到现在已有十六年多了，在这段时间里，这门学科取得了迅速发展和显著的成绩，受到了国内外的重视。目前全国有 27 个省、自治区和直辖市的社会科学院成立了社会学研究所或研究室，现有高级研究人员 150 余人。全国共有 16 所高等院校建立了社会学系或社会学专业，现有教授、副教授 100 余人。自学会成立以来，召开了多次专题社会学座谈会举办了多次社会学讲习班，培养和训练社会学研究人员，交流研究成果，召开多次社会学专题座谈会，创办了社会学函授大学。随着地方社会学研究的恢复、深入与研究队伍的扩大，各地也纷纷成立社会学会，到现在，已有 23 个省、市和自治区成立了社会学会。中国社会学已经成为亚洲社会学研究的一支重要力量。

1990 年 8 月，中国社会学会在北京召开第三届理事会，选举了新的领导机构。为促进社会学各研究领域和分支学科的联系和协作，为加强国内外的学术交流，这一届理事会决定，在学会之下，设立若干社会学分支学科的专业委员会。现已设立的专业委员会有：教育社会学专业委员会、人口与环境专业委员会、社会调查研究方法专业委员会、农村社会学专业委员会、青年社会学专业委员会等。同时，学会每年召开一次年会，每次年会定一个主题，进行学术交流。如 1991 年在天津举行的年会是以"社会稳定与发展的理论和实践"为主题，1992 年在杭州举行的年会以"当前社会变迁与小康社会研究"为主题，1993 年在深圳举行的年会以"改革开放与社会发展"为主题，1994 年在上海举行的年会以"社会保障与社会发展"为主题等。通过年会的专题讨论，加强了中国大陆的社会学者对现实问题的关注，激发了他们的研究热情，促进了相互之间的学术交流，推动了社会学研究的深入，提高了总体的研究水平。当然，这也为中国大陆的社会学者与国际社会学界的交流提供了基础。

亚洲社会学的这次盛会，以 21 世纪的亚洲社会与社会学为主题，这既有理论意义也有现实意义。可以说，它给亚洲的社会学家提出了许多新任务。中国大陆的社会学者也真诚地希望在这方面和亚洲国家及地区的同仁们加强合作，加强交流，为整个亚洲的社会发展与社会学的学科建设和繁荣作出我们应有的贡献。

谢谢大家。

在 97 年社会学年会上的讲话[*]

（一九九七年九月十日）

中国社会学会 97 年年会，今天在春城举行。这是一次有深远历史意义的年会，我热烈祝贺年会的召开！

这次年会研讨的主题"市场经济与社会结构变迁"，选题很好。与会代表，都作了充分准备，提交了论文。我相信年会一定能开好。

这次年会选的地点也很好。昆明曾经是抗战时期的大后方，成为社会学能在西南地区极为艰苦的环境下继续存在和发展的重要基地之一。

1937 年 7 月卢沟桥事变不久，平津即告陷落。当时教育部令国立北京大学、国立清华大学、私立南开大学三校南迁湖南组成国立长沙临时大学。1938 年 4 月长沙临时大学迁至云南昆明，更名为国立西南联合大学。联大共有文、理、工、法商、师范五个学院，26 个系。该校在昆明八年，坚持和发扬艰苦奋斗、严谨治学的民主与科学的精神，为我国培养出大批栋梁之才，在我国教育史上写下了光辉灿烂的篇章，为世界所瞩目。抗战胜利后该校完成了重要的使命，遂于 1946 年 7 月 31 日结束。

联大社会学系原与历史学系合并为历史社会学系，属于文学院。1940 年 6 月两系分别独立成系。社会学系主任是陈达教授，仍属于文学院。1943 年 8 月陈达辞去系主任职务，由潘光旦教授继任。联大结束后，社会学系随清华大学法学院复原北平。

联大社会学系先后有教授 7 人，即陈达、潘光旦、李景汉、陈序经、吴

---

* 本文原载于《中国社会学会通讯》1997 年第 2 期。

泽霖、李树清、陶云達；副教授 1 人，林良桐；1944 年聘费孝通、瞿同祖为讲师；另有教员 3 人，助教 5 人。

联大社会学系主要培养社会学的教学研究人才，还培养社会行政与社会服务机关的应用人才。该系前后九届共毕业 91 人，对我国西南特别是云南昆明地区社会学的建设和发展，作出了积极贡献。

清华大学国情普查研究所成立于 1939 年 8 月，地点在呈贡文庙。所长是陈达教授，调查部主任是李景汉教授，统计部主任是戴世光教授。该所成立的目的是为国家在战时及战后制定"适合国情，通盘周密的统计计划与整个国策提供社会情况，并提供理论根据与技术经验"。该所进行的户籍普查、人事登记与社会行政调查等工作，均属于国家社会行政工作的一部分。同时要求通过人口普查试验，专门研究各种普查的方法、技术，以便推行全国。该所出版了以下主要调查报告：1.《云南呈贡县人口普查初步报告》（1940 年油印本）；2.《云南省户籍示范工作报告》（1944 年铅印本）；3.《云南省呈贡县、昆明县户籍及人事登记初步报告》（1946 年 6 月油印本）；4.《农业普查报告》（1946 年油印本）。这些调查研究报告，现在来看仍具有十分重要的价值。特别是 1943 年昆明市、昆明县、昆阳县及晋宁县四个环湖县市近六十万人口普查，是我国最早一次采用现代人口普查方法进行的。这次普查引起国内外人口学界的高度重视，它为我国人口普查提供了丰富的资料、数据和现代人口普查方法的宝贵经验。

根据以上人口普查的资料和研究报告，陈达教授写出《现代中国人口》一书。这本著作也是 1946 年他应美国普林斯登大学建校两百周年学术讨论会之邀向大会提交的论文，通过会上交流，受到与会者的普遍关注和好评。会后他去芝加哥大学讲学。该书由《美国社会学杂志》一次全文发表，成为畅销书，受到国际社会学和人口学者重视，被认为"在中国人口学上有一本好的著作，是一件值得夸耀的事"，"这是一本真正以科学态度讨论中国的书"。此书已由廖宝钧译成中文在天津人民出版社出版。

抗日战争爆发后，1938 年夏，吴文藻教授不顾燕大教务长司徒雷登再三挽留辞去社会学系主任和法商学院院长职务，率家属南下。1939 年他在昆明云南大学担任社会人类学讲座教授，同时又创建社会学系，任系主任、文学院院长。1939 年，费孝通回国参与该系教学研究工作。1941 年吴文藻去重庆后，该系由费孝通教授主持，同时以云南大学和燕京大学合作名义，设置了社会学研究室，后迁至呈贡县魁星阁，简称魁阁。

云南大学社会学系主要培养社会学、民族学的教学研究和社会服务的人才，为云南昆明地区社会学建设和发展奠定了一定的基础。社会学研究室是以吴文藻教授倡导的"社区研究"为中心，采取田野调查方法、深入实际、参与观察进行研究的。费孝通、田汝康、张子毅、史国衡、谷苞等先后参加该室研究工作。他们通过对云南农村、工厂和边疆少数民族的实地调查研究，写出了《禄村农田》（费孝通著，1946 年商务出版），《易村手工业》（张子毅著，1943 年商务出版），《昆厂劳工》（史国衡著，1943 年商务出版），《芒市边民的摆》（田汝康著，1946 年商务出版）等专著。费孝通和张子毅还根据禄村、易村和玉村三个村的社区研究成果编写了《乡土中国》一书在美国出版，这是费孝通继《江村经济》一书后，研究中国农村生活的另一本重要著作，为社会学中国化作出了典范，指明了方向。

中国社会学会年会今年在昆明召开，回顾一下云南昆明地区社会学发展的历史，是很有必要的，具有深远的现实意义。老一辈社会学者在抗战时期，不顾日寇的炮火和压力，不计个人名利，团结一致为中国社会学继续发展，同时为云南昆明地区开创社会学、人类学、民族学的那种责任感和忘我精神以及他们根据在云南昆明地区进行的大量深入的实地调查研究，写出具有国际影响的著作，为我们留下了难得的精神财富。这都值得我们认真学习和继承，以促进我国社会学的迅速发展和繁荣，迎接即将来到的 21 世纪！

最后，预祝年会圆满成功，并取得丰硕的科研成果！

中国社会工作教育及其面临的转变[*]

(一九九七年)

一 中国社会工作教育的历史发展

中国的社会工作是从慈善事业中衍化出来的，它是一门科学，也是一种专业。中国社会工作教育是在 20 世纪初开始的。随着西方社会工作教育的发展及西方教会在中国创办社会学系，中国社会工作教育也就开始了自己漫长而曲折的历程。1922 年北京燕京大学创办社会学系，培训社会服务工作的专业人才，着重于讲授社会服务及社会调查课程。1925 年该系改为"社会学与社会服务系"，办学目的侧重于实际应用方面，为社会各服务机关、团体培养社会福利工作者。当时教会所办其它学校如沪江大学、东吴大学、之江大学、金陵大学、金陵女子文理学院、震旦女子文理学院等，成立了社会福利行政系或开设社会工作课程。之后中国人自己办的大学如复旦、暨南、清华等校社会学系也都开设了有关社会工作课程。在三四十年代，中国社会工作教育有了较快的发展。中国社会工作是应用社会学的重要组成部分，它的发展是和社会学的发展密切结合的。

中国社会工作教育在其发展中密切结合中国的国情，并力图解决社会问题，为社会协调发展和进步服务。当时晏阳初、李景汉等教育家和社会学家，在河北定县开展平民教育，改造乡村社区，推动乡村的实验，是中国近代社区工作发展的先声。其中所推行的平民教育方案，为改造当时农村贫、

＊ 本文原载于《中国社会工作教育》1997 年第 1 期。

愚、弱、私四种病，进行了大量的社会工作，做出一定的贡献，并对联合国推进发展中国家的社区工作计划产生了积极而深远的影响。燕京、沪江、东吴、金陵等院校的社会工作专业教育一直持续到1952年社会学系、社会福利行政系被取消为止。

新中国成立初期的1952年，大陆高等院校进行院系调整。当时学苏联，一边倒，由于极"左"思想的影响，认为社会学（包括社会工作）是资产阶级伪科学，历史唯物论可以替代它，还认为社会主义没有社会问题，用不着社会学，因此在院系调整中取消了社会学，与社会学密切联系的社会工作专业也遭受了同样的命运。从此社会学和社会工作专业教育从高等院校消失了，而且成为禁区。这一消失就是27年，使得这两门学科远远落后于国际社会的同类学科水平。

二 中国社会工作教育恢复及其发展状况

1. 中国社会工作教育恢复的历史条件

1979年3月，社会学得到了恢复和重建，北京大学、南开大学、中山大学、上海大学、山东大学、中国人民大学先后建立了社会学系。作为应用社会学重要部分的社会工作也逐渐恢复起来，北京大学、中山大学、上海大学等社会学系都开设了有关社会工作的课程。特别是1986年国家教委做出关于在社会学学科中增设"社会工作与管理"专业的规定，为社会工作专业恢复奠定了基础。之后，北京大学、中国人民大学、吉林大学、厦门大学等校先后建立了这一专业。

由于中国大陆社会工作专业教育中断三十多年，政府有关部门如民政、劳动、公安、卫生、教育等和一些群众团体如工会、妇联、青年团等的社会工作长期处于经验型层次，大多数社会工作者缺乏社会工作基本理论知识和方法的训练，主要靠实际经验从事本职工作，远远不适应社会主义现代化建设的要求，仅以民政工作来说，它的专业化水平还比较低。据调查，全国12万民政干部中由专业学校培养的不足1%，这种状况亟须改变。为此，1983年民政部提出了重建民政教育体系的任务，之后在济南、长沙、重庆、天津各建一所普通中等专业学校，同时在北京建立一所民政管理干部学院，沿着两条路线前进：一是在国家教委和地方教委所属高等院校里，培养具有大学不同学历层次的专业社会工作者，如北京大学、中国人民大学、吉林大学、厦门大学等校招收四年制本科生，使青年学生接受全面系统的专业训练，掌握社会工作理论、知识、方法和技能以及提高行政管理、社会服务、教学研究、解决实际问题的能力，毕业后取得学士学位。至于硕士研究生是具有大学较高学历层次的专业社会工作者。二是在部委所属院校培养社会工作者，如民政部 4 所普通中等专业学校和一所民政管理干部学院。前者普及社会工作教育，从高中毕业生中招收青年学生，经过二年专业教育与实习，达到中专学历水平，取得证书，成为民政基层社会工作者；后者针对民政工作经验型的特点，组织各种形式的培训班与各省市民政厅开设的干部培训班相结合，形成培训网络，有计划地轮训在职社会工作者，使他们提高到中专同等学力水平。至于人民团体所属院校的社会工作专业教育，还只是处在重建过程中，如妇女干部管理学院（现为中华女子学院）1994 年成立社会工作系，招收高中毕业生，学制三年，培养大专层次的妇女社会工作者，适应妇联系统社会工作的需要，中国青年政治学院 1993 年建立社会工作系，适应青年社会工作的需要。

中国大陆社会工作专业教育恢复重建以来，至今已 10 多年，但是社会工作教育目前仍处于恢复重建阶段，进展不快。社会工作专业教育的学科体系还没有形成，专业层次还不完善，专业师资队伍数量少，素质还不高，系统的专业教材还缺乏等等，这都影响社会工作教育迅速而健康的发展。同时由于多年来忽视社会工作教育，传统的社会工作主要是民政工作仍处于经验层次，这不是短时期能够改变的。因此社会工作教育的恢复和重建，必须面对这种现实情况，既要大力培养专业型人才，也要大力提高传统经验型社会工作者的专业化素质，并使这两种类型的社会工作者结合起来，互相学习，取长补短。这是中国大陆社会工作教育的特点和发展趋势。

2. 中国社会工作教育协会的历史责任

1994 年社会工作院校的专业组织——中国社会工作教育协会（CASWE）正式成立。协会现有团体会员 34 个（社会工作院校和研究机构）和 20 多名个人会员，他们来自国家教委系统、民政系统、妇联系统、工会系统、青年团系统，是一个跨系统、多层次学校组成的学术团体。

中国社会工作教育协会的成立，把协调、组织、推进发展符合中国国情的具有本土特色的社会工作教育的任务放在自己的肩上。要能承担起这些任务就必须对下述问题做出认真回答：在中国发展社会工作专业教育的文化基础是什么？产生于西方社会的社会工作专业能否在中国找到其生长的土壤？

如何对待本世纪初在中国社会建立起来的社会工作专业？如何具体地对待西方社会工作的价值、理论和方法？什么是中国社会需要的社会工作专业？在现有的社会条件下怎样去建构这种专业？回答了这些问题也就明确了自己的历史责任。对此中国社会工作教育协会是责无旁贷的，目前我们正在研究这些问题，以寻求明确的答案。

三 社会转型期中国社会工作教育面临的机遇和挑战

1. 社会转型所引发的社会问题亟须社会工作去做出回应

自 1978 年以来，中国的改革开放，同时伴随着社会的转型：由计划经济向社会主义市场经济转型，由传统农业社会向现代工业社会的转型。与此同时，社会问题层出不穷，某些问题缓解了，新的问题又陆续出现，而中国又是一个人口众多，幅员辽阔的国家，各地发展的不平衡又使问题更加复杂。这一切都要求社会工作做出回应。社会工作的基本功能就是解决社会问题，在解决社会问题的过程中，人们也就会认识社会工作的价值。

当前，下列几个方面的社会问题都严峻地摆在社会工作者的面前：例如贫困问题，十几年来在人们收入提高的同时，边远山区的贫困问题还相当严重，成为制约中国经济全面发展和全国人民生活迈向小康社会的障碍；又如失业问题，传统经济的转轨使失业问题显性化、严重化。此外，像人口老龄化问题、住宅问题、妇女问题、青少年的教育与犯罪问题、贪污腐败问题等等都是棘手的社会问题。这些问题不解决，社会秩序必然混乱，经济发展会受到牵制，人们思想受到冲击。面对这些社会问题，社会工作和社会工作教育者应该负起自己的责任。

2. 社会工作教育在回应社会问题时的贡献

社会工作教育及培训在社会转型期扮演着重要的角色，这是因为在社会转型期人们所遇到的是一些新问题，如下岗职工的再就业问题、家庭小型化后的老年人赡养问题、社会分配差异过大带来的不公平感、社会急剧变化对人们心理的冲击——漂泊心态和失范意识等等。这些问题靠原来的计划体制下的单位制和一般政治思想工作都已难以解决。而社会工作可以在解决人们的问题、增进人民福利方面做出贡献。同时由于这些问题是在变动中的社会结构和制度背景下发生的，原来的制度性工具已不够用，所以不同类型的社会工作者还必须学习和接受培训，用更合适的方法去尝试解决上述问题。另外，随着改革的深入，随着"小政府、大社会"格局的形成，许多与社会福利有关的社会服务事业必将越来越多地由民间机构承担，同时也必然要求受过社会工作专业训练的社会工作者推进这些服务事业，因此在中国大陆开展社会工作教育和培训，不但有眼前之功，而且有长远之效。

3. 转型期中国社会工作教育的努力方向

中国大陆社会工作教育与发达国家相比还是比较落后的，许多方面还只是刚刚起步，需要学习和完善的地方很多，社会工作教育恢复重建以来，我们在以下几个方面作了一些努力：首先在教育培训体制方面，坚持两条腿走路的原则。一方面在部门团体所属院校，坚持对在职工作人员进行培训，提高其专业素质。另一方面教委所属院校在培养社会工作本科生、研究生方面进行了有益的探索。其次在培训内容和社会工作方法的教学实践方面，社会工作教育也采取了两种取向并存的策略：第一是坚持在中观、宏观层次上开展社会行政、社会政策、立法、社区工作等方面的培训，使学生具有较好的社会行政能力，能从事社会管理和行政工作，并以自己所学的专业理论知识和技能去影响政策的制定和执行，在更大的范围内帮助那些有实际困难者解决自己的问题。应该说在这一方面社会工作者所能发挥的潜力是相当巨大的。第二个策略取向是在个案、团体社区服务层面上加强训练，使学生掌握咨询、帮助有困难的人解决实际问题的能力。在社会问题丛生的情况下，社会对心理咨询工作的需求是十分强烈的。这是两个互补的发展策略。中国大陆社会工作教育需要在这两个方面共同努力，才能为其健康发展打下基础，才能适应社会的需求，得到社会的关注和重视。

应该说明的是，中国大陆社会工作教育还没有经历过发达国家和地区那种意义的转变，因为后者的社会工作教育模式是较为定型的。它的任务是根据社会变迁的需求去对已有的社会工作模式做适应性的调整。中国社会工作教育专业还只是处在恢复和重建过程，专业教育体系还没有建立起来，在这种情况下，面临急剧的社会变迁去完成社会工作教育转变任务，就有加倍的艰辛。

中国大陆社会工作教育的发展还需要处理好两种关系：一是作为发展方向的专业化社会工作与现行有关部门传统经验型社会工作的关系。由于长期忽视社会工作专业教育，广大的实际工作者也不可能全部重新得到培训，只能长期共处，携手并进。二是专业发展与社会承接力的关系。目前中国大陆社会工作教育一直在探讨社会工作专业化、学科化问题，而有些实际部门还未完全认识到社会工作的重要性及其深远意义。人才市场也还找不到社会工作专业人才应有的位置。在这方面还有赖于社会工作者、社会工作教育者做艰苦有效的工作，以使专业化社会工作得到政府和社会的认同，才能为社会工作教育开拓广阔的道路。毫无疑问，中国大陆社会工作教育的恢复和重建包含了转变这一任务，因此社会工作教育者也必须认真地进行选择，探索最有利于自我发展的途径。

传统与重建[*]

（一九九八年）

在迎接和热烈祝贺北大百周年校庆之际，为继承和发扬北大社会学的优良传统，回顾一下中国社会学的发展，特别是 50 年代中国大陆社会学经历的一段曲折过程是必要的。前事不忘，后事之师。50 年代初全国高等院校院系调整，由于当时学苏联，而苏联对社会学是持否定态度的，认为历史唯物主义可以代替它。因此中国也就取消了社会学，同时被取消的还有与社会学有关的人口学、社会工作、社会心理学等。

50 年代后期，苏联恢复了社会学，并派代表团参加 1956 年 8 月在荷兰举行的第三次国际社会学大会。信息传来，自然要引起中国社会学者的关注。陈达、吴景超、费孝通等教授先后在政协会议上、京沪报纸杂志上发表恢复社会学的建议，受到中央宣传部和中国科学院社会科学部的重视、支持，并同意恢复社会学，于是在社会科学部建立"社会调查工作委员会"，由陈达教授任主任。那时正逢反右斗争扩大化，认为要求恢复社会学就是要恢复资本主义，因而老一辈社会学家很多都受到错误批判，被划为右派，从此社会学成了"禁区"。

中国社会学从 1952 年被取消到 1979 年恢复和重建，中断了 27 年，整整一代人之久。这门学科已后继无人。老一辈社会学者已经不多，而且年事已高，重建社会学，不是招之即来的。因此中国社会学会和中国社科院社会

 * 本文原载《青春的北大〈精神的魅力〉续编》第 79～85 页，赵为民主编，王荣奎、张黎明、孙华、孙占龙、张晓娟编，北京大学出版社 1998 年 4 月第 1 版，1998 年 4 月第 1 次印刷。

学所在费孝通教授指导下，集中力量采取速成方式于 1980 年和 1981 年连续开办讲习班，培养出一批年轻的初入门的社会学工作者，使社会学重建工作得以进行，同时在有条件的高等院校，建立社会学专业和系，长期培养不同水平（学士、硕士、博士）的社会学理论和实际工作者。这就为社会学重建和发展奠定了基础。

北京大学不但是中国第一所国立综合性大学，也是中国大学的代表，在北大恢复和重建社会学专业和社会学系，不仅有条件，也非常必要。当时中国社会学会会长费孝通教授和北大政治学系雷洁琼教授曾向北大校领导多次建议设社会学系，于是 1980 年 8 月 19 日北大就建系一事致函请示教育部，很快得到了批复，1980 年 8 月 31 日教育部的批复指出，同意北大设社会学专业。据此北大着手筹建工作，先在国际政治学系暂设社会学专业，从 1981 年起招收研究生，培养师资。1982 年 4 月这个专业从国际政治系独立出来，成立社会学系，次年开始招收本科生，1987 年增设社会工作与管理专业。北大社会学专业恢复重建至今已 18 年，社会学系恢复至今已 16 年。1985 年北大建立社会学研究所至今已 13 年，现改为社会学人类学所。该所与北大社会学系在工作中彼此相互配合、相互支持。

北京大学有社会学的优良传统，1910 年京师大学堂设置的课程中即有社会学。京师大学堂 1912 年改为国立北京大学，在中国哲学门和西洋哲学门中设有社会学。如果从京师大学堂 1910 年设有社会学算起，社会学在北京大学就有八十年历史了。

严复（1854—1921）是北京大学第一任校长。他是清末维新变法时期向西方寻求救亡图存真理的代表人物。1895 年他在天津《直报》发表的《原强》一文中①开始介绍英国斯宾塞的"群学"即社会学，以及从 1898 年起将斯宾塞的《群学肄言》即《社会学研究》陆续译出发表，并于 1903 年出版全书。严复在《群学肄言》译序里说：所谓群学就是"用科学之律令，察民群之变端。以明既往测方来也"，所谓肄言就是"发专科之旨趣，究功用之所施，而示之以治之方也"，而且在"译余赘语中"说："窃以其书实兼《大学》《中庸》精义而出之以翔实，以格致诚正为治之本矣。"这与中国传统儒家思想文化一脉相通。严复是我国引进西方社会科学包括社会学的

---

① 《斯宾塞学说之要义》《原强》，《直报》（1985 年 3 月 4 日），《严复语萃》，华夏出版社，1993，第 45~46 页。

最早学者之一。当时维新变法派学者康有为、严复、梁启超、谭嗣同、章太炎等都重视和宣扬社会学。他们认为社会学是经世之学，可以帮助人们认识社会、改革社会。维新变法救亡图存，正需要这种真理。从此改革社会的风云披靡全国，"群学"成为中国改革的启蒙，也是社会学的光荣，不能不承认严氏远见超众。[①] 他介绍西方的社会学，其译文不但信、达、雅，而且在与中国传统文化思想相融合方面，树立了光辉榜样，做出了开创性贡献。他的社会思想、社会学论述，对北大社会学的发展，也是具有深远影响的。社会学在中国的起源，如以 1891 年康有为在广州万木草堂长兴学舍讲学时，第一次把群学即社会学列入了课程算起，到目前已 107 年了。如以严复1895 年在天津《直报》开始介绍英国斯宾塞的"群学"算起，到目前已有103 年了。

蔡元培（1868—1940）是我国近代著名的思想家、教育家、民主主义革命家。他在 1916—1927 年任北京大学校长时，提出"循思想自由原则，取兼容并包主义"的办学方针，摒弃了"非此即彼"的"两极思维模式"，提倡对新旧思想文化应"兼容并包，兼收并蓄"，这也为北大社会学发展提供了良好的学术环境。在他任北大校长期间，对社会学、民族学极为重视和大力支持，曾开设人类学讲座。我国民族学一词就是蔡先生开始用的。他在介绍西方民族学以及创建我国近代民族学方面是奠基者。言心哲教授在《蔡元培先生与中国社会学》一文中说："蔡元培先生终身除致力教育事业外，属于社会思想与社会学的论述与著作很多。"在 1925 年商务出版社出版的许德珩译法国学者涂尔干之要著《社会学方法论》一书上载，蔡先生曾在巴黎为该书作了一篇序言。在其"序言"中叙述了《社会学方法论》一书中的要旨及其观点，对涂尔干所用"共变方法"给了高度评价。1930 年2 月中国社会学社在上海举行成立大会时，蔡先生被邀请参加并作了"社会学与民族学"的重要演讲，对这两门学科的关系作了深刻的论述。蔡先生说："社会学和民族学是有密切联系的两门学科，这两门学科在其发展过程中不少方面是相互联系的。"[②]

1928 年蔡先生任中央研究院院长之后，在所属社会科学研究所内设立

---

① 费孝通：《略谈中国社会学》，《社会研究》，北京社会学系，1996 第 7 期第 26 页。

② 言心哲：《蔡元培先生与中国社会学》，《社会学研究资料》，华中工学院出版社，1982，第73 页。

法制学、经济学、社会学、民族学。蔡先生一直重视社会学和民族学，为北大社会学、民族学和人类学在中国的发展奠定了基础。

北京大学是我国开设社会学课程最早的高等学校之一。京师大学堂改名为北京大学之后，1916 年开设第一班社会学，由康宝忠教授主讲社会学。康宝忠（1884—1919）1906 年考入日本东京早稻田大学政治经济科学习法政学，1907 年 7 月毕业后回国。1915 年受聘北京大学教授，主讲中国法制史。次年又开始讲社会学，前后共三年。在他班上听讲的有孙本文。孙毕业后去美留学，1925 年获纽约大学社会学博士学位，1926 年回国任复旦大学教授，1928 年起任中央大学社会学系教授兼主任，成为中国早期著名的社会学家。据孙本文回忆康先生的教学说："先生所授课程，讲解详明透彻，深得学生信仰，先生所编社会学讲义，文笔典雅，涵义甚深。"这是极高的评价。康宝忠 1919 年 11 月逝世，年仅 35 岁。遗著有《社会学讲义》、《伦理学》、《中国法制史》、《社会政策》等。康宝忠在北大为我国培养一批高素质的如孙本文那样的学者专家，做出了不平凡的贡献。

陶孟和（1888—1960）1909 年在日本东京高等师范学校毕业后赴英国伦敦大学，专攻社会学。回国后，先在北京师范学院讲社会学，以后 1914 年—1927 年任北京大学教授，主讲社会学，并一度兼教务长，协助蔡元培校长革新北大。他特别重视社会调查和劳动生活研究。1926 年中华文化教育基金董事会成立社会调查部，由陶孟和、李景汉主持。1927 年该部改为北平社会调查所，陶孟和任所长。在他指导下开始了对中国城市劳动生活费和生活程度的调查研究，取得了一系列重要的科研成果，如陶孟和的《北平生活费之分析》、《中国劳动生活程度》、《上海工人家庭生活水平的研究》，还有杨西孟的《生活费指数编制法》、樊弘的《社会调查方法》等①，这些调查研究对当时的社会科学发展起了开创性作用。

1934 年北平调查所与中央研究院社会科学研究所合并，迁往南京，陶孟和继续任所长。他十分重视社会调查、研究社会问题，并一再强调中国人应当对中国社会进行调查研究。他为社会学在中国重视社会调查、研究社会问题，做出了杰出贡献。

李大钊（1889—1927）是中国最早的马克思主义者、历史学家、哲学家，早年就学于北洋法政专门学校。1913—1916 年在日本留学期间他接触

---

① 《北京大学社会学十年》，《社会研究》第 6 期第 3 页。

到社会主义思潮，"喜读当时日本马克思主义学者介绍的经济学和欧洲社会主义思潮的著作"，① 1916 年回国，1917 年受聘北大担任图书馆主任，1920 年改任教授，为史学系、政治系开设唯物史观、史学思想史、史学概论、社会主义与社会运动等课程，同时还在北京女高师、师范大学、朝阳大学、中国大学等校兼课。

他的社会学思想集中表现在对唯物史观的论述上。1919 年他在《我的马克思主义观》一文中说："马克思的唯物史观是对社会学的重要贡献。"② 在《唯物史观在现代史学上的价值》一文中，他认为"唯物史观是社会学的一种法则"；③ 在《唯物史观在现代社会学上的价值》一文中他指出："唯物史观在社会学上曾经并且表现一种理想的运动"，"社会学得到这样一个重要法则，使研究斯学的人有所依据"。④ 关于社会学和历史学的关系，他也作了重要论述，认为："历史学是把人类社会的生活纵起来研究的学问，社会学是把人类社会的生活横起来研究的学问，二者有相资相倚的关系。"⑤ 李大钊是我国用马克思主义研究社会学的创始人，使北大成为以唯物史观研究社会学的发源地。

许德珩（1890—1990）在北大哲学系毕业后留学法国巴黎大学专攻社会学，回国后任北大教授。他以马克思主义为指导讲授社会学，并编写了教材《社会学讲话》（上册），于 1936 年出版，这是以辩证唯物论和历史唯物论为指导研究社会学的专著。许德珩认为：社会学既是理论的科学，又是应用的科学；理论与应用是分不开的；没有不具理论而科学的应用之存在，也没有毫不实用而还能成为科学的理论之存在。⑥ 许德珩发展了李大钊的社会学思想，对理论与应用相结合做出了重要的贡献。

综上所述，可见北大从严复、蔡元培起就对社会学极为重视，从而逐渐形成具有北大特点的社会学优良传统。这些传统主要包括重视引进西方社会学、人类学和民族学等社会科学并使之与中国社会思想相融合，洋为中用；社会学是经世之学，以辩证唯物论和历史唯物论为指导，坚持社会调查，实

---

① 《光辉的五四》，引自《北京大学校史》，上海教育出版社，1984，第 58 页。
② 《李大钊文集》，人民出版社，1984，下卷第 64 页。
③ 《李大钊文集》下卷第 360 页。
④ 《李大钊文集》下卷第 366、361、310 页。
⑤ 《李大钊语萃》，华夏出版社，1993，第 202 页。
⑥ 《北京大学社会学十年》，《社会研究》第 6 期，第 3 页。

事求是认识社会，改造社会，促进社会协调发展和进步；社会学、人类学和民族学三门学科密切相关，应综合研究，互相补充，共同发展等等。这些优良传统，应该说也是北大社会学的荣誉。

北大社会学从 80 年代初恢复重建以来，在费孝通、雷洁琼教授的带领下继承和发扬上述优良传统，在学科建设、教学研究、人才培养、社会服务等方面，都取得了显著成绩。这里仅就人材培养来说，16 年来我们招收本科生 492 人，硕士生 238 人，博士生 46 人，已毕业的本科生 309 人，硕士生 45 人，博士生 19 人。目前在校和已毕业的学生人数虽然还不算多，但为我国重建和发展社会学继往开来方面发挥了积极作用，结束了我国社会学后继无人的历史。这是有深远历史和现实意义的。在迎接和热烈祝贺百年校庆之际，我们要承前启后，发扬北大社会学的优良传统，建设具有中国特色的，为社会主义现代化服务的社会学，为实现把北大创建为世界一流大学的宏伟目标而作出新的贡献。

在中国社会学会 1998 年年会上讲话[*]

（一九九八年五月二十六日）

今天，中国社会学会 1998 年年会在福建福清举行，我谨对大会的召开致以最热烈的祝贺！福建社会学会作为这次会议的承办者为大会的召开做了大量的工作，我对他们的辛勤工作表示衷心的感谢！

今年是全面贯彻中国共产党第十五次全国代表大会精神的第一年，是推进改革开放和现代化建设事业的重要一年。我们在这个时候来召开年会必将对我们认真贯彻落实党的十五大精神，促进社会学学科的发展起到积极的推动作用。同时今年也恰逢我国改革开放二十年，以及"实践是检验真理的唯一标准"的大讨论二十年。现在一些新闻机构和有关部门都在进行这两个二十周年的纪念活动，纪念改革开放政策和真理标准讨论的活动对于我国社会主义现代化建设所作出的卓越贡献。我认为，我们社会学界也要纪念改革开放和真理标准讨论对于中国社会学的恢复和发展所作出的历史功绩。可以说，没有党的十一届三中全会和国家的改革开放，没有真理标准的讨论活动，也就没有我们今天的社会学。当年，社会学在恢复时曾遇到过这样或那样的阻力，正是改革开放和真理标准的讨论使人们看到了恢复社会学的必要性。在邓小平同志关于社会学"现在也需要赶快补课"的英明论断的坚决支持下，社会学才得以最终恢复。社会学恢复后近二十年的发展历史表明，在中国恢复社会学是正确的、完全必要的，中国的发展离不开社会学。事实上，社会学也确实发挥了其应有的作用，对中国社会主义现代化建设中的许

---

* 本文原载于《中国社会学会通讯》1998 年第 1 期。

多重大问题进行了调查研究，维护了社会的协调稳定，促进了改革开放的深入和发展。

说今年的社会学年会是在一个非常重要的时期召开的另一个原因，是我们现在正处于世纪交替之际，再过一年，我们即将跨入一个新的世纪——二十一世纪。二十一世纪将是人类历史发展的一个新纪元，可以预期在这个世纪中人类社会的发展将会更快，社会变迁将会更大，人类的生活将会更加丰富。同时，可以肯定也将会有一系列的新情况和新问题需要我们社会学来探讨和研究，社会经济生活的发展将会对社会学提出更多更高更新的要求。因此在这样的一个特殊和重要的时期召开这个年会，将有助于增强我们跨世纪的责任感和使命感，并从现在开始做好社会学学科建设和发展的跨世纪准备，建设好有中国特色的社会学，争取赶超世界先进水平。

我相信，我们这次年会一定能够以改革开放和真理标准讨论活动二十周年以及新旧世纪的即将交替为契机，深入总结社会学恢复近二十年来的发展经验，着眼于跨世纪发展的战略需要，以求真务实的精神，把社会学事业在中国的发展推进到一个新的阶段。

在推进中国社会学事业的发展上，我认为我们应继续坚持费老在 1979 年社会学恢复重建时所倡导的学术方针，即以"马列主义毛泽东思想为指导，联系中国的社会实际，为社会主义现代化服务"，高举邓小平理论的伟大旗帜，继续加强对外的交流和合作，在引进吸收国外社会学及其相关学科精华的基础上，继承和发扬我国优秀的传统社会思想文化，建设有中国特色的社会学。在这一过程中，我希望学会要大力加强对邓小平社会学思想的研究。小平同志作为二十世纪最伟大的革命家和战略家，有着丰富的社会学思想。然而，对于其社会学思想，如关于中国社会主义现代化建设的发展阶段论、"科学技术是第一生产力"等，目前我们进行的研究还很不够。令人欣慰的是，这次年会把"初级阶段"作为主题之一，这在某种程度上也表明了社会学界已重视邓小平社会学思想的研究和探讨。我希望广大的社会学工作者能够借这次年会的东风，深入研究邓小平的社会学思想，促进有中国特色社会学的建设和发展，从而更好地为中国社会主义现代化建设服务。

我的老师：著名社会学家陈达[*]

（一九九八年）

陈达先生是中国社会学的创始人之一。30 年代末 40 年代初，我在昆明西南联大社会学系读书时，陈先生是系主任。我听过他讲授的人口问题、劳工问题和华侨问题等课程，深受教益。毕业后留系，得以长期追随他在联大、清华社会学系从事教学与科研工作，继续得到他多方面的帮助和指导。下面就我所知有关陈先生的生平、著作、学术思想、治学态度和生活作风等方面，作简要回顾，并着重介绍他的社会调查成果，聊表对陈先生的怀念和感激之情。

生　平

1892 年 4 月 4 日，陈先生生于浙江省余杭县里河村一个普通农民家庭。1899 年，陈先生 7 岁时开始在里河村私塾读书。1909 年，以优异成绩从高小毕业，由学校保送入浙江省杭州府中学。1911 年，在杭州考上清华留美预备班，1916 年由清华保送到美国留学。他先在俄勒冈州波仑市立德学院得学士学位，后在哥伦比亚大学获硕士和博士学位。1923 年秋回国，执教于清华学校。1929 年清华学校改为大学后，任社会系教授兼系主任。1939 ~ 1946 年，除在西南联大社会系任教授和系主任外，还兼任清华大学国情普查研究所所长。1946 年清华大学迁回北京，他继续任社会学教授。1952 年

---

* 本文原载于《中国社会工作》1998 年第 3 期。

院系调整、取消社会学后，先后任中央财经学院教授、中国人民大学教授、中央劳动干部学校教授兼副校长。1957 年后，他被错划为右派，在京西城区家中从事研究工作。1975 年 1 月 16 日逝世，享年 84 岁。1979 年得到平反，恢复名誉。

陈先生在新中国成立前，还曾任中央研究院院士、国际人口学会会员兼副会长、国际统计学会会员、太平洋学会会员兼东南亚部主任等职；新中国成立后主要兼职有：劳动部保护司副司长、全国政协文史资料委员会委员、中国科学院学部委员、北京市人民代表、全国政协委员等。

著　述

陈先生一生从事教学研究工作。一方面培养了许多人才，桃李满天下；另一方面还撰写了大量论著，主要有 *Chinese Migrations with Special Reference to Labor Conditions*（1923 年）、《中国劳工问题》（1929 年）、《人口问题》（1934 年）、《南洋华侨与闽粤社会》1938 年、*Population in Modern China*（1946 年）等著作 10 多部，另有学术论文 40 余篇，散见于国内外刊物。这些论著内容丰富、资料翔实、论断深刻，其中有不少资料是他自己实地调查得来的，学术价值很高，极为珍贵。新中国成立前后经常被各方面引证，受到国内外学术界高度重视。我们现在要了解新中国成立前的中国人口、劳工和华侨等方面的情况，还有必要研读他的有关著作。

陈先生主要的学术思想：生存竞争与成绩竞争，贯穿在他的许多著作里面，尤其是在他的专著《人口问题》中，有专章论述。他认为，要改变中国的贫穷落后，求得国家富强，应在人口、劳工问题上关注生存竞争和成绩竞争这两个方面。一般说，为求得生存竞争的胜利，必须注意人口的数量；为求得成绩竞争的胜利，必须注意研究人口的素质和品质。这两种竞争是互相影响的辩证关系。只有取得生存竞争的胜利，才能争取成绩竞争的胜利；反之，如能取得成绩竞争的胜利，也更容易求得生存竞争的胜利。根据这一理论，在中国人口数量问题上，陈先生一贯主张要控制人口数量，以求得生存竞争的胜利，提高人民的生活水平。至于控制人口数量的办法，他主张实行生育节制，每对夫妇最好只生一对子女，即实行"对等更替"。这对于妇女健康、子女教育都有好处。早在三十年代初，他就开始宣传生育节制的理论与方法。1932 年与林巧稚、杨崇瑞、雷洁琼等专家在北京组织妇婴保健会，成立节育指导所，还在《北平晨报》上创办《人口副刊》，普及节育知识。此后他一直坚持生育节制这一主张，直到 1957 年，还在《新建设》杂志上发表题为《节育、晚婚与新中国人口问题》的重要论文。

在中国人口素质或品质的问题上，陈先生一贯主张优生优育、提高整个社会的经济文化水平，以求得成绩竞争的胜利。人口品质不外决定于先天的遗传与后天的环境。在环境方面要注意改善生活的条件，加强营养、普及和提高教育等等，使每个人在德、智、体各方面尽量得到全面发展。至于提高人口素质方面，则应加强遗传学、优生学的研究，在推行生育节制过程中，适当实行区别生育率，例如禁止在遗传上有严重疾病的男女生育子女等。因此，早在抗战之前，他就把他的好友、中国唯一的社会学兼优生学家潘光旦教授，聘请到清华社会系任教，主讲优生学、人才学、家庭问题等课程。

特别值得一提的是，陈先生还非常重视环境与人口发展的关系。在《人口问题》一书中，就曾专章论述灾荒与环境问题。而这正是当前世界关注的重大问题之一。

学　风

陈先生生前在人口、劳动这些领域所取得的重大成就的背后，是他一生追求真理、严谨踏实的治学精神，坚持实事求是的科学研究态度。陈先生自 1923 年回清华任教起，到 1975 年辞世，50 多年间，几乎把全部的精力，都用在教学与研究上。对他来讲，教学与研究是统一的。他把大部分时间用在研究上，授课时则是将研究成果在课堂上讲给学生。在昆明的 9 年中，他一般每周有三天在呈贡研究所工作，三天在联大教课。这样教学和科研能互相促进，课程内容也能因此而不断充实和提高。

陈先生教学严肃认真，给我们留下深刻印象。1924 年《清华周刊》332 期登载了一条"黑暗演讲"的消息："本星期二晚现代文化课上课时，电灯忽灭，而陈达博士仍然照常演讲，精神倍加，同学亦寂不作声，静心听讲。迨下课时，灯尚未明，幸有本刊总经理王君士倬等携烛而来，一线光明，同学咸感戴不置云"。陈先生在人口、劳动问题研究中，一贯坚持实事求是的态度。他特别重视调查研究，坚持没有调查就没有发言权的主张："你有一分材料，便说一分话；有两分材料，便说两分话；有十分材料，可以只说九分话，但不可说十一分话"。抗战前，他为要了解天灾对人口的影响，就曾对我国水灾和旱灾进行过系统的研究。搜集的材料包括《通志》、《通典》、《图书集成》、《文献通考》、《海关十年报告》、华洋义服会刊物、各地赈务机关报告及新闻报纸等。从这大量的资料中，求得的结论却很简单：自公元前203年至公元后1933年的2136年间，每百年中有旱灾或水灾的共66年。按朝代来说，这个比例越往后越高，辛亥革命后，年年有水灾和旱灾。不过陈先生在《人口问题》一书（240～242页）中，对这些研究并不感到满足，他说这种研究只是"第一次尝试"，不见得全面精确。这种态度是实事求是的。

社会调查

陈先生认为社会学是经世之学，要深入实际，调查研究，从而认识社会、研究问题，提出改造社会的对策。他回国后的当年，就结合教学，带来助手和学生，开始调查研究清华工人的生活费。接着又在附近成府市镇，调查该镇地理位里、气候条件、历史、治安、人口与婚姻、职业、教育、社会情形等状况，并写成《社会调查尝试》一文，于1924年发表在《清华学报》第一卷第二期上。这篇论文，除了它的学术价值之外，还具有深远的历史意义。它标志着，我国社会学在初创时期，就十分重视社会调查，通过社会学理论与实际的结合来认识和研究社会。这种学风，逐渐演变成我国社会学的优良传统。陈先生以他在这方面的深刻造诣和卓越成就，成为我国社会调查传统的开拓者和奠基者之一。据估计，他在1929～1952年这23年中，共主持和参加过24种调查。其中有小型的，也有大规模的：有国内的，也有国外的。调查时间有的短到三四个星期，有的长达六七年。规模最大的一次，是抗战时期在昆明湖区的人口普查。参加调查工作和联络工作的人员达1300余人，调查对象包括三县一市的60万人口。这是我国最早一次用现代普查方法调查我国地区性人口的示范工作，受到国内外人口学者的高度重视。1946年对上海工人生活状况的调查，规模也很大。调查范围包括工厂最集中的黄浦、沪南、闸北、法华、洋泾五区。先是普查1682家工厂，148926名工人，然后从中进行选样调查。被挑出作比较深入调查的对象，包括纺织、面粉、榨油、火柴、造船、五金、卷烟等40种工业的240家工厂。对每个工厂的调查内容包括工人种类、工作时间、工人实际收入、工人计时工资、工人效率、工人管理、工人福利、安全卫生、艺徒训练、工人生活史、工会等 12 个项目。所有调查材料，一般都要经过审核、复查、改正，然后进行分类和统计分析。这次工厂调查的报告，早在新中国成立前就已经出版，它以其翔实的材料、大量的数据、准确的效度和严密的分析，成为我们了解四十年代中国工业和工人阶级状况的一份不可多得的历史文献，受到国内外学者的重视。

尤其值得一提的是，他对抗日战争时期我国市政工人的生活作过系统、细致的调查。他调查了国统区重庆和昆明、沦陷区上海、解放区陕甘宁边区的工人生活状况，他的调查研究成果已被整理成《我国抗日战争时期市政工人生活》一书，由中国劳动出版社出版。该书不仅具有史料价值，而且其中对工人生活费的调查和分析方法至今仍有借鉴意义。

家庭养老与社会保障[*]

（一九九九年十一月）

　　人口老龄化是当前世界人口发展的主要趋势，目前中国 60 岁以上人口已达到 1.2 亿，到本世纪末将增加到 1.32 亿，占总人口数 10.17%，进入老年型国家行列。21 世纪 50 年代，我国 60 岁以上老年人口将达到最高峰，2039 年和 2050 年分别达到 3.1 亿（占总人口 20.4%）和 4.68 亿（27.7%）。同时家庭规模逐步缩小，户均人数已从五十年代 5.1 人下降到 1990 年 3.9 人，95 年 3.7 人，核心家庭已成为主要家庭类型，家庭赡养老年人的功能削弱。中国人口老龄化速度快，数量大，都是前所未有的。老年问题日益成为一个突出的社会问题。如何积极、妥善地解决老年问题，本文试图加以探讨、研究，提出对策，供有关决策部门参考。

　　老年问题，主要指老年人的赡养、医疗保健、收入保障、社会福利、就业、教育、家庭、住宅与环境等有关物质与精神方面特殊需要的问题。1982 年联合国《老龄问题国际行动计划》称之为"人道主义问题"，中国老龄协会把这些特殊需要概况为"五个所有"：老有所养、老有所医、老有所为、老有所学、老有所乐。只有解决了老年人的特殊需要，才能使老年人健康长寿、欢度晚年。

　　由于我国经济水平低、人均收入少，因此"五个所有"中"老有所养"成为老年人生活中头等重要的问题。

　　老有所养，包括经济供养、生活照顾、精神慰藉等方面。只有经济来源

　　＊　本文是袁方先生在北京大学 1999 年老龄问题学术研讨会上的论文。

有了保障，老年人的生活才有可靠的基础。据 1994 年 10 月国家统计局在全国进行的 124114 位 60 岁以上老年人的经济来源的抽样调查，老年人经济来源构成的具体情况，一是子女或其亲属的经济帮助，占 57.1%；二是老年人自己的劳动收入，占 25.0%；三是离退休金，占 15.6%；此外社会保障和救济，占 1.2%，其他来源，占 1.0%。由此可见，我国老年人晚年生活的经济收入来源仍然集中在三大支柱上，即子女或亲属供养，老年人自己的劳动收入和离退休金，这种构成与以往调查结果基本相同，在今后一段时期也不可能有很大的改变。

子女供养是家庭养老的主要内容，中国具有尊老、养老的悠久的文化传统，赡养父母是子女应尽的义务。中国宪法规定："父母有抚养教育子女的义务，成年子女有赡养扶助父母的义务"。老年人权益保障法中也明确规定："老年人养老主要依靠家庭，家庭成员应当关心和照料老年人"，"赡养人应当履行对老年人经济上供养、生活上照料和精神上慰藉的义务，照顾老年人特殊需要。"这就从法律上肯定了家庭养老仍然是我国养老的主要形式。现实情况也是如此。城乡老年人绝大多数都与自己的儿女住在一起，1987 年老年人口抽样调查资料表明：老年人与子女同居的家庭有 82.2%；1990 年人口普查资料表明：老年人与子女同居的家庭户占 70% 以上。这种居住方式有利于子女对老年人生活上和精神上的照料，使老年人身心健康，延年益寿，享受天伦之乐。老年人在自己家里，只要生活还能自理，就会参与一些家务工作，照顾和教育孙辈，关心和支持子女的生活和工作，老年人的经验对下一代健康成长也是具有指导意义的。因此，家庭养老虽主要是子女赡养老人，但也包括老人继续照顾和帮助子女。老年人和子女、孙辈住在一起，互相照顾、互相依靠，可以增加家庭的幸福和欢乐，这是家庭养老持续发展的必要条件。

七十年代以来，由于生育率迅速下降，妇女的总和生育率，由 75 年的 3.46 下降到 90 年的 2.31，家庭规模缩小，无论是城市还是乡村核心家庭已成为主要家庭类型，传统的家庭养老功能面临挑战。据 1990 年人口普查资料，我国户均人数已从五十年代初的 5.1 人，下降到 1990 年 3.97 人。家庭类型中，核心家庭占 67%，三代直系家庭占 18.4%。三代家庭虽仍有较重要的地位，但养老功能日益削弱，"四二一"家庭的养老问题，日益成为独生子女家长的后顾之忧。因此迫切需要改革，完善和发展我国现行养老保险制度，以补家庭养老的不足。

我国现行的养老保险制度覆盖面小，享受养老保险待遇的人主要是全民所有制单位和城镇集体所有制单位的职工。1990 年 60 岁以上的老年人有9700 万人，其中退休离休的老年人有 2301 万人，占老年人的 23.7%，这些老年人享受各种补贴和免费医疗，而其他老年人没有这种待遇，主要依靠家庭赡养。这说明我国社会养老保险制度还不完善，社会化程度还低。在这种形势下，迫切需要加速发展和完善我国社会养老保险制度，扩大覆盖面，同时坚持家庭养老的优良传统，建立国家、集体、社区、家庭相结合的社会养老保障体系，走家庭养老与社会养老相结合而以家庭养老为主的道路，才能适应即将来临的人口老化的需要。

家庭养老和社会养老本是同时存在的，两者不是对立的，而是互相补充、互相支持的。西方发达国家由于社会养老保险事业比较发达，忽视家庭养老，因此不能完全解决老年人的特殊需要。82 年 7 月联合国老龄问题世界大会通过了"老龄问题行动计划"，特别把提倡子女赡养父母列入向各国政府的建议，还指出"由于家庭被认为是社会基本单位，因此就应设法按每个社会的文化价值制度和家庭的老年成员的需求来支助，保护和加强家庭"，这是对家庭养老的充分肯定，应引起人们的高度重视。

为适应人口老化迅速发展，中国"七五"计划（1986～1990）把改革社会保障制度放到了头等重要的地位。"八五"计划（1991～1995）则是以改革和建立社会养老保险为重点，带动其他社会保险事业和社会福利事业、社会救济事业的发展。在大力发展和完善养老保险事业的同时，我国对家庭养老的地位和作用一直是重视的。"七五"计划就特别强调继续发挥家庭、亲友、邻里间互助互济的优良传统。因为老有所养，不仅是经济赡养，还包括生活照顾和精神慰藉、天伦之乐。家庭养老这种特殊功能，不是社会养老等福利机构能够替代的。老年人，不但需要吃好穿暖，还需要生活照顾和精神慰藉。

老年人，特别是病残高龄老年人，都少不了生活上的照顾和精神慰藉。目前我国高龄老年人比重还低，老年人中大多数人生活都能自理。在城市，生活能自理的占 85%，农村占 82%。生活不能自理的老年人还是少数，其中靠配偶照顾者，在城市为 39.5%，在农村为 13.7%。靠子女照顾者城乡分别为 51.7%，83.1%。靠亲友、邻居、保姆、社区照顾者，城乡分别为7%，3%。随着年龄的增长，老年人这种生活的需求，将日益提高。

东方一些国家如新加坡、韩国、日本等老年人主要在家庭养老。西方发达国家的老年人在社会养老机构的也不过 5%，大多数的老年人还是在家庭安度晚年。我国更是如此，绝大多数老年人愿意在自己家里与子女住一起，欢度晚年，更不愿意去社会养老机构养老，即使孤寡老人也愿意与邻居在一起，不愿意去敬老院。三代直系家庭能较好的满足老年人的生活照顾和精神慰藉。这种家庭上有老（父母），下有小（子女），家庭关系完整。三代同堂的代际关系，在我国是一种"反馈"关系，即父母有责任扶养子女，子女成年后，有义务赡养父母，如此循环不息，从而使家庭养老延续不断。

目前，我国老人仍主要在家庭养老，这是有悠久的社会文化背景的。同时我国正在大力发展和完善社会养老保障制度，使老年人的基本生活得到保障，这是完全必要的。社会养老保障，包括老年社会保险（养老保险、医疗保险）、老年社会福利、老年社会救济。这三者中，老年社会保险是核心。"九五"期间，我国要实行基本养老保险，企业补充养老保险和个人储蓄性养老保险相结合的，多层次养老保险体制。基本养老保险实行国家、集体和个人三方合理负担，采取部分积累的筹资方式，退休金随物价上涨而有所调整等。农村则逐步建立以个人储蓄积累的养老保险为主，国家集体提供必要支持的社会保险和家庭保障相结合的养老保障体系等。城乡三无老人由当地政府予以救济，对农村三无老人保吃、保住、保穿、保医、保葬的五保供养，由乡政府负责实施。

建立社会养老保险体系，社区是其中主要的一环。随着市场经济的发展，老年人的生活服务和医疗保健服务，逐步向社会化方向发展，老年社区服务，对减轻国家负担，弥补家庭养老的不足将日益发挥重要的作用。社区老年服务在城市以街道居民委员会，在乡村以村镇为依托，发动社会力量，倡导居民互助互济，以灵活多样形式为老年人提供社会福利服务，使老年人能够在自己的家里和左邻右舍的社区里得到帮助，欢度晚年，老年人还能发挥余热，为社会服务继续做出贡献。

第二次世界大战后，联合国积极倡导社区服务以促进社会发展，1982年在《老龄问题国际行动计划》中指出："社会福利服务应以社区为基础，并为老年人提供范围广泛的预防性、补救性和发展方面的服务，以促使老年人能够在自己的家里和他们的社区里尽可能独立的生活继续成为参加经济活动的有用公民。"

1986 年民政部指出要在全国建立和完善城市社区服务体系，并在一些地区进行试点。这项事业在我国迅速发展起来，截至 1990 年，全国已有

3627 个街道开展了社区服务，占全国街道总数 66.92%。1991 年底，各类社区服务设施已达 9.3 万个，其中老年服务设施 2.27 万个，1996 年增加到 13.6 万个。社区养老服务是社会养老社会化服务体系中一个重要组成部分，它为家庭养老与社会养老相结合提供了必要条件。

　　总体来讲，为解决我国人口老龄化带来的日益突出的老年赡养问题，家庭养老仍是主要的途径，这是符合我国国情的。但同时也要大力发展和完善社会保障制度，加速发展社区养老服务事业，作为家庭养老的重要补充，并使家庭养老与社会养老结合起来，这是必然趋势。家庭养老与社会养老，不应是选择一方而放弃另一方，因为它们之间的关系不是对立的，而是互相补充的。考虑到各方面的因素，我们认为中国的老年赡养不会走西方国家忽视家庭养老的道路，而是巩固以三代家庭为主的家庭养老传统，辅之以社会保障及社区服务。这应该是解决我国人口老化的基本对策。这种养老方式不仅具有文化传统的理由，而且也符合老年人的心愿，因为对老年人而言，晚年生活不仅仅是希望长寿，而且要活得精神愉快，活得有意义。

附 录

袁方教授的社会工作教育思想与学科建设实践

王思斌

袁方教授是我国著名的社会学家，他在劳动社会学、人口研究方面的学术造诣深厚，推动学科建设的实践也十分令人欣赏。袁先生还是我国社会工作专业恢复重建的领军人物，他有深邃的社会工作教育思想，并在社会工作专业恢复重建中发挥了指引方向的重要作用。本文以袁方教授的著述为基础，结合其学科发展实践，阐发他的社会工作教育思想。

一 对社会工作学科定位的理解

我国社会工作学科重建是社会学学科恢复重建的组成部分。1979 年，社会学学科恢复重建，稍后关于社会工作学科恢复重建的问题被提上议事日程。1983 年，雷洁琼教授就明确提出社会工作专业恢复重建的问题（雷洁琼，1994a），并在多次教育部学科建设会议上争取社会工作学科的尽快恢复重建。社会工作专业重建被提上议事日程可以说是在 1985 年前后，这既是我国农村经济体制改革快速发展时期，也是教育体制改革孕育启动时期，更是袁方教授作为核心人物之一积极参与和推动社会工作恢复发展时期。

具体到我国社会工作专业的设置，可以追溯到 1985 年。1985 年 5 月 27

日通过的《中共中央关于教育体制改革的决定》指出，高等教育的结构，要根据经济建设、社会发展和科技进步的需要进行调整和改革，要改变高等教育科类比例不合理的状况，加快财经、政法、管理等薄弱系科和专业的发展。之后，高等学校关于学科专业调整的讨论和研究被提上议程。袁方教授回忆道：1985 年北京大学社会学系曾向国家教育委员会提请设置社会发展计划与管理专业，1986 年国家教委同意北大增设社会工作与管理专业（袁方，1991）。当时在系主任袁方教授的主持下，北京大学社会学系的教师分两组论证新专业的设置，其中一个就是"社会发展计划与管理专业"。1985年 12 月，教育部在广州召开高等学校社会学学科专业调整论证会，会上各方对新专业的名称有不同看法。雷洁琼、袁方、何肇发等力主设立社会工作专业，而各种意见协商的结果是采用"社会工作与管理"的名称，并在长时间征求各方意见之后正式颁布实施。北京大学也成为国家教育委员会批准的首批招收社会工作与管理专业本科生的高等院校。

那么，袁方教授是如何理解社会工作的呢？他指出，虽然国际社会的发展参差不齐，立国思想根基各异，但是各国社会工作都有其共同点，即社会工作是一种助人自助的工作，其目的是寻求预防和解决那些阻碍社会协调发展的各种社会问题，调整社会关系，恢复和增强人们社会生活的功能，满足人民的物质生活和精神生活的发展需要（袁方，1991）。可以发现，袁方教授是从专业的角度来看待社会工作的。

但是我们也会发现，袁方教授对社会工作的理解不是最狭义的（即只是技术性的工作），而是把它同解决社会问题、满足人民需要、促进社会协调发展联系起来，在学科意义上，就是把社会工作同社会学紧密联系起来。这种理解，既符合他那一代人的学术经历，也与当时的社会经济背景密切相关。我们知道，袁方教授所学专业并不是社会工作，它在西南联大师从陈达教授的专业方向是劳动问题研究。但是在雷洁琼、袁方等老一代社会学家中，社会学与社会工作的分野并不像现在一样泾渭分明。雷洁琼教授是我国第一代留学西方、回国教授社会工作课程的学者，她在燕京大学社会工作专业的教学是与社会学密切结合的，比如当时的清河调查、香山慈幼院的工作。社会工作被看成是应用社会学，或者被看成是社会学的应用。雷洁琼教授指出，应用社会学包括社会问题的研究和社会工作。社会工作有广义和狭义之分。广义的社会工作就是制定社会政策，举办社会福利事业，提高人民生活水平。狭义的社会工作是对由于种种原因不能适应社会生活的贫困者、失去劳动能力不能独立生活者进行社会救济（雷洁琼，1994b）。这种观点在其他学者那里也有表现，比如言心哲在《现代社会事业》一书中分析了社会工作的概念，发现对它的宏观、微观理解都存在（言心哲，2012）。可以说，在袁方教授那一代人的知识中，社会学与社会工作基本上是理论与应用的关系，所以在社会学学科下发展社会工作也是天经地义的。实际上，至今这种看法和实际发展路径对我国社会工作学科的发展也是有益的。

在关于发展社会工作教育对于现代化建设的必要性的论述中，袁方教授指出，现代化建设需要社会工作教育，而社会工作教育反过来又促进社会主义建设的发展。他从以下几个方面进行了分析：第一，发展社会工作是保护和发展社会生产力的需要。要抛弃传统的被动救济的福利观，"培养社会工作者，去建立社会福利的新观念，尊重人的价值和发挥人的主动创造性"。第二，社会工作可以预防和解决社会问题。社会工作可以运用多种办法为有生活困难者提供各种福利服务，减少和预防各种社会问题。第三，发展社会工作可以推动社会福利和社会保障制度，促进和保障社会安定。第四，社会工作可以介入社会发展计划的制订、评估，进而促进经济和社会的协调发展。第五，社会工作是为人服务的，强调尊重人、关心人，增强平等、互助和善良的人际关系，能促进社会精神文明建设（袁方，1991）。由此看来，袁方教授很注意从宏观的角度来看待社会工作的意义，这在某种程度上体现了他的社会学视角。

当然，袁方教授并不认为社会工作就是社会学的一般应用。社会学是一门社会科学，它有很强的应用性，而且领域广阔，但是社会工作关注的主要是困难群体、弱势群体的生活改善和社会关系的协调。他强调社会工作与社会福利制度、社会保障制度的关系，强调发展社会工作首先要解决困难群体、弱势群体生活方面的问题。在这方面，袁方教授一直关心老年人的养老与福利等问题，这与发展社会工作是相通的。他在老年人研究方面发表了多篇论文，用大量翔实的数据说明我国老年人的生活状况（运用大量数据说明问题是袁方教授一贯的学术风格，由此我们可以看到他学术上的严谨性）。在一篇研究老年人状况与家庭赡养的论文中，他以大量令人信服的资料说明了我国传统家庭养老的状况，也指出了家庭养老所面临的挑战。他指出我国既有的"以家庭养老为主"的养老模式有很多优点，家庭养老的作用是其他机构所不能代替的。同时他强调，政府有关部门、群众团体、社区要与家庭相互配合，围绕老年人的特殊需要逐步形成一个帮助老年人的社会系统。文章讨论了老年人福利制度的建设，实际上也对老年人社会工作的发展提出了要求（袁方，1988）。在另一篇主要论述"老有所为"的论文中，他同样引用大量数据资料，说明一些老年人不但没有成为社会的负担，而且为社会就业做出了贡献。在谈到养老问题时，他强调，解决中国老龄化问题要依靠国家、社会、集体和家庭相结合的方式。为了适应现代化的发展，社会赡养将日益加强，应该大力发展社会福利事业，逐步建立社会保障制度，依靠社会力量解决这一问题，以减轻家庭的负担，适应我国老年人口日益增长的需要（袁方，1987）。在这里，引入社会工作，做好老年人福利是自然而然的。

如果把袁方教授关于社会工作产生的社会经济背景、所要解决的具体社会问题串联起来，可以得出他对社会工作的下述理解：它是以社会学为理论基础、以社会福利和社会保障制度为依托、面对困难群体需要的专业社会工作。社会学是社会工作的宏观视野，社会福利和社会保障制度是开展社会工作的制度依托，专业社会工作是切实达致解决困难群体问题的手段。

二　社会工作要走专业化之路

在国家教育委员会做出开办"社会工作与管理"专业的决定后，北京大学等高校立即积极行动起来重建社会工作学科。民政部为提高民政工作队伍素质，做好民政工作，对发展社会工作投入极大热情和力量。教育部与民政部、民政部与北京大学在发展社会工作学科上建立了稳固、有利的合作关系，使我国的社会工作一开始就呈现很好的发展势头。但是，对于中国社会工作教育的发展方向如何，要发展什么样的社会工作，还是有争论的，或各方意见并不完全一致。前面已经谈到，国家教育委员会把专业名称定为"社会工作与管理"，实际上这并不是国际上通行的概念。西方市场经济国家把这一专业称为"社会工作"或"社会服务行政"，当时苏联则盛行社会管理的说法。据说"社会工作与管理"这个名称就是各方妥协的结果。现在要办学了，应该把社会工作办成怎样的专业呢？

1988 年 12 月，北京大学与亚太区社会工作教育协会合作，在北京大学召开了我国有史以来第一次社会工作教育国际研讨会。袁方教授在大会上做了主题报告，阐明了他（代表北京大学）对发展社会工作教育的看法。他指出，社会工作是一门学科、一种专业，所有从事这种专业的人，都需要经过严格的专业训练。那种认为社会工作只要发善心、有诚意、无须经过专业训练、什么人都可以做的观点是似是而非、极其片面的。他不同意对社会工作的一般性看法，不同意社会工作就是发善心、做好事的世俗理解。他阐述了燕京大学以来到 1949 年开办社会工作专业的传统，阐明了个案工作、团体工作、社区工作和社会行政等专业方法在解决困难群体问题方面的重要作用，这就为我国发展社会工作教育指明了专业化方向（袁方，1991）。

要发展专业社会工作的想法，从北京大学社会学系社会工作与管理专业的课程设计中就能表现出来。在系学术委员会主任袁方教授的主持下，北京大学社会工作与管理专业的必修课主要包括社会工作概论、社会学概论、个案工作、团体工作、社区工作、社会行政、社会保障与社会福利、社会政策与社会立法、中国社会福利思想史、社会心理学、社会调查研究方法、社会统计学、社会工作实习等；选修课包括社会人口学、婚姻与家庭、青少年社会工作、老年学、犯罪社会学、社会计划与评估、中国社会工作的理论与实践等（国家教委高教司文科处，1995）。可以看出，这个课程体系与多年后经过教育部高等学校社会学学科教学指导委员会通过确定的社会工作专业课程要求是高度一致的，至今它也可以算作一个相当专业化的课程体系。关于社会工作专业体系，袁方教授指出，社会工作是一门应用社会科学，它有自己的专业理论体系和方法技术。社会工作专业可以细分为社会工作、社会福利、社会保障、社会行政管理、社会服务等（袁方，1991）。

上述课程体系今天看来已十分平常，但是在社会工作专业教育发展之初，还是经过了慎重选择的。1986 年到 1988 年，有几个重要事件对社会工作教育的发展方向产生了影响：一是国家教育委员会决定在高等院校设立"社会工作与管理"专业，这是教育部和高校响应教育体制改革的结果，也是教育界的一件大事，它反映了高教群体的意见；二是 1987 年民政部召开社会工作教育论证会（即"马甸会议"），对发展社会工作专业表现出极大的积极性，并形成民政部与高等学校密切合作的意见，民政部作为社会工作人员的主要用人单位，其关于发展社会工作的意见对该专业的发展产生了巨大影响；三是 1988 年北京大学与亚太区社会工作教育协会在北京大学召开国际学术研讨会，会议带来了众多国外专家对发展社会工作的看法和国际经验，这必然会对中国社会工作教育的发展产生影响。

在袁方教授看来，中国社会工作要走专业化之路，要培养社会工作专业人才。在中国社会工作教育协会第一届年会上，袁方会长指出，现有的大多数社会工作者缺乏社会工作基本理论知识和方法的训练，主要靠实际经验从事本职工作，远远不适应社会主义现代化建设的要求，以民政工作来说，它的专业化水平还比较低。据调查，全国12万民政干部中由专业学校培养的不足1%，这种状况亟须改变。要改变这种状况，应该沿着两条路线前进：一是在国家教委和地方教委所属高等院校里，培养具有大学不同学历层次的专业社会工作者，使青年学生接受全面系统的专业训练，掌握社会工作理论、知识、方法和技能，以及提高行政管理、社会服务、教学研究、解决实际问题的能力。二是在部委所属院校培养社会工作者，包括由民政学校普及社会工作教育，组织各种形式的培训班，有计划地轮训在职社会工作者。他认为，社会工作教育的恢复和重建，必须面对这种现实情况，既要大力培养专业型人才，也要大力提高传统经验型社会工作者的专业化素质，并使这两种类型的社会工作者结合起来，互相学习，取长补短。这是中国大陆社会工作教育的特点和发展趋势（袁方，1997）。十分明显，在袁方教授看来，专业社会工作是我国社会工作的发展方向。

师资是开展社会工作教育的前提。袁方教授指出，我们应该培养数以千计的专业社会工作者，而要做到这一点，首先有赖于加强师资队伍建设，要请那些有实际经验的老专家讲授课程，也要引进国外社会工作专业的可行经验（袁方，1991）。他很重视发挥老一辈社会学家、社会工作学家的传帮带作用。作为北大社会学系教师的我国第一代社会工作学者雷洁琼教授就曾为学生讲授"婚姻与家庭问题"的课程。20世纪80年代初，袁方教授邀请我国著名社会工作专家吴桢教授到北京大学给研究生讲授"个案工作"课程。在他的主导下，北京大学社会工作与管理专业在开设之初，还邀请了香港理工大学教师系统讲授社会工作课程。这些都可以看作他在建设专业社会工作方面的努力。

三　社会工作学科建设要密切联系社会实际

（一）回应社会问题，发展社会工作

社会工作在本质上是实践的：一是说社会工作专业是直接为社会服务

的，社会问题向社会工作提出了现实要求；二是说社会工作不是在书斋里完成的，它需要实际地面对服务对象开展服务。国家和社会的发展、社会转型与社会问题的严重性、民生需要的迫切性，都要求发展专业社会工作，这一点我们在前面已经讲过了。我们看一下袁方教授关于发展社会工作的论述，能很容易地发现他为了国家、为了社会进步、为了普通民众特别是困难群体（包括老年群体）而发展社会工作的基本理念。他曾指出，我国的改革开放是一场广泛深刻的巨大变革，必然冲击传统的价值观念和原有的社会经济关系，各种社会问题的出现是不可避免的。工业化、城市化加速会使很多问题更加突出，并困扰个人、家庭和社区。发展社会工作是社会主义现代化建设的客观需要和必然趋势。要大力发展社会工作专业教育，培养具有发现、预防和解决社会问题能力的人才（袁方，1991）。袁方教授认为，社会工作教育要采取两种取向并存的策略。第一是坚持在中观、宏观层次上开展社会行政、社会政策、立法、社区工作等方面的培训，使学生具有较好的社会行政能力，能从事社会管理和行政工作，并以自己所学的专业理论知识和技能去影响政策的制定和执行，在更大的范围内帮助那些有实际困难者解决自己的问题。第二是在个案、团体、社区服务层面上加强训练，使学生掌握帮助有困难的人解决实际问题的能力。这两个发展策略是互补的。中国社会工作教育需要在这两个方面共同努力，才能适应社会的需求，得到社会的关注和重视（袁方，1997）。他善于根据国家发展的大势和中央政策精神去呼吁和推动社会工作的发展，这种态度是务实的。

（二）发展社会工作需要高校与政府部门的密切合作

社会工作的实践品格要求学校与实际部门密切合作，学校为实际部门提供优秀毕业生和智力支持，实际部门则向高校提出社会需求，提供实践和实习机会，二者之间的良性互动可以推动社会工作的快速、健康发展。中国社会工作的快速发展有赖于像雷洁琼、袁方等权威专家与政府部门建立的良好的合作关系。在改革开放之初，雷洁琼教授应邀到民政部讲授社会学和社会工作知识，就做出了"民政工作是社会工作"的著名论断（雷洁琼，1994），对民政系统社会工作的发展产生了重要影响。袁方教授也同民政部领导建立了密切的合作关系，比如，民政部原部长崔乃夫支持的，由袁方教授领头的著名社会学家、社会工作学家组成的社会学"大篷车"讲演队，就为民政工作队伍的专业化、民政工作的现代化做出了重要贡献。这种良好的合作关系一直延续到社会工作专业的发展中。

袁方教授指出，中国大陆社会工作教育的发展还需要处理好两种关系：一是作为发展方向的专业化社会工作与现行有关部门传统经验型社会工作的关系；二是专业发展与社会承接力的关系。只有专业化社会工作得到政府和社会的认同，才能为社会工作教育开拓广阔的道路（袁方，1997）。因此，袁方教授很注重与实际部门的合作，注重邀请政府部门官员参与社会工作专业的建设过程。北京大学从与民政部合作建立社会工作专业开始，就成立了有民政部学者参加的社会工作专业学术委员会，指导专业发展工作。专业建设之初，袁方教授等就聘请民政管理干部学院的学者到北京大学开课，请民政部各司局的领导讲授民政工作的理论与实践，使社会工作密切同民政工作相结合。民政部原部长崔乃夫曾经提出民政干部专业化问题，强调在民政系统发展社会工作是解决民政干部专业化的一种努力。在袁方教授的领导下，北京大学社会学系为民政部门培养社会工作专业人才做出了自己的努力。

袁方教授提出，高校与政府部门建立良好的合作关系，以促进专业社会工作的发展，是十分重要的，甚至是极其关键的。他指出，有些实际部门还未完全认识到社会工作的重要性及其深远意义，人才市场也还找不到社会工作专业人才应有的位置，这影响了社会工作的发展，需要社会工作教育者做更多的工作（袁方，1997）。这些分析和告诫至今仍然具有重要的现实意义。

通过上述简要分析，我们可以发现袁方教授建设社会工作的思路十分清晰：我们要建设的是专业社会工作，要依靠高校教师与政府部门密切合作建设社会工作，要回应现实问题发展社会工作。这就是务实又具有前瞻性的社会工作发展观。

四　发展社会工作教育的宽阔视野

自从社会工作恢复重建，袁方教授就一直投身于这一事业之中。20 世纪 80 年代，他全力推动社会工作专业的恢复重建，主导建立了全国第一个社会工作与管理专业。1994 年中国社会工作教育协会成立后，他当选为首任会长，又致力于推动全国社会工作教育的发展。中国社会工作专业教育发展初期面临来自三个方面的张力：如何对待在世界上特别是在西方国家存在已有百年的社会工作经验；如何看待中国 1949 年之后计划经济时期解决社会问题的传统；如何判定我国社会转型的方向、进程及其对社会工作的需求（王思斌，1999）。这实际上是中国社会工作的专业化和本土化、社会工作的本土经验以及建立适合中国社会发展的社会工作模式问题。对于我国社会工作教育发展过程中的挑战，袁方教授十分清楚，并带领社会工作教育队伍积极应对挑战。在对国际社会工作经验的认识上，袁方教授基本上是开放的，他愿意学习国际经验。1988 年，他和夏学銮、王思斌一起赴香港社会工作学院参观、学习，了解对方社会工作教育的经验。1996 年他又赴港参加在香港召开的国际社会工作教育学术研讨会，了解世界社会工作教育发展动向，并与以周永新教授为主的亚太区社会工作教育协会香港中国工作小组讨论合作问题，形成了香港方面筹措经费支持内地编写《社会工作概论》的协议。这几年间，他还会见了大量来自英美等国的社会工作（社会福利）考察团，交流经验。对于我国本土过去的社会工作经验，袁方教授是尊重的，与民政部的合作就说明了这一点。但他又不封闭保守，而是往前看，建设专业社会工作，以满足社会的新需求。

1999 年高等教育出版社出版的《社会工作概论》是中国社会工作教育协会组织国内众多专家协力编写的教材，袁方教授任教材编写委员会主任。在编写之初，他就提出该教材至少要满足两个要求：第一，反映国际社会工作发展的成果；第二，充分反映我国社会工作的经验（袁方，1999）。他还提出编写这本教材要"以我为主"。这本教材的编写贯彻了他的这一思想，既介绍了国际上成熟的理论和经验，又总结了我国本土社会工作实践的经验和做法，取得了成功。该书被评为教育部优秀教材，也得到社会的广泛好评，应该说是对袁方教授的社会工作思想的肯定。

关于社会工作人才培养问题，袁方教授在 1988 年国际学术研讨会上的主题讲演中曾经指出，社会工作专业教育可以分为三个层次：第一层次培养能参与和从事社会发展战略、社会计划研究和决策，能参与社会政策、社会立法的制定和评估，能从事社会工作教育、研究和咨询的研究生；第二个层次是培养适应社会工作主管部门及人民团体所需要的社会福利、社会保障、社会行政等管理人才，这是本科层次；第三层是大专层次，主要培养从事基层社会工作和管理，开展社区服务，发现和处理各种社会问题的人才（袁方，1991）。

我国对社会工作的要求实际上是迫切的，不但要求有较大规模的社会工作人才，而且要求他们有较高的专业水平。这一点已经被近些年来中央发展社会工作的若干政策文件所确认。中共中央十六届六中全会做出的《中共中央关于构建社会主义和谐社会若干重大问题的决定》指出，造就一支结构合理、素质优良的社会工作人才队伍，是构建社会主义和谐社会的迫切需要。该《决定》还指出，要制定人才培养规划，加快高等院校社会工作人才培养体系建设，抓紧培养社会工作急需的各类专门人才。中共中央、国务院发布的《国家中长期人才发展规划纲要（2010—2020 年）》把社会工作人才作为"经济社会发展重点领域急需紧缺专门人才"，提出要以人才培养和岗位开发为基础，以中高级社会工作人才为重点，培养造就一支职业化、专业化的社会工作人才队伍。到 2020 年，社会工作人才总量将达到 300 万人。随后，中组部、民政部等 18 部委联合发布《关于加强社会工作专业人才队伍建设的意见》，中组部、民政部等 19 部委联合发布《社会工作专业人才队伍建设中长期规划（2011—2020 年）》，对社会工作人才队伍建设做出了具体规划。中央提出要建立不同学历层次教育协调配套、专业培训和知识普及有机结合的社会工作人才培养体系，除培养社会工作专业人才外，还要对党政干部进行社会工作知识培训。

可以看到，袁方教授当时的想法是比较符合我国社会工作发展的现实规律的。或者说，他当时的思考是从我国国情和社会发展的实际出发的，具有较强的科学性和前瞻性，也具有明显的现实意义。

以上我们从四个方面阐述和分析了袁方教授关于我国社会工作、社会工作教育发展的思想和所开展的实践，指出他对于社会工作的理解和定位是以社会学为理论基础、以社会福利和社会保障制度为依托、面对困难群体需要的专业社会工作。他的社会工作发展的思想是从大处着眼、具体入手，是有前瞻性的。这个大处就是中国的现代化进程和改革开放的社会进程，具体入手就是社会工作课程体系建设、师资队伍建设，前瞻性就是既着眼于当前，又着眼于长远，要为国家发展准备人才。这些我们从 20 多年来中国社会工作和社会工作教育所走过的路程中隐约可见。袁方教授是我国社会工作教育恢复重建的领队人，当然，他的思想也受到了雷洁琼教授等的影响。在社会工作学科建设和发展方面，他在较大程度上是追随雷洁琼教授的。另外，他的思想也吸收了众多社会工作专家的意见，这正是他作为社会工作教育领队人的可贵之处。

今天，我国的社会工作和社会工作教育已经得到快速发展，袁方教授的许多思想正在被实现。当然，我国社会工作和社会工作教育的发展也遇到许多新问题，需要解决和面对，在这方面，袁方教授面对现实、坚持科学性、具有前瞻性的学科发展思想仍然是一份宝贵的财富。

参考文献

国家教委高教司文科处，1995，《高校社会学在发展》，高等教育出版社。

雷洁琼，1994a，《在民政工作理论讨论会上的报告》，载民进中央宣传部编《雷洁琼文集》，开明出版社。

雷洁琼，1994b，《燕京大学社会服工作三十年》，载民进中央宣传部编《雷洁琼文集》，开明出版社。

王思斌主编，1999，《社会工作概论》，高等教育出版社。

言心哲，2012，《现代社会事业》，河北教育出版社。

袁方，1987，《中国老年人在家庭社会中的地位和作用》，《北京大学学报》1987年第3期。

袁方，1988，《中国老年人与家庭赡养》，《社会学与社会调查》1988年第1期。

袁方，1991，《社会工作教育与中国社会主义现代化建设》，载亚洲及太平洋地区社会工作教育协会、北京大学社会学系编《现状　挑战　前景》，北京大学出版社。

袁方，1997，《中国社会工作教育面临的转变》，《中国社会工作》1997年第1期。

袁方，1999，《序二》，载王思斌主编《社会工作概论》，高等教育出版社。

中共中央十六届六中全会：《中共中央关于构建社会主义和谐社会若干重大问题的决定》，2006年10月。

中共中央、国务院：《国家中长期人才发展规划纲要（2010—2020年）》。

中组部、民政部等18部委：《关于加强社会工作专业人才队伍建设的意见》（中组发〔2011〕25号）。

中组部、民政部等19部委：《社会工作专业人才队伍建设中长期规划（2011—2020年）》（中组发〔2012〕7号）。

承前启后

——袁方先生劳动社会学思想

佟 新

内容提要：本文回顾了中国社会学家袁方教授的学术人生，作为陈达先生的学生和社会学恢复重建时期北京大学社会学系的系主任，袁先生对社会学，特别是劳动社会学的贡献表现为他是继往开来者。第一，在学风上，袁先生倡导深入调查研究，身体力行地做了大量的劳工调查。1957年，他倡导对新中国的工人阶级进行调查。第二，着重于研究中国工业化与职业流动。袁先生认为，中国工业化开端于抗战时期，是建国之本，带来了职业流动和人口迁移。此时，人们的职业伦理从"公道竞争"向"唯利是图竞争"转型。第三，1979年后，先生致力于重建社会学，深入研究现实的就业问题和劳动用工制度。第四，袁先生以劳动模范的精神培养了大量从事相关劳动工作的学者和工作者。

关键词：袁方 劳动社会学

袁方先生（1918～2000年）是社会学界承前启后的一位学者。袁先生作为中国劳工研究和劳动社会学的创始人陈达先生的学生、助手和同事，从20世纪40年代中后期开始从事中国劳工问题研究，积累了丰富的学术成果。新中国成立前后，袁先生承担起清华大学青年教师工会副主席和职工业余学校校长的工作；改革开放后，承担起重建社会学的重任。袁先生在北京经济学院劳动经济系和北京大学社会学系从事劳动经济学和劳动社会学教学的 50 多年中，为国家培养了一大批从事劳动社会学和社会保障学研究的学者及实务工作者，为现阶段我国劳动社会学专业队伍的形成奠定了重要基础。回顾袁方先生有关劳工问题的研究和对劳动社会学的贡献有助于劳动社会学的传承及后序发展。

一 强调劳工研究的基础是扎实的社会调查

"工欲善其事，必先利其器"，袁方先生强调，扎实的调查和丰富的第一手资料是治学之本。至今，重视田野调查依然是北京大学社会学系劳工研究的精神气质。

（一）传承陈达先生的社会调查之风

由陈达先生开创并身体力行的中国劳工研究重调查的学风至今依然是劳动社会学研究的主流和优势。如果说，社会学需要研究事实性问题、比较性问题、发展性问题和理论性问题的话，袁方先生将"事实性问题"放在首位，强调劳工研究的基础是做扎实的田野调查，并将这一思想贯穿在其研究和教学的始终。

1938 年 8 月，袁方先生考入国立西南联合大学，学习社会学。抱着"认识中国社会，改造中国社会和富强中国社会的强烈愿望。想弄清楚：中华民族为什么会沦落到生存陷于危难的地步？能否以及如何才能使中华民族富强起来，摆脱生存的危机？可以说，我对社会研究的兴趣和志向，正是由于当时民族救亡的需要而形成的"（袁方，1994）。当时的西南联大社会学系汇集了陈达、潘光旦、李景汉、吴泽霖等著名社会学家，在各位老师的指引下，袁先生学用结合，课余时间对昆明市镇的变化进行了大量的社会调查。研究初始袁先生就集中在劳动社会学中的核心问题——工业化与职业变迁，1942 年，撰写了题为《昆明市的都市化》的毕业论文，获学士学位。其间先生撰写的《工业化与职业间的人口流动》（袁方，1941）一文发表在《当代评论》上。

1942 年，袁方先生留在西南联合大学社会学系任教，担任陈达先生的助手和"社会机关参观"课的教学工作。"社会机关参观"一课类似于今天的"参与式社会调查"，袁先生带着大学生们到工厂等地进行社会调查和实习，延续着对昆明劳工的调研。

跟随和受教于陈达先生，对袁方先生有终生影响。袁先生说："陈先生认为社会学是经世之学，要深入实际，调查研究，从而认识社会、研究问题，提出改造社会的对策。他回国后的当年，就结合教学，带着助手和学生，开始调查研究清华工人的生活费。接着又在附近成府市镇，调查该镇地理位置、气候条件、历史、治安、人口与婚姻、职业、教育、社会情形等状况，写成《社会调查尝试》一文，并于1924年发表在《清华学报》第一卷第二期上。这篇论文，除了它的学术价值之外，还具有深远的历史意义。它标志着，我国社会学在初创时期，就十分重视社会调查，通过社会学理论与实际的结合来认识和研究社会。这种学风，逐渐演变成我国社会学的优良传统。陈先生以他在这方面的深刻造诣和卓越成就，成为我国社会调查传统的开拓者和奠基者之一。"（袁方，1993）

在西南联大工作期间，袁方先生参与了清华大学在昆明和呈贡建立的国情普查研究所的人口和劳动研究工作。在调查研究的基础上，先生撰写并发表了《论人浮于事》、《论兼业》、《昆明社会解组》、《传统行业及其问题》等学术论文和调查报告，还与费孝通教授等合著《人性与机器》一书，于1947年在上海生活书店出版。

抗战胜利后的1946年，陈达和袁方等所在的清华大学迁回北平。袁方先生在讲授社会分化、社会流动等课程外，还把陈达教授主持的关于上海工厂的调查、他本人在成都和北京等地进行的关于手工业的调查等资料整理成《上海工人生活史个案研究》、《成都手工业》、《北京地毯业》等专题调查研究报告。1949年，从昆明回北京的途中，经过上海，陈达教授利用这个时间与上海市社会局、国际劳工局上海分局、上海市统计局等八个单位联合举行了一次大规模的上海工厂、工会、劳工调查。在这次长达一个多月的调查中，袁先生协助陈达教授设计问卷并带领学生深入工厂访问工人，搜集了大量第一手资料。之后他又协助陈达教授整理这批调查资料，撰写了《上海工人生活史个案研究》、《上海市的工会》等调查报告。直到1995年，袁方先生最终整理完成这些资料，并正式出版了《抗日战争时期城镇工人生活状况的调查》（陈达，1995）一书。这部著作是我国劳工史研究领域的一笔宝贵财富。袁方先生整理资料的时代，没有电脑及复印设备，大量的文字工作是袁先生和夫人一字字抄录、整理的，这部著作的出版饱含两代劳动社会学家的心血。

（二）倡导对中国工人阶级做全面细致的调查

1948 年 11 月，清华大学解放。为了适应新中国社会主义建设的需要，袁方先生学习马列主义，调整课程内容，开设的新课程包括阶级论、社会保险等。袁方先生还积极参与校内外的各项社会工作，担任了清华"讲师、教员、助教"联合会副主席、工会副主席、职工业余学校校长、《人民清华》编辑等职。1950 年春，袁先生参加京郊丰台区土改，1951 年又加入北京市高校土改工作团，赴广西参加土改一年。

1952 年在高校院系调整中，社会学被取消。这一阶段陈达先生和袁方先生一直同命运。1952 年，陈达先生和袁方先生共同进入中央财经学院劳动专修科。1953 年这一专修科转入中国人民大学，两位先生又转入中国人民大学的劳动专修科（中国人民大学劳动人事学院的前身，学制为两年），为新中国培养急需的劳动管理人才。1954 年，当时的劳动部部长李立三同志倡议创立了"中央劳动干部学校"，袁先生调入"中央劳动干部学校"任教，建设了新中国第一个劳动经济学专业。1957 年，该学院的劳动经济班开始招生，1958 年 10 月，该校升格为北京劳动学院，1963 年春，更名为北京经济学院（1995 年更名为首都经贸大学）。这期间培养出来的学生成为中国劳动部及相关部门的重要领导人才和学术人才。至 1979 年，袁方先生为北京经济学院劳动经济系主任。教学期间，袁方先生讲授劳动法、农业经济、中国近代经济史、劳动经济等课程。

1957 年，袁方先生论述了做全面、细致、周密的中国工人阶级状况调查的必要性。他提出，社会调查"可以使理论联系实际，从而克服教条主义。只有依靠调查研究才可以掌握丰富的直接的材料，才可以检验理论的正确，特别是创造性的来发展理论"（袁方，1957）。

袁先生论述了对工人阶级开展调查的重要意义，"调查研究我国工人阶级状况，对于我国社会主义建设，特别是我国社会科学的发展，是一项不可缺少而且又极为重要的工作……调查研究是党和政府制定政策和法令的依据。党和政府的劳动政策法令，必须以工人阶级的状况为基础来制定"。袁先生还逐条分析道，社会调查第一有利于反对教条主义，使理论联系实际；第二，丰富的直接资料有利于创造性地发展理论；第三，全面系统地研究工人阶级的状况，才有可能正确阐述工人运动史；第四，劳动经济学、劳动法都离不开对工人阶级状况的调查研究（袁方，1957）。在当时的政治环境下，袁先生特别讨论了资产阶级社会学的劳工调查，他认为工人阶级的统计调查开始于第一国际之后，它表达的是国际工人协会的愿望。他指出，虽然要加以批判地来分析资产阶级社会学家使用的劳工调查，"但是，我们却不能由此得出结论，认为资产阶级的调查研究，完全是荒诞妄为，毫无可取，可以一笔勾销。这是不对的。尽管他们的调查研究有他们自己的目的，结论是反科学的，危害工人阶级利益的；但是，他们某些具体的调查研究方法，本身只是一种工具。这种工具掌握在哪一个阶级手里，就为哪一个阶级服务。同时，他们所收集的材料，只要不是捏造，总反映一定的现实，可以作为进一步研究与分析的参考。对他们的调查研究应该具体分析批判，去其糟粕，取其精华。如此，我们才可以从资产阶级的调查研究中吸收到许多有益的东西。总之，我们应该大力的发扬马克思、恩格斯所开辟的工人阶级状况的调查研究工作。我们有马克思列宁主义的理论，又有社会调查方法，毫无疑问，我们的调查研究的科学成果，那是资产阶级的调查研究可望而不可即的"（袁方，1957）。

对于具体的工人阶级的调查，袁先生提出四大类："首先要全面地系统地周密地调查新中国成立以来工人阶级的状况。这种调查研究可以从好几方面开始。第一，全面的一般的概况调查，或者叫工厂调查，也可以叫工人生活调查。通过这种调查，我们就可以全面知道工厂工人的一般状况。第二，典型调查，选择主要工业部门或主要厂矿进行调查。这种调查，比概况调查深入了，细致了，包括的项目更多了。通过这种调查，对于某些重要工厂，或工业部门的工人生活，就可以有比较详细的了解。第三，专题调查。选择工人生活中某些重要问题，例如，住宅问题，工资问题，生活费，女工问题，工会组织等，这种调查范围虽然小了，但调查的程度就更深了。第四，工人生活史的研究。这种调查以工人本身为研究对象，从工人生活的历史过程中，了解工人生活的真实面目，例如工人的思想，心理等方面的状况。这种研究比以上的几种就更加深入，更加细致了。这种方法也是马克思经常采用的一种方法。总之，这种调查研究，不但从表面而且还可以从内心方面了解工人阶级的真实情况。"

袁先生强调"对于旧中国工人阶级的状况，对于解放区的工人阶级的状况，也需要同时全面地系统地研究。过去工人阶级生活状况的资料，要大量的广泛的收集。无论是进步的，不进步的，中文的，外文的，只要是关于我国工人阶级的状况资料，都应收集起来，特别是党过去关于中国工人阶级状况的一些文件，资料，要尽可能的收集。由于旧中国为我们在这一方面留下的调查统计资料很少，为了补救这一缺点，我们同时还要采取实地调查的方法，访问老工人、老的工会干部、老同志。这样，一定可以为我们提供不少旧中国工人生活的材料。最后，工人阶级状况的调查研究，应与'工人运动史'，'劳动经济学'等专业密切结合起来进行研究。特别是工人运动史离不开工人阶级状况的调查研究"（袁方，1957）。在今天，这些依然是非常必要的劳工史研究。

1958 年，一系列有关社会调查的计划被批判成为"复辟资产阶级社会学的具体行动规划"，袁先生被错划为"右派"，对工人阶级状况的调查成为一项未完成的事业。得到平反后，袁先生再次回到北京经济学院劳动经济系教学。1980 年前后，袁方先生身兼双职，既为北京经济学院劳动经济系主任，又担任筹建中的北京大学社会学系主任。

（三）对就业、待业和失业的调查研究

1981 年，社会学恢复重建，袁先生在北京大学社会学系为研究生开设劳动问题课程。在课上，袁先生一直强调社会调查的重要性，要求硕士论文一定要以调查为基础，用事实说话。这样的传统已成为北京大学社会学系劳工研究的特色。

改革开放后，袁先生承担了一系列与就业有关的调查研究，对当时迫切需要解决的"待业"问题进行调查。袁方先生指出："对就业问题的主体——青年本身研究得少。既然青年是就业的主体，解决就业问题的主要又是解决他们的问题，这就要求我们全面地、系统地、深入地了解青年的历史和现状，从中找出问题，以便采取科学的对策。"袁先生提出，要建立一套社会统计指标体系，"过去我们的调查研究定性多定量少，因此，需要统计学的应用来解决这个问题，这就需要一套社会统计指标，它是解决社会现象的数量描述及其动态趋势不可少的工具"，具体包括对社会劳动力、待业和待业率、就业和就业率、劳动力素质、文盲、待业青年的年龄划分、病残青年进行定义和划定范围。这是提高调查研究和资料整理分析的科学水平所不可缺少的一环。"为了经常地调查研究青年就业问题或其它问题，要建立各种不同类型的调查基地。例如在城市的工厂、街道、学校、农村的社队等等，选出不同的基地，作为调查研究的试验室。首先摸清这个基地的全面情况，包括历史和现实的情况，在此基础上逐步地作各种类型的调查研究，同时要经常地深入地了解基本情况和问题的变化，这样的调查材料积累越多，就可以使我们能够深入地、准确地认识基地的社会现象和问题及其发展趋势。"（袁方，1982b）

为了能够让人们更好地应用社会调查方法，袁先生主持编写了《社会调查研究实用教程》，强调了作为学科的社会调查研究，其基本原则是：第一，坚持理论联系实际的原则；第二，坚持定性分析与定量分析相结合的原则，研究还可以使用比较法、历史法、归纳与演绎等定性方法；第三，坚持社会调查研究过程的科学化。这部著作的出版为当时社会学之社会调查研究奠定了重要基础。袁先生在自叙中写道："建立有中国特色的社会学，必须从了解国情，科学地调查中国社会实际情况入手。我曾把这种看法贯穿于北大社会学系的教学实践，要求学生不仅要有较高的理论素质，而且还要深入实地，用科学调查方法，认真从事社会调查研究。在掌握大量实际调查资料的基础上来认识社会，研究社会，促进社会进步。这已成为北大社会学系的一种学风。常听人说，北大社会学系的毕业生在社会学调查研究方法上都有较扎实的基本功。对此，我深感欣慰。"（袁方，1994）

二　袁方先生的工业化与职业流动理论

袁方先生认为，中国劳动社会学要处理的核心问题是中国的工业化/现代化如何作用于社会中的职业流动/社会流动，并持之以恒地关注中国社会从农业国家向现代工业国家的转型如何作用于人们的职业流动和劳动伦理的转型。

（一）职业变迁是中国工业化进程中持续的过程

袁先生的职业变迁思想包括两个连续的过程：一是中国工业化与传统社会的解组是同一的过程；二是中国的职业流动与中国人口流动是同一的过程。工业化、职业变迁与人口流动这三个重要的社会过程是相互联结的。

中国的工业化始于何时？这是个有争议的问题。有观点认为，中国的工业化始于洋务运动时期；也有观点认为，中国的工业化始于新中国成立后的"一五"计划时期。袁先生提出，中国的工业化始于抗战时期，其论述的依据为工业化已是"建国基础"。

中国开始工业化，虽可追溯到同治年间，但以工业作为建国的基础，还是抗战以后的事。在战前，有时国内人士还发生"重农"或"重工"的争论，但到抗战以后，问题的中心已经由"重工"转变为如何"工业化"了。于是朝野之下都一致努力于工业的建设，在广大地方，如四川、云南、西康等地，前后建立了 15 个新工业区，在川滇黔三省中，战时新建立的工厂，依民国二十九年统计，资本以二十万元为最低额者，共计 472 家，西南本是一个工业落后的区域，若没有抗战，新工业在西南的发展，也许是近十年间所梦想不到的事。抗战促成了中国由农业古国走向工业化的新国家，这一转变，要使旧的农业社会发生剧烈的解组（袁方，1941）。

工业化带来了传统社会的剧烈解组，形成了农业人口向城市人口的迁移，它与中国的职业变迁联系在一起，成为同一的过程。

一个社会的解组过程中，职业间的人口流动，分外来得显著。目前中国，就是一个极好的例证。后方农民的流入工厂，旧手工业师徒的多数改业，都已成为抗战以来普遍的现象（袁方，1941）。

中国的职业流动有两类：一是农民转变为现代工人；二是手艺人向商业流动。在工业化的过程中，有些"行道"当然敌不住新兴的事业，因而势必失去其固有的地位。一部产业革命的历史，就是一部新旧事业悲兴交替的历史。有新事业的发展，即有旧事业的没落。工业化的过程，不但是农村人口大量"离地"，也是市镇中传统职业人口大量"改行"（袁方，1941）。

袁方先生用比较方法来研究欧美国家与中国的农民向工人转变的过程。中国的人口流动是缓慢的，农民向工人的转变亦是缓慢的，是"延长流动"，这种流动方式对工业化具有负面作用，延长的流动是利少害多。其"利"在于，就业者在流动过程中，眼界扩大，见闻增多，可消除传统一隅的狭隘观念。而"害"在于：其一是"唯利是图"的心理作用影响职业间人口的流动方向；其二是从业者在职业上"没有持久的恒心"，"不肯努力做事"；其三是就业者的流动，"降低生产效率，对技工对工厂，两无裨益"；其四是易于出现失范现象，如性病流传，这是因为"外来劳工多是单身的。他们离乡背井，来到一个陌生的地方，既无家庭的维系，又无亲友的监督，社会对他们几乎全然失去约束的力量"（袁方，1941）。

农民向工人身份的转变动力是新旧力量共存的推拉力量，其内在的推动力作用更大。"在西南各工业中，虽然容纳了大批离开土地的农民，试分析这些农民离地的根本原因，很多还不是由于新工业吸引所致。据费孝通先生在'西南工业的人力基础'一文中所述，女工入厂的原因，可以说近80%是由于家庭内的不和等。这些人虽然进入新兴事业，但工厂实在无法拉住他们。"（袁方，1941）中国工业化进程的特性，即农业社会将大量的农民推出来，他们却总是难以被新兴的工业所吸纳的状况至今依旧，或许正是这种"推动力"大于"吸引力"的状况决定了工人身份的转型困境。

袁先生还关注到工业化进程中的第二类职业流动，即传统手工艺人向工人身份的转型。《论手艺人改行》以抗战时期的昆明为调查点，展示了手艺人的生活与变化，为我们留下了变迁中的重要社会记忆。论文生动地记叙了"裱书"一职，在抗战的"戎马倥偬，军书旁午"之际自是萧条。"玉器业"，"在民国三十年就有三个铺东被炸死了"。如做旱烟管的师傅，"60多岁的老马，昆明人，大概是10岁左右在当时昆明一家大旱烟管店做学徒，5年出师，即在该店做客师，有10年之久。到25岁时，略有积蓄，娶一妻，并开始自行经营制作旱烟管铺，历年生产颇称不恶，很可赚钱糊口。唯自抗战以来，外乡人大批拥入云南，纸烟盛行，吸旱烟的日益寥落，稍有生意，也只是年老人才来光顾铺面。因此门前冷落，生意极坏。一家9口，难以支持。不得不卖纸烟，现在已1年了"（袁方，1944b）。还有"做绣花鞋底的"、"开染坊的"、"铜器业"、"帽业"、"香烛业"，林林总总一幅日常生活的画卷。迫使手艺人改行的动因不仅是战争，还有工业化。

此外，袁方先生使用比较方法，将研究的视野推入发达国家的工业化进程中。袁先生指出，手艺人改行是阶梯式变化，他们并非直接进入现代工业，而是首先流入其他传统职业，如人力车业、商店等。主要原因是抗战时期发展起来的工业"并非如十八九世纪英国初建的工业那样的循序渐进，却与帝俄彼得大帝提倡工业时有些相似，是一种对等跃进的局面"。高度现代化的工业所需的劳工是改行的师徒无法胜任的。改行的手艺人到工厂只能做小工，他们觉得地位太低，收入太少，不够满足日常开销。但他们又没有技术做技工，只能另谋出路了（袁方，1941）。这表明，中国的工业化与传统城镇生活中的传统行业是冲突的，它不是进化式的——由传统手艺人向现代工业化的转型，而是破坏式或剥夺式的——一下子断了传统手艺人的生存之路。由此袁先生进一步认为，"正是新的工业无法吸纳传统职业人口，而至中国的工业化进程缓慢"（袁方，1941）。

袁方先生对中国工业化与职业变迁的研究是历史性的，看到了农业社会与工业社会内在的联系和供需的借位。农业社会之僵化推着农民走进城市，这些劳动者并不能满足城市工业的需求，而城市工业的低收入又无法满足应当由手工艺人转型为工业技术工人的城市劳动者的需求，这些导致中国工业化进程并不顺利。

（二）职业流动与职业伦理

在职业流动的研究中，袁先生认为，向上流动是人们的普遍理想，并成为重要的生活伦理。但由于中国传统的生活伦理与"士"有千丝万缕的联系，中国社会的士农工商几个阶层，士早就居四民之首。人们向上流动并非是单纯的职业流动，而是渴望拥有权力，"士"就是最好例证。而近现代工业社会带来的唯利是图思想，破坏了中国社会传统的生活伦理。

袁先生认为，中国传统哲学中的荀子思想特别值得肯定。"儒家中特别是荀子，对于社会组织的阶层化和社会流动，有许多精辟的意见，如'人不能无群，群而无分则争'……如王制篇云'虽王公士大夫之子孙，不能属于礼义，则归之庶人，虽庶人之子孙，也积文学正身，行能属于礼义，则归之卿相士大夫'。荀子是最理想也是最现实的社会思想家，即全世界，荀子无疑是第一个先知先觉者！"（袁方，1943a）

袁先生用中国社会"士"的状况来理解中国社会职业分层与职业流动的内在动力。以"士"为目标构成了中国人基本的生活道德。统治权是士权，士是官僚制度的主要根源。"读书人做官"，素来的书生都抱此宏愿。在中国社会一向"重文轻武"，"万般皆下品，唯有读书高"。自春秋到现代，中国社会上的领袖是"士"（当然也有些例外），掌握政治权的也是"士"。"学优则仕"，"士"的社会流动在中国社会占着优越的地位（袁方，1943b）。

在中国传统社会沿着"士的阶梯"向上流动有以下几个特点。首先，它是制度化的。客观标准就是科举学校。第二，它是政权与士权合一的民主化，统治权付托于最优秀的知识分子。这一过程是由教育制度产生的，且是民主化的，即凡是人民，无分贵贱，均有受教育的机会。中国传统社会是注重民主制度的。政治受教育的支配，全国人民但分智识的高下，而无世袭的文盲贵族特权阶级。第三，成为士是要有阶梯的，如战国的餐客制度、汉时的察举征辟制度、魏晋时的九品中正制度、隋唐至清的科举制度。第四，由于士的阶梯性，在中国社会形成了一个社会模型，士的阶梯模型造就出士子，士子成为社会的道德模型。第五，"士的阶梯"成为中国社会选拔社会精英的机器。第六，取士的标准重在传统文化，由此保存了中国一脉相传的固有文化（袁方，1943b）。在以"士"为阶梯的社会向上流动的理想中，社会道德得以延续，精英得以产生。

在中国人的日常生活中，"贱商"与"重农"成为双重的社会建构。"贱商的对面是重农。可是贱商和重农却是同一的作用，就是政治压倒经济，使皇帝把握住控制人们的大权。中国的皇权一直是建筑在农业基础上的；而且也只有在这种农业的基础上，这类皇权才能维持。商贾的抬头便是地主的式微。所以为了维护这皇权的基础，商贾不能不加以压制了。"

土地与人们的日常生活不可分割，中国人在土地上长大，靠农业养活，所以中国人是"安土重迁"的，"本是农，末是商"。农业固着于地，商业脱离土地。"富贵"是一体，即中国向来的致富之路是"由贵而富"，不是由富而贵。财富在权力之下。劳动的伦理与中国社会的重农贱商及富贵思想联系在一起，重土地、轻商贾，且更重权力（袁方，1948）。

中国的现代工业化过程是从重农轻商的社会转型到重商轻农的社会，这是个"本末倒置"的转变。传统社会倡导"公道竞争"，而工业社会倡导的则是"唯利是图"。公道竞争是"己所不欲，勿施于人，这是自动约束自我的自由，而过分尊重旁人的自由，所谓恕道的意义也就在此。有此两方面，然后才可以讲公道的竞争，才可以谈得上宽容异己"（袁方，1944a）。"唯利是图"的思想对传统社会伦理有深远的破坏。"唯利是图"甚至扩大至传统文人中。"凡是'待遇从优'的地方，就业者莫不如群蚁附体，群犬争骨，趋之惟恐落后。就知识分子方面说，也复如此。目前大学毕业生之流入银行，多到出人意外的地步，但加入学术机关者却为数颇少。此中缘故，据说是出于学术机关与银行的待遇相差悬殊所致。可见待遇的厚薄，可以决定人口活动的方向了。各种职业为了大量的吸收人口，便不得不提高薪金作为'抢人'的条件。但人的欲望无穷，而待遇的提高，却有程度的限制，因之极易养成就业者的'五日京兆'与'得陇望蜀'的心理。……'唯利是图'的心理在职业人口中，是颇为流行的。"（袁方，1941）

袁方先生看到了工业化进程中人们"心性"的变化，即生活伦理的变迁，这一变迁对中国传统文化有巨大的破坏作用。袁先生对这种心性转变的认识如同韦伯见到新教伦理带来的理性化一般怀着"乡愁"。从以"士"为代表的向上流动机制的衰落到以农民转向工人的缓慢职业变迁成为中国工业化进程的特色。

三 用社会学视角理解社会主义阶段的失业与就业问题

社会学恢复重建后，袁先生敏锐地注意到我国在就业（包括青年就业、农村非农就业）、待业等方面存在问题（袁方，1990），由此提出了一系列的解决方案，这些思想至今仍具有启示意义。

（一）全面评估待业问题或就业定义

20 世纪 80 年代初期，袁先生大胆地提出了社会主义的待业问题，并从马克思的两种生产理论分析了我国出现的劳动力供大于求的状况（袁方，1982a）。袁先生认为，20 世纪 70 年代后期我国出现的待业问题的原因很复杂，概括起来，有人口增长过快，人口布局不适当，所有制结构、产业结构以及教育结构、就业结构不合理，生产发展慢，劳动管理制度不适应以及极"左"思想的发展和政策的影响等多种因素。因此，袁先生提出理论工作者和实际工作者都要对此认真探讨，进行理论分析。袁先生提倡使用更为广泛的就业概念，去除所有制和工作类型的差异，不仅将计划体制下单位人视为就业，而且将临时工、合同工以及个体开业者皆视为就业者（袁方，1982b）。国务院第三次人口普查关于在业（也就是就业）的规定是，从事劳动或工作，取得劳动报酬或经营收入的，就算在业或就业。

（二）率先提出"非农就业"的概念

80 年代末期，袁先生注意到农村"非农就业"问题，关注到农村非农部门就业人数和产值在整个农村部门的结构比重变动异常缓慢，这深刻地影响到我国工业化进程。他指出，农村非农就业不足有以下原因：（1）由"互助组"、"合作社"发展起来的人民公社制度，对非农产业的限制最为严重也最为长久，它使所有权的关系变得模糊，权、责、利的界限不明，也使农民丧失了从事农业生产和非农产业的积极性。（2）长期推行统购统销的政策，采用指令性计划，规定农民生产的品种和产品购销的比例，并通过"剪刀差"把农业创造的很大一部分净产值转化为发展工业的积累。（3）户籍管理制度严格限制了农民迁移和选择职业的自由，也影响了农村非农部门的发展。(4)中国经济水平低,总产值的数字虽有较大增长,但人均产值增长不高。同时,实践经验表明,农村非农部门的发展在一定程度上还受劳动力素质的影响,中国经济发展水平低,阻碍了农村教育水平的提高,导致农村劳动力的素质较低,相当一部分农村劳动力继续被束缚在土地上。文化科学水平落后使许多农村地区的人们商品观念、竞争观念淡薄,农民知足常乐、安土重迁的心理得到强化,农业劳动力转移更为困难。非农产业发展缓慢,农民收入水平得不到提高,社会经济发展受到阻碍,形成了又一个恶性循环。长期以来,"左"的理论否认农村存在隐蔽性失业,目前我们应认真对待这一严重问题。大力发展农村非农产业,为农业剩余劳动力广开就业门路,这对改变中国农村落后的生产和生活条件并实现有中国特色的农村现代化具有深远的重要意义(袁方,1989)。

(三)积极倡导劳动用工制度改革

袁先生有多篇论文皆讨论了我国社会主义时期和市场转型过程中就业制度与用工制度的历史改革,肯定了取得的显著成绩,但也指出存在艰巨的挑战。他提倡通过推行劳动合同制和开展优化劳动组合的用工制度对劳动计划体制进行改革。袁先生指出,我国劳动制度改革要解决的重要问题包括建立计划与市场调节的有机结合、确立企业用工与劳动者就业的主体地位、全面推行劳动合同制等。其理想模式是:建立起国家计划指导、劳动者自主就业、企业自主用工、多种形式并存、全员签订劳动合同的新型劳动制度(袁方,1992)。

金耀基先生曾回忆说:"1993年11月……当我与心仪已久的袁教授见面时,有一种如晤故人的亲切,中大的师生在与袁教授接触中都被他那种谦和、真诚的风范感动,而当他在11月2日在新亚书院人文馆做'中国劳动就业与制度改革及其发展趋势'的讲演时,他那深刻的分析,一丝不苟的态度和对中国开放改革的期望,都给大家留下难忘的印象。"在社会学重建过程中,袁先生的研究对我国劳动社会学的建设有重要作用。1985年8月,袁先生参加了"美国社会学会80届年会"和"社会学趋势"学术讨论会,提交了关于《北京劳动力人口的职业与行业研究》论文;陆续发表了一系列劳动社会学的论文,如《我国劳动资源的利用和开发》、《我国劳动就业问题》、《青年就业问题的调查研究及方法》、《我国社会主义的就业和待业》等。组织北京大学社会学系的师生编写《劳动社会学》(1992年)等教材,为我国劳动社会学的教学工作和研究工作奠定了重要基础。

四 劳动模范——学者的劳动实践美学

纵观袁方先生的人生,从进入社会学的那天起他就将生命与工作、学问和学生捆绑在一起,其工作的一生构成了袁先生作为劳动社会学之学者的美学生活。

(一)劳动社会学研究中的"劳动模范"

作为学者的袁先生兢兢业业、一丝不苟的工作精神就像一名工匠,对学术研究、教学工作和学科发展充满着热情、执着和敬业精神。

袁先生对自己恩师陈达先生一生追随,两人情如父子。从抗日战争时代起,袁先生就协助陈达先生做了大量的研究和调查工作,最终编辑完成了导师的著作《我国抗日战争时期市政工人生活》(陈达,1993)一书。记得袁先生和我讲过,新中国成立前在做"人力车夫"的社会调查时,人力车夫们因长年劳作,常常会在挣到一些钱后就去吸大烟,为了更好地访谈,他就到烟馆中和人力车夫交谈。

1948 年 11 月,北平解放。袁先生积极参与清华大学的建设工作,并身体力行劳动工作,曾任清华大学生活委员会委员、讲师联合会副主席、工会副主席、职工业余学校校长、《人民清华》编辑等职。

1949 年,袁先生和清华大学社会学系的师生参与了北京市人民政府组织的"关于特种手工业的调查"工作,袁先生承担了对北京市地毯业和景泰蓝业的调查,并撰写了调查报告。1951 年,袁先生随北京高校土改工作团去广西参加土改近一年,并获"甲等功"。

1952 年,高等院校进行院系调整,社会学被取消,但陈达和袁先生都没有离开对劳动问题的研究。1952~1980 年,袁先生一直坚守在劳动研究领域,在劳动部下属院校讲授劳动概论、劳动行政、工人运动史、劳动法、农业经济、中国近代经济史、劳动经济学等课程,为新中国培养了自己的劳动管理人才。1955 年袁先生加入中国共产党。1958 年,袁先生被错划为"右派",并被发配到"北大荒"进行劳动改造。记得袁先生很喜欢喝两口白酒,他说这是在"北大荒"改造时留下的"毛病",认为喝酒可以预防"老寒腿"。平反后,袁先生依然坚守劳动问题的教学工作。

1977 年，中国开始改革开放之路，年近 60 岁的袁先生迎来新的学术春天。1979～1982 年，袁先生任新恢复的北京经济学院劳动经济系的系主任，与任扶善等劳动问题专家发展了我国的劳动经济学和劳动社会学，继续坚持以扎实的田野调查为基础开展劳动问题研究。

1982 年，袁先生调任北京大学社会学系，并担任系主任和系学术委员会主任，为研究生教授人口问题、劳动社会学和劳动问题等课程。1984 年，袁先生被评为北京市劳动模范。"劳动模范"是对袁先生最恰当的评价。正如他改革开放后的第一批硕士生所说："我们知道先生一生经历了许多坎坷并曾经受到过不公正的待遇，但在与先生相处中从未见过先生对社会有所抱怨。相反我们却从先生豁达处世、不计得失、踏实工作的作风中，体会到一种坚持不懈、追求真理、甘为人梯的忘我工作的精神境界。"（陈宇、魏进等，2005）作为"人梯"的袁方先生以任劳任怨的工作模式为后人树立了杰出的榜样，使劳动社会学扎实务实的学术精神和工作态度得以延续。

（二）培养人才使劳动社会学的发展后继有人

作为劳动社会学发展的传承人，袁先生培养了一批在劳动领域中从事实际工作和研究工作的后人。

袁伦渠、刘庆棠、潘金云、陆恒均、李富田等劳动经济学的领军人物皆是 20 世纪 50 年代从劳动管理干部学校毕业，袁先生作为他们的老师主要讲授工资和劳动问题的知识。1979 年和 1980 年，袁先生在北京经济学院劳动经济系招收了改革开放后的两届硕士研究生，陈宇、魏进、焦凯平、李怀康、宋晓梧等成为其学生，这些学生，除了陈宇是原经济学院的学生，其他都不是学经济学的，能够破格招收为劳动经济专业的学生，是源于袁先生具有选拔人才的新观念。这些学生，多数是从外语、数学和机械等专业转到经济专业来的，对此袁先生强调要充实经济类的课程，要打牢数学和外语基础。这些学生的硕士论文涉及宏观社会劳动管理问题、残疾人问题、老年人劳动问题以及劳动经济管理方面的工资和企业劳动管理等专业方向。在指导论文时，袁先生特别要求：一是要理论结合实际，注重社会调查，获得第一手资料；二是要求对社会经济问题的研究不仅要有定性分析的思路，更要注重定量分析的手段；三是提倡社会经济问题研究的多学科结合，扩大劳动经济专业学科的横向联系。

袁先生在 1981 年前后身兼北京经济学院劳动经济学系主任和北京大学

社会学系主任，这种双重身份带动了一些劳动经济学系的学生转向社会学，从事与劳动社会学相关的研究，如邓方、杨晓东、程为敏、董克用、姚裕群、刘金云、佟新等学者都是如此。

在北京大学社会学系，袁先生一直主持劳动问题这一传统研究生课程，不停地将国内外知名的劳动社会学家和劳动部相关领导请进课堂。袁先生指导的博士生和硕士生以中国现实中的劳动问题为研究对象，对个体工商户、社会分层、下岗、中外企业劳动关系、企业民主等主题进行研究，他们中的很多人一直活跃在中国的社会学界，如王汉生、谢立中、风笑天、金维刚、刘爱玉、张士诚、陈俊杰、张新梅、许欣欣、佟新、陈颖、张英硕（韩）、姜在植（韩）等。袁先生积极促进劳动社会学研究的国内外交流，在中美、中日和中法之间建立起学术桥梁。

劳动社会学在中国的发展历史是由一连串的学者和他们积累的资料和学术思想累积而成的，从陈达先生到袁方先生以及袁先生的学生们，百年历史，虽然充满风雨，但前辈的坚守成为后来者的楷模，这是一种具有道德理想的专业精神，它不是以才华横溢的精英方式呈现，而是以质朴的、沉重的和可接近的方式留在学生们的心中。时光流逝，唯坚持扎实调研和独立思想的精神代代相传。

参考文献

陈达，1995，《我国抗日战争时期市镇工人生活》，中国劳动出版社。

袁方，1941，《工业化与职业间的人口流动》，《当代评论》第 1 卷第 16 期。

袁方，1943a，《社会流动与社会理想》，《自由论坛》第 1 卷第 1 期。

袁方，1943b，《士的社会阶梯》，《自由论坛》第 1 卷第 4 期。

袁方，1944a，《民治与社会选择》），《自由论坛》第 2 卷第 3 期。

袁方，1944b，《论手艺人改行》，未刊稿，见本书。

袁方，1948，《皇权下的商贾》，载费孝通等著《皇权与绅权》，2013，生活·读书·新知三联书店。

袁方，1957，《开展我国工人阶级状况的调查研究》，《新建设》第 6 期。

袁方，1982a，《我国劳动问题》，《社会学与社会调查》第 2 期。

袁方，1982b，《青年就业问题的调查研究及其方法》，《青年研究》第 14 期。

袁方，1989，《中国农村非农部门的就业和问题》，《北京大学学报》（哲学社会科学版）第 4 期。

袁方，1990，《中国当前的劳动就业问题》，《北京大学学报》（哲学社会科学版）

第 4 期。

袁方，1992，《中国就业问题和劳动制度改革》，《社会学研究》第 6 期。

陈达，1993，《我国抗日战争时期市政工人生活》，中国劳动出版社。

袁方，1993，《在纪念陈达教授百周年学术讨论会上的发言》，载陈达著《我国抗日战争时期市镇工人生活》，中国劳动出版社。

袁方，1994，《袁方自叙》，存北京大学社会学系，载吴宝科、佟新编《袁方纪念文集》，2005，北京大学出版社。

陈宇、魏进、焦凯平、李怀康、宋晓梧，2005，《谆谆教诲无私奉献——深切缅怀导师袁方先生》，载吴宝科、佟新编《袁方纪念文集》，北京大学出版社。

金耀基，2005，《怀念袁方教授》，载吴宝科、佟新编《袁方纪念文集》，北京大学出版社。

出 版 说 明

由于篇幅的限制，文集对袁方先生发表过的论文和文字做了筛选，下面对没有录入文集中的作品做以下说明，以方便查找。

未采用的文章有袁方先生为相关书籍写的序，这些序有：1983 年为《青年就业与劳动》杂志创刊所写的祝词以及为邹平著《人口浅论集》（中国标准出版社 1988 年版），李福业主编《企业工资改革探索》（河南科学技术出版社 1989 年版），薄兹、施尔曼著，张世文译《社会与生育》（天津人民出版社 1991 年版），于忠智主编《社会调查研究实用教程》（东方出版社 1991 年版），徐经泽主编《社会学中国化——中国大陆学者的讨论》（山东大学出版社 1991 年版），《社会学与社会改革论文集》（北京市社会学学会 1991 年版），王辉主编《社会稳定和发展的理论与实践》（天津社会科学院出版社 1992 年版），袁方主编《劳动社会学》（中国劳动出版社 1992 年版），郭崇德主编《社会保障学概论》（北京大学出版社 1992 年版），穆怀中著《震颤中的稳定与发展》（辽宁大学出版社 1995 年版），郭崇德编著《中国社区服务发展道路》（中国社会出版社 1993 年版），王处辉著《中国社会思想早熟轨迹》（人民出版社 1996 年版），夏学銮主编《社区照顾的理论、政策与实践》（北京大学出版社 1996 年版），叶乃滋著《老龄群体研究》（黑龙江人民出版社 1996 年版），黄育馥著《京剧·跷和中国的性别关系（1902～1937）》（三联书店 1998 年版）等所写的序。在这些序言中，袁方先生以极大的热情对学者的研究工作给予高度赞赏和热情鼓励。

合著的论文亦有所舍，包括袁方、辜胜阳、蔡文眉合写《社会学在人

口系统定量研究分析中的作用》，发表于《社会学与社会调查》1986 年第 2
期；袁方和姜汝祥合写《"七五"期间中国人口就业与产业结构的变化》，
发表在国务院发展研究中心主办《经济工作者学习资料》1991 年第 72 期；
袁方和崔凤垣合写《中国大陆八十年代人口自然变动反思》，发表在《社会
学研究》1992 年第 1 期；袁方和谢立中合写《社会学认识论的初步探讨》，
发表于《社会学研究》1993 年第 5 期；袁方和鄢盛明合写《中国大陆新城
区老年人家庭研究》，发表于北京大学社会学系刊《社会研究》1999 年第
9 期。

袁方先生在劳动就业、人口、老龄化和城市社会学等方面的论文，
因在不同刊物上有所发表，有一定的重复，文集保留了袁方先生在重要
期刊上发表的论文，如果两篇论文的题目接近，保留了文字较多的论
文。没有采用的论文有：《我国社会主义的就业和待业》，刊发于北京大
学社会学系内部刊物《劳动社会学教学参考资料》（1981 年）和《中
国劳动学会论文集》（1993 年）；《我国劳动就业问题》，刊发于《社会
学与社会调查》1982 年第 2 期；《我国劳动就业问题》，发表于《社会
学与社会心理学》一书（中国社会学函授大学、人民日报社研究班编，
工人出版社 1985 年版）；《中国就业制度与用工制度的回顾与展望》，
收藏于北京大学社会学系的油印本，用于研究生"劳动问题"的教学；
《关于北京市人口发展规模的控制问题》，为袁方先生为北京市人民政府
研究室编《北京城市发展若干问题》一书所写的前言；《城市社会问题
和城市社会学》，发表在《社会学与社会调查》1984 年第 1 期；《我国
人口老化和老年问题及其对策的初步研究》，北京大学社会学系存油印
本，为袁方先生 1987 年 4 月所做的社会主义社会学讲座的文本；《中国
老年人与家庭赡养》，发表在《社会学与社会调查》1988 年第 1 期，这
亦是袁方先生在 1987 年 10 月 22 日至 24 日在北京召开的"家庭结构与
人口老化问题"国际学术讨论会上发表的论文；《老年社会学》，发表
在《社会学与社会调查》1988 年第 6 期；《大力发展社会工作教育》，
发表在《社会工作》1988 年第 1 期。

图书在版编目（CIP）数据

袁方文集／佟新主编.--北京：社会科学文献出
版社，2016.6
ISBN 978 - 7 - 5097 - 8948 - 3

Ⅰ.①袁…　Ⅱ.①佟…　Ⅲ.①社会学 -文集　Ⅳ.
①C91 -53

中国版本图书馆 CIP 数据核字（2016）第 063450 号

袁方文集

主　　　编／佟　新

出 版 人／谢寿光
项目统筹／谢蕊芬
责任编辑／佟英磊

出　　　版／社会科学文献出版社·社会学编辑部（010）59367159
　　　　　　地址：北京市北三环中路甲 29 号院华龙大厦　邮编：100029
　　　　　　网址：www.ssap.com.cn
发　　　行／市场营销中心（010）59367081　59367018
印　　　装／三河市尚艺印装有限公司

规　　　格／开本：787mm×1092mm　1/16
　　　　　　印张：31.75　插页：0.75　字数：525 千字
版　　　次／2016 年 6 月第 1 版　2016 年 6 月第 1 次印刷
书　　　号／ISBN 978 - 7 - 5097 - 8948 - 3
定　　　价／128.00 元